胡適年譜長編

"十四五"國家重點出版物出版規劃項目

宋廣波 著

第三卷

1924—1929

長江出版傳媒
湖北人民出版社

目　录
第三卷　1924—1929 年

1924 年　甲子　民国十三年　33 岁 ································· 1
　　1 月 ·· 1
　　2 月 ·· 13
　　3 月 ·· 22
　　4 月 ·· 26
　　5 月 ·· 33
　　6 月 ·· 40
　　7 月 ·· 45
　　8 月 ·· 48
　　9 月 ·· 50
　　10 月 ·· 55
　　11 月 ·· 59
　　12 月 ·· 68

1925 年　乙丑　民国十四年　34 岁 ································· 77
　　1 月 ·· 77
　　2 月 ·· 85
　　3 月 ·· 94
　　4 月 ·· 99
　　5 月 ·· 107
　　6 月 ·· 114
　　7 月 ·· 125
　　8 月 ·· 129

	9月	142
	10月	147
	11月	152
	12月	161
1926年 丙寅 民国十五年 35岁		165
	1月	165
	2月	166
	3月	169
	4月	173
	5月	178
	6月	182
	7月	190
	8月	201
	9月	212
	10月	220
	11月	230
	12月	238
1927年 丁卯 民国十六年 36岁		247
	1月	247
	2月	254
	3月	260
	4月	261
	5月	268
	6月	272
	7月	277
	8月	279
	9月	283
	10月	285
	11月	292

	12月	298
1928年 戊辰 民国十七年 37岁		303
	1月	303
	2月	306
	3月	320
	4月	325
	5月	335
	6月	343
	7月	354
	8月	362
	9月	367
	10月	374
	11月	376
	12月	382
1929年 己巳 民国十八年 38岁		393
	1月	393
	2月	399
	3月	402
	4月	406
	5月	413
	6月	421
	7月	426
	8月	435
	9月	442
	10月	448
	11月	453
	12月	457

1924年　甲子　民国十三年　33岁

是年，胡适仍在北京大学。下半年，因病未授课。
7月，胡适应邀到大连演讲。
8月，应丁文江之邀，到北戴河避暑。
是年，胡适作《戴东原的哲学》，次年改定。

1月

1月1日　胡适致函章希吕，改正《水浒续集》序中的一处错字，并要店中分寄《胡适文存》给汪慕荪与刘孝传。(《胡适家书手迹》，126页)

1月2日　胡适送胡思聪去协和医院看诊，即住院治疗。访林语堂，久谈。(据《日记》)

> 按，本年引用胡适日记，均据胡适：《胡适的日记》手稿本第5册，台北远流出版事业股份有限公司，1990年，原书无页码。以下不再特别注明。

同日　胡觉致函胡适，赞成胡适在西山静养，牵挂胡适病情。又谈及自己病状等。(《胡适遗稿及秘藏书信》第22册，737～739页)

同日　俞平伯致函胡适云，顾颉刚要俞平伯为商务印书馆标释《诗经》，且告此事已与胡适言之。俞平伯希望能预支稿费并使用涵芬楼藏书。(《胡适遗稿及秘藏书信》第31册，19～20页)

1月3日　胡适复函朱镜宙，云：

去年五月二日一别,至今不曾相见。去年听说先生的婚礼,但不知如何通讯,故不曾奉贺,失礼之至。乞恕罪。

今早得先生的贺年片,谢谢。但因此使我想起先生去年替太炎先生和我合照的相片,不知可用否。如已成,可否请赐我一纸。(肖伊绯:《胡适与章太炎曾合影》,《胡适研究通讯》2018年第4期,24页)

按,据朱氏1月9日复函(《胡适遗稿及秘藏书信》第26册,70~71页),可知朱氏托黄炎培转寄的这张合影并未送达胡适手中。

同日　张元济复函胡适,云:

引先生之诗在第十二卷,必系初刊本无疑。我兄如欲检阅他诗,当即寄去,否则可省去一往覆,乞示。《绩溪县志》知抄竟可以惠假,感谢之至。敝处所藏,《旌德县志》系万历所修,凡十卷,系抄自江南图书馆,如需检阅,亦即寄奉。近来锐意补抄各省难得之志,加我数年,当可集大成矣。(《胡适遗稿及秘藏书信》第34册,44页)

1月4日　胡适与蒋梦麟同至西班牙使馆,赴该国公使举办的茶会,会见西班牙文学大家 Blases Ilanes。与会者有:钢和泰、辛博森、文纳,日本公使芳泽谦吉。胡适与蒋梦麟谈中国教育史料,并劝其试作年谱,蒋表示"想把这四年的事一齐记出来",胡适认为这样"更好",因这四年中,"梦麟经过的事如华盛顿会议,如连年的学潮,皆极重要"。(据《日记》)

同日　胡适复函韦莲司小姐,为其健康不佳感到难过,又云:

我在南方待了7个多月:有一个月是在病床上,一个月在杭州,四个月在离杭州西湖不远的烟霞洞中,还有一个月在上海。这段长时期的休息对我非常好。我回到北京的时候,我的健康是这两年来最佳的。我除了游山玩水,跟小表妹说些故事以外,什么事都没做。我的表妹因为健康不佳,跟我和我的侄子住在一块儿。我的侄子是个学艺术的学生,他因为健康的关系,被迫休学,跟我到山上来休养。除了

1924年　甲子　民国十三年　33岁

二十几首抒情诗以外，我什么都没写。

我希望2月中第二学期开学的时候，我可以开始教书。由于我生病的缘故，《努力》周报在75期之后暂停出版。不久以后就能复刊成为一个月报，我的朋友和我都希望把这个月报办成在中国第一个代表自由主义的刊物。我始终保持乐观和向前看，一如既往。即使在我健康情况很糟的日子里，我从不沮丧或丧气。

很遗憾，去年夏天我失去了一次访美的机会。在我写完尚未完稿的两册中国哲学史之后，我会再找个机会去探访我在美国的朋友。我希望这个机会不是太遥远。

过去两年的事使我相信，虽然我们无法避免批评政治，并提出政治上的主张，但政治上的改革并不是只有从政治上着手的一条路，一种新的思想模式才是最根本的需要。我们新的月报，仍将延用《努力》这个刊名……将集中精力在形成一种新的知识阶层的看法，并创造一个新的文学。

我看着长子读《儿童周刊》和《小朋友》……我不能不感到一种快慰。毕竟我们用口语来代替文言死文字的努力没有白费；我们至少已经成功的使千千万万下一代的孩子能活得轻松一些……

工具已经有了，而且已经在千千万万人的手里，现在所需要的是新的内容，就如你所说的，我们"实际上给了大众一个声音"；他们一定有话要说，而且知道怎么说。

我刚收到一本新出版25万字的《科学与人生观》……这个论战由我们的周报"科学能不能提供令人满意的人生观？"这个议题引发。大约有20位学者加入这次讨论。在单行本发行的时候，我写了一篇长序，我主张，把它叫做"自然主义的人生观"。这个论战仍在继续。在中国的日子并不像许多人想像的那么无趣！

…………

我完全同意你所说的"保持趣味常新的办法并不是任何人造成一种俟诸百世而不惑的文明，而是人类之中，有持续不断新发展的可能"。

我的希望是，从未受制于任何超自然的宗教的中国知识界，能由一个逻辑的结论之中来实践一种对宇宙和人生科学的看法，而这个看法比欧洲和美洲〔知识界〕的看法更一致，更勇敢。我们在此，正过着〔当年〕赫胥黎（Huxley）和 W. K. Clifford 的日子。"拿出证据来，我才相信"，又成了今日我们的口号。（《不思量自难忘：胡适给韦莲司的信》，146～148页）

1月5日　胡适出席一个聚餐会，到者有陈源、张仲述、陈博生、郁达夫、丁西林、林语堂。与蒋梦麟同访罗文干。晚与蒋梦麟、汤尔和闲谈。与申又枨闲谈。（据《日记》）

同日　鲁迅复函胡适，赞胡适为《水浒》作的两种序文极好，"有益于读者不鲜"；"我之不赞成《水浒后传》，大约在于托古事而改变之，以浇自己块垒这一点，至于文章，固然也实有佳处，先生序上，已给与较大的估价了"。又送来《西游补》。又云《海上繁华梦》之度量技术，去《海上花》远甚。此书大有重印之价值，不知亚东书局有意于此否？（《鲁迅全集》第11卷，443页）

1月6日　王徵来谈。丁文江来谈。与王徵同访陶孟和。访张慰慈。到蒋梦麟家吃饭，请的客是范源濂、江翊云、汤尔和、罗文干、马夷初。（据《日记》）

1月7日　胡适是日日记有记：

> 毛奇龄《西河合集》"序"类卷24，《送潜丘阎徵君归淮安序》有云：世每言，北人之学如显处见月，虽大而未晰也；南人之学比之牖中之窥日，见其细而无不烛也。潜丘乃兼之。
>
> 此说南北之学之分，颇妙。北学多似大刀阔斧，而南学多似绣花针。颜李之学，真北方之学也。惠戴之学，真南方之学也。
>
> 钧任今天发愤作了一篇白话文，约六千字。他和亮畴向来都是反对白话文的。
>
> 前读顾炎武《音学五书》，有曹学佺序，末署崇祯癸未（1643），

我颇疑之。今日偶检《亭林年谱》,始知此书刻于康熙六年(1667)。但《后序》云"此书自创始至于卒业二十年",曹序似作于创始之时。

1月8日 毕善功、柯乐文、杨丙辰来访。林宰平来访。与丁文江同到天津,即住丁寓。(据《日记》)

同日 黄炎培致函胡适,云:

> 传闻兄为弟前函答问常识栏国语短评,心上有一些不快,吾想兄一定没有这回事。弟万不愿丝毫有损吾们相互间情感,故立即写这讯。万一真有些不快,劝兄看在吾们交情上,或者允许弟道一个歉,倒也很愿意的。但吾终望兄没有这回事的。(《胡适遗稿及秘藏书信》第37册,35页)

1月9日 胡适在丁文江家。江泽涵来谈,董显光来谈办日报事,胡冠英与郑秉璧来谈。翻看 A. A. Goldenweiser's *Early Civilization*,"此书甚好"。(据《日记》)

1月10日 胡适与丁文江、董显光同到 Rotary Club 吃饭。胡适与丁文江到南开中学吃饭。会见张伯苓、凌冰、蒋廷黻、李济、姜立夫、饶毓泰,及 Dr. Corller、Prof. Worff。与江泽涵谈,与郑秉璧、胡冠英谈。(据《日记》)

同日 程天固致函胡适,告广东高等师范学校校长邹鲁拟在广东筹组大学,希望胡适能前来执教,并希望胡适为教育、生理两科推荐教授。(中国社科院近代史所藏"胡适档案",卷号1853,分号11)

1月11日 胡适与丁文江、董显光、杨豹灵同回北京,在董显光家吃饭。(据《日记》)

同日 余昌之致函胡适,告《水浒续集》在阴历年内可以印齐。由他与章希吕完成的《校后记》寄上,请胡适斧削后寄还,特别指出和胡适考证略有出入的部分。(《胡适遗稿及秘藏书信》第29册,165页)

1月12日 胡适续写《戴东原的哲学》。(据《日记》)

1月13日 胡适与蒋梦麟、颜任光、余文灿、张希伯(荫棠)先生等

同游西山。进城后与江冬秀、程仰之、胡成之同看《茶花女》影戏。（据《日记》）

同日　丁文江致函胡适云，每两个月可以替新《努力》做一篇文章。请胡适把稿纸寄来，可以早点着手。也应该早给徐新六、任鸿隽寄去稿纸。赵元任屡次有信来问起胡适，他很不得意，建议胡适写信安慰赵。（《胡适遗稿及秘藏书信》第23册，26页）

1月14日　胡适往访 W. S. Wasserman 夫妇。在顾维钧家吃饭，与梁启超、范源濂、罗文干诸人谈。梁启超谓东原受颜李影响自无可疑，但东原与绵庄的关系甚少实证。（据《日记》）

同日　唐钺致函胡适，云：

> 昨闻南中教育界中一部份，欲假教育独立名义与美国人私相授受，垄断庚子赔款。乞兄即日一面调查真相……一面通告顾孟馀、丁在君及京津教育界，急速设法预防……至必要时，须联合教育界向美人提出严重抗议。兄对美使舒尔门及门禄，均有发言之机会，亦可用私函警告。彼美人意在博吾国之好感，必不能置教育界大部份之意见于不顾。……教育独立，固大佳事；然奸人假公济私，在所必斥，望京中教育界勿为甘言所饴，堕彼术中，须把此事分开两面做去，否则对于他国庚款及教育全局均将有严重的危险。（《胡适遗稿及秘藏书信》第31册，412～416页）

1月15日　高梦旦来久谈。蒋梦麟、高一涵来谈。是日日记又记：

> 这十五日来，烦闷之至，什么事也不能做。前几日曾戏写一诗，如下：

> 烦闷

> 很想寻点事做，
> 却又是这样不能安坐。

要是玩玩罢,

又觉得闲的不好过。

提起笔来,

一天只写得头二百个字。

从来不曾这样懒过,

也从来不曾这样没兴致。

同日 胡适作有《小诗》:

刚忘了昨儿的梦,

又分明看见梦里那一笑。

《阿丽思漫游奇境记》中的猫"慢慢地不见,从尾巴尖起,一点一点地没有,一直到头上的笑脸最后没有。那个笑脸留了好一会儿才没有"。(赵元任译本页九二)

十三,一,十五。

原有前两行:

坐也坐不下,

忘又忘不了。(《胡适手稿》第 10 集卷 3,235 页)

同日 H. G. W. Woodhead 致函胡适,云:

Many thanks for your letter, and your kind suggestion, which I am immediately sorting upon.

I should be willing to go to $100 for a chapter on the Chinese Renaissance movement. It may not be what such a chapter from so distinguished a pen, would be worth, but I am having so many paid contributors this year that I fear that I cannot go beyond that on this occasion.

I am off to Shanghai for a week on Saturday, but hope to arrange to meet you in Peking some time after my return. (中国社科院近代史所藏"胡适档案",卷号 E-389,分号 1)

1月16—18日　胡适续作《戴东原的哲学》。(据《日记》)

1月16日　张锦城函托胡适为其祖母写传。(中国社科院近代史所藏"胡适档案",卷号2421,分号10)

1月18日　陈独秀致函胡适,为张申府谋事,又请为蔡和森书出版事拜托胡适:

前函言张申府事,据守常说,恐大学以道德问题不便用他,近有人荐之于此间某大学,亦因同样的原因而被排斥。呜乎,旧道德尚有如此威权!闻此间商务印书馆图书馆主任某君出缺,兄能否荐申府继任,请示知。

又蔡和森书稿事,也请从速解决,因旧年近迫,蔡君需钱至急也。(《胡适遗稿及秘藏书信》第35册,580页)

按,1月20日陈独秀又致函胡适云:

昨函言为申府谋商务图书馆主任事,谅已达。前主任已病故,该馆正物色人,倘兄可荐申府,望即以快信达王岫庐君。

蔡稿亦请速解决。(《胡适遗稿及秘藏书信》第35册,581页)

1月19日　胡适在后孙公园安徽会馆主持召开戴震生日纪念会,有梁启超、胡适等6人做学术讲演。(据《日记》)关于此次纪念会,各大报均有报道:

《戴东原二百年纪念盛会》:

昨日九时,安徽会馆门首,见有各校学生、教员、学者等三四百人,不顾大风,先后莅止,即来参与盛会者。九时半开会,首由胡适报告开会旨趣,次梁启超演说东原一生道德学术梗概,次俄人伊凤阁以五分钟演说彼对于戴东原学说之观察。次沈兼士讲述戴东原之治学方法;钱玄同讲述戴东原之声韵学;朱谒先讲述关于《水经注》问题,为戴东原辩护,谓全、赵、戴各有供献,而各不相剽窃。时已十二时

半，胡适乃以二十分钟将"不讲理的戴东原"简单讲述，散会近一时矣。（《晨报》，1924年1月20日）

《戴东原先生二百年生日纪念大会之盛况》：

昨日（十九）上午九时至十二时，讲学社、天文学会、北京大学研究所国学门、师范大学、晨报社五团体，假后孙公园安徽会馆，开戴东原先生二百年生日纪念会。到会者有梁任公、胡适之、钱玄同、沈兼士、朱希祖、陶行知、高曙青等中外学者及男女学生五六百人，由胡适之主席。先由主席致开会辞。略谓：今日到会诸君，来替一位二百年前戴老先生做一冥寿，去纪念他，在吾国社会上要算破天荒第一次。吾辈何以要纪念戴先生，须知戴先生的学说在吾国学术史上有何关系？他的哲学，在现在哲学界有何关系。又谓：戴先生生日，本在阴历十二月二十四日，改换阳历，颇为困难。幸有观象台高曙青先生担任推算，始将戴先生生日推定为今日。戴先生遗像，国内收藏家均缺有。余曾亲到戴先生故乡休宁去遍访，又未能得，不意高曙青先生竟于纪念会前二三日找着一帧，同人甚为欢欣不已。至关于纪念祝典，本拟略事铺张。但吾辈纪念学术上之戴先生，仪节一层，无关紧要。本日只依照欧洲纪念年会之办法，以讲学式的去纪念戴先生。对于遗像，可自由瞻仰，不必有形式之仪席。继由梁任公演说。……沈兼士、钱玄同、朱希祖三人相继讲演。（天津《大公报》，1924年1月21日）

同日 孙耀祖函托胡适为其《昆明歌谣集》作序。（中国社科院近代史所藏"胡适档案"，卷号986，分号8）

同日 高星烺致函胡适，希望拜访胡适，并自述近况。（中国社科院近代史所藏"胡适档案"，卷号1607，分号2）

1月21日 胡适与蒋梦麟、罗文干、汤尔和、刘崇佑、卢毅安同在宝华楼吃饭。卢毅安给胡适看相，胡适认为不灵，皆推理：

……他说我父死而母在，一不灵。说我记性好，二不灵。说我少

时很顺适，三不灵。说我干政治，做过生意，四不灵。十五六岁时遭大变故，五不灵。说我性急，六不灵。说我肠胃不好，七不灵。他说中的有几点，二十岁一转机，一也；廿五六岁名誉更大，二也；记性虽好，而用创作力时居多，三也；聪明，四也；廿六七岁须穿孝，五也。此皆不足奇，推理而已。他说我的将来：卅四岁生活有大变；卅四五岁须远行；风波很多；寿约七十岁。（据《日记》）

同日　王凌乔致函胡适，向胡适借钱。（中国社科院近代史所藏"胡适档案"，卷号811，分号4）

1月22日　胡适访韩竹平、谢家声，他们邀胡适来谈农业大学事。到协和医院看 Dr. Smyly，问胡思聪病状，"已大有进步"。（据《日记》）

同日　《晨报》报道，梁启超、胡适、陶行知等联名发起创设东原图书馆：

> 戴氏原籍安徽休宁隆阜，该地山水明媚，现省立第四女师即设立其间。该校成立虽仅一周，已有学生一百八十余人，校风优良，众所称美。现由梁启超、胡适、陶行知等发起设立东原图书馆于该校，以作戴东原永久纪念。筹备处附设于北京西四牌楼中华教育改进社内，收款处各地中国银行及安徽屯溪第四女师程仲沂云。

1月23日　胡适女儿素斐病重，请日华同仁医院院长家茂来看。文友会聚餐，Prof. Jans B. Pratt 讲演"暹罗的佛教"。与高梦旦长谈。（据《日记》）

1月24日　素斐病更重，已转成肺炎。胡适烦闷之至，只好作《戴东原的哲学》自遣。Emery 来谈，要胡适批评他"My Chinese Teacher"一文。（据《日记》）

同日　朱经农致函胡适，谈《努力》事。不赞成《努力》与《东方杂志》合并，因其各有特性。认为办《努力》于政治、经济、文学、社会科学及国学等方面，都有充分人力可以担任。列出作者阵容，提议《努力》自办一年。（《胡适遗稿及秘藏书信》第25册，624～625页）

同日　丁文江复函胡适，云："兴致不好不能工作，乃是当然的事。"劝胡适看破一些。又谈及扶轮社开会事。不赞成《努力》延期。《读书杂志》似应停办。(《胡适遗稿及秘藏书信》第 23 册,27～29 页)

1 月 25 日　胡适拟代北京大学向蒙古人买藏文《大藏》之《论藏》全部,因索价太高不成而散。(据《日记》)

同日　任鸿隽复函胡适,云昨天得到胡适廿二的快信,知道胡近来兴致很不好。胡家病人那样多,远处的朋友听了,都要替胡适担忧。赞成《努力》展期到 5 月出版。(《胡适遗稿及秘藏书信》第 26 册,441～443 页)

同日　王卓民函请胡适修改指正其即将出版之作品。(中国社科院近代史所藏"胡适档案",卷号 789,分号 2)

1 月 26 日　陈衡哲复函胡适,云:

我读了你的来信,心中不胜为你忧闷。一个人自己多病已是够了……怎又禁得再加上子侄的疾病相继呢?……

……你如觉得你受不起精神上的担负的时候,请你随时到这里来休养。子侄固然重要,但你以有用之身去做无益的牺牲,这是我们所不许的。

你的女儿的病,我们也甚为关心。……你如需经济上的帮忙……请你千万不要客气。《努力》延期的事,我们不但绝对赞成,并且觉得在你这样多病多忧的时候,《努力》同人似乎不应责你做这一件事。……

(《胡适遗稿及秘藏书信》第 36 册,100～101 页)

1 月 27 日　胡适在北大三院讲"东原哲学"。陈达来谈。(据《日记》)
同日　胡适作有《江城子》:

匆匆离别又经年,
见无缘,
梦魂牵。
万种相思,无计诉君前。
日日书成何处寄?

六百里，远如天。

神仙旧梦散如烟。

忆当年，

意凄然。

何日何朝重履旧山川，

重做神仙天上梦

玩星月，唤鹣鹣？（《胡适遗稿及秘藏书信》第 11 册，405 页）

同日　陈独秀致函胡适，云：

> 蔡和森兄卧病在床，医药无费，弟不忍坐视其困贫而死，特函求吾兄即将他的书稿函告商务结束，余款早交，使他得有医药之费或可活命。（《胡适遗稿及秘藏书信》第 35 册，585 页）

1 月 28 日　林语堂致函胡适，请胡适为其修改译诗并发表之。（《胡适遗稿及秘藏书信》第 29 册，353～357 页）

1 月 29 日　杨鸿烈复函胡适，谈及：已经请其父亲到云南图书馆为胡适代抄方玉润的 70 余首诗。并把《云南丛书》的总目也抄来。已经寄上蓝茂的《韵学略易通》。又建议胡适以北京大学图书馆的名义致函云南翠湖图书馆馆长赵樾村先生，请其捐赠一部《云南丛书》。又谈到自己的《中国诗学大纲》的内容，待写成后请胡适一看等等。（《胡适遗稿及秘藏书信》第 38 册，214～218 页）

> 按，胡适藏书中有《云南丛书》(赵藩、陈荣昌等辑)，系杨鸿烈所赠。其中《韵略易通》书衣有赠书者题记："适之先生惠存，后学杨鸿烈谨赠。"《杨林两隐君子集》书衣有赠书者题记："《韵略易通》作者兰止庵《诗集》和《传略》，谨赠适之先生。后学杨鸿烈。"（《胡适研究通讯》2016 年第 2 期，6 页）

1 月 30 日　钱智修致函胡适，云：

前承许为此间国文函授科撰《文学概论》一种，未知已着手否？现在各科讲义略已齐备，一俟大著交下，即可预备开课，甚望于年假中拨冗为之！至于此文非公莫任，和此间借重先生之意，在这里也不多说了。编辑条例附呈。

《东方》纪念号稿子总算不少，但终以未得大著为遗憾。前与高梦旦师谭及，亦以此为言，想梦师在京，必已面达。但我们并不敢强先生撰长篇文字，我们所希望的，只是数百字的题序，或是旧时的讲演稿和文字小品都可以，或者先生不至于使我们终于失望。……（《胡适遗稿及秘藏书信》第40册，476～477页）

同日　曹诚英致函胡适，请胡适函介其外甥入交通大学附中。（中国社科院近代史所藏"胡适档案"，卷号1762，分号1）

1月31日　任鸿隽致胡适一明信片，告已经收到胡适所寄之《努力》稿纸200页，当努力为《努力》作文。又询胡适健康状况。（《胡适遗稿及秘藏书信》第26册，444～445页）

1月　胡适抄藏清人蔡上翔撰《王荆公年谱考略》二十五卷卷首三卷杂录二卷附录一卷。又于4月17日作一题记：我知道此书，是由于梁任公先生的绍介；他藏有此书的刻本，承他借我抄写一本，后单不广先生又替北京大学书馆借抄一部。记此谢谢梁先生。（《胡适藏书目录》第3册，1587页）

2月

2月1日　顾颉刚来访。（《顾颉刚日记》第一卷，450页）

同日　邰爽秋致函胡适，告知其硕士论文题目，请胡适给予指点。（《胡适遗稿及秘藏书信》第30册，202～203页）

同日　唐钺复函胡适，询《努力》月刊何时发刊。又云一定会为第一期撰文。（《胡适遗稿及秘藏书信》第31册，399～400页）

2月初　徐志摩致函胡适，告近况，又谈及将与张君劢办《理想》等事，

又谈及 Arthur Waley 盼读胡适的《白话文学史》等。(沈寂主编:《胡适研究》第三辑,安徽教育出版社,2001 年,456 -- 457 页)

2 月 6 日　丁文江致函胡适说:

上海的朋友如高梦旦、王云五及经农都希望你暂时离开中国——出洋去看看。黄任之又说,因为美国赔款的事他们要想派人……去运动运动。打听你是否肯做或者不误你的期。(《胡适遗稿及秘藏书信》第 23 册,30 ～ 31 页)

2 月 7 日　胡适在 Tientsin Rotary Club 演讲 "A Chinese Declaration of the Rights of Women",大意谓:

The subject of this little talk is the author of a novel entitled *Flowers in the Mirror*(《镜花缘》). His name is Li Ju-chen(李汝珍); and according to my calculation he was probably born about 1760 and died about 1830....

In 1805 he finished his phonetic work, the *Yin Kien*(音鉴), which was printed in 1810....

The *Flowers in the Mirror* was probably finished in 1825....

This novel consists of one hundred chapters. The author purposely chose the reign of Empress Wu(A.D. 690-705)as his historical background....

...

Technically, the *Flowers in the Mirror* is quite defective. But that is not what interests us here. This novel is of interest to us today as a monumental work of social criticism and propaganda, Undoubtedly, Li Ju-chen was profoundly...

Problem of Sexual Inequality

But it is in the inequality of the sexes and the injustice to women that our author is most deeply interested. The whole book may indeed be called a Chinese declaration of the Rights of Women. In this novel, the author has raised many disquieting questions concerning the treatment of women....

...

But the most striking treatment of the problem of the inequality of the sexes is found in the five chapters describing Tang Ao's visit to the Kingdom of Women....

... Tang Ao's brother-in-law, Lin Chih-yang, went to the royal palace and was seen by the King who was of course a real woman of exceptional beauty and not without the frailties common to her sex. She fell immediately in love with Lin Chih-yang who was quite good-looking and who had only recently lost his beard in a fire during his visit to the Land of Fire-eaters. So he was detained in the palace and a decree was issued to make him a queen in the Kingdom of women.

Process of Womanizing a Man

Then began a long and laborious process of womanization. Lin Chih-yang was given a bath, and dressed in skirts and petticoats.... This constituted the first stage of womanization.

Next came several chambermaids with long beards and with needles and threads in hand.... Without paying the slightest attention to the loud cries of pain, the old chambermaid proceeded to pierce through the other ear. The blood-flow was checked by powder, and a pair of earrings of eight jewels was put on. This ends the second stage of womanization.

The third step was the binding of the feet, which of course took much longer time....

...

Education for Women

Li Ju-chen was no mere negative critic of the position of women. On the constructive side, he advocates education for all women. Of course he believes that all men must be educated....（《胡适英文文存》第 1 册，远流版，152～159 页）

2 月 8 日　胡适作有《古史讨论的读后感》一文，大意谓：

《读书杂志》上顾颉刚、钱玄同、刘掞藜、胡堇人（近仁）四位先生讨论古史的文章……可算是中国学术界的一件极可喜的事，他在中国史学史上的重要一定不亚于丁在君先生们发起的科学与人生观的讨论在中国思想史上的重要。……

…………

第一，所谓"影响人心"的问题。……否认古史某部分的真实，可以影响于史界，那是自然的事。但这事决不会在人心上发生恶影响。……上帝的观念固然可以给人们不少的安慰，但上帝若真是可疑的，我们不能因为人们的安慰就不肯怀疑上帝的存在了。上帝尚且如此，何况一个禹？何况黄帝尧舜？……

第二，顾先生的"层累地造成的古史"的见解真是今日史学界的一大贡献，我们应该虚心地仔细研究他，虚心地试验他，不应该叫我们的成见阻碍这个重要观念的承受。……

…………

……历史家只应该从材料里，从证据里，去寻出客观的条理。……

…………

我们对于"证据"的态度是：一切史料都是证据。但史家要问：（1）这种证据是在什么地方寻出的？（2）什么时候寻出的？（3）什么人寻出的？（4）依地方和时候上看起来，这个人有做证人的资格吗？（5）这个人虽有证人资格，而他说这句话时有作伪（无心的，或有意的）的可能吗？（《胡适文存二集》卷 1，149～162 页）

同日　陈大齐致函胡适，询胡适第二学期是否上课，请早日决定，以便通知学生。倘若健康允许，极盼能抽暇上课，因为学校、学生两方面都

盼望得很。(《胡适遗稿及秘藏书信》第35册，246页)

2月9日　何炳松将其译J. H. Robinson《新史学》赠胡适一册，有题记：

> 适之先生：我寄给你这本书有三个意思：一个是请你再加指正；一个是表示我对于你感激的意思；一个是"希望你的序文能够迟早之间发现在这本书的前面"……(《胡适藏书目录》第1册，435～436页)

2月12日　余炘文函询胡适是否已经读过其兄遗著《官礼今辩》，有何批评，并问何时方便将该书拿回。(中国社科院近代史所藏"胡适档案"，卷1358号，分号11)

2月14日　缪金源致函胡适，询何时方便来取李卓吾的书籍。又谈自己的打算，拜托胡适为其留意：在北大谋一助教的职位，留意报馆编辑的职位，留意学校教员的位置。(《胡适遗稿及秘藏书信》第41册，65～66页)

2月15日　《申报》报道：胡适允南满铁路公司欢迎，定本年7月赴大连讲演中国新文学。

同日　陈独秀复函胡适，云：

> 尊意已由孟邹兄转知。弟朝朝所遇烦恼之事，未必减少于兄，乃以"顽钝不理"四字克服此环境，故尚少心绪不宁的现象，不知吾兄亦以弟话为然否？
>
> 蔡稿求兄早日解决，因其需款至急，弟曾为贷款二百元，若稿款久不来，弟亦陷此困难涡中也。
>
> 《努力》月刊不知何日出版，望示知。弟须答复张君劢一文，若《努力》出版尚无期，拟载之三号《新青年》也。(《胡适遗稿及秘藏书信》第35册，583～584页)

2月17日　顾颉刚致函胡适，告已购得《愿为明镜室词》等。(《胡适遗稿及秘藏书信》第42册，256页)

同日　唐钺致函胡适，告收到200页《努力》稿纸，又索《国学季刊》。又请胡适帮忙提供林语堂不同意《歌戈鱼虞模古读》的有关材料。(《胡适

遗稿及秘藏书信》第31册，401～402页）

2月18日 《申报》报道，蒋梦麟、胡适等47位北大教授联名致函顾维钧、王正廷，望其即行宣布恢复中俄国交，原函略谓：

  俄国革命，国体变更，中俄邦交，因以暂辍。然此乃事势所迫。国际常例，苟其主体已定，则邦交自当随复，若夫或有日月之延……俄自革命以还，既有年所，曩者犹有旧党扰攘，可以却虑；比则苏维埃共和国已大联合，其四境已谧，寇逋就除，人情趣一，主体固定，尚复何所审顾？而俄使三至，讫无酬答，所以海内怀疑或受牵制，抑苏俄以平民革命推覆帝政，纵其为治方略未与我同，此其国内之情，无涉邻与。言其显扬民治，实吾良友，况俄之与我经界相毗，不徒念鲁卫之政，宜先诸国复其故交，即援连疆之谊，亦当应其嘤鸣。……宜绝瞻顾冀望之怀、立遗尺一、复续两国之交。……

  按，在此函上签名的还有：陈大齐、王星拱、沈尹默、张竞生、顾孟馀、汤尔和、马叙伦、李石曾、马裕藻、沈士远、谭熙鸿、李大钊、朱希祖、沈兼士、陈源、丁西林、陶孟和、周作人、林语堂、周览、皮宗石、郁达夫、江绍原等。

同日 缪金源致函胡适，详谈整理李贽著作的计划。自己打算办一份如《努力》那样的报纸，希望胡适践约为哲学系同学会讲演"一个哲学史家的哲学观"，希望胡适在陶孟和赴沪后代教"英文哲学选读"，仍请胡适帮忙介绍职业。(《胡适遗稿及秘藏书信》第41册，67～72页）

2月19日 曹诚克复函胡适，告欢迎信收到，自己觉得实无可欢迎处。又述回乡看到乡民无一不吸大烟，又感叹人心自私等。（中国社科院近代史所藏"胡适档案"，卷号1759，分号2）

2月20日 杨杏佛致函胡适，谈《努力》以及张奚若允任编辑并为之筹路费诸事：

  ……《努力》稿件如何？……必拼命为《努力》成一文，大约月内或下月初可交卷，题为《中国之劳动立法问题》。……昨得亦农来函云，五月决回国，并允任《努力》编辑……惟须于三月底前电汇千元与之作路费，兹将来函寄上，乞兄主持。……款如何筹法，亦望决定。商务不知能预支千元否？如不足，或由我等各担任一二百元凑足之，均望卓夺示复，并直接函告亦农。……（《胡适遗稿及秘藏书信》第 38 册，64～65 页）

同日 任鸿隽致函胡适，云：

现在我有两件要紧的事和你商量商量。一件是经农前日到南京来提起的。他说高梦旦从北京回来，说你身体仍不大好，而担任的事体又太多，若再加上《努力》的事，恐你劳不过来，又要病了。经农的意思，要把《努力》交与在君或我编辑。我想在君不晓得怎样；我呢，时间上容许还来得及，不过南京是《学衡》的出产地，我们若把《努力》拿在此地来编辑，似乎有点故意同他们对垒的意思。如此反而把《努力》看小了。第二，你在北京究竟帮手还多，于不得已的时候，可以拉人帮忙，我在此地似乎没有这种便利。因此我对于这层尚未敢答应，不知你的意思如何？二件是张亦农的事。亦农近来有信给杏佛，表示他愿回国担任《努力》的事。但是他有两个条件：一个是关于编辑上的改革，这层现在已改月报，用不着说了。一个是要在三月以前电汇一千元到法，他才能回来。这一层我想《努力》未必有这个力量。但是你若能在北大方面设一点法，而由《努力》担任一部分，容许也是办得到的。究竟如何办法，请你速行决定，我已经告杏佛将亦农的信寄与你了。三件，听说经农、抚群、擘黄都有离开商务的意思。……你有便时，可否向云五说说，把待遇的办法改善一点，并且替他拉几个人去。……（《胡适遗稿及秘藏书信》第 26 册，446～449 页）

2 月 21 日 徐志摩复函胡适，谈及正月里杭州看梅，寻曹诚英不遇之事，又谈及：

你编一本词选正合式，你有你的 Fine taste 与 Critical insight（品味与批判的眼光），狠少人有的，我预祝你的成功，但你要我做序，我希望你不是开顽笑。我不懂得词，我不会做词，我背不得词谱，连小令的短调子都办不了。……

……词的魔力我也狠觉得，所以我不狠敢看。你说词的好处是（1）影像之清明，（2）音节之调谐，（3）字句之省俭；我以为词的特点是他的 Obvious prettiness which is at once a virtue and a vice（形式之美既是天使也是恶魔）。因为大多数的词都能符合你的三个条件，但他们却不是诗……（《胡适研究》第三辑，458～460 页）

2月22日　本日印行之《读书杂志》第18期发表《特别启事》，告第18期刊行后，将停刊。《努力》周报和《读书杂志》将合并为《努力》月刊，定于5月出版，每月1册，约10万字。

同日　北京大学物理学系、英文学系等6系改选系主任结果揭晓，胡适当选为英文学系主任。（《北京大学日刊》第1452号，1924年4月23日）

同日　清华学校校长曹云祥致函胡适，告清华将举办大学，此后大学部与留学部分开，特请胡适为筹备大学顾问。（《胡适遗稿及秘藏书信》第33册，492～494 页）

2月23日　《时事新报》刊登胡适就安徽省教育经费问题与议员刘吉甫的谈话：

……若云收入之款仍须抽还旧欠，然亦有款可抵。查吾皖之旧欠为百万，实有清还之必要者不过三百万，又查芜、凤两关现已由地方收回，抵还地方垫出中央之款，即凤阳关一处，每年亦八十万，芜湖关虽在交涉之中，将来定案，为数亦必不少。况且省政府现方清理民五以后之民欠钱粮，其数为一百三十九万有奇，以之抵还旧欠，亦属一笔巨款，区区之教育经费，何能一欠数月哉云云。

同日　教育部第二十三号令公布《国立大学校条例》，顾孟馀、胡适等

47人联名反对。(中国社科院近代史所藏"胡适档案",卷号2052,分号4)

2月24日　高星烺致函胡适,告:因资金问题贫民工厂功亏一篑,想以募捐方式处理,希望拜会胡适面谈自己的想法等。(中国社科院近代史所藏"胡适档案",卷号1607,分号3)

2月25日　顾颉刚复函胡适,谈《国学季刊》的编辑及《东壁遗书》的标点等问题。又云:"先生嘱我读社会学、人类学书……俟下星期书箱修好……便可画定时间读书做事。请先生将此类书中最清楚,最紧要的,开一书单与我……"(《胡适遗稿及秘藏书信》第42册,260～263页)

同日　杨鸿烈致函胡适,函寄李星槎送来曾国藩《题方友石书后》。又谈及计划写《袁枚传》。(《胡适遗稿及秘藏书信》第38册,219～224页)

同日　沈良佐函请胡适评论陈志莘的诗可否出版。(中国社科院近代史所藏"胡适档案",卷号1097,分号1)

2月26日　《北京大学日刊》第1404号刊登注册部《布告》:胡适之先生刻已回校,所授哲学系"中国哲学史"及"中国近世哲学"自下星期起授课。

2月27日　H. J. Smyly致函胡适,云:

> I am writing to you again about your nephew, Mr. Hu Ssu Tsung. Another transfusion of blood such as he had on his last admission to the hospital would, we feel sure, benefit his health very much. We have unfortunately not been able to get a blood donor of the proper group. If any of his relatives or friends or fellow students would be willing to give a blood for him, we should be glad to test them out. It is necessary that both donor and recipient should belong to the same blood group. The amount of blood which is taken is about 400 or 500 c.c. and the loss of this amount only causes a very transient inconvenience and is without danger to a healthy person. (中国社科院近代史所藏"胡适档案",卷号E-345,分号9)

2月29日　陈独秀致函胡适,云:"蔡稿款望速速结束,因弟为彼代借

之款催还至急也。此弟事，非蔡事，求吾兄务必提前办一下。"(《胡适遗稿及秘藏书信》第35册，586页）

同日　蒋梦麟致函胡适、陈源，告：关于张歆海薪水，当照来函所嘱，月给220元，待张完全来校时即按最高标准发给。(《胡适遗稿及秘藏书信》第39册，497～498页）

2月　胡适写出《禅宗史草稿》的第一部分《印度二十八祖》，后来又不断改写。后来又陆续写成其余各部分：二、达摩；三、慧可（二祖）；四、禅宗先师的经典；五、僧璨与道信；六、弘忍；七、慧能；八、神秀；九、神会；十、行思与怀让。这批文稿收入《胡适遗稿及秘藏书信》第8册，319～475页。

3月

3月2日　胡适为沈士远证婚，并有演说。(《钱玄同日记》中册，575页；《顾颉刚日记》第一卷，461页）

3月4日　《北京大学日刊》第1410号刊登注册部《布告》："胡适之先生于哲学系每周添授'清代思想史'一小时，时间在星期三下午四时半至五时半……"

同日　胡鉴初复函胡适云，嘱汇200元，先已筹备。稿纸印了3000张。胡思永的遗诗，寄到即付排。（中国社科院近代史所藏"胡适档案"，卷号1552，分号3）

3月6日　陶孟和致函胡适，告已答允藏玉淦译书。汤尔和赴美，如果要为其饯行，请允陶也加入。(《胡适遗稿及秘藏书信》第36册，305页）

3月7日　商务印书馆致函《努力》周报社，告屡接顾客函询或亲来询问，希望《努力》周报改组后尽快出刊。（中国社科院近代史所藏"胡适档案"，卷号2205，分号2）

3月8日　曹诚克复函胡适，为胡思永之死等不如意事安慰胡适。又告自己与曹诚英的行止。（中国社科院近代史所藏"胡适档案"，卷号1759，

分号3）

同日　程修之函询胡思聪、素斐、祖望的健康状况。（中国社科院近代史所藏"胡适档案"，卷号1861，分号5）

同日　北京大学史学会函邀胡适就史学之意旨或其他有关史学之心得做演讲。（中国社科院近代史所藏"胡适档案"，卷号2150，分号1）

3月10日　高星烺致函胡适，请胡适介绍工作，再由存下来的钱使其开办的贫民工厂开业。（中国社科院近代史所藏"胡适档案"，卷号1607，分号4）

同日　凌乔致函胡适，向胡适要钱。（中国社科院近代史所藏"胡适档案"，卷号1623，分号1）

3月11日　胡适作有《叶梦得记禅宗派别》一篇读书杂记。（《胡适遗稿及秘藏书信》第8册，278～279页）

3月12日　胡适作杂记一则：禅宗的史料甚繁重，不容易理出一个头绪来。今年我一时高兴，发愿整理禅宗的史料，作为《禅宗史》。每日整理一部分，用读书杂记的体裁写下来，作为长编的稿本。将来写定哲学史时，当另行写定。（《胡适遗稿及秘藏书信》第9册，218页）

3月14日　胡适作有《仿农歌》：

那有葵花不向日？

那有磁针不引铁？

那有咱们两个人，

不愿相逢愿离别？（《胡适遗稿及秘藏书信》第11册，408页）

同日　《北京大学日刊》登载注册部《布告》：胡适之先生所授哲学系"中国近世哲学""中国哲学史"自本日起均改上第三院第四教室，"清代思想史"改上第三院大礼堂。

同日　北京大学聘任委员长陈大齐致函胡适，告胡适推荐徐志摩、楼光来入北大教书，徐志摩通过，楼光来待查。（《胡适遗稿及秘藏书信》第35册，248页）

3月15日 胡适等60位北大教授联名致函北大校长，认为教育部制定之国立大学条例悖理，复昧于事，蔑视学校及教员之人格，殊为可愤，尤其国立大学设立董事会，谬于模仿，且就我国实际状况而言，教育务求独立，不宜转入于政治漩涡。函请校长向教育部"严重交涉"，"根本取消"。（《北京大学日刊》第1421号，1924年3月17日）

同日 刘揆黎复函胡适，请胡适赠送二期《读书杂志》。"古史讨论事，承先生劝勉为文"，但因自己学力不足，加之上课时间过多，目前无暇写作论文，要等暑假之后方有时间。胡适《古史讨论的读后感》，有很多切中自己之弊，但其中尚有自己"不尽释然者"。（《胡适遗稿及秘藏书信》第40册，112～115页）

同日 曹诚克复函胡适，为胡思永之丧安慰胡适，又告知自己行止。（中国社科院近代史所藏"胡适档案"，卷号1759，分号4）

同日 孙耀祖函请胡适于本月20日后将《昆明歌谣集》的序文写好，以便付印。（中国社科院近代史所藏"胡适档案"，卷号986，分号9）

同日 李培瑞函询胡适：胡著《墨辩新诂》是否已经出版？（中国社科院近代史所藏"胡适档案"，卷号1174，分号3）

3月17日 胡适作有读书杂记《行脚》《哪吒》。（《胡适遗稿及秘藏书信》第8册，280页；《胡适遗稿及秘藏书信》第9册，210页）

同日 刘弄潮致函胡适，谈及："现在的思想界，是何等地沉闷！《努力》月刊还不出版，真是令人急煞！"（《胡适遗稿及秘藏书信》第40册，51～52页）

同日 朱经农函寄胡适《努力》第一期文稿一篇，并云："（此文）十分之八是为科学辩护，十分之二是为宗教辩护，因为我是一个诚实信宗教的，我又是极端推崇科学的。我为宗教辩护的地方或者为兄等所不许，兄等尽可发表意见纠正我的错误，不过大家不牵涉意气为是。"并劝胡适不要为侄子去世过于悲哀等。（《胡适遗稿及秘藏书信》第25册，627～628页）

3月18日 胡适作有《苏洵的〈辨奸〉》一文，以叶梦得《避暑录话》的记载证"《辨奸论》之为伪作"。（《吴淞月刊》第一期，1929年4月）

同日　胡适在《达摩多罗禅经》四卷（东晋释佛陀跋陀螺译，1921年南京金陵刻经处）题记：此是伪经。次年3月3日胡适又记：此不是伪经，前记太武断了。此即《修行方便论》，今改称《达摩禅经》，是容易误会的。（《胡适藏书目录》第2册，1156页）

同日　胡觉致函胡适云，未接胡适来信，询问平安。又谈及云卿款事是否已函商汪惕予等。（《胡适遗稿及秘藏书信》第22册，742页）

3月21日　曹诚英致函胡适，告收到北大歌谣研究会的刊物颇为高兴，又抄示湖北民谣二首，请胡适为之拟题目。（中国社科院近代史所藏"胡适档案"，卷号1762，分号2）

3月22日　顾颉刚复函胡适，谈《国学季刊》的"戴东原号"问题以及现在尚无时间从事"曲选"的工作等。（《顾颉刚书信集》卷一，414～415页）

3月23日　胡适作有《墨字》，25日又有补记。

同日　胡适在清人陆陇其撰《三鱼堂文集》十二卷附录一卷外集六卷附录一卷（1701年刻本，1函10册）上有题记："此本内凡关于吕留良的文句都挖出了。颉刚有补抄本，我借来写完全。"（《胡适藏书目录》第2册，1471页）

同日　福建公立法政学校学生陈赞祺函邀胡适于暑期来此演讲。（中国社科院近代史所藏"胡适档案"，卷号1315，分号3）

3月24日　下午，钱玄同来访。（《钱玄同日记》中册，577页）

同日　张歆海致函胡适，询北大可否聘汤用彤为印度哲学或梵文教授。（《胡适遗稿及秘藏书信》第34册，335～336页）

同日　唐钺致函胡适，谈"鱼摸"古读问题。（《胡适遗稿及秘藏书信》第31册，405～407页）

3月25日　《新教育》杂志社函请胡适撰写历史教学方面的文章。（中国社科院近代史所藏"胡适档案"，卷号2074，分号4）

3月26日　钱玄同致函胡适，希望借阅昨天所看之书，又询问该书的一些基本数据等。（《胡适遗稿及秘藏书信》第40册，333页）

3月27日　胡适第二次进紫禁城见溥仪。（[英]庄士敦著，淡泊、思齐译：《紫禁城的黄昏》，紫禁城出版社，1991年，158页）

同日　顾颉刚复函胡适，送上校对好的《读书杂志》，告收到《三鱼堂集》，抄奉为《努力》月刊所作文一篇。（《胡适遗稿及秘藏书信》第42册，270～271页）

同日　张锦城致函胡适，拜托胡适为其亡故的祖母作传。（《胡适遗稿及秘藏书信》第34册，494～495页）

同日　支伟成致函胡适，告安徽教育厅长卢绍刘嘱咐其作安徽朴学大师列传，希望胡适提供绩溪三胡之事略、学说、著作。又赞胡适的《中国哲学史大纲》（卷上）。又云近作《诸子研究》，"每书之前作引论，无非根据尊著《中国哲学史大纲》办法，考证年代，辨别真伪，溯厥渊源，揭其主义，论其流变"。（《胡适遗稿及秘藏书信》第24册，558～559页）

3月28日　陆侃如致函胡适，向胡借《全汉魏六朝诗》，又谈及胡适嘱编高中教科书的《楚辞》，年底可成，并抄示目录。又提出将唐以前的诗里分出"乐府"，并希望由其编纂，抄示暂拟的目录。又拟编《中国古代诗史》，并抄示目录。（中国社科院近代史所藏"胡适档案"，卷号1256，分号3）

3月29日　汪静之致函胡适，自述目前状况。询问胡适是否可用其《国语文学小史》为教材。（《胡适遗稿及秘藏书信》第27册，671～673页）

4月

4月1日　胡适访顾颉刚，谈《国学季刊》事。（《顾颉刚日记》卷一，471页）

同日　Carroll B. Malone 致函胡适，云：

The Executive Committee of the Peking Historical Association is now planning the programs for our fall meeting.

We would be honored if you could favor us with a lecture at our November meeting, Saturday, November 15, 1924, on some subject dealing with the influence of Buddhism on Chinese civilization. We would be glad to have you phrase the subject as you wish.

We hope that you can accept this invitation.（中国社科院近代史所藏"胡适档案",卷号E-285,分号1）

4月3日　胡适应邀到清华学校演讲,演讲之前曾接受《清华周刊》记者的访问,内容如下:

问:清华现在筹办大学,它应当设的科部,还是看社会的需要而定呢?还是看所得的人才而定呢?

答:社会什么都需要。办大学总以先得人才为主。美国芝加哥大学,办了几十年,很是不振。后来有煤油大王等捐助经费,新任校长,旅行全国,网罗到杜威等十几个大学者,优给薪俸,然后回来办理。两三年间,居然成为美国著名大学之一。现在清华曹先生,张先生据我方才谈话所得,也在注意这点,这是很好的。

问:这样说来,是不是我们有什么人才便办什么科呢?还是先定了要办什么科再去找各科的人才呢?

答:人才在今日中国,真是难问题。假如我们要办一个历史科,或是要办一个中国文学科,我们简直找不着这种相当的人。不过办大学,也不能因人设科,计画也要先有的。……

问:……先定计画,然后再找人,就所能找得的人,来实行计画中的一部分,对不对?

答:对的。

问:关于请普通中国学问的教员,学生都有一种特殊的心理。请来老先生,说他腐败,请来现在大学毕业的,又瞧不起。这是事实,胡先生当能承认。对此有何应付的方法?

答:我承认是有这种情形。应付的方法,就是请现在学校毕业而能有些成绩的。例如顾颉刚,他并没有出过洋,然而北大要请他。学

生绝不能反对,因为他有相当的成绩。总之,我们注意他的成绩便是。

问:关于毕业后留国一年,来从事旅行,先生以为怎样?胡君敦元和先生谈过这事么?

答:空空的旅行,我以为未必能得什么。不过像胡君敦元等那样先事准备,做就各种表格,或者很可以有成绩。这种做法,颇为新颖,很值得一试的。

问:毕业留国读中国书怎样呢?

答:人的本性,对于一件事,不能有深切的趣味,而要费很大的努力的,总得要外力督促才行。中国书既无句读,注释又不合我们现在人的了解,除非有点功夫的人,很难自力的读下去。所以要是茫茫然这样一干,终久会一曝十寒,没有结果。最好的方法,是用一个问题做中心,就这个问题,旁参侧考开去。例如你是学法律的,可以定一个题目:如"历代法典史"。先拿《汉律考》《唐疏义》《宋刑统》《元典章》《明律》《清律例》《民国新刑律》及各史刑法志来研究。因研究一代的法制,而及于他的政治、地理、哲学……这样认定一个题目为中心,则所读的才能有兴趣,才能记得住,而仍能念很多种的书。否则,你纵能读一年的书,杂乱无章毫不能得益。书这种东西,我们可以从无数的观察点去看他,你要不定一个观察点——即问题——飘来荡去,必致茫无适从。所以,你们要读中国书的,顶好用这个方法。先定一个题目,然后请对于该问题有研究的人,给你们一个书目,由他指点照着这书目念去。题目不妨定宽一些,这是为的维持我们读书的兴趣,不是为作博士论文。

我承认我这个办法很相宜,极希望你在同学里替我鼓吹。我从前在杭州也曾这样劝过人的。好多留学生回国来,便把学问荒废,不再读书,因为他们不能拿住一个问题,所以无从进行。

问:对于留国做事,有何意见?

答:这要看各个人的机会及所做的事的种类如何,不能回答。

问:现在国民党很铺张扬厉的惹人注目,胡先生对于他的意见怎样？

答：北大有很多学生加入了，不知清华怎样？至于国民党，我现在很少研究，不能发表意见。(《与胡适之先生谈话记》，《清华周刊》第 309 期)

同日　胡适作有《禅宗的讲学制度》一篇读书杂记。(《胡适遗稿及秘藏书信》第 8 册，281～284 页)

同日　宋选铨致函胡适：拟翻译易卜生《雁》剧，希望胡适帮忙审查收入《世界丛书》之中。(中国社科院近代史所藏"胡适档案"，卷号 1130，分号 1)

同日　涂允檀致函蒋梦麟、胡适，报告抵美后学习情形。又鉴于留美同学日多，又附记"留美出国手续及抵美后情形"等。(《北京大学日刊》第 1464 号，1924 年 5 月 8 日)

4 月 5 日　Jean Escarra 致函胡适，云：

I am pleased to return to you the volumes you have lent to me. The History of Chinese Codification is not very interesting, being a mere compilation of dates and names. The Code of Song is very useful for my researches and I should be glad to buy it. I suppose that I may ask the Codification Commission for trying to get a copy of this book. The said Commission has just sent to me a copy of The Ming Code. The Han lu would be too of some interest; as regards The Yuan Ordinances, I am waiting for the book and I shall send you the money in due time. (中国社科院近代史所藏"胡适档案"，卷号 E-191，分号 4)

4 月 7 日　陈衡哲致胡适一明信片，告为新《努力》作的小说近日寄上，又询是否收到《西洋史》，又挂念胡适的健康与心绪等。(《胡适遗稿及秘藏书信》第 36 册，122～123 页)

同日　田炯锦来访不遇，乃致函胡适云：自己欲赴美习历史及社会学，

想请教到美后入何校相宜。拟于9号再来拜谒。（中国社科院近代史所藏"胡适档案"，卷号883，分号2）

同日　杨真江致函胡适，述德国战后纸币跌价、食物缺乏等情，盼我同胞乘此时机自强。认为我国教育大半是浮泛的，尤其是对数学的忽略。强调提倡社会科学。（中国社科院近代史所藏"胡适档案"，卷号1197，分号4）

4月8日　杨鸿烈致函胡适云，看到江绍原辱骂杨译文的一段杂感，请胡适对这段译文做一个公判。（《胡适遗稿及秘藏书信》第38册，227页）

4月9日　陈独秀致函胡适，告《中国青年》将出特号反对泰戈尔，他们请陈代向胡适邀稿。陈函云："我以为此段事颇与青年思［想］有关……最好能做一文……"（《胡适遗稿及秘藏书信》第35册，587页）

4月10日　《申报》报道：清华学校，自决定开办大学，并经呈准外交部以来，对于一切筹备，积极进行。近已聘定范源濂、胡适、张伯苓、张福运、丁文江5人为筹备大学顾问，本周内开第一次会议，将讨论停招中等生、大学宗旨与财政计划诸问题。

同日　袁振英致函胡适，详述自己经济情况恶劣情形，并云："……很想找得机会到北京或上海，不管学校或书局，如果有相当事业，也请你介绍我，找一条生路。我现在实在是灰心到万分，极不愿意做人。我两本译稿，能否出售，或什么时候能出售，请你早些告诉我，因为我等着钱用。"（中国社科院近代史所藏"胡适档案"，卷号1640，分号10）

同日　邹鲁函邀胡适于暑期前来出席广东大学筹备会。（《胡适遗稿及秘藏书信》第38册，376～377页）

> 按，3月3日，广东大学召开第一次筹备会议，通过筹备处组织大纲。后筹备主任邹鲁即多方聘请筹备员，共聘任汪精卫、胡汉民、马君武、吴稚晖、李石曾、蒋梦麟、李大钊、廖仲恺、许崇清、伍朝枢、徐甘棠、梁龙、邓植仪、胡适、郭秉文、孙科、何春帆、陈耀恒、石瑛、程天固等35人。（《广州民国日报》，1924年3月20日；《申报》，1924

年3月26日；吴定宇主编:《中山大学校史（1924—2004）》，中山大学出版社，2006年，11～12页）

同日　黄炎、胡选庭致函胡适，请胡适指正其所做的小学、初中英文文法。又感谢胡适上次帮忙解答《荀子》之《劝学篇》中的一处疑窦。（中国社科院近代史所藏"胡适档案"，卷号1779，分号6）

4月11日　丁文江复函胡适，谈胡的病情，邀胡夏天同到北戴河歇夏，又谈到《努力》的复刊问题等。（《胡适遗稿及秘藏书信》第23册，188～190页）

同日　顾颉刚致函胡适，续送《国学季刊》稿3篇，又检奉《读红楼梦杂记》等。（《胡适遗稿及秘藏书信》第42册，272～273页）

同日　旌德汪昂、汪演、谭鋆致函胡适，请教开办私立高等小学的两大问题：款子问题，插班问题。（中国社科院近代史所藏"胡适档案"，卷号1104，分号2）

4月15日　任鸿隽复函胡适，云：悉胡适近又略有病状，极为挂念。盼胡遵医嘱多休养。来函中所谈东大废止文学、哲学等系之说是谣传。但这两系都不曾组织完备，询胡适"有甚么 Suggestion 吗？"徐新六提议《努力》改在7月出版，"我们都极赞成"。等等。（《胡适遗稿及秘藏书信》第26册，590～593页）

4月16日　胡适有白话诗《中央公园作》：

> 我攀着花枝微叹：
> 这几日的狂尘已洒遍了一层层的花瓣。
> 我且折一两枝花，
> 寄与江南人看，
> 好教他更殷勤赏玩江南的艳阳天、芳草岸。（《胡适遗稿及秘藏书信》第11册，406页）

同日　林语堂致函胡适，请胡适指正其驳章太炎的文章，并希望发表

于《国学季刊》。(《胡适遗稿及秘藏书信》第 29 册，358 页)

4 月 17 日 胡适致函王国维，希望王之研究戴震《水经注》的文章在《国学季刊》登载。(国家图书馆古籍馆编:《国家图书馆藏王国维往还书信集》第 6 册，中华书局，2017 年，1402 页)

同日 高星烺致函胡适，请胡适给其找出一条生路。(中国社科院近代史所藏"胡适档案"，卷号 1607，分号 5)

4 月 18 日 缪金源致函胡适，报告自己整理李贽著作的设想，请胡适指正；拟办一份如同《努力》周报那样的政论报纸，请胡适教正；希望胡适如约为哲学系同学会讲"一个哲学史家的哲学观"；希望胡适代陶孟和讲授"英文哲学宣读"等。(中国社科院近代史所藏"胡适档案"，卷号 1912，分号 9)

4 月 19 日 钱玄同来访不遇。(《钱玄同日记》中册，581 页)

4 月 21 日 顾颉刚日记有记：途遇适之先生，知他经西医诊察，谓是肺病，现拟到跑马场休养。先生体弱如此，一做事就病，而又不肯不做，思之悲恐。(《顾颉刚日记》卷一，478 页)

同日 曹诚克致函胡适，告胡适三嫂一直为胡思永的死怨恨曹诚英。推荐歙县同乡至北大教书。又谈论修族墓等事。(中国社科院近代史所藏"胡适档案"，卷号 1759，分号 14)

4 月 22 日 《北京大学纪事》记：北大物理学、国文学、英文学等 6 系主任改选，胡适当选为英文学系主任。(《北京大学纪事（1898—1997）》，159 页)

4 月 25 日 下午，讲学社在北海静心斋举行茶会，欢迎泰戈尔。胡适出席。出席的名流还有梁启超、蒋百里、熊希龄、汪大燮、蒋梦麟、范源濂、张彭春、张歆海、梁漱溟、林长民、林志钧、杨荫榆、卫礼贤、庄士敦等。首由梁启超致欢迎词，次由泰戈尔致答词。(《申报》，1924 年 4 月 26 日、4 月 28 日)

同日 下午，钱玄同来访。(《钱玄同日记》中册，582 页)

同日 吴虞日记有记：国文系主任马幼渔，仍 8 票当选；英文系主任胡

适，3 票当选。(《吴虞日记》下册，177 页）

4月30日　陈衡哲复函胡适，谈及：

> 梁任公的自由意志的历史观，我当然是反对的……但你的"缠小脚也是文化"的观念，我也不敢"副议"。我以为缠小脚是历史，但不是文化……凡是助进文化或是阻碍文化的势力，都有历史的价值。这是我对于历史与文化二事所定的界限。(《胡适遗稿及秘藏书信》第 36 册，127～128 页）

5月

5月1日　吴虞日记有记：君毅言……胡适之为人，极圆滑而假，不可信。(《吴虞日记》下册，179 页）

同日　唐钺致函胡适，知道胡适身体不好，望胡适多调养。赞成《努力》等张奚若回国再办。向胡适索回给《努力》的文稿。(《胡适遗稿及秘藏书信》第 31 册，409～411 页）

5月2日　吴虞日记有记：前年桓、棱事，潘大道令胡适之作书与我，我当时批示桓，而大道乃以予所批示适之，胡适之对予不满。此后笔墨宜慎，不可随便写。(《吴虞日记》下册，179 页）

5月4日　学生联合会在女高师开五四五周年纪念会，范源濂、胡适、李石曾均有讲演。(《申报》，1924年5月5日）

5月5日　陶行知致函胡适，建议胡适到庐山养病。(《胡适遗稿及秘藏书信》第 36 册，411～415 页）

5月6日　蒋梦麟致函胡适，云："昨日高梦旦来信问兄近状，并嘱弟爱护兄，愿兄把功课停止，或早日收束。"又谈汪敬熙来催款事。(《胡适遗稿及秘藏书信》第 39 册，459 页）

同日　顾颉刚日记有记：闻通伯言，适之先生肺病已证实，使我悲感。(《顾颉刚日记》卷一，484 页）

5月7日　钱玄同来访。(《钱玄同日记》中册，585页)

同日　方念谐致函胡适，请胡适指导徽州旅沪学会，并请胡适为《新安潮》写稿。(中国社科院近代史所藏"胡适档案"，卷号745，分号4)

5月8日　晚，"新月社"在协和医学校大礼堂为泰戈尔举行64岁寿诞庆祝会，首由胡适致开会辞，次请梁启超讲演，并为泰戈尔取一中国名"竺震旦"。次由泰戈尔致谢。最后，观看泰氏名剧《齐德拉》(Chitra，当时译为《契玦腊》《杞特拉》等)。胡适讲演内容如下：

> 我们今天庆祝太氏有两种意思：第一是庆祝太六十四岁的生日，第二是庆祝太氏中国名的命名日。太氏是诗哲，并且是革命的诗哲。中国文化受印度影响很多，今天我们能够在这里欢迎代表印度的最大人物，并且刚逢着他的生日，替他做寿，实在是凑巧极了。梁任公先生又替他起一个中国名，今天就是命名日，所以一方祝贺老诗哲六十四岁的生日，一方又是祝贺一位刚生下来不到一天的小孩。(《申报》，1924年5月12日)

胡适《追记太戈尔在中国》：

> 一九二四年五月八日是他老人家六十四岁生日，北京的一班朋友发起给他祝寿，主要的节目是他的戏剧《杞特拉》(Chitra)的用英文公演，林长民的女儿林徽因女士演主角Chitra，徐志摩、林长民诸君都参加。他老人家很高兴。(《胡适手稿》第9集卷3，482页)

5月9日　陈衡哲致函胡适，主要谈始终不承认"有价值"与"有意识"为一件事等。(《胡适遗稿及秘藏书信》第36册，132～133页)

5月10日　泰戈尔在真光影剧场向北京青年作第二次公开讲演，胡适出席。泰氏讲演前，胡适对怀疑泰氏者(场中发现"送泰戈尔"之传单)有所警告。(《申报》，1924年5月13日)

胡适《追记太戈尔在中国》：

1924年　甲子　民国十三年　33岁

我们观察太戈尔那一次在中国最感觉烦恼（sad）的一点是当时的"左"派青年……反对他的演讲，在演讲场上散发传单攻击他。有一次他在真光戏园演讲，主持的人要我做主席，要我介绍他，并劝告大家尊重他老人家说话的自由。(《胡适手稿》第9集卷3，482页）

同日　顾颉刚日记有记：适之先生自谓身体已好，然貌更清癯，不知从此肯稍自将息否。(《顾颉刚日记》卷一，485页）

同日　韦莲司小姐致函胡适，表达了看到胡适妻儿照片后的喜悦心情，又告胡适自己找到一份大学图书馆兽医馆馆员的工作等。(中国社科院近代史所藏"胡适档案"，卷号E-380，分号1）

5月11日　胡觉致函胡适，要胡适保重身体，终日伏案对肺不好。外欠款事不要挂怀。(《胡适遗稿及秘藏书信》第22册，743～745页）

5月12日　上午10时，泰戈尔在真光剧场开最后一次讲演会。泰氏讲演前，徐志摩、胡适均略有演说。泰氏讲演用英语，胡适口译。5月15日《申报》报道胡适讲演内容如下：

前天会场中发现送太戈尔的传单，我觉了很感觉不快。第一，传单中说，研究系因为去年玄学与科学的论战失败了，所以请这位老祖师来替他们争气，这话是没有事实的根据的。去年玄学科学的论战，起于四月中旬，而太戈尔的代表恩厚之君到北京也在四月中旬，那时北京大学因为种种困难，不能担任招待太戈尔的事，所以恩厚之君才同讲学社接洽。我于四月二十一日南下，那时太氏来华的事，已接洽略有头绪了。我也是去年参加玄学科学论战的一个人，我可以说，太戈尔来华的决心，定于这个论战未发生之前。他的代表来接洽，也在这个论战刚开始的时候，我以参战人的资格，不能不替我的玄学朋友们说一句公道话。第二，传单中说，激颜厉色要送他走，这种不容忍的态度，是野蛮的国家对付言论思想的态度。我们一面要争自由，一面却不许别人有言论的自由，这是什么道理？假使我因为不赞成你的主张，也就激颜厉色要送你走，你是不是要说我野蛮，主张尽管不同，

辩论尽管激烈，但若因为主张不同而就生出不容忍的态度，或竟取不容忍的手段，那就是自己打自己的嘴巴，自己取消鼓吹自由的资格。自由的真基础，是对于对方主张的容忍与敬意，况且太戈尔先生的人格，是应该受我们的敬意的。他的文学革命的精神，他的农村教育的牺牲，他的农村合作的运动，都应该使我们表示敬意。即不论这些，即单就他个人的人格而论，他的慈祥的容貌，人道主义的精神，也就应该命令我们的十分敬意了。

5月13日　W. Eugene Sallee 函请胡适帮忙推荐两位合适的中国教师，期望能在今年秋天的学期开始担任教职。（中国社科院近代史所藏"胡适档案"，卷号 E-334，分号1）

5月20日　顾颉刚日记有记：适之先生来书，谓其女儿病危，闻之怅叹。他们家里不如意事太多了。（《顾颉刚日记》卷一，484页）

5月22日　寿子逸致函胡适，请胡指示其剧本《姚烈师投江》，就其讲义《先秦学术概要》向胡适请教五个问题，并请胡适作序。（《胡适遗稿及秘藏书信》第38册，503～514页）

5月24日　胡适复函曹梁厦，云：科学社委托的事，本已预备进行，并已有信与丁文江，征求材料。但今早报载柯立芝总统已决定以全数赔款给清华了。此种决定也甚好。清华近进行作大学计划，除已在校之学生将来可出洋外，以后留美学额皆公开考试，清华学生与他校学生受同等的待遇。此亦极好之事，可免今日各机关之纷争。蒋梦麟说："我们将来可监督清华的良否，但此时不能说清华不可受此款。"此说是也。科学社同人对此，大概也同此意罢？又谈及自己这两星期又有点腰痛，女儿素斐的病非常厉害，恐不可救。自己已上课一个月，明年决计不教书了。（《胡适中文书信集》第1册，552页）

同日　吴虞日记有记：游中央公园，晤李伯申、胡适之。（《吴虞日记》下册，183页）

同日　丁文江致函胡适，谈到美国第二次退还庚款的用途；又谈到中国科学社的同人,"注意于宣传的多,尽力于研究的少,似乎是根本错误。十篇英文的'成绩说明书',不如一篇真正的成绩"。希望社友能从事实际研究,"你有信去的时候,请你把这种意见鼓吹鼓吹……"并再次邀请胡适夏天到北戴河度假。(《胡适遗稿及秘藏书信》第23册,34~36页)

> 按,美国第二次退还中国庚款余额的议案于5月7日由众议院通过,12日,参议院通过;21日,美国总统柯立芝(Calvin Coolidge)批准此案。该余额(由1917年10月至1940年12月,本息共计1200余万美元)分20年交付,经中美双方拟定该款用途,为科学、教育事业。

同日 李蒸致函胡适,告其印度朋友R. Chakraberty拟刊行一种杂志,名为The Oriental Review,请胡适代为觅稿,又将胡适的通信处告知R. Chakraberty,请其直接写信给胡适。又请胡适保重身体,以便"由根本上作些点滴的建筑事业"。(中国社科院近代史所藏"胡适档案",卷号1150,分号4)

5月25日 任鸿隽致函胡适,谈科学社如何争取美国庚款事。科学社同人认为,为做成此事,或须派人到美国去一趟。但赴美之前,至少须要探询美国公使休满先生对此事的意见。倘若能得到他的赞成并肯帮忙,那就好了。"大家的意思,以为你同休满素来要好,而且休满狠敬重你,所以狠想烦你先把此事同休满接洽一下。"今天南京的科学社理事会公推任到北京和胡适商量。"我现在写这信的意思,是要问你这件事可不可进行?如可进行,还要请你先预备一下(如见着美国方面的重要人物可先行鼓吹一下),一面写信告诉我。我把应用的东西备好,就跑向京里来了。"(《胡适遗稿及秘藏书信》第26册,454~457页)

5月26日 杨杏佛致函胡适,云:为科学社争取美国庚款事,"……弟等颇拟请兄专为此事赴美一行,由社供给旅费,兄且可借此一换空气。闻兄原有后年出游之意,现在提早一年,恐与身体休养尤合,请斟酌赐复为幸"。倘若任鸿隽肯赞成,胡适肯去,杨即提出理事会通过。(《胡适遗稿及秘藏书信》第38册,67~68页)

同日　邹鲁致函胡适，告广东大学筹备会将于7月15—25日开全体委员大会，请胡适出席。(《胡适遗稿及秘藏书信》第38册，378～379页)

5月27日　上午10时，中华图书馆协会董事部第一次会议在北京石虎胡同松坡图书馆举行。出席者有丁文江、蔡元培（陈源代）、梁启超、袁同礼、胡适、熊希龄（高仁山代）、颜惠庆、陶行知（陈翰笙代）、范源濂（梁启超代）、洪有丰（袁同礼代）。会议公推梁启超为临时主席，胡适为临时书记。选举职员，议决：除本会组织大纲所规定之部长1人外，选举1人任书记事务，另举5人组织财政委员会。选举结果：部长：梁启超；书记：袁同礼；财政委员会：颜惠庆、熊希龄、袁希涛、丁文江、胡适。签订董事任期年限一年的5人：颜惠庆、袁希涛、梁启超、范源濂、袁同礼；二年的5人：王正廷、熊希龄、蔡元培、洪有丰、沈祖荣。三年的5人：胡适、丁文江、陶行知、钟福庆、余日章。议决董事部暂不须细则。核定本届预算，照原案通过。推举名誉董事4人：教育总长、施肇基、鲍士伟、韦隶华。推举名誉会员20人：罗振玉、徐世昌、傅增湘、严修、王国维、张元济、陈垣、叶恭绰、叶德辉、李盛铎、董康等。(中华图书馆协会董事部第一次会议记录，中国社科院近代史所藏"胡适档案"，卷号2085，分号5)

5月28日　陈衡哲复函胡适，云：

你说我反对唯物史观，这是不然的；你但看我的那本《西洋史》，便可以明白，我也是深受这个史观的影响的一个人。但我确不承认，历史的解释是 unitary 的；我承认唯物史观为解释历史的良好工具之一，但不是他的唯一工具。

关于缠脚是不是文化的一个问题，我想你和我意见不同的原因，是由于我们对于文化定义的不同。……

你为了太戈尔所说的话，我们都十分赞成，我尤赞成你所说的"自己打自己的嘴巴"的意思。……(《胡适遗稿及秘藏书信》第36册，134～136页)

5月29日　胡晋接致函胡适，请胡适与教育部接洽，转达对安徽教育

厅长卢绍刘的挽留之情，恳予暂免他调。(《胡适遗稿及秘藏书信》第 30 册，440～441 页)

5 月 30 日 《北京大学日刊》第 1483 号刊出胡适嘱刊的"哲学史各班论文题目"，包括"中国哲学史（中古）论文题""近世哲学论文题""清代思想史论文题"。

同日 常春露致函胡适，云：被警厅没收之《胡适文存》三部，仍未发还，交涉时并言此书不准售卖，请胡适与警厅交涉，将没收之书发还并准售卖。(中国社科院近代史所藏"胡适档案"，卷号 1803，分号 8)

5 月 31 日 早 6 时，北大学生军在第一院大操场举行检阅典礼，胡适与蒋梦麟、范源濂、石志泉、江庸、蒋百里等前来参观。(《申报》，1924 年 6 月 3 日；《北京大学纪事（1898—1997）》，160 页)

同日 胡适致函丁文江、任鸿隽、杨杏佛、朱经农，谈 Schurman 告知的美国国会关于庚款提案的 Preamble: Whereas in 1908, the U.S. Government returned a portion of the Chinese indemnity etc., And whereas, on the initiation of the Chinese Government, the money returned was used for educational and other cultured purposes, etc. 若依此说，是此款之用途，仍须由中国政府提议，在法律上，美国政府及公使皆无权说话。Schurman 以朋友的资格建议两条：1. 由中国教育团体建议（他举出中华教育改进社作例），将此款作为一种基金，由两国公举特别委员会管理之。以后用途由委员会审定支配。2. 劝胡适同时与顾维钧、颜惠庆等人接洽，以免意见隔阂，互相争夺。故，胡适认为，此事不必向美国去接洽了，并主张如下：1. 胡适本人即日访顾维钧，探其意见，顺便提议基金办法。2. 请科学社开一董事会与职员会，议决向中美政府提议，将此款作为基金。3. 请其他教育团体作同样的提议。胡适特别叮嘱：Schurman 的主意是私人的，友谊的。不可公布说他主张基金办法。又说，任鸿隽不必来京。必要时，丁文江和胡适或可南来会议。(《胡适中文书信集》第 1 册，552～553 页)

同日 在长崎的徐志摩复函胡适，关于胡之希望徐回北京事，因自己最近心绪坏不能定行止。(《胡适研究》第三辑，462～463 页)

同日　黄叔鸾致函胡适，请胡适为其写介绍书谋职。（中国社科院近代史所藏"胡适档案"，卷号 1787，分号 1）

按，是年希望胡适帮忙谋职的还有李炳坽、程宗潮、汪怡等。（据中国社科院近代史所藏"胡适档案"不完全统计）

5月　绩溪人胡映光等 63 人为组织绩溪县立图书馆募捐，胡适为赞成人之一。（中国社科院近代史所藏"胡适档案"，卷号 2128，分号 1）

6月

6月1日　顾颉刚来访。其日记有记：适之先生除教书外一点事情不做，闲看外国小说，身体甚疲倦，医谓左肺有病。（《顾颉刚日记》卷一，492 页）

6月3日　胡适致函陈垣，抄示《黄氏日钞》中张希声作《崇寿宫记》中可补陈垣研究的材料。（《胡适遗稿及秘藏书信》第 20 册，4～7 页）

按，次日陈垣复函胡适云：检读《黄氏日钞》，知摩尼教确已混入道教等情。（《胡适遗稿及秘藏书信》第 35 册，3～4 页）

同日　黄炎、胡斌如致函胡适，请胡适指正其所做的高级小学与初中适用之英文文法。（中国社科院近代史所藏"胡适档案"，卷号 1779，分号 7）

6月4日　胡适复函胡近仁，建议其子胡福保进徽州二师就读，理由是："现在真没有好中学堂！……二师虽专制，却是制造革命党的好地方。胡子承不但替胡适之造了许多信徒，还替陈独秀造了无数党员！……福保不妨先去二师，等到他被子承先生开除出来时，他已是自由的忠心的信徒了。"又谈及胡福保的白话诗"都通顺了"，又云："绩溪一班少年诗人，无论如何，总还当得起一个'通'字。大概将来绩溪要出不少的诗人！"（《胡适家书手迹》，128～130 页）

按，7月8日胡近仁复函胡适云，已决定令福保进二师，又谈及曹细绢不同意将胡思永葬在北方等。（《胡适遗稿及秘藏书信》第 30 册，

403～407 页）

6月6日　钱玄同日记有记："至青云阁、佩文斋，知《胡适文存》与《独秀文存》均被禁了……"（《钱玄同日记》中册，589 页）

6月8日　顾颉刚日记有记：8点，雨中到龙树寺，为研究所委员会书记。来者有蒋梦麟、沈兼士、马幼渔、周启明、胡适之、张凤举、朱逖先、单不庵、马叔平、徐旭生，凡 10 人。10 点半开会，3 点半散会。（《顾颉刚日记》卷一，495 页）

6月9日　葛敬业致函胡适，告：有人说胡适的《中国哲学史大纲》卷上是抄袭日本著作，故请胡适公开澄清。（《胡适遗稿及秘藏书信》第 37 册，680 页）

6月10日　曹诚克复函胡适云，三姐非常盼望胡觉回来。对胡思永之死，三姐并没有错怨胡适的意思。十三都发现骷髅，不知北京博物院是否要研究。（中国社科院近代史所藏"胡适档案"，卷号 1759，分号 5）

6月12日　江伯华致函胡适，感谢胡适帮忙，使其子泽澍之灵柩运回宁。感谢胡适栽培侄子江泽涵和女儿润生。（中国社科院近代史所藏"胡适档案"，卷号 894，分号 12）

6月13日　北京《晨报》刊登胡适等 7 学术团体代表就庚款使用、管理办法分别致函外交部、教育部及美国驻华公使：

> 美国退还庚子赔款余额，今已由美国国会议决其用途，惟希望以教育及其他文化事业为限，并无其他条件。美国国民及政府之善意，诚深可感佩。惟同人等详加考虑，均谓欲使退还赔款，实有裨益中国文化之发展，则下列原则，实最必要，且最易实行。
>
> （一）各种教育及其他文化事业中，中国现在所最需提倡而有补助之必要者，尤□专门科学之研究。盖学术研究，为文化本源，而专门学生毕业后，亦必须有高深研究之机关，庶能有所造就，有所贡献。故退还赔款中，应酌提相当成数，专以发展科学研究。
>
> （二）退还赔款，应作为固定基金，以维久远。基金之保管，及其

利息用途之具体支配，则由基金委员会负其全责。盖详细支配，非经慎重审议，难臻至当，不如将委员会先行成立，俾得负责有人也。

（三）基金委员会之组织，闻美国方面已承认以中国委员居大多数。关于委员之资格，得有经验声望素著之人参与其间，诚属有益。惟依上列原则，委员责任，不但保管基金，亦且审议用途，故中国委员中应有相当额数，以熟悉中国教育及学术事业，并有相当成绩之教育家或学者充任。

中国科学社胡适、中国天文学会高鲁、远东生物学会李煜瀛、考古会沈兼士、中国地学会陈垣、中国地质学会翁文灏、中国气象学会蒋丙然

同日　丁文江复函胡适，谈中基会事，又邀胡适夏天同到北戴河歇夏。（《胡适遗稿及秘藏书信》第23册，192～193页）

同日　钱玄同致函胡适，告：胡适请教的吴敬梓《移家赋》中一个难以辨别的字当是"君"字。（《胡适遗稿及秘藏书信》第40册，334～335页）

同日　余昌之复函胡适，告知《国学书目》附录的次序。又谈及"这一周"本是用胡适红笔删削之《努力》为稿本，凡经胡适删去的皆未收入，"H""S"两署名的也拟不收。《胡思永遗诗》已经校完，单等胡适和程仰之的序言。又询问《费密》和《戴东原的哲学》何时寄来等。（《胡适遗稿及秘藏书信》第29册，166～167页）

6月16日　杨杏佛复函胡适，谈科学社为争取美庚款努力进行情形，又云："……惟美国方面似较有望，故仍盼兄大力进行也。"又询胡适能否参加科学社的年会。（《胡适遗稿及秘藏书信》第38册，69页）

同日　日本读书协会致函胡适，索要《努力》全份，并盼寄赠《社会科学季刊》和《国学季刊》。（《胡适遗稿及秘藏书信》第42册，786页）

同日　John B. Powell 致函胡适，云：

I am just in receipt of your letter of June 12th and appreciate very much indeed your interest in sending me a copy of your letter addressed to the

American Minister dealing with the use of the balance of the American share of the Boxer Indemnity. I shall be very glad indeed to give this a prominent position in connection with an article on this subject which I am writing for this week's issue of The Review.

I have received a number of most interesting suggestions on this subject and in case you have any further ideas along this line would like very much indeed to have them since it is my intention to print a great deal upon this subject during the next few months. In my personal opinion it is only in this way that we can get any kind of an idea regarding public sentiment in China on this question.（中国社科院近代史所藏"胡适档案",卷号 E-320,分号 2）

6月20日 《晨报》副刊刊登胡适致该报"龙先生"的一封信,更正其报道胡适访谈时不确的说法。胡适说,北大学生对一位刘先生采取无理的行动,自己不期望这样做,但不会因此对北大学生"灰心"。又谈及自己因为肺病的征象,不能不再休息一年,希望在这一年中能养病、著书并行不悖。

同日 鲁迅《中国小说史略》下册（收第十六篇至第二十八篇）,由北京新潮社出版。在第二十四篇,鲁迅说：

然谓《红楼梦》乃作者自叙,与本书开篇契合者,其说之出实最先,而确定反最后。……迨胡适作考证,乃较然彰明,知曹雪芹实生于荣华,终于苓落,半生经历,绝似"石头",著书西郊,未就而没;晚出全书,乃高鹗续成之者矣。（《鲁迅全集》第9卷,244页）

其《中国小说的历史的变迁》又说：

《红楼梦》的作者,大家都知道是曹雪芹,因为这是书上写着的。至于曹雪芹是何等样人,却少有人提起过;现经胡适之先生的考证,我们可以知道大概了。……

……（四）是说自叙;此说出来最早,而信者最少,现在可是多

起来了。因为我们已知道雪芹自己的境遇，很和书中所叙相合。……由此可知《红楼梦》一书，说是大部分为作者自叙，实是最为可信的一说。(《鲁迅全集》第9卷，346～348页)

6月23日　顾维钧复函胡适，云：

> 承示美国此次退还赔款，我国应先定一原则，即以此款全数作为基金。十一日又接公函，代表各学术团体议决意见三项。谋虑谋长，胥中窾要，曷胜钦佩。本部现为此事，已迭次咨请教育部筹议办法，以慎始基。(《胡适遗稿及秘藏书信》第41册，637页)

同日　袁振英致胡适一明信片，询其"两本稿子实在是怎么样"。(中国社科院近代史所藏"胡适档案"，卷号1640，分号11)

6月24日　顾颉刚日记有记：适之先生晚上仍有些热，谓冬间或到广东一游。(《顾颉刚日记》卷一，500页)

6月26日　徐炳昶致函胡适，介绍同学吴君译能纳入《世界丛书》的书。(《胡适遗稿及秘藏书信》第32册，212页)

6月27日　胡适致函王国维，送上《广陵思古编》10册，又送上易寅村所赠散氏盘拓本，"先生关于此器如有释文或考证，亦甚盼见赐一观"。(《国家图书馆藏王国维往还书信集》第六册，2404页)

6月28日　胡适在《申报·平民周刊》发表《差不多先生传》，说，差不多先生"是中国全国人的代表"，"他的名誉越传越远，越久越大。无数无数的人都学他的榜样。于是人人都成了一个差不多先生。——然而中国从此就成为一个懒人国了"。

6月30日　丁文江分别致函胡适、蒋梦麟、顾临等人，陈述他个人对庚款用途之意见。他认为退款不能只用来改进科学教育，如果能同时补助科学研究的发展，不但能帮助研究方面的发展，也能增进教学的效率。基于经济的理由，退款不应用来创建一些新的机构，应该用来补助现有的机关渡过难关，而中国地质调查所兼顾理论与实际的研究工作有目共睹，正

是应该接受补助的对象。(转引自杨翠华:《"中基会"对科学的赞助》,"中研院"近代史研究所,1991年,77页)

7月

7月3日　胡适致函张国淦,质问何以不允许售卖《胡适文存》等书。(《晨报》副刊,1924年7月6日)

7月4日　胡适致函王国维,向王请教后村词中"鸡坊拍衮"的含义。(《国家图书馆藏王国维往还书信集》第六册,2405～2406页)

7月5日　傅立鱼致函胡春林云,闻胡适将受满铁之聘来大连,望代致欢迎之意,并希望以中华青年会名义邀请演说一次。(中国社科院近代史所藏"胡适档案",卷号1868,分号4)

7月7日　胡适复函王国维,续讨论"鸡坊拍衮"之义:

"鸡坊拍衮"系从朱刻《彊村丛书》本,顷检《四部丛刊》中之影钞本《后村大全集》,亦作"鸡坊"。

"衮"为大曲中之一遍,诚如来示所说。鄙意亦曾疑此字是滚字之省。来示引宋仁宗语,谓"入破"以后为郑、卫。顷又检《宋史·乐志》(卷一三一),有云:"凡有催衮者,皆胡曲耳,法曲无是也。"此言可以互证。

鄙意"拍衮"是二事,催是催拍,而衮另是一事,故《宋史》以催衮并举,而后村以"拍衮"并举。沈括亦列举"催撷衮破";而王灼于虚催实催之后皆有"衮遍",末节又并举"歇拍""杀衮",似"歇拍"以收催,而"杀衮"以收衮也。先生以为何如?(《国家图书馆藏王国维往还书信集》第六册,2407～2408页)

同日　顾颉刚在其日记中记负债清单,其中欠胡适200元。(《顾颉刚日记》卷一,505页)

7月9日　胡适复函钱玄同,云:

……《双研斋笔记》我有一部在介石或幼渔处，你可以向他们借去看。……

……王船山的《正蒙注》《俟解》《思问录》《噩梦》皆可看。他得《正蒙》之力甚多。他要人明白自己（人）在宇宙间的高等地位，努力做"超人"（豪杰）。他最恨"凡民""众庶"——只晓得吃饭，穿衣，睡觉，生儿女的人是也。所以我说他似尼采。……

……"苜蓿头"两句，诚如尊示所说。……（《鲁迅博物馆藏近现代名家手札》〔二〕，160～161页）

按，钱玄同原函写于7月8日，载《胡适遗稿及秘藏书信》第40册，339～341页。

同日　任鸿隽复函胡适，云：

你对于日本文化事业的抗议，我接到之后，就交与静生先生看了——正值静生先生接到北京寄来宣言稿的时候。静生先生说你的话狠有条理，可以提出讨论，但他个人的意思总觉的日本人不可轻信。我与三胡、在君、知行、杏佛等也都谈过。他们都觉的现在国内若有一两个研究所，总胜于无，但以为外交关系，不妨主张过分一点，容许可得到相当的还价。结果由改进社拟了一个公文送到政府，请求与日本人废除协办文化事务的协定。这个公文的语气比北京寄来的宣言要和缓的多了。

任函又谈到美国庚款等问题。（《胡适遗稿及秘藏书信》第26册，458～462页）

7月10日　余昌之致函胡适，告《胡思永的遗诗》已完成，就等胡适的序与程仰之的跋寄来即可出版，盼早寄来。又询问《胡适文存二集》收入的《费密》和《戴东原的哲学》何时寄来。（《胡适遗稿及秘藏书信》第29册，170～171页）

7月14日　胡适在《字林西报》的六十周年刊（*North-China Daily*

1924年　甲子　民国十三年　33岁

News Sixtieth Anniversary）上发表"From the Dead Language of China to A New and Living"一文。

7月15日　陈彬龢致函胡适，云：昨天聆教，快极。又感谢胡适为平民图书馆向亚东图书馆征求图书。又请胡适题词。（《胡适遗稿及秘藏书信》第35册，454页）

7月17日　陆侃如致函胡适，将自己拟编的《中国诗史》的各种想法和目录报告胡适，请胡指正。（《胡适遗稿及秘藏书信》第34册，599～606页）

7月24日　晚7点15分，胡适抵奉天，满铁事务所长吉武来迎接，并"引到一家纯粹日本式的餐馆去吃饭"，有日本艺妓表演。当晚9点20分上车赴大连。到大连之前的前四站、前二站，均有中国代表欢迎。次日到大连后，有许多日本人及中国人在车站欢迎，住大和旅馆。记者蜂拥而至。日本医生户谷银三郎来为胡适诊察。（《胡适遗稿及秘藏书信》第21册，332～333页）

7月26日　《盛京时报》记胡适过奉时谈话：

> 此次东来，系承南满会社之约。……入夏以来身体多病，拟中止此行或请改期，而主人坚促成行，并称大连有一某病院，专治肺病，设备至完，就便可至该院检查一次，以判病状。……抵连后讲演之题目预定为中国十二年来改革思想之变迁，讲材为历史的，此中应无多理论讲演，日期为廿五、六两日，其地址或在该社社会科技文化协会，个人犹未详。讲演后因拟就便诊疾或南旋一次，或海路渡津返京尚无一定。又大连中华青年会会长傅立鱼亦函邀讲演，个人亦诺之，大约到该会须讲演一二日。
>
> ……京师学界乏善可告，只一闹穷是目前之大问题，然而大家着手于此，又不欲轻易弃掉责任，亦至惨淡经营而已。
>
> ……吉、江两省为先君宦游之地，个人亦夙抱遍游三省之志，惟今岁时间既促，又复体弱多病，只好俟诸异日。

7月30日　胡适在大连中华青年会作关于新文化运动的演讲，8月2日《盛京时报》报道如下：

新文化这几个字，本不是兄弟拟定的，原来叫新思潮来着，不过当时有几种杂志谈文化问题，对于社会、文学、政治、教育等制度，一切愿加改革，因此就叫作新文化运动了。新文化运动约分三个主义。

（一）对于固有文化，加上新的估价。估价者，估量其真价值也。……

（二）估价之后，加以改革。估价之后，自生改革之趋势。吾们觉得文能答意，最为应用，故尚语体文。语体文之起初，由于心所感动，自然发出之声籁，婴儿如拍抚，使之入梦，则有俚俗之歌。小姑被嫂虐待，后母苛待前子，均发出自然之不平鸣，是即语体文之滥觞也。后来官府告文日趋文雅，渐进而有词赋、时文、八股等种种格调之限制，文学遂分为文言、语体两大途径矣。现在估定文学之价值，咸以语体为容易而有效，故由文言改成语体也。东三省教育当局不知存何心理，又将语体文废去，改用文言文，是之谓"打倒车"，打倒车未有不退步的。

（三）新文化在精神不在形式。吾们的态度变，精神亦变，二十年来可以说变化极大。从前安于目前，现在总有"为什么？"的问。无论那种事物，有这求是的真精神，必能得到真理的。

近来新有自日本归来之女学生发起放足运动，实在是最好的举动。……

最后吾们要互相警戒的、互相勉励的一个字，就是"干"！

8月

8月　胡适应丁文江之邀，同去北戴河避暑。

1924年　甲子　民国十三年　33岁

《胡适日记·1924年的年谱》：

八月一个月在北戴河，住在丁在君夫妇寓里，常常游山下海。(《胡适的日记》手稿本，第5册)

在北戴河期间，有《鹊桥仙·七夕》：

疏星几点，银河淡淡，新月遥遥相照。双星仍旧隔银河，难道是相逢嫌早？

不须蛛盒，不须瓜果，不用深深私祷。学他一岁一相逢，那便是天孙奇巧。(《胡适手稿》第10集卷3，238～239页)

按，1931年8月，丁文江再邀胡适来北戴河避暑，有游北戴河怀胡适的诗两首：

记得当年来此山，莲峰滴翠沃朱颜。
而今相见应相问，未老如何鬓已斑？

峰头各采山花戴，海上同看明月生。
此乐如今七寒暑，问君何日践新盟。

胡适也有和诗一首：
颇悔三年不看山，遂教故纸老朱颜。
只须留得童心在，莫问鬓毛斑未斑。(1936年1月9日胡适致周作人函，载《胡适的日记》手稿本第13册)

8月7日　徐志摩致函胡适，提到日本回来后的计划以及不想离开北京等，又谈及将往庐山消夏并做一点工作，又羡慕胡适、丁文江在北戴河避暑等。(《胡适遗稿及秘藏书信》第32册，24～27页)

8月15日　章希吕致函胡适，云：《胡适文存二集》卷2的清样，阅毕请寄回；卷3的清样寄上。向胡适催《胡思永的遗诗》的序言。正在标点胡适和许怡荪通信，但有些地方须删，待胡适到上海后再商定。(《胡适遗稿

及秘藏书信》第 33 册，200～202 页）

8月22日　赵元任自柏林寄赠 Chinesische Literatur 一册与胡适。(《胡适藏书目录》第 3 册，2208 页）

8月31日　胡适自北戴河回到北京。(《胡适家书手迹》，133 页）

9月

9月2日　胡适为《胡思永的遗诗》作一序言，介绍了胡思永的生平，诗集的内容以及作者的文学天赋以及诗风等。指出胡思永的诗明白清楚，注重意境，能剪裁，有组织，有格式。"如果新诗中真有胡适之派，这是胡适之的嫡派。"又谈到胡思永受泰戈尔和日本诗的影响等。(《胡思永的遗诗》)

同日　胡适函寄他为胡思永的遗诗所作序言与章希吕，又谈编辑《胡适文存二集》诸事。(《胡适家书手迹》，133～134 页）

9月3日　钱玄同将罗振玉辑《敦煌零拾》（1924 年，上虞罗氏铅印本，1 函 1 册）题赠胡适："送给适之，钱玄同，十三，九，三。"(《胡适研究通讯》2016 年第 2 期，1～2 页）

9月8日　胡适致函高一涵，驳其在《晨报》副刊上关于《努力》月刊的不实之词：

一个人要表示清高，就不惜把一切卖文的人都骂为"文丐"，这是什么道德？

拿尽心做的文字去卖三块钱至五块钱，不算是可耻的事。献寿文，作瞒心昧己的谀墓文，那是文丐。借文字敲竹杠，那是文丐。用抄窃敷衍的文字骗钱，那是文丐。迎合社会的恶劣心理，制造下流读物，那是文丐。但拿不苟且而有价值的文字换得相当的报酬，那是一种正当的生活；我们如果有一点忠恕之心，不应该这样嘲骂他们。如吴稚晖先生在极穷困之中，作文亦不受酬，那是超人待己之严，是可佩服的。但不以此自律，而以此骂人，那是我不希望我的朋友做的，尤其不希望你干的。

办一个有资本的杂志，像美国的《新共和》，那是我十年来的梦想。无钱而办杂志办报，全靠朋友友谊的投稿，那是变态的现象，是不能持久的。《努力》周报不出稿费，连发行部的人也不支薪，这是我最不安的事。所以改办月刊时，我极力主张，非集点资本，正不必办。月刊应该格外注重文字的质量；既要朋友白帮忙，又要挑剔文字的好歹，那是不容易的事。所以我主张月刊每月应有最低限度的编辑费。

但我们既不要军阀的钱，又不愿把自己卖给那一个帝国主义的或反帝国主义的政府，这笔钱打那儿来呢？

"商务"同"亚东"承办《努力》月刊时，我们即提出这笔编辑费作为一个条件。……

至于"商务"对《努力》的关系，并非谋"红利"，乃是"商务"里面有几位朋友赞成我们的奋斗牺牲的态度，故为友谊的帮助。……

君子立论，宜存心忠厚。凡不知其真实动机，而事迹有可取者，尚当嘉许其行为，而不当学理学家苛刻诛心的谬论。——何况我深知"商务"此番全出于好意的友谊，而你说的话太过火了，使我觉得很对"商务"不住。我又不愿把我们的契约无故披露在报纸上，以博一班神经过敏的人的谅解。所以我写这封信给你，请你替我想想我处此境地，应该怎样办法。(《胡适遗稿及秘藏书信》第19册，324～331页）

9月9日 胡适致函《晨报》副刊，就《努力》月刊公布态度：

《努力》月刊的第一期稿子确是编好了几个月了。但因为我的病的缘故，一班朋友都不愿我担任此事：第一期出版不难，而难乎为继。我们决定请一位张奚若先生回国来专任政治方面的议论，兼做编辑的事……但张先生因为新婚的关系，至今还舍不得回国。

我个人的主张是《努力》应该继续出版。

今日政治方面需要一个独立正直的舆论机关，那是不消说的了。

即从思想方面看来，一边是复古的混沌思想，一边是颂扬"拳匪"的混沌思想，都有彻底批评的必要。近日"拳匪"的鬼运大亨通：六年前作"克林德碑"那篇痛骂"拳匪"的大文……的作者，现在也大出力颂扬"拳匪"了！……这种现象使我感觉《努力》真有急急出版的必要。

虽有事实上的种种困难，我可以敬告爱《努力》的朋友们：《努力》终要继续出来的，现在不过是迟早之问题。

……也许将来的新《努力》还是一种周刊。

听说有一位萧先生提出三个疑问：畏威？灰心？畏难？我是不畏威，也不容易灰心的人。至于畏难，确有一点。……

……商务印书馆对于《努力》的关系，并不是资本家对待"脑筋苦力"的关系。……

…………

周报停办后，我们感于无钱办报的困难，所以主张先筹点资本，然后办月刊；或仿从前《新青年》的办法，由一家书店发行，但发行人须出一点编辑费，以供聘用助手及酬报外来投稿之用。……

君子立论，宜存心忠厚；凡不知其真实动机而其事有可取者，还应该嘉许其行为，而不当学理学家诛心的苛刻论调。今日那班处处畏资本家的阴谋的人，同时又往往为"拳匪"曲说巧辩：——这真是"翻手为云覆手雨"，我们只好叫他做"讼棍的行为"。（《晨报》副刊，1924年9月12日）

按，钱玄同9月12日日记有记：今天底《晨报》副刊上，有适之底信，谈《努力》继续出版的事，信中对于独秀最近表彰"拳匪"，深致不满，这是和我、和启明底意见相同的。（《钱玄同日记》中册，600页）

同日 金星人寿保险公司致函胡适，前胡适在该公司投保20年寿险"洋贰仟元"已纳保险费4年。（中国社科院近代史所藏"胡适档案"，卷号1846，分号4）

1924年　甲子　民国十三年　33岁

同日　曹诚克复函胡适云，来信均悉，感激无似。现在始抵杭州，不久将带曹诚英至上海安置。(中国社科院近代史所藏"胡适档案"，卷号1759，分号6)

9月10日　高梦旦致函胡适，询问胡之身体情况，又提供两种治疗肺病的方式。(《胡适遗稿及秘藏书信》第31册，307页)

9月12日　丁文江复函胡适，谈其在中基会董事人选上"被挤"等事。(《胡适遗稿及秘藏书信》第23册，37～38页)

9月17日　陈衡哲致函胡适，云：

> 前天接到《现代评论》十册，得读你的一篇文章，痛快极了。我也久想作一篇这样的文章，但因病未能如愿，心中很有些"别扭"；你所说的话，通统都是我所要说的，所以我读了之后，忍不住要写这封信给你，告诉你我的高兴。

陈函又谈及任鸿隽、丁文江近况等。(《胡适遗稿及秘藏书信》第36册，144～145页)

同日　胡适作有《费经虞与费密》一文，指出："明末清初的学术思想界里，有两个很可代表时代的人物，而三百年来很少人知道或表章的：费经虞和他的儿子费密。"此文共分七部分：费经虞家传，节录费密的家传，费密传，费氏的书目，孙奇逢给费密的手书，费密答李塨的书，费氏父子的学说(包括"费氏家学与道统论""费氏论经学传授源流""费氏的实用主义""费氏议论人的态度")。(《胡适文存二集》卷1，75～138页)

9月18日　顾颉刚日记有记：适之先生近日身体甚好，夜中已不发热，甚慰。(《顾颉刚日记》卷一，533页)

同日　中华教育文化基金董事会成立。

> 按，中华教育文化基金董事会是中美两国政府协商成立的管理美国第二次退还"庚子赔款"的民间机构，简称"中基会"。本谱撰者在后文中提到此组织，一般用简称；而在本谱引文中，谱主或相关人

士提到此组织，或有使用"中华教育文化基金会""中华文化教育基金会""中华文教基金会"等省称或异称情形。1949年，该组织迁到美国。

9月20日 胡适在《国语月刊》第2卷第2期发表《〈国语文学史〉大要》，大意谓：《国语文学史》这个题目，是自己一篇没有做完的文章。因为材料的缺乏，故不愿很快做出来。胡适说："我很武断的说，我承认《国语文学史》，就是中国的文学史。"又云：

> ……真正的文学却在民间，一般的民众都觉得照这样一条很直的线演进，不能发挥我们的情感，因而在无论那个时代，都是一方面因袭着前一代一条直线的演进，同时一方面又有一个不同的曲线的进化。……

胡适又说：白话的文学，完全是平民情感自然流露的描写。他将《国语文学史》划分为四个阶段：从《诗经》到唐以前，从唐朝到北宋，南宋到金元，从明朝到清末。胡适最后说：

> 白话文学并不是突然发生的，完全是由于历史上必然的趋势。有些人误认是几个人提倡起来的，实在是大错了。因为白话文学如果没有这样一千多年的历史，凭我们几个人拼命去提倡，结果还是等于零。这一点大家不能弄错。

同日 高梦旦致函胡适，对胡适在《晨报》发表驳高一涵的信，谈自己的看法。(《胡适遗稿及秘藏书信》第31册，308～310页)

9月22日 朱经农致函胡适，谈及《差不多先生传》发表后，"传诵一时"。又谈到读了胡适在《晨报》上发表的给高一涵的信后，"我恐怕你和一涵或因此事生意见。我想一涵有时也不免书生偏见，知一而不知二，我们也不必过于责备他。好几年的朋友，不要为这些小事伤了和气"。(《胡适遗稿及秘藏书信》第25册，680～685页)

同日 高梦旦寄赠胡适《汉译外国人名地名表》一部。(《胡适遗稿及

秘藏书信》第 31 册，312 页）

9月23日　胡适为其《文存二集》作一序言。

9月26日　胡适致函章希吕，谈《胡适文存二集》收文诸事。又请亚东图书馆将《胡思永的遗诗》之版税转交胡思永母亲。(《胡适家书手迹》，136 页）

10月

10月2日　丁文江复函胡适，谈到：被任命为中基会董事的事还没有接到正式的信；关心胡适的病情；自己近来"精神甚好，工作甚勤"，已经做成一篇《直奉兵力之比较》，《全国军队概要》近期也可脱稿。(《胡适遗稿及秘藏书信》第 23 册，39～40 页）

10月5日　上午，钱玄同来访。(《钱玄同日记》中册，607 页）

10月7日　陈衡哲致函胡适，关心胡适健康，邀胡适来南京养病。(《胡适遗稿及秘藏书信》第 36 册，146～147 页）

10月8日　《北京大学日刊》第 1538 号刊登哲学系教授会《布告》：胡适教授本学期不授课，所有胡教授各项功课，请诸生暂勿选习。

10月9日　胡适函请王国维就其《词选》序言的一部分"指正其谬误"，"千万勿以其不知而作，遂不屑教诲之也"。(《国家图书馆藏王国维往还书信集》第六册，2422～2423 页）

同日　北京大学选出本届评议会，胡适等 17 人当选，胡适得票 48，为最高票。(《北京大学史料　第二卷　1912—1937》第 1 册，145～146 页）

10月10日　胡适致函王国维，云：

> 下午复检《教坊记》，仍有所疑。崔令钦不知何时人，其所记载多开元、天宝盛时事，又无一语及于离乱，故初读此记者每疑崔是玄宗时人。然曲名之中乃有《杨柳枝》及《望江南》《梦江南》等曲。《杨柳枝》是香山作的，《望江南》是李德裕作的，皆见《乐府杂录》。段

安节生当唐末，其记开成、会昌间事应可信。倘段《录》可信，则崔《记》曲名不全属于盛唐。鄙意此可有两种说法。崔令钦或是晚唐人；段序亦言尝见《教坊记》，崔在段前，而时代相去不甚远。此一说也。否则崔《记》中之曲名表有后人续增入之曲名，以求备为主，不限于一时代，也许有五代以后续增的。此如玄奘《西域记》中有永乐时代的外国地理，意在求广收，不必是作伪也。此一说也。

因此颇疑《教坊记》之曲目尚未足证明教坊早有《菩萨蛮》等曲调。不知先生有以释此疑否？便中幸再教之。(《国家图书馆藏王国维往还书信集》第六册，2409～2410 页)

10 月 12 日　J. W. Hamilton 致函胡适，云：

Thru the kindness of your countryman, Dr. C. Y. Cheng, recently of Union Seminary, New York, we learn that you are likely to be interested in the move to establish WORLD ENGLISH as the "international language" for the world.

The enclosed booklet presents this plan in outline. Details of the plan are being perfected by committees now at work. Of course, it is proposed that WORLD ENGLISH shall serve only as an auxiliary language, not that it shall supplant any national speech.

The wide and growing use of English as the convenient language of communication in China is well known to you. This notable progress is significant. Artificial languages sometimes suggested are based on Latin, a language which means little or nothing to the people of Asia and Africa, where 70 percent of the world's population live. But English in some form is known widely thruout those continents, and it seems as if it is the duty of the English-speaking nations to simplify the language for the benefit of these peoples, and for all the world.

The possibilities of simplification are indicated by a typical instance: In

English recently, a class taught on the plans of the English Simplified Spelling Society, later taking up standard English, made greater progress in 14 months than another class in the same school, wholly with Standard English, made in 19 months.

In China there is unusual opportunity to put in effect WORLD ENGLISH. What is needed is advice of experts such as yourself, upon how the development of this auxiliary language can be brought about and how put into general use.

Will you not read the enclosed booklet and write us your views thereon? We hope, too, that you will tell us whom we should write in your educational institutions and in your Government to advance this plan. Awaiting your reply with deep interest.（中国社科院近代史所藏"胡适档案"，卷号 E-219，分号 5）

10月16日　胡适访郑孝胥。（劳祖德整理：《郑孝胥日记》第四册，中华书局，1993年，2019页）

10月17日　陈彬龢致函胡适，询问胡适病情。感谢胡适出面代购平民图书馆所需书籍。（《胡适遗稿及秘藏书信》第35册，455～456页）

10月18日　曹诚英致函胡适，请胡适劝曹诚克暂就开滦，再待机会。（中国社科院近代史所藏"胡适档案"，卷号1762，分号3）

10月20日　郑孝胥来访不遇。（《郑孝胥日记》第四册，2019页）

10月21日　胡适复函王国维，云：

……崔令钦之为开元时人，似无可疑。惟《教坊记》中之曲名一表，终觉可疑。先生据此目定《云谣集》之八曲为开元旧物，恐不无疑问。即以此八调言之，其《天仙子》则段安节所谓"万斯年曲，是朱崖、李太尉进，此曲名即《天仙子》是也"（《新唐书》二十二，李德裕命乐工制《万斯年曲》以献）。其《倾杯乐》则段安节所谓"宣宗喜吹芦管，自制此曲"。先生谓"教坊旧有此等曲调，至李卫公宣宗时

始为其词"；然《天仙子》一条，段录在"龟兹部"一节下，似教坊原无此曲调，卫公始进此调。又《倾杯乐》一条似亦谓所制系芦管曲调，故有上"初捻管，令排儿辛骨骷拍"之语。又《菩萨蛮》一调，《唐音癸签》亦谓是大中初，女蛮国入贡，其人危髻金冠，璎珞被体，人谓之"菩萨蛮"，当时倡优遂制此曲。是大中时所制似亦非词，乃曲调也。《忆江南》《杨柳枝》，前书已言之。又《教坊记》记事迄于开元，不及乱离时事，而曲名中有《雨霖铃》《夜半乐》，亦可疑也。又此目后方有"大曲名"三字，而其下四十六曲不全是大曲，此亦是后人附加之一证。先生谓教坊旧有《忆江南》等曲调，中唐以后始有其词，此说与鄙说原无大抵牾。鄙意但疑《教坊记》中之曲名表不足为历史证据，不能考见开元教坊果有无某种曲拍耳。此是史料问题，故不敢不辨；史料一误，则此段音乐历史疑问滋多。鄙意段安节《乐府杂录》《杜阳杂编》《新唐书·乐志》，皆足证崔《记》中曲目之不可信，尊意以为何如？（《国家图书馆藏王国维往还书信集》第六册，2411～2414页）

10月25日　章廷谦致函胡适，云：孙伏园离开《晨报》后，"大概此后的副刊，难免要改面目。……最低限度也应该有一种周刊或旬刊出版的必要。这事昨天我们已经和鲁迅、启明二位谈过，他们也都赞同。而今再求教于你，希望你能有意见来指导我们，并且倘若要真能办成一种周刊或旬刊，那时还得求你鼎助。我想：你——我们的引路者，这回总肯帮忙的"。另外，拜托胡适在蒋梦麟和李辛白面前说项，希望孙伏园能在北大担任教课工作。（《胡适遗稿及秘藏书信》第33册，176～181页）

10月27日　容肇祖将其家藏《南川冰蘖全集》十二卷卷首一卷卷末一卷赠予胡适，其题记说："适之先生编《中国思想史》，因以此贻之。"（《胡适藏书目录》第2册，1410页）

10月28日　北京大学评议会开会，讨论李四光、胡适等请辞评议员等案，决议：请校长致函李四光、胡适，以示挽留。（《北京大学史料　第二卷1913—1937》第1册，181页）

同日　顾颉刚来访。(《顾颉刚日记》卷一，546页)

10月30日　胡适作有《南宋初年的军费》。(中国社科院近代史所藏"胡适档案"，卷号55，分号1)

10月31日　胡适访董康于法源寺，董偕胡适参观文楷斋刻书工场，胡适购藏《唐明律合编》三十卷（薛允升撰，1922年徐氏退耕堂刻本，1函8册）。(《胡适藏书目录》第3册，1565页)

11月

11月3日　上海图书馆协会编辑委员会开第一次会议，通过决议多项，其中决定聘胡适等学界名流多人为名誉编辑。(《申报》，1924年11月4日)

11月5日　胡适写定《欧阳修的两次狱事》。(收入《胡适文存三集》卷7，亚东图书馆，1930年)

同日　冯玉祥部驱逐逊清废帝溥仪出紫禁城。

同日　胡适致函外交部长王正廷，谈对冯玉祥驱逐溥仪出清宫后的态度：

> 先生知道我是一个爱说公道话的人，今天我要向先生们组织的政府提出几句抗议的话。今日下午外间纷纷传说冯军包围清宫，逐去清帝；我初不信，后来打听，才知道是真事。我是不赞成清室保存帝号的，但清室的优待乃是一种国际的信义，条约的关系。条约可以修正，可以废止，但堂堂的民国，欺人之弱，乘人之丧，以强暴行之，这真是民国史上的一件最不名誉的事。今清帝既已出宫，清宫既已归冯军把守，我很盼望先生们组织的政府对于下列的几项事能有较满人意的办法：
>
> （一）清帝及其眷属的安全。
>
> （二）清宫古物应由民国正式接收，仿日本保存古物的办法，由国家宣告为"国宝"，永远保存，切不可任军人政客趁火打劫。

（三）民国对于此项宝物及其他清室财产，应公平估价，给与代价，指定的款，分年付与，以为清室养赡之资。

我对于此次政变，还不曾说过话；今天感于一时的冲动，不敢不说几句不中听的话。倘见着膺白先生，我盼望先生把此信给他看看。（《胡适遗稿及秘藏书信》第18册，31～33页）

按，11月9日，庄士敦致函胡适，认为胡适的信，"说出了这样一件正确的事情，并且用正确的方式说了出来"。溥仪看了这封信也一定会高兴的。（《胡适来往书信选》上册，269页）

11月7日 胡适致函陈世棻，谈教育制度史的做法：

……我以为教育制度史有两种做法：

一、单叙述制度的沿革变迁，略如《九通》中所记而加详。这是死的制度史。

二、不但述制度的历史，还要描写某种制度之下的"学生"生活状态。这才是活的制度史。

例如写各时代的太学，应注重在搜求太学生活的材料。……

…………

又如述各代的小学，应写当日小学生活作何状况。……

明代小学的情形，最详细的描写莫如《醒世姻缘》小说。……

…………

以上略举数例，略说教育制度史的性质与史料的来源。来源不拘一格，搜采要博，辨别要精，大要以"无意于伪造史料"一语为标准。杂记与小说皆无意于造史料，故其言最有史料的价值，远胜于官书。

你的四期区分法也不很圆满。我对于此问题，尚无具体主张，但有数点颇自信为教育制度史的分期的必然标准：

一、东周以前，无可信的材料，宁可阙疑，不可妄谈"邃古"。

二、汉代为学制形成的最重要时期；《贾谊》，《董仲舒》，《学记》，

《王制》《文王世子》《大戴记》《周礼》，皆极重要的书。

三、宋代为第二个重要时期；一方面为国学的改革与州郡学的建设，一方面为书院制度的形成，一方面为科举制度的改革。书院的成立尤为重要。

用这三个标准来区分教育史，可以不至于有大错了。(《胡适文存三集》卷7，447～449页)

按，1924年11月15日杨振声致函胡适，谈道："先生与陈世棻君的信，我在《日刊》上读过了。先生的话是很扼要而又很启发的，只是开首几句有点太利害，分明是要击壁槌柜，惊起一家上下人等，使人在柜子里吓得通身冷汗！"(《胡适遗稿及秘藏书信》第38册，114～116页)

11月10日　孙中山发表《北上宣言》，主张召开国民会议，以谋国家之统一与建设。

11月12日　胡适将哈代的 *The Hand of Ethelberta* 译成中文，题名"别离"。(《胡适手稿》第10集卷4，365～366页)

同日　胡适复函周作人，辩白周氏来函说胡适在驱逐溥仪一事上"为外国人的谬论所惑"之说法：

我两年前见过溥仪君，他那时就说要取消帝号，不受优待费，并说已召李经迈来清理财产。其后他改派郑孝胥君，与以全权，在醇亲王之上，其意不可谓不诚。外间人说，解决此事，只有暴力一途；若假以时日，则必不成。……我不信此是实情。我以为，此次若从容提议，多保存一点"绅士的行为"，此事亦未尝不可办到。只此一点是你和我的不同之点。此外我并没有什么异议。

外国人与清室有关系的，如庄士敦君，我颇相熟，深知他们并没有什么复辟谬论。……以我所知，英文报纸上也没有鼓吹复辟的论。

(《胡适来往书信选》上册，272页)

按，周作人 11 月 9 日来函载《胡适遗稿及秘藏书信》第 29 册，558～560 页。11 月 10 日，胡适已有短函复周，述自己致王正廷函乃 5 日所发，还不曾有机会受"外国人的谬论"的影响。(《胡适遗稿及秘藏书信》第 19 册，221 页）

11 月 14 日　任鸿隽复函胡适，谈道："你要把《努力》仍照周刊赶早出版，我们都很赞成……"但担心北京印刷与发行都有些不方便。再则胡适病中也未必能任此烦剧，建议还是等张奚若回来再说。(《胡适遗稿及秘藏书信》第 26 册，471～474 页）

同日　江绍原复函胡适，感谢胡适的好意和忠言，又述自己不得不离开北京。(《胡适遗稿及秘藏书信》第 25 册，50～51 页）

11 月 17 日　郑孝胥日记有记：午后答拜来客，晤胡适之。(《郑孝胥日记》第四册，2028 页）

11 月 18 日　Witter Bynner 致函胡适，称赞胡适在《字林西报》年刊上发表的文章，并期望能在中国再见。(中国社科院近代史所藏"胡适档案"，卷号 E-142，分号 5）

11 月 22 日　许文玉致函胡适，请教胡适如何研究汉魏六朝诗学史。又请胡适指正其"中古诗学史草纲"。(中国社科院近代史所藏"胡适档案"，卷号 953，分号 1）

11 月 24 日　胡适在古狂生编《醉醒石十五回》上作一题记，认为此书"崇祯年时作"之说不能成立，此书作于清代无疑。(《胡适藏书目录》第 3 册，1768 页）

同日　凌叔华致函胡适，希望借抄胡适诗笺，又谈及"迷信是调和人生的一种艺术"等。(《胡适遗稿及秘藏书信》第 31 册，472 页）

11 月 25 日　朱经农复函胡适，谈诸友动态，又提及唐钺不赞成胡适卫护溥仪等事。(《胡适遗稿及秘藏书信》第 25 册，639～643 页）

同日　许文玉函谢胡适赠其《中古文学概论》。(中国社科院近代史所藏"胡适档案"，卷号 953，分号 2）

同日　Augustus O. Thomas 函邀胡适参加 1925 年 7 月 20 日至 28 日 The World Federation of Education Associations 在苏格兰举行的两年一度的会议。（中国社科院近代史所藏"胡适档案"，卷号 E-358，分号 9）

11 月 27 日　胡适函谢董作宾赠送《看见她》，又云：

> 此书整理的方法极好，凡能用精密方法来做学问的，不妨大胆地假设：此项假设，虽暂时没有证据，将来自有证据出来。此语未可为一般粗心人道，但可为少数小心排比事实与小心求证的学者道，不然流弊将无穷无极了！此书中有我征集的两首，其旌德一首是我的夫人念出而我写出的；她说明是从南京传去的，故我注出是南京。其绩溪一首是我的表弟曹胜之君写给我的。你在此书里（页十一）说此首有北系的风味，疑是北京传去的。曹君今天见了此段，甚赞你的细心。他说此首是他的母亲从四川带回绩溪的；后来他家的人因久居汉口武昌，故又不知不觉地染了湖北的风味。你试把绩溪这一首（45）和成都（26）汉阳（乙）（28）两首相比较，便可明白你的假设已得了证实了。我知道曹君的话大可给你一点高兴，故写出送给你。（《歌谣周刊》第 70 号，1924 年 11 月 30 日）

同日　任鸿隽复函胡适，告原本预计到北京游历，却被战事所阻。东南大学的文史教授们对整理清宫古物甚感兴趣，柳诒徵等 3 位教授将去北京，希望胡适能与李石曾、蒋梦麟说项。（《胡适遗稿及秘藏书信》第 26 册，475～477 页）

11 月 28 日　胡适致函李书华、李宗侗，由取消帝号问题重申容忍他人言论自由问题：

> 人各有所见，不能强同。你们两位既屡以民国为前提，我要请你们认清一个民国的要素在于容忍对方的言论自由。你们只知道"皇帝的名号不取消，就是中华民国没有完全成立"，而不知道皇帝的名号取消了，中华民国也未必就可算完全成立。一个民国的条件多着呢！英

国不废王室而不害其为民国，法国容忍王党而不害其为民国。我并不主张王室的存在，也并不赞成复辟的活动，我只要求一点自由说话的权利。我说我良心上的话，我也不反对别人驳我。但十几日来，只见谩骂之声，诬蔑之话，只见一片不容忍的狭隘空气而已。贤如两位先生，尚疑我要"先等待复辟成功，清室复兴，再乘其复兴后之全盛时代，以温和、谦逊、恭敬或他种方法行之！"此语在两位先生或以为是逻辑的推论，但我读了只觉得字里行间充满着苛刻不容忍的空气，使人难受。你们既说我是"根本错误"，我也不愿意申辩。我只要指出，在一个民国里，我偶然说两句不中听、不时髦的话，并不算是替中华民国丢脸出丑。等到没有人敢说这种话时，你们懊悔就太迟了。（《胡适遗稿及秘藏书信》第19册，166～168页）

按，李书华、李宗侗来函载《胡适遗稿及秘藏书信》第28册，245～252页。

又按，12月5日李书华、李宗侗复胡适11月28日函云：

你说"民国的要素，在于容忍对方的言论自由"，这个话我们是十分赞成。我们的信，不过是与你辩论是非，并没有一点干涉你自由说话权利的意思。你的信中，屡次提到言论自由，似乎已到题外！

你又说，"英国不废王室而不害其为民国，法国容忍王党而不害其为民国"，这话我们也不能十分赞同。英国是个运用议会政治的君主立宪国，终不能以民国名之，法国虽"容忍王党"，但绝未保存王号。法国大革命时，国王路易十六曾上断头台，巴黎及瓦尔萨的旧王宫，早已改建了有名的大博物馆，法王近族，现且免夺公权，逐居国外。法国的学问家、历史家从未说过这是法国革命史上一件最不名誉的事。我们素来反对"谩骂之声，诬蔑之语"。这次与你辩驳，似乎也没有"苛刻不容忍"的意味。我们知道你是个"并不主张王室存在，也并不赞成复辟的活动"的人，但是这种人，国内仍然不少，异日他们如果对于中华民国弄出他种是非的时候，还要以你"偶然说的两句话"为借

口，那个时候，"你懊悔就太迟了"！(《胡适遗稿及秘藏书信》第 28 册，253～255 页)

同日　高梦旦复函胡适，建议胡适赴日本治病兼休养，又谈及白话文可省儿童二三年学习时间。(《胡适遗稿及秘藏书信》第 31 册，313～315 页)

同日　胡适在清人陆陇其撰《三鱼堂文集》十二卷附录一卷外集六卷附录一卷（1701 年刻本，1 函 10 册）上有题记："此本内凡关于吕留良的文句都挖出了。颉刚有补抄本，我借来写完全。"(《胡适藏书目录》第 2 册，1471 页)

11 月 29 日　胡适在清人胡秉虔撰《说文管见》三卷（1 函 1 册）上有题记："《说文管见》一本，价八角。此本甚可珍贵。上有墨笔朱笔两种校记。墨校第一行云'空一字，移下，归一律'。因此，我疑心此是胡荄甫（澍）的校本，当日荄甫为潘家校刻《滂喜斋丛书》，即用此墨校本付刻，故有'归一律'的话。今以滂喜本校之，凡此本墨校所改，皆已改正。朱校似是刻成后改校，所校皆不及改正。卷上，页十三，朱校云，'卫，世泽楼本无此字'。似是滂喜本刻成后，荄甫复得世泽楼（绩溪胡氏家刻）本，校注其上。卷上，页八，有朱校'目'字，墨校'倞'字，滂喜本改'倞'字，而'睇，自小视也'则不改。此可见晚（清）刻书家远不如乾嘉时代校勘之工了。"(《胡适藏书目录》第 2 册，1527～1528 页)

按，胡适收藏不同版本的胡秉虔撰《说文管见》三卷还有三种，其中两种分别由胡翼谋、赵玉泉所赠。(《胡适藏书目录》第 2 册，1528 页)

11 月 30 日　朱经农复函胡适，谈及：

你问我究竟一二年内能否回北大。照我个人的性情，教书实较相宜。我在商务专办行政事务，于学问上很少进步，长久下去，恐怕做知识界的落伍者。这是我深不自安的。不过我若即时离去，有些对云五不住，因为他无人帮忙。……将来有机会重回教育界，是我所希望

的。不过北大方面听说近来很有许多"玩政治"的人，你倾我轧，讨厌得很。……还有一层，我在经济上，向来寅吃卯粮，有亏空无储蓄的。每月拿不着薪水，生活上必发生困难。若等八校经费有着，然后回去，又有些不好意思。人家困苦支持的时候，我脱身他去；等到有钱的时候，我就回去享现成福，那不被人笑话吗？所以回北大一层，等到将来经费有着，由学校直接向商务交涉则可，由你或我发动都不妥当。北大同学于我离去两年之后，尚想我回校，其情很足以使我奋发，望你替我谢谢他们。

《努力》还是等候亦农回来再办。你一个人之力虽不难独办一周刊，但是著述事业比周刊更重要。周刊亦农可以代任一部分责任，著述事业非你自己不行。"一只猎狗赶不得两条兔子"，还是先把《哲学史》做成为要。(《胡适遗稿及秘藏书信》第25册，691～693页)

同日　程本海致函胡适，告：胡适倡议做的《绩溪面馆业的历史》一文，已刊于《微音》第十七、十八期合刊。请胡适对《微音》给以指教。(《胡适遗稿及秘藏书信》第37册，281～283页)

11月　胡适在"北京历史学会"演讲"Buddhistic Influence on Chinese Thought"的一部分。该讲词有文学、宗教、哲学三部分，胡适后将第二部分整理发表，大意谓：

I

…

The story of the Buddhist conquest of China is too well known to need retelling here. I shall, therefore, confine myself to a consideration of the historical position of Buddhism in the history of the religious life of the Chinese nation.

Prior to the entrance of Buddhism, China had never been under the influence of any powerful religion....

When Buddhism came to China, it found two religions of native origin.

The Confucianism of Han was chiefly ethical and political... The Taoist religion ... was a polytheistic religion with a priesthood whose business was to practise magic and to attend to the physical wants of their followers. Neither Confucianism nor Taoism ever maintained the importance of personal salvation....

Buddhism was a religion of salvation. To the intellectuals, it taught the philosophy of vacuity, of negation, of freedom through enlightenment. To the masses, it taught the doctrine of Karma, of transmigration, of the effects of good deeds in this and the future life. And to the upper and lower classes alike, it taught the wonderful doctrine of Paradise（净土）, the doctrine that absolute faith in the existence of Paradise and in its god, the Amitabhas, will ultimately lead us to attain that blissful end-salvation.

...

Both the Confucianists and Taoists were fatalists, believing in pre-determination（命）.... But Buddhism, which teaches the law of Karma, also teaches the possibility of creating new causes through human endeavor. Faith and good endeavor will win salvation....

...

II

...

It was Buddhism which brought home to the Chinese the idea of the indestructibility of the soul. All beliefs in Paradise, in the punishments in Hell, and in the possibility of a better or worse existence in the future, are based on this fundamental belief....

...

III

The introduction of Buddhism undoubtedly brought about a tremendous change in the religious life of the Chinese nation. A practical and matter-of-fact race was gradually worked up to religious enthusiasm, even to religious fanaticism. Temples and stupas were built everywhere; men and women deserted their families to become monks and nuns. The monumental stone sculptures at Ta Tung（大同）and Lung Men（龙门）testify to this day to the height of zeal of the Buddhistic age.

......

IV

The new religion of Buddhism came to China with irresistible force. Persecution after persecution failed, and Buddhism continued to be the most powerful religion of China. Confucianism was no longer considered as a religion, but as a system of... The only rival religion with which Buddhism often came into conflict was the newly-arisen Taoism. Many of the great persecutions of Buddhism were brough about by the Taoists. Yet the undeniable influence of Buddhism may be seen in every stage of the development of Taoism as a popular religion....（《胡适英文文存》第 1 册，远流版，165～172 页）

同月　《胡适文存二集》由亚东图书馆出版。

12月

12月1日　《革新》第 1 卷第 6 期发表熊润桐《红楼梦是什么主义的作品》一文，批驳了胡适关于"《红楼梦》是一部自然主义作品"的观点。认为"《红楼梦》自身有独立的价值"，何必"不远千里的从西洋里借了那些动人耳目的主义，替《红楼梦》加上一层极不自然的标榜"。

12月3日　陶孟和复函胡适，云：

作序实在是一件难事。不知书之内容给人作序是更难的事。你来

1924年　甲子　民国十三年　33岁

信"请示范围"乃是应该的。前读你给梦旦的信,知道你的身体还是不好,腿病复发。请你现在作序,实在使我不安。我告诉亚东曾说,假使你身体好再请你作,不然就由我自己作篇短序罢了,所以文存的序拟不劳驾你。但是你的一篇序文早晚是要的。我现在正搜集中国有趣的故事,现已有百五十条,编一部《国文故事选读》。……将来编好还要请你指教,并且请你作一篇序。这个大概你可以应允的。……(《胡适遗稿及秘藏书信》第36册,312～314页)

同日　胡适购得《枕碧楼丛书》12种。(《胡适藏书目录》第3册,1737页)

12月4日　顾颉刚致函胡适,谈及王国维之清室薪俸已停,研究所亦欠薪,无以度日,向胡适建议:清华学校既要组织大学国文系,而又托胡适主持其事,未知可否将王国维介绍进去?又言清宫事件,报纸评论对胡适都作尖酸刻薄之言,"足见不成气候的人之多"。又询《词选》第一编中无名氏《菩萨蛮》一首的出处。(《胡适遗稿及秘藏书信》第42册,291页)

同日　Jean Escarra复函胡适,云:

Many thanks for your kind letter. I shall let the bookseller have the copy of the Yuan Code for sell, according to your indications. I think that the re-printing by Mr Tung K'ang is a definitive edition of the copy which I have obtained from your research, this latter copy being a "proof-copy", as you wrote me some months ago. So that there is no reason for selling the first copy at a low price.

Regarding the comparative study of the T'ang and Ming Codes, I shall try to get it from the bookseller you have given the address. In case I could not succeed in this purchase, and you would need not any more your own copy of this book, I shall be ever ready to buy your copy at the price of dollars, according to your information.(中国社科院近代史所藏"胡适档案",卷号E-191,分号4)

12月5日 顾颉刚日记有记：得适之先生书，知近日身体仍不很好，甚以为忧。(《顾颉刚日记》卷一，558页)

12月6日 容庚致函胡适，告新见一部一百二十回的抄本《红楼梦》，与亚东本很多地方不同，不知道与胡适所藏"程乙本"比较怎么样？"如不相同，这就可算《红楼梦》的祖本了。那么，先生谓后四十回为高鹗所补，恐怕有些不对？"(《胡适遗稿及秘藏书信》第31册，106～107页)

12月8日 胡适偕清华学校校长曹云祥访王国维。(《胡适遗稿及秘藏书信》第33册，496页)

12月9日 胡适致函王国维，云：

……细读廿四日的手教，知先生亦觉《教坊记》为可疑，深喜鄙见得先生印可。

前又检《杜阳杂编》，知《唐音癸签》记《菩萨蛮》原起的一段是根据苏鹗之说。苏鹗书中多喜记祥瑞灵应，其言多夸诞，不足深信。此一条前记女蛮国，后记女王国，皆似无稽之谈。先生所疑，鄙见深以为然。惟《杜阳杂编》此条下云："……当时倡优遂制《菩萨蛮》曲，文士亦往往声其词。"此语记当日倡优作曲，而文士填词，层次分明，即不信其女蛮国之说，亦足为词曲原起添一例证也。

先生要我将《教坊记》各调源流一一详考，将来得一定论。此事似不易为，正以来书所谓"诸书所记曲调原起多有不足信者"故耳。(《国家图书馆藏王国维往还书信集》第六册，2415～2416页)

同日 曹云祥致函胡适，谢昨日偕访王国维。清华学校拟添设研究院，并拟聘请王国维为院长，兹将致王函并聘书寄上，请胡转致。(《胡适遗稿及秘藏书信》第33册，496页)

按，胡适随即将聘书转王，并有函云：

静庵先生：

清华学校曹君已将聘约送来，今特转呈，以供参考。约中所谓"授课拾时",系指谈话式的研究,不必是讲演考试式的上课。

圆明园事,曹君已与庄君商过,今日已备文送去。(《国家图书馆藏王国维往还书信集》第六册,2419～2420页)

同日　朱经农复函胡适,云:

……奚若本月十二日可到上海,我知道你盼望他很切,所以写信告诉你。

关于《努力》的事,我和云五、振飞都商量过,他们觉得如果仍办周刊,还是先照旧日小规模进行,免得经济上发生困难。但我们都希望奚若出面担编辑的责任。你只帮他做做文章,不要把所有的时间和精力都放在这周刊上。因为你的《哲学史》应该早成,你的身体亦不可过劳。

周刊与"商务"的关系,最好仍是代定、代售。因为我们的周刊当然要批评政治;"商务"为了营业的关系,不能得罪人。我们独立办理,说话便于措词一些。

至于奚若个人的生计问题,或在北大教书,或替"商务"编书,都可得着生活费。我们社里每年有七百多元的进款(任百元者七人,任五十元者一人),也可酌量拨充津贴。

请罗钧任、徐志摩、陈通伯、丁巽甫担任文稿,我们极赞成。但有一人,不可忘了,就是杨杏佛。……

兄意《努力》是否应略筹基金以维久远。见怒刚时可否一问其办报宗旨。如宗旨相去不远,可否和我们合作。此事弟无成见,如有不妥,亦可不必向其提及。

关于《努力》事,可以通函相商,不必劳兄远道跋涉。但为兄养病计,南来玩玩,实我等所欲。(《胡适遗稿及秘藏书信》第25册,644～648页)

同日　顾颉刚日记有记:"到适之先生处吃夜饭,以东大三先生来调查

清宫事邀宴也。"同席有陈去病、顾实、柳诒徵、蒋梦麟、陈垣、李宗侗、沈兼士、马裕藻、顾颉刚。(《顾颉刚日记》卷一，559页）

12月10日　容庚致函胡适，云：

> 兹再校出《红楼梦》一段，与通行本不同，却描写细致得多。如与先生所藏"程乙本"不同，便可确定其为未经修改的原本了。
>
> 八十回后的也曾校了两回，无甚异同。高氏"至其原文，未敢臆改"的话，确是可信。先生信程氏的话而不信高氏的话，恐有些不对？（《胡适遗稿及秘藏书信》第31册，108页）

12月11日　曹云祥函邀胡适和王国维于20日或27日来清华学校午餐，藉以畅谈。（《胡适遗稿及秘藏书信》第33册，497页）

12月12日　《民国日报》刊登胡适、高一涵、江彤侯、王星拱、程振钧为倪道烺案致司法总长章士钊函：

> 闻先生出长法部，不禁为我国法律庆。意者，前此无灵之法律必将因先生亦神其用欤？惟最近临时执政任命倪道烺为安徽凤阳关监督一事，不幸恰在先生长法部之时，不胜骇怪。查倪道烺为杀死安徽学生姜高琦、周肇基案之要犯，叠经被害人家属控告，抗不到案，嗣由江西高等检察厅呈请京师总检厅下令通缉，因倪犯逃匿无踪，是以迄今未获，今见执政命令倪犯为关监督，可以证明倪犯尚在人间。此种刑事犯与政治犯显然不同，并不能因政变而取消通缉，法理精深如先生当不待烦言而解矣。刑事犯之通缉令既不因政变而消灭，则此次执政命令显然与法律有违。兹为保护人权、维持法律之效力起见，特要求先生一面命总检察厅根据前次通缉令将倪犯捕送江西检察厅归案讯办，一面呈请执政府取消此次任命，则不独皖省教育界私相庆慰，即全国人心亦将因先生之遵守法律而转相快慰也。此事在他人或又轻易看过，在先生则万不可认为细举而忽之。究竟如何办理之处，尚希见示。

同日　王揖唐致函胡适，聘胡适为省署教育高等顾问。(《胡适遗稿及

秘藏书信》第 24 册，408～410 页）

12 月 13 日　胡适译成契诃夫的短篇小说《苦恼》。

同日　《现代评论》第 1 卷第 1 期刊有胡适的《翻译之难》。

12 月 16 日　任鸿隽致函胡适，谈道："在君说你因应酬稍忙，旧病复发，确否？"又谈及南京因战事将来而人心惶惶等情。(《胡适遗稿及秘藏书信》第 26 册，478～481 页）

同日　乔国章致函胡适，请胡适介绍其诗集《美情集》在亚东图书馆出版，并请胡适赐序。（中国社科院近代史所藏"胡适档案"，卷号 1046，分号 1）

12 月 17 日　顾颉刚致函胡适，谈及《词选》注已毕等。(《胡适遗稿及秘藏书信》第 42 册，292～293 页）

同日　国语统一筹备会通知胡适于 21 日上午 10 时出席在教育部举行的通俗教育研究会茶话会。（中国社科院近代史所藏"胡适档案"，卷号 2071，分号 2）

12 月 18 日　顾颉刚日记有记：抄《词选》注，与适之先生谈话。(《顾颉刚日记》卷一，562 页）

同日　张元济致函胡适，询胡适病情；又为其女择婿事询罗家伦之家世、性情、体魄和学术等情。(《胡适遗稿及秘藏书信》第 34 册，55～57 页）

12 月 19 日　顾颉刚致函胡适，谈及《词选》注稿已抄毕等。(《胡适遗稿及秘藏书信》第 42 册，294～295 页）

同日　陈正谟致函胡适，谈及：1919 年胡适曾令陈与几位同学合译 Thilly 的《哲学史》，当时因为有同学未交稿，有的译稿错误较多，胡适亦无暇改正，此事遂搁置。自己现拟重译此书，已得王云五赞同，现向胡适叩问究竟，请胡适示复。(《胡适遗稿及秘藏书信》第 35 册，274～275 页）

同日　刘树杞致函胡适，受厦门大学校长林文庆和文科主任黄开宗之托，请胡适来厦门短期讲学或演讲（为时数星期、数月或半年均可）。又请胡适推荐中国历史教授人才。(《胡适遗稿及秘藏书信》第 40 册，172～174 页）

12月20日　清室善后委员会聘请胡适担任顾问。（中国社科院近代史所藏"胡适档案"，卷号2056，分号1）

12月21日　顾颉刚来访不遇。（《顾颉刚日记》卷一，563页）

12月23日　顾颉刚日记有记：与适之先生相遇，即日编《崔述》一书，俾为卒岁之资。先生许我开价500元。果尔，年底不愁过不去矣。（《顾颉刚日记》卷一，564页）

12月24日　胡鉴初致函胡适，请胡适尽快寄还拜托胡审阅的朱自清诗稿《梅花》。（中国社科院近代史所藏"胡适档案"，卷号1552，分号9）

12月25日　罗叔言赠胡适《楚州丛书》第一集十九种一套。（《胡适藏书目录》第2册，1145页）

12月26日　胡适作有《读吴承恩〈射阳文存〉》。（收入《胡适文存三集》卷6）

同日　朱经农致函胡适、杨杏佛，告：张奚若已抵沪，张表示愿为《努力》尽力，但因养家，朱劝其就商务印书馆的编审。又询胡、杨：北大方面可否设法安置？（《胡适遗稿及秘藏书信》第25册，651页）

同日　福开森（John Calvin Ferguson）复函胡适，云：

> I have received the enclosed reply to the formal letter which I addressed to the Russian Boxer Indemnity Commission. I am still hoping that we may receive a favorable reply.
>
> I was in Shanghai for four weeks and regret to have been absent from the December meeting of the Association. I sincerely trust that you had a good attendance.（中国社科院近代史所藏"胡适档案"，卷号E-196，分号1）

12月30日　李孤帆致函胡适，谈这几年来的行止和办《市声》事。要求胡适替《市声》帮些忙，"你在北京比较的能做文章的朋友总比出版界沉寂的汉口强得多。你若能介绍几个能做市政和地方自治与文艺一类文字的作者来做我们的撰述员，使我们得到一种精神上的助力，实在是感激不尽呢！附上'特约撰述员简约'二份，乞即代为邀请！"又关心胡适的肺

病，询胡适是否在明年夏间到牯岭养病。(《胡适遗稿及秘藏书信》第 28 册，39～42 页）

同日　杨立诚致函胡适，告自己在法、德留学以及得蔡元培介绍译书等情，现与留学欧美同人组织一个"江西留学欧美同学会"，力谋整顿江西教育。拜托胡适致函江西教育当局，请其对留学欧美人员以相当地位。附寄江西留学欧美同学会章程，请胡适指正。(《胡适遗稿及秘藏书信》第 38 册，4～6 页)

12 月 31 日　《晨报六周年纪念增刊》发表胡适的《林琴南先生的白话诗》一文。

同日　孙中山自天津扶病至北京，发表入京宣言。

12 月　胡适在《清华学报》1 卷 2 期发表《词的起原》一文，大要是：

> 长短句的词起于中唐，至早不得过西历第八世纪的晚年。旧说相传，都以为李白是长短句的创始者。那是不可靠的传说。……
>
> …………
>
> ……我们要问，长短句的词体是怎样起来的呢？整齐的五言、六言、七言诗如何会渐渐变成不整齐的长短句呢？
>
> 对于这个问题的解答，最有力的是朱熹的"泛声"说。朱熹说：古乐府只是诗，中间却添许多泛声。后来人怕失了那泛声，逐一声添个实字，遂成长短句，今曲子便是。……
>
> …………
>
> 我们要修正朱熹等人的说明，如下：唐代的乐府歌词先是和乐曲分离的：诗人自作律绝诗，而乐工伶人谱为乐歌。中唐以后，歌词与乐曲渐渐接近：诗人取现成的乐曲，依其曲拍，作为歌词，遂成长短句。

按，此文发表后，一位名叫俞启超的读者致函胡适，赞同胡适《词的起原》一文关于"词起于中唐，至早不得过西历第八世纪的晚年"之说，不认同前任将词的起源上溯到三百篇。又指出，胡适文未回答"词是什么"这一问题，并就此问题提出自己的看法。(《胡适遗稿及秘

藏书信》第 31 册，44～56 页）

是年　胡适作有白话诗《多谢》，此诗由作者于 1926 年 2 月 1 日改定：

多谢你能来，
慰我山中寂寞，
伴我看山看月，
过神仙生活。

匆匆离别便经年，
梦里总相忆。
人道应该忘了，
我如何忘得！（《胡适手稿》第 10 集卷 3，240 页）

是年　《沪江年刊》卷首有孙文、胡适为该刊的题词，胡适的题词是"创造文明"。

是年　丁福保编《说文目录》一卷附说文解字诂林序及纂例（1 函 1 册）铅印问世，丁氏有题赠胡适。（《胡适藏书目录》第 2 册，1529 页）

1925年　乙丑　民国十四年　34岁

上半年，胡适仍在北京大学。
2月，出席善后会议。
5月，女儿素斐夭亡。
8月中下旬，胡适与北大部分教授反对北京大学脱离教育部。
9月下旬，胡适应武昌大学和武昌商科大学之邀，前往讲演。
10月，去上海。旋在上海割痔，疗养。

3月12日，孙文病逝于北京。
5月30日，英国巡捕在上海制造了打死打伤中国示威者的"五卅惨案"。

1月

1月1日　《朝鲜日报》刊登胡适给该报的题词手迹"敬祝新朝鲜的进步"。又刊登胡适撰《当代中国的思想界》一文。该文指出：17世纪后，中国出现了实学。后来，斯宾塞、赫胥黎的思想虽被介绍到中国来，但中国不知道西洋文化之真相，尚未觉悟到输入西洋文化之真相，尚未觉悟到输入西洋文学和哲学的必要性。又介绍了实验主义在中国的传播，杜威、罗素的来华讲学，为中国唤起哲学方面的兴趣给了很大的帮助。欧战后出现了赞美东洋文化的潮流。介绍了梁漱溟的《东西文化及其哲学》，介绍了"科学与人生观论战"，介绍了吴稚晖和他本人在这一论战中的主要观

点。(耿云志主编:《胡适研究丛刊》第二辑,中国青年出版社,1996年,352～361页)

同日　俞逸载致函胡适,认为梁启超、蔡元培、江亢虎、章士钊、吴稚晖、汪精卫、张君劢以及胡适八人可以媲美古人,矜式后来者。(中国社科院近代史所藏"胡适档案",卷号1569,分号3)

1月4日　钱玄同来访。(《钱玄同日记》中册,610页)

1月5日　胡适受孙文秘书之托,向王国维函询内务府宝熙、绍英、耆龄、荣源四人之表字。(《国家图书馆藏王国维往还书信集》第六册,2417页)

同日　胡适又致王国维一函云,朱希祖甚盼王国维"校后为作一跋,特为代达此意"。(《国家图书馆藏王国维往还书信集》第六册,2418页)

同日　容庚日记有记:"晚间校抄本《红楼梦》第十九回。余去年十一月廿九日于书摊上购得钞[抄]本《红楼梦》,与通行本多不同。通行本从程氏活字本出,胡适之据张船山诗'艳情人尽说红楼'之语,谓后四十回为高鹗所补。俞平伯据之作《红楼梦辨》,尤推波助澜。此本非从程本出,而亦有后四十回,可以证胡说之误。惜余忙,不能即校完作文以正之耳。弟[第]六回'初试云雨情'一段,钞本尤佳。"(容庚著,夏和顺整理:《容庚北平日记》,中华书局,2019年,2～3页)

1月6日　杨振声函谢胡适对其小说《玉君》的建议。又谈及中州大学、山东一师都聘请其去教书,希望拜望胡适等。(《胡适遗稿及秘藏书信》第38册,117～120页)

1月7日　朱经农致函胡适云:张奚若将北上,"不知都中能否为之筹定维持生计之法"。孙传芳增兵购械,"苏民尚未可安枕也"。(《胡适遗稿及秘藏书信》第25册,652～653页)

同日　卢锡荣致函胡适,告许德珩在巴黎极窘,希望胡适、蒋梦麟能在物质上给予协助。又谈及窦家骐欲至北京大学国文系旁听,请代为介绍等。(中国社科院近代史所藏"胡适档案",卷号869,分号3)

1月8日　吴咸致函胡适,请胡适推荐其至商务印书馆工作。(中国社科院近代史所藏"胡适档案",卷号1332,分号5)

1925年　乙丑　民国十四年　34岁

按，是年函请胡适帮忙谋职的还有申卓林、江保和、胡祝兰、胡广诒、任天仪、沙欲焕、江椿、牟震西、章大木、江润生、江伯华、邓中、程干埏、曹诚克、汪执中等。（据中国社科院近代史所藏"胡适档案"不完全统计）

1月12日　胡适复函许世英，告：段祺瑞与许世英电均收，"我是两年来主张开和平会议的一个人，至今还相信，会议式的研究时局解决法总比武装对打好一点；所以我这回对于善后会议虽然有许多怀疑之点，却也愿意试他一试"。（《胡适遗稿及秘藏书信》第19册，419页）

按，1月13日，许世英复函胡适，感谢胡适愿意参加善后会议。（《胡适遗稿及秘藏书信》第33册，92～93页）

又按，胡适在2月1日《日记》中记道："此函发表后，颇受许多人的讥评。但我自信这里的措辞是很正当的。"

同日　叶德真致函胡适，告知近况，又谈安徽教育问题，希望胡适挺身而出，谋安徽教育之彻底改造。（《胡适遗稿及秘藏书信》第37册，232～237页）

1月13日　任鸿隽致函胡适，询胡适北京对东南大学易长之舆论。又谈及张奚若已赴沪等。（《胡适遗稿及秘藏书信》第26册，486～487页）

1月16日　钱昶将其诗集《飘萍》函寄胡适，请求指正。（中国社科院近代史所藏"胡适档案"，卷号352，分号9）

按，是年向胡适请教学问、批评诗文的还有汤钟瑶、马新超、子藁、周以让、张权予、盛志行、孙致龢、李秉之、蒯遂如、刘钺、曾宪中。（据中国社科院近代史所藏"胡适档案"不完全统计）

1月17日　胡适访汤尔和，汤谈在洛阳见吴佩孚的情形，又谈善后会议：

尔和说他自己已打破中央集权的迷梦，主张从小局面做起。罗钧

79

任也如此说。

尔和前天写信给我，说：

善后会议……现在到京代表，谁不是牛头马面？会议如果开成，必系一批护兵马弁，左携鸦片烟具，右挟姘头，而上会场。以兄之翩翩，几何能与此辈并坐？乃欲于此中发抒政见，所谓万说不到者是也。浮俗诋毁固不值一哂，但吾辈举止似应审量。……

此言全是"爱惜羽毛"之意。我是不怕人骂的。我此次愿加入善后会议，一为自己素来主张与此稍接近；二为不愿学时髦人谈国民会议；三为看不过一般人的轻薄论调。（据《日记》）

按，本年引用胡适日记，均据《胡适的日记》手稿本第5册，以下不再特别注明。

同日 晚，胡适到北大英文演说赛会作评判员。与陈源谈，陈希望胡适不办《努力》周报，而把《太平洋》归胡适来办。陈源说，昨夜他们现代评论社请吴稚晖、汪精卫等吃饭，力劝国民党加入善后会议。陈又谈北大所谓"法国文化派"（李石曾、顾孟馀、沈尹默一班人）结党把持，倾轧蒋梦麟的情形。（据《日记》）

同日 胡适复函程秉钊，云：

……绩溪丛书之计划，至今还只是一种心愿，不曾实行，我的本意是仿《泾川丛书》之例，作为一县文献的结集，以全备为贵。但吾乡经学著述已有刊本，流传者颇不少。现拟先选集一些不曾刊刻之本，用仿宋铅字排印，以保存名人著述为要。俟将来稍有余力，然后次第印行较大部之书及已有刊本之书。

令先太史遗稿及胡甘伯、胡子继两先生的遗稿，均所未见，极愿负流传之责。此时风云遍地，交通断绝，寄稿恐有失坠。最好请先生将此项稿本托妥人带交上海亚东图书馆汪孟邹君暂为保存，或即由该馆代我倩人录写副本。倘蒙先生将令先太史之行状或传志赐寄一份，尤所感激。

先父与令先太史往还之手札，如蒙录副赐寄则更感激了。令先太史之事迹，前惟于《复堂日记》中知其死时情形，余皆不详，深以为憾。（据任亚君整理:《胡适九封未刊信稿》,《明报月刊》1992年2月号）

同日　胡适在张元济所赠《横浦先生文集二十卷无垢先生横浦心传录三卷横浦日新一卷横浦先生家传一卷》上作一题记，说明此书来历、版次。（《胡适藏书目录》第2册，1264页）

同日　国民会议协进会筹备处函邀胡适出席20日举行的该会成立会并演讲。（中国社科院近代史所藏"胡适档案"，卷号2102，分号1）

1月18日　中午，胡适与章士钊、林长民、许世英、汤漪等同饭，谈到政治，胡适主张两事：一为善后会议开会之前宜注重会议规则的订定，一为政府不能制止各省不战，则我们不配谈善后。前一项，他们都赞成，后一项，他们都不敢赞成。（据《日记》）

同日　张奚若复函胡适，谈及:《努力》复刊，可否有确实可靠的经费？又谈到自己的生活问题与《努力》及编书的关系问题等。（《胡适遗稿及秘藏书信》第34册，293～295页）

同日　陶行知致函胡适，介绍程湘帆拜会胡适。又云自己"连日与党化教育宣战，决以超然的精神奋斗到底"等。（《胡适遗稿及秘藏书信》第36册，416～417页）

同日　在美国研习戏剧的余上沅致函胡适，希望胡适能支持他们的戏剧事业，包括：请北大开设"戏剧传习所"，帮忙找一个地方做实验，胡适也能加入中华戏剧改进社等。（《胡适遗稿及秘藏书信》第29册，103～110页）

1月19日　胡适在俱乐部请客，把任鸿隽的来信给杨杏佛看，内容为东南大学换校长的问题，由国民党人作主力。颜惠庆在欧美同学会宴请胡适等，席后大家乱谈政治，林长民痛骂黎元洪，也颇讥刺颜惠庆。"关于具体计画，大家也都不肯想，只会骂孙文而已。孙中山总算做过一番计画的。

只可惜他的左右太糊涂了。"（据《日记》）

同日　胡适在《出版周刊》第112号发表《朱敦儒小传》。

同日　徐宗涑将清华学校学生法庭章程函寄胡适。（中国社科院近代史所藏"胡适档案"，卷号1722，分号7）

1月20日　丁文江致函胡适，谈及东南大学撤换校长的风潮，对《益世报》不经他同意就发表其谈话表示不满。丁不想做东南大学的校长。还谈到美国赔款委员会的事。（《胡适遗稿及秘藏书信》第23册，41～43页）

同日　季通致函胡适，谈东大校长人选以及党化教育。谈爱国女校亏空累累，希望胡适担任名誉校董并为该校募款，请胡适游说章士钊担任名誉校董等。（《胡适遗稿及秘藏书信》第29册，412～421页）

1月21日　朱经农函介基督教教育会副主任程湘帆来见，希望胡适对教会教育发表意见。谈及现在教会学校学生有30万，"我们应负改良教会学校的责任"。（《胡适遗稿及秘藏书信》第25册，655页）

1月24日　周希武致函胡适，希望胡适介绍其《玉林土司调查记》，并希望拜访胡适，面谒时当呈上胡春乔遗稿等。（中国社科院近代史所藏"胡适档案"，卷号1458，分号3）

1月26日　陈伯庄致函胡适，希望胡能在善后会议上拿出超然正当的主张与国人相见。善后会议必无结果，因为如此，"超然的主张更不可少"。（《胡适遗稿及秘藏书信》第35册，351～352页）

1月27日　齐士锡致函胡适，向胡适索寄《中国五十年之文学》一书。（中国社科院近代史所藏"胡适档案"，卷号948，分号1）

1月28日　张奚若致函胡适，主要谈《努力》事：

《努力》事与经农谈数次，毫无结果。……

以下数点，兄计画如何，望速见复：（1）地点如仍在北京，不知言论一方究有几分自由？（2）经费何出，是否有维持一人之力？如不能完全维持，究能维持几分？每月为数大概若干？（3）《现代评论》出版，与我们续办《努力》原计画有无影响？（《胡适遗稿及秘藏书信》

第 34 册，291～292 页）

1 月 29 日　胡适致函钱玄同，云：

昨天在图书馆抄得一卷唐人写经俗文，其标题为"持世艹第二"。大家都不知道这个"艹"是个什么字。于是归纳先生来了。归纳的材料有如：

艹之人物不要。

艹艹师兄兄。

誓为艹之门人。

艹慈悲莫疑虑。……

原来这是"菩萨"二字的简写！这种简字可谓最别致的了。（《鲁迅博物馆藏近现代名家手札》〔二〕，165 页）

1 月 30 日　一位素不相识的青年人沙欲焕致函胡适，希望给胡适作仆役。（中国社科院近代史所藏"胡适档案"，卷号 1126，分号 2）

1 月 31 日　杨鸿烈致函胡适，请胡适介绍其《袁枚评传》到亚东图书馆出版并希望得到稿费。又感觉"先生颇疏远我"，希望胡适告知对其不满意的地方等。（《胡适遗稿及秘藏书信》第 38 册，231 页）

同日　段祺瑞在外交大楼宴请出席善后会议的到京会员，胡适出席。（次日之天津《大公报》）

1 月　胡适作有《从译本里研究佛教的禅法》，开首云：

我们现在研究古代所谓"禅法"是些什么东西，应该用敦煌、关中、庐山三处所出的禅经作研究资料；三世纪以前所译的禅书太简单了，不能应用。

《坐禅三昧经》说五门对治法，我们用作禅法的纲要：

（1）多淫欲人，不净法门治。

（2）多瞋恚人，慈心法门治。

（3）多愚痴人，思惟观因缘法门治。

（4）多思觉人，念息法门治。

（5）多等分人，念佛法门治

"等分"二字不明，辞典也没有说明。细看文义，似是指那些兼有淫欲、瞋恚、愚痴、思觉各病，成分略相等的人。经文又言"治等分行及重罪人求索佛，如是人等当教一心念佛三昧"。故知"等分"是兼有上种种病的重病。（《胡适文存三集》卷4，423～424页）

同月　胡适复函邵飘萍，云：

青年界对我的议论，乃是意中的事。生平不学时髦，不能跟人乱谈乱跑，尤不能谄事青年人，所以常遭人骂。但八年的挨骂已使我成了一个不怕骂的人；有时见人骂我，反使我感觉我还保留了一点招骂的骨气在自己人格里，还不算老朽。

…………

先生在此处把我和"当局"拉在一块，颇使我诧异。假使先生发表此类稿件，难道"当局"会替我报复吗？"当局"与我，截然两事，毫无关系。明眼如先生者，岂不知之？然先生前日记载我参加善后会议的事，忽云，"其同乡胡适，同派林长民"。此语出之他人，我必不介意。然出之"新闻学者"之笔下，则我不能不感觉一种不愉快。今读来书云云，益知先生真疑我与"当局"有何关系，或疑我之参加善后会议是为"同乡"捧场。如先生果有此意，那就是大错了。我与今日之"当局"毫无关系。（《胡适遗稿及秘藏书信》第19册，242～244页）

按，邵飘萍19日致函胡适，将两封质问胡适参与善后会议的读者来信转寄胡。（《胡适遗稿及秘藏书信》第30册，198～199页；《胡适遗稿及秘藏书信》第37册，702～706页）

1925年　乙丑　民国十四年　34岁

2月

2月1日　胡适出席善后会议开幕礼，仪式很简单：赵尔巽主席，段祺瑞致颂辞，龚心湛代表阁员致颂词，主席致答辞，即结束。胡适与林长民、汤漪、潘大道等稍谈。（据《日记》；《申报》，1925年2月7日）

2月2日　钱玄同、陈百年、杨遇夫、李玄伯等10人合宴胡适、陶孟和、陈源、郁达夫等17人，徐志摩等6人未到。（《钱玄同日记》中册，616页）

同日　丁文江复函胡适，谈及《努力》复刊等事：

> 《努力》复活（无论是"穷做富做"），我是极端赞成的，但苦于没有人负责。今天看见文伯，他也觉得奚若担负不了。我想与其你到上海，不如请他北来，南边的几位朋友，对于这件事比较的不狠热心。我一时不能离开天津，又没有见过奚若，所以狠望他北来谈谈。（《胡适遗稿及秘藏书信》第23册，234页）

同日　陶行知致函胡适，云："吾兄前闻我有诗兴，曾两次向我索阅。奈我们初学诗的人有如处女，终因害羞之故，不敢献拙。"前和王伯秋去看电影有感，写成一首抄示胡适。（《胡适遗稿及秘藏书信》第36册，418页）

同日　程宗沂致函胡适云：蒙胡适高义，搜罗绩溪硕学鸿儒遗稿并询及程父著作选入文献集中，无任感激。又请胡适指正其诗文。（中国社科院近代史所藏"胡适档案"，卷号1857，分号5）

2月3日　下午3时，善后会议召开第一次谈话会，指定熊希龄、林长民、杨永泰、薛笃弼、黄郛、汤漪、胡适7人为议事规则起草委员。（次日之天津《大公报》、《申报》）

同日　赵尔巽、邵章等发出"拟请政府通电全国停止军事行动意见书"，胡适亦在此意见书上签名。（天津《大公报》，1925年2月6日）

2月4—5日　胡适等7人善后会议议事规则起草委员连续开会，议定《善后会议议事细则草案》。（天津《大公报》，1925年2月11日）

2月4日　袁振英致函胡适，告：听蒋梦麟说自己的译稿有售出的可能性。倘能售出，则可解决留学之用费问题（不得广东之津贴甚久），若不能售出，请胡适早些告知。（中国社科院近代史所藏"胡适档案"，卷号1640，分号13）

2月5日　以胡适、钱玄同、陈百年、徐炳昶、林宰平为发起人的哲学研究会在来今雨轩举行成立会，到会者共25人。（《钱玄同日记》中册，617页）

同日　陈独秀致函胡适云，"我如果到京，无论怎样秘密，焉有不去看适之的道理"。重点是谈自己对胡适出席善后会议的态度：

> 现在有出席善后会议资格的人，消极鸣高，自然比同流合污者稍胜，然终以加入奋斗为上乘（弟曾反子民先生不合作主义以此）。因此，兄毅然出席善后会议去尝试一下，社会上颇有人反对，弟却以兄出席为然。但这里有一个重要问题，就是兄在此会议席上，必须卓然自立，不至失去中国近代大著作家胡适的身分才好。近闻你和政府党合办一日报，如果是事实，却不大妥。在理论上现政府和国家人民的利益如何，在事实上现政府将来的运命如何，吾兄都应该细心考虑一下，慎勿为一二急于攫取眼前的权与利者所鼓惑所利用；极彼辈之所为尚可攫得眼前的权与利，兄将何所得？彼辈因安心为杨度、孙毓筠，兄不必为刘申叔！弟明知吾兄未必肯纳此逆耳之言，然以朋友之谊应该说出才安心。行严为生计所迫，不得不跳入火坑，吾兄大不必如此。弟前以逆耳之言触孙毓筠之怒，此时或又要触兄之怒，然弟不愿计及此也。（《中国人民大学博物馆藏"陈独秀等致胡适信札"研究》，《中国人民大学学报》2012年第1期，31页）

同日　任鸿隽复函胡适，谈及：上海诸友皆不满意教育部此次处理郭秉文之事。赞成恢复《努力》。希望胡适与丁文江、王徵等讨论，每月凑一二百元维持张奚若的生活。很希望胡适在善后会议上"尽力替大局做一点事"，"你在文学上的尝试已成功了，政治上的尝试想来不会失败，这是

我们可相信的"。(《胡适遗稿及秘藏书信》第 26 册，488～490 页)

同日　王徵致函胡适，云："近日阅报，知善后会议进行甚顺利，恐系表面之谈。内容如何？能为我书数行，权当游北京一次……"(《胡适遗稿及秘藏书信》第 23 册，515 页)

同日　朱经农致函胡适云，赞成自己的妹妹朱毅农嫁给饶毓泰，但又怕饶毓泰与天津女子纠缠不休，拜托胡适向饶毓泰问个明白。又希胡适就此事与朱我农接洽一下。(《胡适遗稿及秘藏书信》第 25 册，656～657 页)

同日　朱毅农致函胡适，自认对不起哥哥。又云："以前种种都是我的过错，请从此不必再提了吧。"(《胡适遗稿及秘藏书信》第 26 册，1 页)

2 月 6 日　胡适致函柯礼庭，谈为胡思永运柩诸事务。(中国社科院近代史所藏"胡适档案"，卷号 621，分号 5)

同日　汪孟邹致函胡适云，善后会议关系胡适前途极为重大，务望胡适独立发挥自由言论，千万谨慎。因许怡荪、章洛声均不在世，故不得不随陈独秀自附于诤友之列。(《胡适遗稿及秘藏书信》第 27 册，354～356 页)

2 月 7 日　俞平伯在《现代评论》1 卷 9 期发表《〈红楼梦辨〉的修正》一文，说他自己从前写这书时，眼光不自觉地陷于拘泥。那时最先引动他的兴趣的，是胡适的《红楼梦考证》初稿；和他以谈论函札相启发的是顾颉刚。

2 月 8 日　隋星源致函胡适，代表山东第一师范校长王祝晨邀请胡适来济南作短期讲学。隋函提到，文学革命成功了，思想界的言论寂寞了，山东之气象又故态复萌。许多对新文化科学精神潜伏着攻击的恶意，受了张君劢、梁漱溟一派的影响，于是乌烟瘴气充塞了山东的社会。(《胡适遗稿及秘藏书信》第 37 册，624～627 页)

2 月 9 日　胡适出席善后会议预备会议，并有发言：

> 在起草第一条之原意，实鉴于一般选举多无候选之人，致投票时往往发生许多纠纷，甚有一百余人投票而可以三票五票比较多数当选者，以如此少数当选之人如何能代表全体？试举一例以明之。曾忆

南方某学校因发生毒杀案件，遂拟选举会计一人管理邮汇，讵知全体二百余人投票结果竟以十票当选，此则全由于少数人利用无候选制度之失，是以起草员注意此点，特将全世界公开的最新之推举制度介绍于本案之内，藉以减少前此之种种流弊。惟适间有人以为如用此制度必致同时选出许多议长，其实以七人推举一人计算之，则全场人数亦仅能推出十余人之候选人，以三分一为当选，决无选出许多议长之弊，况更有本案第三条可以救济一切。试观第三条议长或副议长候选人得票不满三分一时，由临时主席宣告就得票较多者二人决选之票同抽签定之之规定，则假定候选人均不满三分一时，当然依据本条以比较多数公决之，若是则第一次如不能选出，第二次必可得其结果。本条精义是使大众先认清候选人，欲选何人便选何人，既不能秘密运动，又可免党派垄断之弊，至其终点全在最后之决选，本席认为并无纠纷亦无流弊之良法，顷有人主张不采用此种推举制度，未始不言之成理，惟本员以为将来必致用不正当之办法或秘密运动之事实发现于我人之前。起草员之用意如此，大众赞否，不敢坚执成见。(《善后会议公报》第 2 期，1925 年 2 月发行，10～11 页)

同日 胡适作有《题章士钊、胡适合照》：

"但开风气不为师"，
龚生此言吾最喜。
同是曾开风气人，
愿长相亲不相鄙。(《胡适手稿》第 10 集卷 4，367 页)

按，2 月 5 日，章士钊将其与胡适合影函寄胡适。(《胡适遗稿及秘藏书信》第 33 册，157 页)此照上有章士钊所题白话诗："你姓胡，我姓章，你讲什么新文学，我开口还是我的老腔。你不攻来我不驳，双双并坐各有各的心肠。将来三五十年后，这个相片好作文学纪念看。哈哈，我写白话歪词送把你，总算是老章投了降。"(胡适:《"老章又

反叛了！"》，《国语周刊》第 12 期，1925 年 8 月 30 日）

同日 《北京大学日刊》1618 号刊登《哲学研究会简章》，胡适为发起人之一。

2月10日 《晨报》副刊刊载胡适的《新月社灯谜》。

同日 丁文江致函胡适，委托胡适致函章士钊，请章向刘治洲说项，希望刘不要向国务会议提出将张轶欧免职，因"轶欧是我们的老朋友，在江苏声誉又甚好，不可不维持他"。（《胡适遗稿及秘藏书信》第 23 册，44 页）

同日 程湘帆致函胡适，向胡适邀稿。（《胡适遗稿及秘藏书信》第 37 册，296 页）

> 按，是年向胡适邀稿的还有曹熙宇、刘大杰、兴化兰潮社、重庆新蜀报社、海工商新闻报等。（据中国社科院近代史所藏"胡适档案"不完全统计）

同日 中业贫儿工读团致函胡适，附寄该团简章，并向胡适募捐。（中国社科院近代史所藏"胡适档案"，卷号 2181，分号 1）

2月13日 善后会议正式开幕，胡适出席。

同日 胡适复函王国维：已把王之想法告知清华校长曹云祥。曹同意王考虑一星期，又承诺王到校后，"一切行动均极自由"。又云：王所虑不能时常往来清室一层，"殊为过虑"，"鄙意亦以为先生宜为学术计，不宜拘泥小节，甚盼先生早日决定，以慰一班学子的期望"。（《国家图书馆藏王国维往还书信集》第六册，2421 页）

同日 北京各界国民会议促成会致函胡适，聘胡适为该会国民会议组织法研究委员会委员。（中国社科院近代史所藏"胡适档案"，卷号 2102，分号 2）

同日 赵承易致函胡适，希望能拜会胡适。（中国社科院近代史所藏"胡适档案"，卷号 1501，分号 4）

2月14日 段翰荪致函胡适，报告一段有关施耐庵的传说。（中国社科

院近代史所藏"胡适档案",卷号1581,分号8)

  2月15日 容庚日记有记:"九时半研究所开茶会,欢送陈万里医生到甘肃考古去。胡适、徐旭生等教授均到,由马衡主席致欢送词,十二时拍照散会。"(《容庚北平日记》,11页)

  同日 汪孟邹复函胡适云:自己深知胡适之不谋私利,"只恐谋私利者利用哥之地位、声名、热心以为他们谋私利之工具耳。此我等所以不得不言而求吾哥万勿误会之一点也。"又云:"哥之不荐一个人,不交一张条子,与至少要看出会议式的解决何以失败的内幕来,此种主意,我是十分赞同。"又云陈独秀对胡适十分爱惜,但陈说话偏激,胡适素知其详,"望勿介意为幸"。(《胡适遗稿及秘藏书信》第27册,357~361页)

  2月16日 饶毓泰致函胡适,请胡适设法阻止饶氏前女友郭女士的朋友将饶、郭通信刊登在《晨报》上。又云自己可见信于朱毅农,又为朱经农误信传言感到伤心。(《胡适遗稿及秘藏书信》第42册,506页)

  2月17日 清华学校全绍文致函胡适,邀胡适前往演讲。(中国社科院近代史所藏"胡适档案",卷号992,分号4)

  同日 史久元致函胡适,感谢胡适及江冬秀致赠鸡血药膏。但丁文江不相信中国药,不让服用。但自己想试服一下,疗效好时再备礼致谢。(《胡适遗稿及秘藏书信》第23册,265页)

  2月18日 胡适作有《割据》一文。(《胡适遗稿及秘藏书信》第12册,10~11页)

  同日 北京大学哲学教授会《布告》:胡适教授本请假一学年,现因功课关系,已商准胡教授于本学期授课。(《北京大学日刊》第1626号,1925年2月19日)

  2月19日 北京大学注册部《布告》:胡适之先生下星期起来校授课。(《北京大学日刊》第1626号)

  2月20日 胡适作有《胡笳十八拍》一文,证《胡笳十八拍》非蔡琰作品。(收入《胡适文存三集》卷7)

  同日 胡适复函邵瑞彭,云:

抄奉《墨子》札记一条，乞指正。

《胡笳十八拍》见郭氏《乐府诗集》卷59，有小序记此歌的源流。乞告金先生。(《南金》杂志第4期，1927年11月10日)

同日 天津《大公报》刊载胡适致许世英函：顷得经济专门委员穆藕初先生（湘玥）来电。说即日由海道来京。暂寓松树胡同十号陆寓。

同日 陈彬龢致函胡适，云：

> 先生加入善后会议，我本不赞成，却不很反对；因为我对于自鸣清高，标榜不做官的人，很反对的。但不愿先生在这次善后会议作牺牲者。
>
> 先生当初声明试一试，现在选了复辟党健将做会长，国家财政穷乏如此，会员尚领受六百元酬金，等于零的议案，提出来凑热闹，还有一辈犬马遗老党运动恢复清室优待条件……空气甚浓厚；此时极希望先生写些大文章，发表坚决的主张，远大的计画……在会场里积极的试一试，不然我劝先生消极的退出，不必再试了！……(《胡适遗稿及秘藏书信》第35册，457页)

2月23日 陈独秀复函胡适，对前函措词冒昧，"特此谢罪"。又谈自己对胡适参加善后会议的态度：

> 我并不反对你参加善后会议，也不疑心你有什么私利私图……惟有两层意思还要向你再说一下。（一）你在会议中总要有几次为国家为人民说话，无论可行与否，终要尝试一下，才能够表示你参加会议的确和别人不同，只准备"看出会议式的解决何以失败的内幕来"，还太不够。（二）接近政府党一层，我们并不是说你有"知而为之"的危险，是恐怕你有"为而不知"的危险，林、汤及行严都是了不得的人物，我辈书生，那是他们的对手！你和他们三位先生合办一日报之说，是孟邹兄看了《申报》通信告诉我的，既无此事，我们真喜不可言。又《申报》《新闻报》北京通信都说你和汤、林为段做留声机器，分析善后会

议派别中，且把你列在准安福系，我们固然不能相信这是事实，然而适之兄！你的老朋友见了此等新闻，怎不难受！

我说了这一大篇，然而有何方法解决这问题呢？我以为只有继续办《努力》周报，以公布你的政治态度，以解释外面的怀疑。

《努力》续出，当然也不能尽情发挥，但在可能的范围内说几句必需要说的话，现在在你的环境还可以做得到，似不可放过此机会，因为此机会势不能长久存在也。（《中国人民大学学报》2012年第1期，31～32页）

同日 汪孟邹致函胡适，悉报载胡适将与章、林、汤合办《善后日报》是谣言。"但为吾哥计，最好是速办《努力》周报，以表明对政治的态度，造谣者自无可再造。置而不理恐不是最当的办法，望哥酌之酌之。"（《胡适遗稿及秘藏书信》第27册，365～367页）

同日 程云卿致函胡适，请担保人胡适催促曹君尽快还完债款500元。（中国社科院近代史所藏"胡适档案"，卷号1854，分号2）

2月24日 胡适有《退出善后会议》稿，大意谓：

今河南战事已开……今日的善后会议至少也该有全国停战的条件作开会的基础。若各方的争执仍须靠武力的解决，则是各方之参加善后会议为全无诚意。若临时政府今日无制止各方敌对行为的权力，则善后会虽议决了无数尽善尽美的议案，将来亦必无执行之希望。军事的善后为善后会议的一件重要任务；若本会议不能作局部军人争执的仲裁机关，更有何面目高谈全国的军事善后？所以我们主张，当此战祸重开之时，善后会议应停止开会。……若在战争期中继续开会，我们只好不出席了。（《胡适遗稿及秘藏书信》第12册，12～14页）

同日 胡适在清人天花才子编辑《快心编》初集五卷十回二集五卷十回三集八卷十二回（上海申报馆铅印本）上作一题记：看此书中的地名官名，似是明末清初之人作的，至晚不会在清康熙朝之后。文笔不很高明，

但也还不很讨厌。技术是很幼稚的。(《胡适藏书目录》第2册，1340页）

　　按，胡适又在所藏之同名书（清刻本）上有题记云：此书的白话不坏，小说技俩还不弱。(《胡适藏书目录》第2册，1340页）

2月25日　张歆海致函胡适，请胡适介绍旁听善后会议，并索取旁听券。(《胡适遗稿及秘藏书信》第34册，334页）

2月26日　胡适致函陈垣，讨论欧洲新历问题：

　　昨日承询一五八二修历之后，以前的史事是否改从新历。当时我在电话上曾说，以后的史事仍用旧历。今日细检参考书，始知此答应加附带说明，方可成立。

　　新历成于一五八二，而各国之采用则互有先后。俄为最后，其他诸国亦有甚晚者。旧历虽大体从罗马历，然岁首则最不一致。……

　　……………

　　……古事纪载已一律改用一月一日为岁首……岁首虽一律改正，而"一六八八之革命"已成人人皆知之史事，终不易改口也。

　　……………

　　岁首改为一律之外，其余日月皆不曾改，皆沿用旧历。……（陈智超编注：《陈垣来往书信集（增订本）》，生活·读书·新知三联书店，2010年，202～203页）

　　同日　《北京大学日刊》第1632号刊登注册部《布告》：胡适之先生所授《中国近世哲学》原在星期二第五第六时，现改为星期五第七第八时，教室仍旧。

　　同日　曹云祥致函胡适，请胡适担任清华学校本年度专科生考试历史科的命题、阅卷工作。(《胡适遗稿及秘藏书信》第33册，495页）

　　同日　丁文江致胡适一函。(《胡适遗稿及秘藏书信》第23册，197～198页）

3月

3月4日　曹诚克致函胡适，自述教学生活。又言及自身与家庭的债务等。（中国社科院近代史所藏"胡适档案"，卷号1759，分号8）

3月10日　胡适发出"请将提出国民代表会议组织法修正案交付审查函"：

……送上国民代表会议组织法修正案一份，已足连署人数，乞两位议长交付印布，并乞遵照第三次大会议决交付审查……（《善后会议公报》第6期，1925年3月发行，"公文"，9页）

按，同期《善后会议公报》刊登胡适提出的"国民代表会议组织法修正案"，附议人为马君武、王伯群、汤漪、褚辅成。（《善后会议公报》第6期，"议案"，30～38页）

3月11日　天津《大公报》刊登胡适等为倪道烺案联名质问司法总长章士钊函：

顷间姜案凶犯倪道烺于本月五日下午二时，别因事故为京师地检厅票传到厅。查倪道烺一犯，早经京师总检厅通缉在案。现该犯既经票传到厅，何以该厅不依照通缉令立予拘留，归案讯办？同人实深诧异。事关国法存废，义难坐视。为函请贵部，迅饬主管法庭，将该犯依法逮捕，以雪沉冤。不胜迫切待命之至。

按，章士钊之复函亦同时刊出。

同日　Homer H. Dubs 致函胡适，云：

For some time I have been using your book of *The History of Chinese Philosophy* in writing an account of the philosophy of Hsuntze. I have translated the major part of his writings and am writing an account of his interpretation of Confucianism as my Ph. D. thesis at the University of Chicago. I have just finished rereading your book, and feel convinced that it is certainly one of the great books of the world, and that it should be made available to the great numbers of those who do not read the Chinese language by being translated into English or some other European language.

I feel very strongly that a translation of this book is called for. It would be an illuminating contribution to philosophical thot, not only as a piece of philosophical history itself, but also to see how a group of thinkers worked their way thru the problems of philosophy independently of the presuppositions made by the Greek thinkers, which have determined the course of ancient philosophical thot elsewhere. In addition the publication of such a book would highten the esteem of the world for China in that it would show how brilliantly China's philosophers dealt with the ultimate problems of philosophy before the authorial rule of later Confucian dogmatism out of independent speculation. You probably know that aside from your *History of Logical Theory* (which I have not seen) the only history of Chinese philosophy at present available in English is written by a Japanese scholar, Suzuki, and in my opinion he does not deal fairly with the great heights to which Chinese speculation and analysis rules. So I should urge you to lose no time in translating this book.

Of course no one could do this work of translation better or as well as you yourself could do. If you have the time to devote to the task, no one could do it better. But in case you do not have the time, I should be glad to undertake the work of translation. I have spent considerable time in the study of the ancient literary Chinese, in my translation of Hsuntze, and feel that I have a sufficient command of that language and of philosophic terminology to take up such a task. In case you should wish to know more about me, my good friend Timothy Lew can tell you whom I am.

In any event, I hope that the western world will shortly be given a translation of your valuable work.（中国社科院近代史所藏"胡适档案"，卷号 E-181，分号 8）

3月12日　孙文病逝于北京。

同日　顾颉刚来访不遇。（《顾颉刚日记》卷一，597 页）

3月14日　《现代评论》第 14 卷第 14 期刊登胡适的《狸猫换太子故事的演变》一文（21 日之 15 期登完）。

同日　俞平伯复函胡适，云：胡函解释"三五"之名至为恰当。又询胡适的《中国哲学史大纲》卷下何时出版。又谈及朱自清的诗文集要在亚东图书馆出版，希望胡适能介绍给汪孟邹。又谈及上海大学三个优秀的学生欲转学北大，希望胡适帮忙等。（《胡适遗稿及秘藏书信》第 31 册，21～23 页）

同日　王文彬、甘大文致函胡适云，有人说胡适得溥仪、倪道烺赠金，又与梁启超、章士钊结拜为兄弟，"拥戴段祺瑞为父，并追认袁世凯为祖父，溥仪为曾祖"云云。请胡适有以正之。（中国社科院近代史所藏"胡适档案"，卷号 759，分号 8）

3月15日　胡适作成《〈三侠五义〉序》，共有三部分：包公的传说，李宸妃的故事，《三侠五义》与《七侠五义》。在第一部分，胡适说，包公是个箭垛式的人物，又详叙包公故事在元朝流传的情形。又说：

> 杂记体的《包公案》后来又演为章回体的《龙图公案》，那大概是清朝的事。《三侠五义》即是从这里面演化出来。但《龙图公案》仍是用包公为主体，而《三侠五义》却用几位侠士作主体，包公的故事不过做个线索，做个背景：这又可见传说的变迁；而从《包公案》演进到《三侠五义》，真不能不算是一大进步了。

在第二部分，胡适说：

> 我们看这一个故事在九百年中变迁沿革的历史，可以得一个很好的教训。传说的生长，就同滚雪球一样，越滚越大。最初只有一个简

单的故事作个中心的"母题"(motif),你添一枝,他添一叶,便像个样子了。后来经过众口的传说,经过平话家的敷演,经过戏曲家的剪裁结构,经过小说家的修饰,这个故事便一天一天的改变面目:内容更丰富了,情节更精细圆满了,曲折更多了,人物更有生气了。

在第三部分,胡适说:

《三侠五义》有因袭的部分,有创造的部分。大概写包公的部分是因袭的居多,写各位侠客义士的部分差不多全是创造的。
....

《三侠五义》本是一部新的《龙图公案》,但是作者做到了小半部之后,便放开手做去,不肯仅仅做一部《新龙图公案》了。所以这书后面的大半部完全是创作的,丢开了包公的故事,专力去写那班侠义。在这创作的部分里,作者的最成功的作品共有四件:一是白玉堂,二是蒋平,三是智化,四是艾虎。作者虽有意描写南侠与北侠,但都不很出色。只有那四个人真可算是石玉昆的杰作了。
....

……石玉昆"翻旧出新",把一篇志怪之书变成了一部写侠义行为的传奇,而近百回的大文章里竟没有一点神话的踪迹,这真可算是完全的"人话化",这也是很值得表彰的一点了。(《胡适文存三集》卷6,661~705页)

同日 丁文江致函胡适,谈如果亚东图书馆不愿意出版《民国军事近纪》,将交晨报社出版。(《胡适遗稿及秘藏书信》第23册,45~46页)

同日 金家凤、毛一鸣致函胡适,述写信给胡适的四理由。认为孙中山去世后,国民党必分裂。希望胡适与蔡元培能兼顾政治,"实行组党,那末民治前途,庶几有望"。(《胡适遗稿及秘藏书信》第29册,471~474页)

3月17日 商务印书馆函邀持有20股的胡适出席4月19日举行的股东大会。(中国社科院近代史所藏"胡适档案",卷号2208,分号4)

3月18日 穆藕初致函蒋梦麟、胡适，希望蒋、胡出面调停东南大学的风潮。(《胡适来往书信选》上册，316页)

3月19日 任鸿隽复函胡适，告自己对东南大学风潮的态度及苦境等。(《胡适遗稿及秘藏书信》第26册，491～493页)

同日 朱经农致函胡适，谈任鸿隽在东大风潮中"实在很难"。询胡适北京大学是否欢迎任鸿隽夫妇回去。(《胡适遗稿及秘藏书信》第25册，658～659页)

同日 河南医药研究会致函胡适云，该会成立了以中医为主、西医为辅的学校，请胡适支持。(中国社科院近代史所藏"胡适档案"，卷号2079，分号1)

3月21日 胡觉致函胡适，告回里后情形：祖父母坟墓待修缮。为乡里推举主持学校之事。返家后常被邀请说项或评判。(《胡适遗稿及秘藏书信》第22册，750～751页)

3月22、23日 龚羡章分别致长函与胡适，讨论《三侠五义》《金瓶梅》等小说。(《胡适遗稿及秘藏书信》第42册，531～542页)

3月22日 曹诚克复函胡适，感激胡适劝诫其"多观察，少说话，待时而动"。又论及自身近况。(中国社科院近代史所藏"胡适档案"，卷号1759，分号9)

3月23日 郭文生致函胡适，请教关于《红楼梦》的六个问题。(中国社科院近代史所藏"胡适档案"，卷号1590，分号5)

3月24日 张歆海致函胡适，云：东南大学风潮后可能裁撤国文、哲学二系，建议北京大学招揽梵文名家汤用彤。(《胡适遗稿及秘藏书信》第34册，335～336页)

3月28日 王徵致函胡适，谈及想要看看溥仪，请胡适帮忙介绍，并请胡适帮忙决定这件事可做不可做，又询胡适的第二本哲学史是否已经动手等。(《胡适遗稿及秘藏书信》第23册，517～518页)

3月29日 哲学研究会第一次开会，胡适讲演"禅宗以前的禅"。(《钱玄同日记》中册，629页)

同日　倪文亚致函胡适，请求胡适就先秦教育进展史的研究材料、方法给予指教。(《胡适遗稿及秘藏书信》第31册，673～676页)

3月30日　胡适作有《汉初儒道之争》，4月16日又有补记。

3月31日　马叔平、沈兼士、单不庵、朱希祖合宴周子扬等，胡适、钱玄同、徐炳昶、陈垣、李玄伯等应邀作陪。(《钱玄同日记》中册，630页)

同日　陈惟俭致函胡适，告自己将赴欧美公干，希望胡适能给欧美的我国驻外使节及友人写信，以便得到便利。(中国社科院近代史所藏"胡适档案"，卷号1309，分号2)

3月　胡适译成Browning的《清晨的分别》。(《胡适手稿》第10集卷3，241页)

同月　在北京大学印行的各学系主任名单上，胡适仍为英文学系主任，但由陈源代理。(中国社科院近代史所藏"胡适档案"，卷号2156，分号2)

4月

4月1日　胡适在《雕菰集》二十四卷附密梅花馆集二卷题记："这部书近来很贵。玄同花了三十元买了一部糙纸的；幼渔介绍了一部来，索价五十元。这一部黑色稍不如幼渔绍介的一部，价三十五元。"(《胡适藏书目录》第2册，1173页)

4月3日　胡适复函钱玄同，开示钱氏所需要的禅宗书的书目，又云："为文学起见，《法华经》不可不看。"(《鲁迅博物馆藏近现代名家手札》〔二〕，166～167页)

按，4月2日，钱玄同致函胡适，告拟研究禅宗，请胡适为其开书单。(《胡适遗稿及秘藏书信》第40册，347～350页)

同日　丁文江致函胡适，希望胡适"出洋去走走"，继续著述的工作：

……你最好还是著你的书。我们想你出洋，正是要想你工作；你

若果然能工作,我们还何必撵你走呢?你的朋友虽然也爱你的人,然而我个人尤其爱你的工作。这一年来你好像是一只不生奶的瘦牛,所以我要给你找一块新的草地,希望你挤出一点奶来,并无旁的恶意。(《胡适遗稿及秘藏书信》第23册,49～50页)

同日　陈彬龢致函胡适,感谢胡适答应演讲,拟出四个讲题供胡适采择。(《胡适遗稿及秘藏书信》第35册,459～460页)

同日　龚羡章致函胡适,告梅启照的资料。(《胡适遗稿及秘藏书信》第42册,543～557页)

　　按,4月28、29日,5月14、17、23、25日,6月3、12日龚羡章又分别致函胡适,讨论《三侠五义》及古典章回小说。(《胡适遗稿及秘藏书信》第42册,558～564、565～566、567～570页;中国社科院近代史所藏"胡适档案",卷号1800,分号7、8;《胡适遗稿及秘藏书信》第42册,571～575页;中国社科院近代史所藏"胡适档案",卷号1800,分号10;《胡适遗稿及秘藏书信》第42册,576～580页)

4月4日　胡适作有《焦循的书目》。(《胡适遗稿及秘藏书信》第5册,10～15页)

同日　胡适致函马幼渔,讨论焦循的《论语通释》,指出:焦循初作此书在嘉庆癸亥,原稿有15篇,次年删改一遍,删去(或归并)了3篇,次第也大改动。焦循编定文集在嘉庆丁丑,收入12篇,此12篇本为定本,而15篇本为癸亥原稿。定本已不可见,幸得此原稿本,可以考见此书诸篇后来皆分散删改。列出此书的三个版本。胡适认为原本最可贵,而定本失去不足惜。焦氏原本中很多露锋芒的话,可见他作此书所以力主忠恕容忍,是为了当日门户之争而发的。今倒乱其原次第,便不足以考见当日著书的原意了。(收入《胡适文存三集》卷7)

4月5日　胡适作有《〈宋元学案补遗〉四十二卷本跋》。(收入《胡适文存三集》卷7)

1925年　乙丑　民国十四年　34岁

4月7日　刘湛恩致函胡适，拟赴京津，希望就太平洋国民会议事拜访请教胡适。(《胡适遗稿及秘藏书信》第40册，122～124页)

4月8日　胡适作有《跋郎兆玉刻本〈墨子〉》。(收入《胡适文存三集》卷7)

同日　曹诚英复函胡适，感激胡适对其指点。(中国社科院近代史所藏"胡适档案"，卷号1762，分号4)

4月9日　胡适作有《翁方纲与〈墨子〉》。(收入《胡适文存三集》卷7)

同日　刘璇函请胡适为其诗集作序。(中国社科院近代史所藏"胡适档案"，卷号916，分号11)

按，是年向胡适求序的还有李秉之、王仲屏、李毓鋆、福州闽江学校、上海市北公学、胡祥贵、凌独见、黄诏年。(据中国社科院近代史所藏"胡适档案"不完全统计)

4月12日　胡适复函钱玄同，谈及整理国故及当下思想界昏谬等：

"挤香水"的话是仲甫的误解。我们说整理国故，并不存挤香水之念；挤香水即是保存国粹了。我们整理国故，只是要还他一个来本面目，只是直叙事实而已，粪土与香水皆是事实，皆在被整理之列。如叙述公羊家言，指出他们有何陋处，有何奇特处，有何影响，有何贡献——如斯而已，更不想求得什么国粹来夸炫于世界也。……

《华国》《学衡》都已读过。读了我实在忍不住要大笑。近来思想界昏谬的奇特，真是出人意表！我也想出点力来打他们，但我不大愿意做零星的谩骂文章。这种膏肓之病不是几篇小品文字能医的呵。"法宜补泻兼用"：补者何？尽量输入科学的知识，方法，思想。泻者何？整理国故，使人明了古文化不过如此。"七年之病求三年之艾"，虽似迂远，实为要图。老兄不要怪我的忍耐性太高，我见了这些糊涂东西，心里的难受也决不下于你。不过我有点爱惜子弹，将来你总会见我开炮的，别性急呵。你信上也曾提起我的《评东西文化……》及

《科学与人生观序》。我觉得这两炮不算不响。只是这种炮狠费劲,我实在忙不过来,如何是好?(《鲁迅博物馆藏近现代名家手札》〔二〕,170～173页)

同日　曹诚英复函胡适,述前与友人游烟霞洞等杭州名胜,怀念与胡适同游情形。(中国社科院近代史所藏"胡适档案",卷号1762,分号4)

同日　中华图书馆协会在来今雨轩召开发起人大会,胡适是该会发起人之一。

按,《中华图书馆协会缘起》列名发起人共48人:丁文江、蔡元培、梁启超、黄炎培、张伯苓、熊希龄、颜惠庆、汪兆铭、袁希涛、傅增湘、胡适、马叙伦、蒋梦麟、江庸、林长民、杨荫榆、范源濂、易培基、周诒春、吴敬恒、于右任、曹云祥、严鹤龄、李煜瀛、蔡廷干、邹鲁、王正廷、陶行知、张嘉森、陈宝泉、陈垣、余日章、汤尔和、张继、傅铜、董泽、张鸿烈、石瑛、高鲁、张黻卿、马君武、顾孟馀、胡石青、沈兼士、张彭春、翁文灏、沈祖荣、杨铨、邓萃英、查良钊、胡诒谷、陈裕光、洪维廉、韦隶华、卢锡荣、胡庆生。

还有团体发起人:南京图书馆协会、江苏图书馆协会、上海图书馆协会、天津图书馆协会、北京图书馆协会。(中华图书馆协会董事部第一次会议记录,中国社科院近代史所藏"胡适档案",卷号2085,分号1)

4月13日　凌叔华复函胡适,告已经收到胡适寄的《华陀生死考》,又约胡适周六午饭等。(《胡适遗稿及秘藏书信》第31册,476页)

4月15日　朱经农致函胡适,认为胡退出善后会议很好。又受华东基督教夏令会之托,邀胡适暑期来此讲国学。又云,今后教育事业须从华人自办私立学校方面着手等。(《胡适遗稿及秘藏书信》第25册,660～663页)

4月16日　《北京大学日刊》第1670号刊登注册部《布告》:胡适之先生所授《中国哲学史》每星期加授2小时,《中国近世哲学》每星期加授1

小时,《清代思想史》每星期加授 1 小时,俱改上一院第一教室……

4 月 17 日　《京报》刊登胡适等致章士钊的公开信,请求其撤销"管理新闻营业规则":

> 北京报界因受现行法令之束缚,近已一再要求政府废止出版法。一般社会方日盼废止该法之明令。乃据报章所传警厅,径以警察厅命令颁布一种管理新闻营业规则,该项规则不特内容严酷,而以警厅厅令颁布,尤为任何国家之所无,并为中国现行任何法令之所不许。
>
> 依照该项规则,人民发行报纸杂志或办理通信社,不特事先须呈报官厅,并附有预得官厅许可,预缴执照费,及取具铺保数家等等条件,而凡学校学生并不得充任报纸或通信社发行、编辑、经理、印刷等职务。此项取缔,不特变更现行出版法,抑视较曩昔之报纸条例变本加厉。……复次,现时临时政府执政于就职之始,既以明令声明凡从前法令除与临时政府抵触或有明令废止者外,一概有效。则警察总监之颁行,任何规则,自亦应以现行法令为依据。……先生为素信自由主义之人,可否由先生毅然将此项规则提出阁议,议决撤销。敬候裁夺,并盼复示。如因先生之奋斗,复使此项规则及出版法俱归消灭,则全国言论界与思想界将俱拜先生之赐矣。……胡适,陈源,钱玄同,王世杰,张凤举,周作人,周览,丁西林,李宗侗,张奚若,唐林,林语堂,皮宗石,屠孝实,李书华,沈兼士,单不庵,徐炳昶。

4 月 20 日　颜惠庆致函胡适,云:

> The Commission on Social Research, of which you have already heard, is discussing the best agency for the promotion and execution of research into social economics in China. The Commission is anxious to secure the best Chinese opinion on this subject, and hopes that an essentially Chinese institute may be set up with predominant Chinese control and increasing Chinese support despite the large dependence on funds from America during the early

years.

I have therefore much pleasure in asking you to attend the Findings Conference, which will begin on Saturday evening, April 25, at 8 p.m. The meetings will be held in the Chinese Social and Political Science Association library. They will continue during the week-end at such hours as may be found convenient.

Trusting that you will make every effort to attend.(中国社科院近代史所藏"胡适档案",卷号 E-392,分号 6)

4月21日　江朝宗、许世英、胡适等多位旅京皖人联名呈文段祺瑞,要求清理安徽省财政。(《申报》,1925年4月26日)

同日　容庚将马裕藻的程甲本《红楼梦》与其自藏抄本120回《红楼梦》(有容氏校记)一并交与胡适。(《容庚北平日记》,23页)

同日　J. B. Tayler 致函胡适,云:

You will notice on page 13 of the accompanying draft that it is felt a committee on organization will be necessary to set up the Institute for Social-Economic Research, and that we have taken the liberty of suggesting your name for this committee. We already have Mr. Fan Yuan Lien's acceptance. He has shown a deep interest and has offered to sound various people as to their willingness to contribute. His hope is to secure pledges of $20,000 to $30,000 a year for five years. We hope very much that Chinese support of this kind will be feasible even from the beginning. I hope, too, that you will allow your name to go forward for the purpose of this organizing committee.

We are planning to hold meetings twice on Sunday and on Monday morning, and we hope that this will suit your convenience. I am trying to find out what hours will best suit the Chinese members of the conference. As you know, the conference will begin on Saturday evening, April 25, at 8 p.m.(中国社科院近代史所藏"胡适档案",卷号 E-357,分号 6)

1925年　乙丑　民国十四年　34岁

4月22日　胡适改定《读书》，指出读书有三种说法：要读何书，读书的功用，读书的方法。读书有两个要素：精，博。要求"精"，须做到眼到、口到、心到、手到。关于"心到"，胡适说：

> 心到是每章每句每字意义如何？何以如是？这样用心考究。但是用心不是叫人枯坐冥想，是要靠外面的设备及思想的方法的帮助。

又云："读书先要会疑，不会有问题，便没有进益。"关于"博"，胡适说："博"有两个意思：第一，为预备参考资料计，不可不博。第二，为做一个有用的人计，不可不博。

又云：

> 理想中的学者，既能博大，又能精深。精深的方面，是他的专门学问。博大的方面，是他的旁搜博览。博大要几乎无所不知，精深要几乎惟他独尊，无人能及。他用他的专门学问做中心，次及于直接相关的各种学问，次及于间接相关的各种学问，次及于不很相关的各种学问，以次及毫不相关的各种泛览。（《胡适文存三集》卷2，221～233页）

4月23日　余日章致函胡适，再度恳劝胡出席太平洋会议：

> ……陈立廷君因本年太平洋国民会议事来京接洽，兹据报告谓先生对于出席该会议一节犹在考虑中，未能确定。按此项国民会议开国民外交之新纪元，将以各国国民间之真亲善而研究种种国际上之症结，以谋根本解决之方，其关系之重大，要不让昔岁之华府会议。是以会议通告发出以后，被邀各国莫不郑重预备，选派出席者悉属一时知名之士。吾国承积弱之余，得此良机，未始非振起衰疲之会，则所选出席代表尤不可不属诸第一流人物，以扬国光，而求胜利。先生久负令望，中外咸钦，代表之选，最为适当。务请鉴此会议性质之重要，于吾国前途有甚深之利害，慨然允诺……（《胡适遗稿及秘藏书信》第29册，

150～151页）

  按，此前，余日章、赵锡恩致函胡适，告本年7月1日至15日太平洋会议将于檀香山举行。爰由日章、锡恩等联络各界，在沪组设中国筹备会，拟推我国出席男代表8人、女代表4人与会……经会众公推胡适为我国出席代表，并希望胡适答允。（《胡适遗稿及秘藏书信》第29册，154～156页）

4月25日 胡适作有《胡说（一）》，劝诫大家要购置一部字典。（《现代评论》第1卷第25期，1925年5月2日）

  同日 中华图书馆协会在上海成立，会议通过了《组织大纲》并选举职员，胡适当选为董事；其他董事还有蔡元培、梁启超、丁文江、沈祖荣、钟叔进、戴志骞、熊希龄、袁希涛、颜惠庆、余日章、洪有丰、王正廷、陶行知、袁同礼等。（《申报》，1925年4月26日）

  同日 中华全国村市建设协会致函胡适，请胡适担任其哲学顾问。（中国社科院近代史所藏"胡适档案"，卷号2104，分号2）

4月26日 丁文江致函胡适，问候胡适的病情，并邀胡适夏天去北戴河度假。（《胡适遗稿及秘藏书信》第23册，51～53页）

  同日 王赓函谢胡适、张歆海照顾陆小曼。（《胡适遗稿及秘藏书信》第23册，536～537页）

4月27日 朱经农致函胡适，希望胡适代表中国参加太平洋会议。（《胡适遗稿及秘藏书信》第25册，664～666页）

4月29日 顾颉刚日记有记：玄伯今日邀说《三侠五义》之刘杰，在森隆午饭，同座有适之先生、通伯、平伯、旭生，及予。……（《顾颉刚日记》卷一，612页）

  同日 胡适舅母曹彩眉致函胡适，请胡适帮冯汝骐转学。（中国社科院近代史所藏"胡适档案"，卷号859，分号1）

4月30日 胡本琜等10人致函胡适，告绩溪县拟筹建图书馆，请胡适代向商务印书馆、中华书局等征募书籍。（《胡适遗稿及秘藏书信》第30册，

271～273页）

5月

5月1日　陈正谟致函胡适，告：哲学史稿早已接到。得刘君信，知胡适命自己将几个同学的稿子酌量采纳，将来稿费分润给他们。这件事一定照办。打算两年内把这部西洋哲学史译完，不知能否做到。又谈及一位日本人所著《"支那"哲学史概论》对胡适《中国哲学史大纲》卷上的批评。（《胡适遗稿及秘藏书信》第35册，276～280页）

5月2日　钱玄同致函胡适，请胡适开列禅宗方面的书目。（《胡适遗稿及秘藏书信》第40册，347～350页）

5月3日　朱毅农复函胡适，感谢胡适的长信开导，又谈及自己的小说创作等。（《胡适遗稿及秘藏书信》第26册，8～9页）

5月4日　北京学生联合会于午后2时，在师范大学风雨操场召开五四运动六周年纪念大会。筹备者原延请吴稚晖、李石曾、易寅村、高一涵、胡适、蒋梦麟等讲演，因北洋政府临时饬令教育部，转令各学校今日不得放假，并阻止各教授前往讲演，以致被延请者多不能莅会。（《申报》，1925年5月10日）

5月5日　顾颉刚日记有记：到平安看剧，遇俞平伯、张奚若、周鲠生、胡适等。（《顾颉刚日记》卷一，614页）

5月6日　胡适于长美轩宴请钱玄同、黎锦熙等。胡适答允为《国语周刊》撰文。（《钱玄同日记》中册，637页）

5月7日　汪孟邹致函胡适，告《海上花列传》已排出五十回。因此书乃鲁迅推荐，故此书除有胡适的序言以外，是否请鲁迅写一序，并请胡适与鲁迅接洽。（《胡适遗稿及秘藏书信》第27册，389～392页）

5月8日　丁文江致函胡适，谈到英国庚子赔款委员会候选人的事："昨天接到一个朋友的信说，英款委员会外交部荐七个人：你、曹永祥、胡次珊、陶孟和、黄任之、罗忠诒及我。又说外交部要求中国委员额定为六人，至

少四人。"又云：罗忠诒人颇厚道，不过对于国内事太不接头了。黄炎培是一个大大的饭桶，人极其执拗不通。我想，不说六个中国人英国未必答应，即是答应，多弄几个黄、胡去，不但于我们无益，而且有损……我本来是走不开，但是很想为地质调查所谋一笔基金，请胡适向庄士敦谈谈，请他非正式地征求英使馆的意见。又云自做了一篇很长的对于英款的意见书等。(《胡适遗稿及秘藏书信》第 23 册，54～58 页）

同日　高元致函胡适，拜托胡劝诫章士钊。(《胡适遗稿及秘藏书信》第 31 册，153～155 页）

5 月 9 日　胡适致函 Bevan 云：关于您要求提供的英国庚款委员会的候选人，我的挚友丁文江认为 Hu Jen-yuan 与 Wu Chien 不是合适的人选。(中国社科院近代史所藏"胡适档案"，卷号 E-90，分号 12）

5 月 10 日　中国公学同学会在青年会西餐厅集会，选举王云五、胡适等人为理事。(《申报》，1925 年 5 月 12 日）

同日　钱玄同致函胡适，请胡适为文驳斥《学衡》对胡适的批评；又遵胡适嘱，开列晚清今文学的书单。(《胡适遗稿及秘藏书信》第 40 册，351～356 页）

5 月 11 日　胡适致函钱玄同云，唐钺的《汉学是科学吗》确是很好，

但他论"鱼""阳"对转一条，说"鱼"古韵母当是与 α 接近之音，此意似不很对。我疑心"阳"部古音颇近我们徽州音，读 ung，及 yung。"鱼"之变 ung，若读徽音，则

于→往（ung）

且→将（chiung）

"奴"转"郎"与"奴"转"侬"似同一理。(《胡适全集》第 23 卷，466 页）

同日　朱湘致函胡适，指出胡适文章中提到的《英华合解辞典》中的谬误，认为北京大学应编英文字典。(《胡适遗稿及秘藏书信》第 25 册，235～240 页）

1925年　乙丑　民国十四年　34岁

5月13日　蔡元培复函胡适，云：

知贵体渐康复，于授课外，兼从事中国哲学史长编，甚慰，甚慰。然尚祈注意调摄，切勿过劳。

承示北大当确定方针，纯从研究学问方面进行，弟极端赞同。八月中旬准启行回国，与先生及梦麟兄共同商定。弟放弃责任，累梦兄受多许委屈，不安之至，祈先生随时宽慰之。英款委员会先生肯加入否？（《胡适遗稿及秘藏书信》第39册，274页）

5月17日　下午，北京大学哲学系举行毕业生师生联欢会，胡适有演讲，说道：

我们哲学系的学生，什么事情都可去干。最要紧的是要以高远的眼光干出哲学的特色来。本着我们训练过的见解，正可天不怕地不怕的往前干去。

至于梁先生劝我们自奉俭约，是对的，不过他对于应有的娱乐觉为耻辱，我以为只能以之为立己之道，以之立人则不可。试看吴稚晖先生是自奉甚俭约，可是他希望社会设备极臻完美，希望大家都能坐汽车，家家都能装一无线电的听声机，听很好的音乐。我亦希望诸位同学以后大家都大阔特阔，社会娱乐场所愈多愈好，能使穷人都能看戏才好。梁先生的态度所以如此，也可说是不看戏不到娱乐场所的缘故。我们宁可起早一点作工，戏却不可不看。

总而言之，我希望各位无处不走，因为随地都可以开我们的见解，见解并不单靠着书本子得的。试看禅宗的方法好极了，他不教你方法，要你自己去觉，甚至于做"行脚"的工夫，遍访名山大师，因至偶尔触机，登时大悟。（《北京大学日刊》第1700号，1925年5月22日）

同日　胡适在北京大学第二院哲学研究会演讲"从历史上看哲学是什么"，大要是：

……从人类历史上看哲学是什么，一方面要修正我在《中国哲学史》上卷里所下哲学的定义，一方面要指示给学哲学的人一条大的方向……

…………

归纳起来说，正统哲学有三大特点：

（1）调和新旧思想，替旧思想、旧信仰辩护。带一点不老实的样子。

（2）产生辩证的方法，造成论理的系统，其目的在护法卫道。

（3）主张二元的世界观，一个是经验世界，一个是超经验的世界。在现实世界里不能活动的，尽可以在理想世界里玩把戏。

现在要拿杜威先生关于正统哲学的解释，来看是否适用于中国。我研究的结果，觉得中国哲学完全可以适用杜威的学说。

…………

……无论以中国历史或西洋历史上看，哲学是新旧思想冲突的结果。而我们研究哲学，是要教哲学当成应付冲突的机关。现在梁漱溟、梁任公、张君劢诸人所提倡的哲学，完全迁就历史的事实，是中古时代八百年所遗留的传统思想，宗教态度，以为这便是东方文明。殊不知西洋中古时代也有与中国同样的情形，注重内心生活，并非中国特有的，所以我们要认清楚哲学是什么，研究哲学的职务在那里，才能寻出一条大道。这是我们研究哲学的人应有的觉悟。(《国闻周报》第2卷第20期，1925年5月31日）

5月24日　晏阳初召集中华平民教育促进会下之平民文学委员会开会，出席者有钱玄同、林语堂、庄泽宣、高仁山、黎锦熙、刘廷芳等。胡适约而未至。公推胡适为委员长，钱玄同副之。(《钱玄同日记》中册，639页）

按，6月3日之天津《大公报》对此会有报道，说胡适出席了会议。这里采钱玄同日记之说，而不采《大公报》的报道。

5月25日　胡适致函顾颉刚，云：

1925年　乙丑　民国十四年　34岁

你的《写歌杂记》很有趣味……

你解《野有死麕》之卒章，大意自不错，但你有两个小不留意，容易引起人的误解：（一）你解第二句为"不要摇动我身上挂的东西，以致发出声音"；（二）你下文又用"女子为要得到性的满足"字样：这两句合拢来，读者就容易误解你的意思是像《肉蒲团》里说的"干哑事"了。

"性的满足"一个名词，在此地尽可不用，只说那女子接受了那男子的爱情，约他来相会，就够了。"帨"似不是身上所佩：《内则》"女子设帨于门右"，似未必是佩巾之义。佩巾的摇动有多大的声音？也许帨只是一种门帘，而古词书不载此义。《说文》帨字作帅，"事人之佩巾"如何引申有帅长之义？

《野有死麕》一诗最有社会学上的意味。初民社会中，男子求婚于女子，往往猎取野兽，献于女子。女子若取其所献，即是允许的表示。此俗至今犹存于亚洲、美洲的一部分民族之中。此诗第一、第二章说那用白茅包着的死鹿，正是吉氏诱佳人的赘礼也。

又南欧民族中，男子爱上了女子，往往携一大提琴，至女子的窗下弹琴唱歌以挑之。吾国南方民族中，亦有此风。我以为《关雎》一诗的"琴瑟友之""钟鼓乐之"，亦当作"琴挑"解。旧说固谬，作新婚诗解亦未为得也。"流之""求之""笔之"等话，皆足助证此说。

研究民歌者当兼读关于民俗学的书，可得不少的暗示。如下列各书皆有用：

Westermarck: *Development of Moral Ideas and Practice.*

Hobhouse: *Morals in Evolution.*（《胡适遗稿及秘藏书信》第 20 册，320～323 页）

5月26日　胡适访顾颉刚。（《顾颉刚日记》卷一，621 页）

同日　高梦旦致函胡适云：闻胡适有赴英之说，不知能成事否？希望胡适能为林社五周年题字，又谈及近年北大的五七纪念及近年学潮之事。（《胡

适遗稿及秘藏书信》第 31 册，317～318 页）

按，是年向胡适求字的还有刘佩琥等。（据中国社科院近代史所藏"胡适档案"不完全统计）

同日　高元致函胡适，告陈达材将创立人民自治会，又寄陈致高函（函中云将邀胡适参加）。（《胡适遗稿及秘藏书信》第 31 册，141～152 页）

5 月 27 日　罗家伦致函胡适，云：英国政府已同意胡适为庚款委员，其余一人尚未大定，渠等正争取定为丁文江。北京政府保密 7 人为：胡适、丁文江、曹云祥、罗忠诒、胡仁源、陶孟和。（《胡适遗稿及秘藏书信》第 41 册，242 页）

5 月 30 日　容庚偕容肇祖来访。（《容庚北平日记》，29 页）

同日　丁文江致函胡适，谈道因美款委员会开会，近日不能到北京与曾镕浦会面。又谈道：想推荐张奚若为美款委员会要办的图书馆长；推荐任鸿隽为美款委员会执行书记。（《胡适遗稿及秘藏书信》第 23 册，59～60 页）

同日　在上海租界内发生了五卅惨案。惨案激起了一场声势浩大的反帝爱国运动。惨案发生后，丁文江起草了由他和胡适、罗文干、颜任光联署的长电，叙说惨案的真相，揭露英方军警的罪行。此电为在英国抗议的中国留学生提供了极好的材料。（罗家伦：《现代学人丁在君先生的一角》，载《丁文江这个人》，台北传记文学出版社，1967 年，195～196 页）

5 月 31 日　北京艺文中学校由校长高仁山主持，举行发起人会，胡适出席。高仁山、胡适、赵述庭、查勉仲有演讲。胡适演讲内容如下：

前几天仁山先生同我说办试验学校的事情，我当时就很赞成，今天叫我来说话，我很惭愧没有学过教育，亦没有办过学校的经验。我是一个研究哲学的人，与实验哲学有关系的事业，当然有认为本家的必要，所以对于创办试验学校，是很赞成的。方才仁山先生已把办学的几个意旨说出来，我以为稍嫌抽象一点，但在办事以前能提出几个重要的纲领亦是可以的。我是一个研究哲学的人，但不愿说抽象的东西。所以我以为实验是好的。但实验并不是无范围、无目的地随意进行,拿教来作例,并不是今天听说蒙台梭利(Montessori)教育好,就试验蒙台梭利,明天听说道尔顿制(Dalton Plan)好,就实行道尔顿制。所以实验并不像阿米巴到什么地方就算什么地方、一种无方向无目的的进行。我们讲到实验,并不是瞎试验,应当先有一个一定的讲[计]划,但实验计划定下之后,既不是一成就不变的,又不是时时可以随便变的,实在应当从试验的结果,时时求适应。总之如果我们要试验,至少须有个假译[设],至少须有个最低限度。

我们讲到初中的国文,外国语,自然科学,艺术等等,到毕业时,各项功课应当到什么程度?教师供给学生材料,又应当到什么地位?必须先有了最低的限度,进行时才能有一定的范围。如初中的国文,如何能使一个国民站起来说话,坐下作文章及读书,能有乐趣而不感痛苦,能流畅顺适,而不迟滞死板?在说作读三方面,至少亦须使他们能清清楚楚表现自己的意思与观念。至于讲到最低限度,初中三年,高中三年,国文能讲到什么程度,应选择什么材料?有人主张文言白话同时加入的,有单独先注重白话,而后再注重文言的。前年我在上海定课程标准的时候,对于白话文言的材料,都有一个最低限度的主张。有了最低限度,才有伸缩的范围。近来我见天津某校教诗,逐字逐句的,讲的呆板极了,并且还有每句压韵的地方,注一东二冬三江四支等字样,大家想想,按照办法去教国文,初中三年的工夫,学生能学得了多少?又如有人告我某大学教《庄子·天下篇》,逐字逐句,每一段讲得精致细腻极了,但讲了许多时候,还没有讲完。所以有人说笑话,摹仿"朝发黄牛,暮宿黄牛,三天三夜,还在黄牛"的笔法说:"今年天下篇,明年天下篇,讲了一两年,还是天下篇!"这样的办法讲是讲的好极了,但是学生自动的读书能力,完全抹杀了!

再看现在中学校的英文程度,坏的不得了。回想我们从华英初阶读起,用了三四年的工夫,居然可以把英文读通。现在用了五六年的工夫,中学英文程度坏到这样地步,真是莫明其妙!我想此中最大的

毛病在没有养成儿童自动读书的能力。我信今后如果打破呆板讲解的办法，我们定下最低限度，定下选择材料的范围及方法，多多选择材料，交学生自动的去读，我信将来的效率，要比现在呆板讲解底下的效率要增多一百几十倍！

我今天仅拿国文英文做例子来讲讲，其余如自然科学，社会科学等等，亦应当有自动办法，以谋增加效率。我现在总起来说。试验不是无目的而随波逐流的，必须要有假设；试验进行的时候，不是无计划的冲动、撞东撞西的，必须有一定的范围，至少亦必须有一个最低限度。（转引自肖伊绯：《从实验学校到实验外国语学校》，《胡适研究通讯》2018年第3期，30～31页）

同日　顾颉刚来访不遇。（《顾颉刚日记》卷一，623页）

同日　任鸿隽复函胡适，赞成胡适前往英国；科学社的人希望丁文江在庚款之事上鼎力帮忙。（《胡适遗稿及秘藏书信》第26册，497～499页）

5月　胡适将白郎宁的《你总有爱我的一天》译成中文。（《胡适手稿》第10集卷3，242～244页）

5月下旬　胡适的女儿素斐去世。

6月

6月2日　胡适作有白话诗《一个人的话》。（《胡适手稿》第10集卷3，245页）

6月3日　福开森（John Calvin Ferguson）致函胡适，云：

I am sending you herewith a copy of the record of Professor Sofoklov.

Professor Sofoklov has been invited to prepare a history of China in Esperanto according to the prospectus which I am enclosing herewith. He says that this work should be done within the next year so that it could be presented to the Esperanto Convention which meets in the autumn of 1926 in

Switzerland. It seems to me that this history if prepared would probably bring in some revenue to the Historical Association from its sale among Esperanto students. Mr. Sofoklov thinks that the profit would be large, but I would not dare to be so hopeful, but probably there would be some profit.

If you can assist Mr. Sofoklov by securing for him some position in the National University which would bring him about $200 a month, he thinks that he would be able to finish this work within a year.（中国社科院近代史所藏"胡适档案"，卷号 E-196，分号 1）

6月5日　顾颉刚偕潘介泉来探胡适病。（《顾颉刚日记》卷一，625页）

同日　钱玄同复函胡适，告《国语周刊》第一期定于6月14日出板，已将胡适之名列为4位主撰人之一（其他3人是吴稚晖、钱玄同、黎锦熙），又请胡适为第一期提供文章一篇。（《胡适遗稿及秘藏书信》第40册，342～346页）

6月6日　胡适作有白话诗《瓶花》，有云：

> 花瓣儿纷纷谢了，
> 劳伊亲手收储，
> 寄与伊心上的人，
> 当一篇没有字的情语。（《现代评论》第2卷第49期）

同日　余裴山致函胡适，为因应五卅惨案提出三点建议，包括由全国教育界领袖发表请求世界各国人士主持正义、人道之宣言，并警告各国勿引起第二次世界大战，警告国民应觉悟、奋斗，不以"暴徒"强加在爱国青年的头上。（《胡适遗稿及秘藏书信》第29册，218页）

6月7日　胡适作有《以禅论诗不始于严沧浪》。（《胡适遗稿及秘藏书信》第13册，60～63页）

同日　钱玄同复函胡适，详细解释所谓请胡适担任《国语周刊》"主撰"之事：

您说您"最不赞成这一类'挂名'的任务"。我的意思，觉得除非绝对不做一篇文章而空标姓名，这才算是"挂名"。……

至于为什么要写出稚老和您两个名字来呢？这也有一个缘故：其性质决非如某书广告上写"蔡元培题字""章太炎题字"之类。实在因为劭西是教育部里的官，他的地位本难说大胆的话……至于我呢？我当然无所顾忌，但我觉得我一个人实在挑不起这付大肩子，不是胆怯，只是力不胜任。因此，想起稚老和您来了。本来周氏弟兄我也想到的。但因鲁迅不大好说话，他自来就没有谈过什么"文学革命""平民文学"的话……启明比较好说话些，但他的嗜好太多，今天要谈这问题，明天要谈那问题……您，不消说得，是当年文学革命之首轫者，且至今没有什么变更。……这绝非骗钱牟利的勾当，干脆地说，便是现在古文妖焰太盛了，这种"反革命"的潮流，实有推翻它之必要。写明吴、胡、黎、钱诸人的姓名，庶使社会上觉得这几个提倡白话文的人现在又出来宣传了，或者于国语前途能够得到一些好处，如是而已。

至于来信所云"本来是情愿帮忙的，现在倒变成'捉牢仔开刀'了！"这话太"言重"了，使我们惶恐得狠。但其实您误会我们了。讲到学问知识，我们一向是钦佩您的；讲到交情，咱们都是七八年来的老友：何至于因您一言——"每月一篇文章"——便用了阴谋来干"捉牢仔开刀"的事呢？——说到这里，又要回到上文的话，便是"主撰"只是"撰"而已。

……或者您是不满意于《京报》乎？这个我们却丝毫不知道。……

我自问年来狠谨慎小心，没有做什么冒失的事。我这回因为心急了一些，不及完全征求您的同意，便冒然发表了那个广告，当然应认"冒失"之罪……

不过认错虽然愿意，而再改广告实有为难。……《国语周刊》尚未出版，而忽有改广告之举，且所改者又为钱玄同和胡适之之鏐辘，这实在觉得不甚好，因为外人必疑此中有何等之黑幕也。

但您对于"主撰"之名义既不无耿耿于中,我却也想了一个"亡羊补牢"的办法……

我的办法是这样:

于发刊辞中说明"我和黎劭西先生因为什么什么原因而办此报,顾我等能力薄弱,见闻浅陋,故商请吴稚晖、胡适之、周作人诸先生担任每月撰文,已承诸先生允诺"云云。……至于广告,本是一时的,报一出板,即行取销。……一般人对于广告,总未必将它牢记,熟看,保藏;无论如何,广告之被存储,不会如报之本身,故报中说明"胡适之只担任每月撰文",似亦可滑稽地算作更正广告之冒失了。(《胡适遗稿及秘藏书信》第40册,357~366页)

6月8日　吴虞日记有记:至北大开会,晤胡适之、王星拱、邓以蛰诸人……(《吴虞日记》下册,264页)

同日　丁文江复函胡适,告:英国赔款的事听颜惠庆说,已经正式接洽过:他同你同去。送上作的英款意见书供参考。赵元任夫妇今早到北京去。(《胡适遗稿及秘藏书信》第23册,63~64页)

同日　王复初致函胡适,质疑胡呼吁罢课学生停止罢课、回到校园之举,认为此举会使沪案无人过问。又云:"现在我们政府是无能为力,所赖的只是民气。"(《胡适遗稿及秘藏书信》第24册,411~412页)

6月9日　晚,钱玄同、黎锦熙宴请胡适、邵飘萍、孙伏园、李小峰等于长美轩,为《国语周刊》事告成也。(《钱玄同日记》中册,642页)

同日　任鸿隽复函胡适,关心胡适健康。告陈衡哲又生一女。又谈论五卅惨案。(《胡适遗稿及秘藏书信》第26册,500~502页)

6月12日　胡适在华北协和华语学校演讲"Sinological Research at the Present Time",大要是:

Ⅰ. The Two Different Attitudes

There are two divergent attitudes, with which any sort of research may be approached.... The first attitude may be called the "propagandist attitude".

This is the attitude of the person who, through his research, is trying to find arguments for a pre-accepted position. In the case of sinological research, this attitude can be illustrated in a form favorable to Chinese culture, as well as one derogatory to Chinese culture....

In contrast to the propagandist attitude, stands what might be called the "scientific" or "objective attitude". In research conducted from this point of view, the objective study of the facts is the primary interest....

...To me, the second attitude is the only one which a serious scholar can hold. I am interested in the study of Chinese culture in order to find out what it really is, and it is this attitude which I commend to all of you.

II. The Achievement of the Native Scholars During the last 300 Years

We may begin our brief review of modern sinological research with the Ming dynasty (about 1600 A.D.) reaction against the subjective methods and spirit of study which characterized the Sung dynasty thinkers. The Ming and Ching scholars turned rather to a truly objective and critical method...

1.The results of what may be truly called the intellectual renaissance of the Ming and Ching dynasties may be summarized as follows:

FIRST, the scholars of these periods have made the ancient text readable....

SECOND, these scholars searched for and discovered many lost books....

THIRD, these scholars searched for and discovered many other antique objects....

III. The Shortcomings of Native Scholarship

While recognizing the good results secured by the scholars of the Ming and Ching period, we should also recognize the shortcomings of this group of scholars. First, the scope of intensive research was too narrow. Their studies were practically limited to the Confucian classics. This limitation greatly decreases the value of the work by ignoring to a large extent the view of the non-Confucian thinkers and writers....

No Creative Imagination

A second shortcoming of this native scholarship is found in the lack of systematic organization of the work. There is too much fragmentary laboring, without creative and constructive imagination.... Scholars worked in patient devotion on minute, minor points, without creative imagination to see wider relationship and discover new and more significant connections.

Finally, this scholarship was too poor in collateral material for comparative study....

IV. The Achievements of Western Sinologists

... Results of the study which Westerners have made may be summed up under the following heads.

First, in broadening the scope of research....

...

Second, a marked achievement of Western sinologists lies in the systematic construction of the material....

Some Results Laughable

Some of the results announced by Western scholars have been laughable, but often the attempts made have been useful in arousing Chinese to systematic work....

Third, Western sinologists often introduce new material for comparative study....

...

This brief review of the present state of sinological studies suggests the value of co-operation between the Chinese and Westerners in scientific studies of Chinese culture....

...

... I should like to urge some of you to attempt a similar metamorphosis and take up sinology as a life work; and surely all of you, if you are interested enough to have come to China to live and work, should at least make the study of our culture your hobby.（Peking Leader Reprints-No.2）

同日　朱经农致函胡适，告得朱毅农信知胡适吐血，要胡适好好静养。又云："沪事极可恨，英人日来随意枪杀人，惨无人道。在若辈眼中华人生命不值一钱也。可恨之至。"（《胡适遗稿及秘藏书信》第25册，672页）

同日　顾颉刚日记有记："谭女士为适之先生不以救国团加入募捐团体，甚愤激，使我两难。"（《顾颉刚日记》卷一，628页）

6月13日　下午2时，沪案救济会董事会在中央公园开成立大会，到会者有熊希龄、汪大燮、薛笃弼、许世英、黄郛、马叙伦、刘清扬、胡适、罗文干等130余人，公推熊希龄为临时主席，宣告开会宗旨。马叙伦报告筹备发起经过。胡适主张将范围扩大，注重外交问题，不仅办理筹款事项。又有屈映光、汤尔和、马良等多人发言，最后议决组织以筹划沪案进行，援助沪案失业工人为宗旨，通过简章草案，推举熊希龄为会长，梁士诒、许世英、李石曾、黄郛被推为副会长，马叙伦为干事部主任，薛笃弼、王正廷、胡适、颜惠庆等多人被推为评议员。后通电全国，宣告成立。（《申报》，1925年6月18、19日；又可参考中国社科院近代史所藏"胡适档案"，卷号2198，分号1）

同日　曹诚克致函胡适，告已收到南开的聘书，特别感谢丁文江鼎力促成。又谈及薪水诸事。（中国社科院近代史所藏"胡适档案"，卷号1759，分号11）

6月14日　吴虞日记有记：立三约往开明观剧，见须生孟小冬，其拉胡琴人为盖叫天之拉胡琴者，叫座力颇佳。胡适之、卢小妹在楼上作软语，卢即新月社演《春香闹学》扮春香者，唱极佳。（《吴虞日记》，下册，265页）

同日　旅杭徽州同乡会李锦堂等四人致函胡适，请胡适发起募款，以

兴建由浙江昌化到安徽屯溪的公路。(《胡适遗稿及秘藏书信》第28册，291～294页)

6月16日　王纯伯致函胡适，告《儒林外史》的韩玫，字文玉，号秋泉，是黟县十都万村人，全椒籍，嘉庆辛酉进士，内阁中书，曾任碧阳书院山长。(中国社科院近代史所藏"胡适档案"，卷号785，分号6)

6月17日　下午，北京大学教职员沪案后援会举行讲演会，讲演人为胡适，胡适对英捕暴行非常愤慨，认为其违反人道。胡适对于汉沪二案之入手办法，主先调查事实，而对于罢工罢市之举动，则颇虑其不能持久。(《申报》，1925年6月24日)

6月18日　太田宇之助致函胡适，感谢胡适前天的招待及答应提供玉照、墨宝给他们的报纸发表。催胡适快些邮寄这些文件。(《胡适遗稿及秘藏书信》第42册，611～612页)

6月20日　下午2时半，北京各界联席会议（交通协会、中华教育改进社、教职员联合会、全国商会联合会等20余团体）在中央公园开会，陶行知主席。先由顾名报告来函正式参加本会议各函件毕，又报告审查各团体情况，又报告对于主张筹募巨款，已由顾名、章衣萍、谭熙鸿、胡适4人，往银行公会接洽，已有实际办法。又对总罢市时间有所决定，等等。(《申报》，1925年6月25日)

6月21日　罗文干、胡适有致北洋政府外交总长沈瑞麟函稿，谈五卅惨案后的交涉事宜：

> 此次上海惨杀事件，虽起于上海一隅，而其远因实在于八十余年来外人在中国之特殊地位所造成之怨愤。……今政府所派委员及使团所派委员既已停止谈判，先后北上，此事必将在北京开始交涉。观昨日使团之正式宣言，可知有关系之各国似皆希望上海事件迅速解决。宣言中并曾提及，中国政府如表示愿意，各关系国代表亦愿要求其政府许其讨论公共租界之组织及审判制度。此事今后之责任将全在大部。
> …………

……此次交涉宜分清步骤，以解决沪案为第一步，以修改条约，根本免除将来之冲突为第二步。然于第一步交涉之初即宜为第二步预留地步；即宜同时向有条约关系各国政府郑重指出祸根之所在与夫后患之方兴未已，因以要求各国定期召集修改八十年来一切条约之国际会议。今日之民意非此不能满足，而将来之隐患尤非此不足以消除。不然，则一波不平，狂澜又起，不独大部与国人将永疲于奔命，而国内之工商学界亦将永无恢复安宁之日矣。

至于上海事件之交涉……宜以上海总商会所提之条件为最低限度之条件。上海商人处租界积威之下，撄切肤之痛，其所提条件较之他方舆论所要求，已为和平之至，不能再让步矣。

约言之，第一步之交涉似可分三层：第一为急待解决之事项，如解除非常戒备、惩凶、赔偿、道歉等项；第二为较难解决之事项，如公共租界之组织及会审公廨之废除等项；第三为根本解决之预备，即上文所言修改条约会议之要求。今使团已表示愿意讨论租界组织及审判制度矣；我国若不乘此时机要求条约之修改，则此事将以租界之改组及会审公堂之收回为最后条件，而八十年之祸根依然存在，此国人所必不承认，当亦大部所不取也。

修改条约之会议最好能与关税会议同时举行。俄德之赞助自不成问题；美国亦已有赞助之论调；日本似亦有引为我助之可能。所赖有长才远识之外交家积极运用，庶收全功耳。（《胡适遗稿及秘藏书信》第19册，114～119页）

同日 《申报》报道胡适对沪案的态度：

胡适对沪案，主分为上海残杀事件，与八十年来之不平等条约的根本解决。前者是导火线，后者是祸根，祸根不除，恐将来再有同样惨剧发生。上海残杀事件，可在短时期中解决的；而八十年不平等条约的根本解决，不是片刻能做到的，不是对一国交涉所能收效的，尤不是用罢工罢市的武器所能做到的。应分清两个步骤：第一步，沪案及连带汉浔案先决，以十三条为根据，第二步正式向有条约关系国要求六个月内在中国开一根本修改一切不平等条约的会议。

6月22日　梁启超致函胡适并抄示《沁园春·送汤佩松毕业游学》。(《梁启超年谱长编》，1038～1040页)

6月23日　高仁山将艺文中学发起人的会议记录及胡适演讲词函寄胡适，并请胡适修正演讲词。(《胡适遗稿及秘藏书信》第31册，225页)

6月24日　俞平伯致函胡适，请胡适嘱清华方面善遇朱自清。(《胡适遗稿及秘藏书信》第31册，27～28页)

6月25日　吴虞日记有记：幼渔言，日前同人在会贤堂，壁间有《骑驴踏雪寻梅图》，尹默指谓适之曰："图中人即足下。"适之曰："何谓也？"尹默曰："款段寻梅也。"段谓芝泉，梅谓兰芳也。可谓妙语矣。(《吴虞日记》下册，267页)

6月26日　《晨报副刊》刊登胡适在中国少年卫国团的演讲——《对于沪汉事件的感想》。胡适提出，要调查实施，要有负责任的态度，要认清步骤。关于步骤，胡适主张分两步：第一步是上海残死事件及连带的汉口等处事件之解决；第二步是80年来一切不平等条约的根本解决。

同日　胡适复函安特生，云：

Dear Dr. Andersson:

Please accept my hearty thanks for the two very kind letters dated the 24th and the 25th of June. I am sending you a copy of a photograph taken a year and half ago. This is taken out from my album, so it is unmounted. I shall go to Mr. Hartung to have a new photo taken and shall send it to your home address as soon as it is ready.

It has been my good fortune to have come to know you and enjoy your friendship. I assure you that your scientific work and your personal influence have been and will long remain to be a source of inspiration to all who have the honor to be numbered among your friends in China. My only profound regret is that during these years I have not had the pleasure of seeing more of you and of Mrs. Andersson. I most earnestly hope that you will soon return to us. And if I shall visit Europe during this or the following year. I will certainly endeavor to arrange to visit your honored country and the other Scandinavian nations.

I do not say "Farewell" as yet; I hope to see you before you and Mrs. Andersson leave this city on next Thursday.

...

P.S. — I should have gone to Mr. Hartung's, had I not had a slightly swollen eye today.（台北胡适纪念馆藏档，档号：HS-NK05-144-012）

同日　梁启超致函胡适并抄示《好事近》《西江月》。（《梁启超年谱长编》，1040～1041页）

6月28日　下午7点，胡适应北京青年会夏令会之请，在西山卧佛寺万松亭演讲"基督教与中国文化"。（中国社科院近代史所藏"胡适档案"，卷号835，分号3）

同日　顾颉刚致函胡适，拜托胡适向清华大学推荐魏建功。（《胡适遗稿及秘藏书信》第42册，298页）

同日　任鸿隽复函胡适，云朱经农邀任鸿隽及陈衡哲至光华大学任教，请胡适给予建议。询胡适在北京教书是否比上海好，很赞成胡适对五卅惨案的"作战步骤"。（《胡适遗稿及秘藏书信》第26册，503～505页）

6月30日　俞平伯致函胡适，告朱自清认为自己不够格任教于清华，故辞清华教席。朱希望胡适为其在上海谋事。（《胡适遗稿及秘藏书信》第31册，29页）

同日　张鹏致函胡适，感谢胡适接济。希望胡适能为其在亚东图书馆的版税问题上予以帮忙。（中国社科院近代史所藏"胡适档案"，卷号1210，分号1）

7月

7月3日　梁启超致函胡适，附词三首，又谈诗韵：我虽不敢说无韵的诗绝对不能成立，但终觉其不能移我性。韵固不必拘定什么《佩文斋诗韵》《词林正韵》等，但取用普通话念去合腔便好。句中插韵固然更好，但句末总须有韵。（自然非句句之末，隔三几句不妨。）（《梁启超年谱长编》，1044～1045页）

7月4日　陈乃乾致函胡适，告：黑口本《周礼集说》头本为人取去，待索回即寄奉；江都汪氏丛书及清代学术丛书待订成后即寄奉；《白雪遗音》早已售出，郑振铎曾抄一副本，拟把郑本印一单行小册子，请教胡适的意见。又云，如胡适需何书可随时告知，愿帮忙借阅。又谈及拟组织国学刊传会，不久将寄上章程请胡适指正。（《胡适遗稿及秘藏书信》第35册，142～146页）

7月5日　陶行知致函胡适，告方惟一希望胡适担任北京女子高等师范学校国文系主任。（中国社科院近代史所藏"胡适档案"，卷号1675，分号12）

7月6日　杨鸿烈致函胡适，告自己全力准备留学考试。知道命题人是胡适，希望胡适帮助其通过留学考试，等等。（《胡适遗稿及秘藏书信》第38册，232～235页）

7月7日　周作人日记："上午往扶桑馆访相田君，又同往访适之，收《文存二集》一部。"（《周作人日记》中册，448页）

7月8日　曹诚英致函胡适，主要谈暑期秘密通信的办法。又云："糜哥，在这里让我喊一声亲爱的，此后我将规矩的说话了。糜哥，我爱你，刻骨的爱你，我回家去之后仍像现在一样的爱你，请你放心，冠英决不能使我受什么影响对于你。请你放心！"（中国社科院近代史所藏"胡适档案"，卷号1762，分号5）

7月11日　胡适翻译雪莱的小诗。

7月14日　北京沪案救济会之熊希龄、胡适等多人联名发出通电，呼吁各省盐税下加收附捐，以济助罢工工人：

>　　沪案发生，各埠继起；罢工罢业，人数日多。虽赖各省各界零星捐款，未足持久。而对英交涉，非备有经年之蓄，不可以谋胜利。本会公同讨论，拟有筹款办法：即由各省盐税项下，加收附捐。查现在南北各省，均因财政困难，有征收此项附捐者。刻拟由各省各界商请各省长官，于该省盐税无附捐者，每百斤征收附捐洋数角；已有附捐省照其捐款轻重，酌加一二成，以一致为限。统二十四省区计之，其收数当在数百万元以外，从前盐署对于盐斤加价，动辄反对者，恐不便于平民耳，今则全国众愤，咸愿牺牲，暂行加价，必表同情。此款如荷各省官民同意，即乞迅速立案进行，并由各省同推代表组织财务保管委员会，协商先以此款为抵押，向各银行借挪巨款，公议支配办法。既可持久抵抗，以御外侮，又可救济工人，以免失业，较之零星劝募，实有把握。……（天津《大公报》，1925年7月16日；《申报》，1925年7月17日）

同日　程本海等6人致函胡适，请胡适赞助《微音》复刊。（《胡适遗稿及秘藏书信》第37册，286页）

同日　任鸿隽复函胡适，谈及：尚无北上教书的打算，预计秋间到北京去一次等。（《胡适遗稿及秘藏书信》第26册，506～508页）

7月16日　任鸿隽复函胡适，告决定不入光华大学。范源濂欲聘任氏任中基会专门调查委员，特询问其性质、权责以及胡适的意见。又谈及奉浙军事行动等。（《胡适遗稿及秘藏书信》第26册，509～510页）

7月20日　杨宗翰致函胡适，为素斐夭折表示慰问。（中国社科院近代史所藏"胡适档案"，卷号1189，分号1）

7月21日　丁文江致函胡适，邀胡到北戴河避暑。又谈到英国赔款委员会竟派着了自己，"意想不到"。又劝胡适从速复娄斯的信，"不要辜负他

1925年　乙丑　民国十四年　34岁

的一番好心"。(《胡适遗稿及秘藏书信》第23册，65～66页）

同日　杨祥兹致函胡适，告《中国哲学史大纲》（卷上）日文版将印行，前蒙胡适同意赐寄玉照一张置于书前，请胡适将近照寄下。(中国社科院近代史所藏"胡适档案"，卷号1196，分号5）

7月22日　余荣复函胡适，感谢胡适为北大的事费心，法大方面尚无具体答复，请胡适再写信敦促。(中国社科院近代史所藏"胡适档案"，卷号1355，分号5）

7月23日　胡适将托哈代（Thomas Hardy）的《月光里》译成中文（收入《胡适手稿》第10集卷4，372～374页）。

同日　任鸿隽复函胡适，悉胡之女儿病危，特宽慰之。又云："关于我们来京的事，承你那样费心，我们都非常感激。"又谈自己对谋职的打算等。(《胡适遗稿及秘藏书信》第26册，511～513页）

7月24日　晚，日议员望月宴请中外政界、学界名流，胡适应邀出席。有名分子多在被邀之例。(次日之天津《大公报》）

同日　余裴山复函胡适，对素斐的死表示惋惜。《善后会议提案议决案》已编入公报，不日当照嘱送给胡适的朋友潘先生。(《胡适遗稿及秘藏书信》第29册，223～224页）

同日　泗水中华会馆学校总理致函胡适，请胡适推荐校长人选。(中国社科院近代史所藏"胡适档案"，卷号2183，分号3）

7月25日　朱毅农致江冬秀函云，帮胡祖望做了一套西装。又致函胡适云，饶毓泰本月28日将去上海接母亲，自己非常开心。(《胡适遗稿及秘藏书信》第26册，10～12页）

同日　周纬致函胡适，言国际联合会中智育互助委员会有17国之代表而无华人参与其间，颇为不平。渠等争得先聘一中国通信员，以为将来成为会员之先导，"弟思足下为改造吾国新教育之大家，且将因接洽英国退还赔款事来欧，参与此会，非公莫属，故已将尊名送往秘书厅备选，究竟吾公愿任此事与否，尚请示知"。(中国社科院近代史所藏"胡适档案"，卷号1450，分号5）

7月27日　胡适作有《题凌叔华女士画的〈雨后西湖〉》。(《胡适手稿》第10集卷4,376~377页)

7月29日　顾颉刚日记有记：镇日阅卷。与适之先生等谈话。(《顾颉刚日记》卷一,647页)

7月30日　赵元任致胡适一明信片,询其《科学》第三卷是否在胡适家。又告清华研究院招的学生自己都用不着,欲招收一两个研究语言的研究生,胡若有推荐的人可来口试。(《胡适遗稿及秘藏书信》第38册,410~411页)

7月　胡适发表"The Present Crisis in Christian Education",大要是：

Speaking from the standpoint of an observer of the missionary enterprise, it seems to me that mission work today faces three new obstacles, which will not be easily overcome.

The first is due to the new nationalistic feeling.

...

The second obstacle is the new rationalism....

...

The two obstacles which I have mentioned are due to attack from without. The last that I will mention is due to weakness within the missionary body. This is due to the ease and comfort in which the missionaries live....

...

Since life has become easier and more comfortable all kinds of people are coming to China as missionaries.... It is not necessary to have a strong religious faith, or the spirit of adventure, or of self-sacrifice... In conclusion, however, I should like to ask two questions, though they are not a complete solution of the problem.

1. Would it be possible for Christian educators to concentrate their resources of men and money upon a few very good schools and to give up second and third rate schools?

2. Could the mission schools forego their purpose of religious propaganda?

...

1. I believe that it is immoral to require children to perform religious ceremonies and induce them to accept a particular creed, taking advantage of their immaturity and inability to think for themselves....

2. It is better for the church to have a smaller number of Christians who have been converted in later years than a larger number of young people who have been misled in their faith....(《胡适英文文存》第 1 册，远流版，187～191 页)

8月

8月2日　吴虞日记有记：6时至太平湖，访熊小岩，不值。遂过立三，同座有胡适之、熊小岩、张重民、李伯申、薛仲良、陈闰民。适之近看范石湖诗，言予《文录》现印 4 版，登有广告。又言报酬之书，如未寄来，可作函索取。(《吴虞日记》下册，274～275 页)

同日　蔡晓舟函托胡适为蒋贞候小姐去日本留学的津贴事向安徽教育厅长说项。(《胡适遗稿及秘藏书信》第 39 册，343 页)

同日　刁敏谦（M. T. Z. Tyau）致函胡适，云：

I hope you didn't get too wet last night after Mr. Con's hearty dinner. You made me very happy when you promised to send me the second installment of your "Buddhist Influence" address in a fortnight. I pray that nothing will happen between now and then to mar your health and spirits, so that you be able to redeem your promise!

Enclosed please find something to remind you of Mrs. Sanger's visit to Peking. If I remember, you had interpreted her public lectures on the subject. Should you be "in the know", you can—when convenient—pass on the address requested. And in case you want to "look see" the *Brith Control Review*, I'll have the copies sent you when they arrive.

With kindest regards and looking forward eagerly to reading your second installment.（中国社科院近代史所藏"胡适档案",卷号 E-362,分号 7）

8月4日　胡适作有《八月四夜》。(《胡适手稿》第10集卷4,379~380页)

8月9日　胡适为张慰慈的《市政制度》作一序言,说道:

这部专论市政制度的书,是一部很好的市政研究的引论。他这部书的后半很详细地叙说市政的具体组织,末两章还介绍他所专门研究的委员制与经理制。但这部书的特别长处在于不偏重制度的介绍,而兼顾到制度背后的理论与历史。单绍介外国的制度,而不懂得这些制度的意义,是没有益处的。但制度的意义不全在理论的如何完美,而在他的历史的背景——在他的如何产生。慰慈的书的长处就在这里。

(《胡适文存三集》卷9,1183页)

8月11日　赵元任函邀胡适一家来小住几日。(《胡适遗稿及秘藏书信》第38册,412页)

8月12日　曹诚英复函胡适,懊悔自己回家住。请胡适帮忙想一想该进什么学校。不知道哥哥曹诚克是否到京,如果到京了,希望胡适能与其商量自己将来进什么学校。请胡适协助同学祝效珍读师大预科。(中国社科院近代史所藏"胡适档案",卷号1762,分号6)

同日　丁文江致函胡适,想借胡适所编的《四部丛刊》目录,有《皇清经解》及其他类书的目录也一并商借。(《胡适遗稿及秘藏书信》第23册,67页)

8月13日　胡适的《戴东原的哲学》定稿。共分三部分:"引论""戴东原的哲学""戴学的反响"。今节录精要内容于下:

1925年　乙丑　民国十四年　34岁

一、引论

中国近世哲学的遗风，起于北宋，盛于南宋，中兴于明朝的中叶，到了清朝，忽然消歇了。清朝初年，虽然紧接晚明，已截然成了一个新的时代了。自顾炎武以下，凡是第一流的人才，都趋向做学问的一条路上去了；哲学的门庭大有冷落的景况。接近朱熹一脉的学者，如顾炎武，如阎若璩，都成了考证学的开山祖师。接近王守仁一派的，如黄宗羲自命为刘宗周的传人，如毛奇龄自命为得王学别传，也都专注在史学与经学上去了。北方特起的颜元、李塨一派，虽然自成一个系统，其实只是一种强有力的"反玄学"的革命；固然给中国近世思想史开了一条新路，然而宋明理学却因此更倒霉了。这种"反玄学"的运动是狠普遍的。……

约略说来，当日"反玄学"的运动，在破坏的方面有两个趋势：一是攻击那谈心说性的玄学；一是攻击那先天象数的玄学。清学的开山祖师顾炎武就兼有这两种趋势。……

……当日的"反玄学"大革命，简单说来，不出两个根本方略：一是证明先天象数之学是出于道士的，一是证明那明心见性之学是出于禅宗的。两者都不是孔门的本色。

反玄学的运动，在破坏的方面居然能转移风气，使人渐渐地瞧不起宋明的理学。在建设的方面，这个大运动也有两种趋势：一面是注重实用，一面是注重经学：用实用来补救空疏，用经学来代替理学。前者可用颜李学派作代表，后者可用顾炎武等作代表。从颜李学派里产出一种新哲学的基础，从顾炎武以下的经学里产出一种新的做学问的方法。戴东原的哲学便是这两方面的结婚的产儿。

颜元（1635—1704）主张一种狠彻底的实用主义。……

……颜元讲学不避粗浅，只求切用；不务深刻，只重实迹。

颜元的大弟子李塨（1659—1733）发挥师说，说的更圆满细密，但仍旧遵守这种"由粗""崇迹"的主旨。……

…………

……清初的实用主义的趋势,用颜李学派作代表。颜李学派是一种反对理学的哲学,但他们说气质是性,通行是道,条理是理;说人欲不当排斥,而静坐式的主敬是无用的;说格物在于"犯手实做其事",而知识在于实习实行;说学在于习行,而道在于实用(三物,三事)——这也是一种新理学了。……

……当日反玄学的运动之中还有一个最有力而后来成绩最大的趋势,就是经学的复兴。……

……用"经学"来代替"禅学",这是当日的革命旗号。"经学"并不是清朝独有的学术,但清朝的经学却有独到的长处,可以说是与前代的经学大不相同。汉朝的经学重诂训,名为近古而实多臆说;唐朝的经学重株守,多注"注"而少注经;宋朝的经学重见解,多新义而往往失经的本义。清朝的经学有四个特点:(一)历史的眼光,(二)工具的发明,(三)归纳的研究,(四)证据的注重。因为清朝的经学具有这三〔四〕种特长,所以他的成绩最大而价值最高。……

…………

大概说来,清朝开国的第一个世纪(1640—1740)是反玄学的时期;玄学的哲学固然因四方八面的打击而日就衰微了,然而反玄学的哲学也终于不能盛行。颜李一派说,"程朱之道不息,孔子之道不著"。但程朱的权威不是这样容易打倒的。……

…………

二、戴东原的哲学

…………

……戴氏三十二岁入京之时还不曾排斥宋儒的义理;可以推知他在那时候还不曾脱离江永的影响,还不曾接受颜李一派排斥程朱的学说。如果他的思想真与颜李有渊源的关系,那种关系的发生当在次年(1756)他到扬州以后。

戴震在清儒中最特异的地方,就在他认清了考据名物训诂不是最后的目的，只是一种"明道"的方法。他不甘心仅仅做个考据家；他要做个哲学家。……戴氏这种见解，当时那班"擘绩补苴"的学者都不能了解，只有章学诚能指出……章学诚常骂戴氏，但他实在是戴学的第一知己。

戴氏认清了"此学不仅在故训"，这是他特异于清儒的第一要点。当时的人深信"汉儒去古未远"的话，极力崇奉汉儒；戴氏却深知宋儒的义理虽不可靠，而汉儒的故训也不可株守，所以学者"必空所依傍""平心体会经文"。清代的经学大师往往误认回到汉儒便是止境了；戴震晚年不说"回到汉儒"了，却说"必空所依傍""回到经文"。这"必空所依傍"五个字，是清儒的绝大多数人决不敢说的。……空所依傍，而唯求其是，这是戴学的第二异点。

戴氏既以"明道""闻道"为目的，我们应该先看看他所谓"道"是什么。他说"道"字，含有两种意义：一是天道，一是人道。天道即是天行，人道即是人的行为。……

戴震的天道论，是一种自然主义。……

他的宇宙观有三个要点：（一）天道即是气化流行；（二）气化生生不已；（三）气化的流行与生生是有条理的，不是乱七八糟的。生生不已，故有品物的孳生；生生而条理，故有科学知识可言。最奇特的是戴氏的宇宙观完全是动的，流行的，不已的。这一点和宋儒虽兼说动静，而实偏重静的宇宙观大不相同。……

…………

他说道的实体是阴阳五行。性的实体是血气心知，而血气心知又只是阴阳五行分出来的。这又是一种唯物的一元论，又和宋儒的理气二元的性论相冲突了。宋儒说性有两种：一是气质之性，一是理性；气质之性其实不是性，只有理性才是性；理无不善，故性是善的。戴氏说血气心知是性，这正是宋儒所谓气质之性。……戴氏书中最喜欢分别"自然"和"必然"：自然是自己如此，必然是必须如此，应该如此。自然是天，必然是人力。……血气心知之性是自然的；但人的心知（巧

与智）却又能指导那自然的性，使他走到"无失"的路上去，那就是必然。必然不是违反自然，只是人的智慧指示出来的"自然之极致"。

宋儒排斥气质之性，戴氏认为根本上的大错误。……

....

戴氏是当日"反理学"的运动中的一员健将，故他论"道"，极力避免宋明理学家的玄谈。……

....

三、戴学的反响

清朝的二百七十年中，只有学问，而没有哲学；只有学者，而没有哲学家。其间只有颜李和戴震可算是有建设新哲学的野心。颜李自是近世的一大学派，用实用主义作基础，对于因袭的宋明理学作有力的革命。但程朱的尊严不是容易打倒的。颜元大声疾呼地主张"程朱之道不息，孔子之道不著"。但这种革命的喊声只够给颜李学派招来许多毁谤与压迫，竟使一个空前的学派几乎沉埋不显（说详第一章）。程朱的哲学有两个方面："涵养须用敬，进学在致知。"主敬的方面是容易推翻的。但致知穷理的方面是程朱的特别立脚点；陆王骂他们"支离"，颜李骂他们"无用"，都不能动摇他们。顾炎武以下的大师虽然攻击宋明以来的先天象数之学，虽然攻击那空虚的心学，始终不敢公然否认程朱所提倡的格物致知的学说。他们的经学和史学也都默认为与穷理致知、"下学上达"的学说是并行不悖的。……

打倒程朱，只有一条路，就是从穷理致知的路上，超过程朱，用穷理致知的结果来反攻穷理致知的程朱。戴震用的就是这个法子。戴氏说程朱："详于论敬而略于论学。"（《疏证》十四）九个字的控诉是向来没有人敢提起的。也只有清朝学问极盛的时代可以产生这样大胆的控诉。陆王嫌程朱论学太多，而戴氏却嫌他们论学太略！程朱说穷理，戴氏指出他们的根本错误有两点：一是说理得于天而具于心，一是说理一而分殊。他主张理在于事情，不在于心中；人的心知只是一种能知的工具，可以训练成"能审察事情而准"的智慧。他又主张理是多元的，只是事物的条理，并没有什么"浑然一体而散为万事"的天理。穷理正是程朱说的"今日格一物，明日又格一物""今日穷一理，明日又穷一理"；但这种工夫并不是"明善以复其初"，并不是妄想那"一旦豁然贯通"的大彻大悟。格物穷理的目的只是戴氏自己说的："一事豁然使无余蕴，更一事而亦如是；久之心知之明进于圣智，虽未学之事，岂足以穷其智哉？"（《疏证》四一）所谓"致知"，只是"致其心之明，自能权度事情，无几微差失"（同上）。这真是清朝学术全盛时代的哲学。这才是用穷理致知的学说来反攻程朱。至于戴氏论性、论道、论情、论欲，也都是用格物穷理的方法，根据古训作护符，根据经验作底子，所以能摧破五六百年推崇的旧说，而建立他的新理学。戴震的哲学，从历史上看来，可说是宋明理学的根本革命，也可以说是新理学的建设——哲学的中兴。(《国学季刊》第2卷第1期)

按，胡适又有一篇"The Philosophy of Tai Chen"，收藏于中国社科院近代史所"胡适档案"中，卷号E-3，分号12。

8月18日 胡适出席顾孟馀主持召开的北京大学评议会，讨论反对章士钊任教育部长事，最后表决，赞成票较反对票多一票而通过。(《胡适遗稿及秘藏书信》第20册，401页)

8月19日 颜任光、胡适等5位教授联名致函北大评议会，抗议该会未经教职员同意即宣布脱离教育部：

……贵会于本月十八日议决与教部脱离关系，同人等对于此举，群用疑异。就校章言，此项议决既非评议会法定权限以内之事；就先例言，本校于彭允彝长部时期脱离教部，亦系经由教职员大会议决。

贵会于本届任内，两次宣告与教部脱离关系，事前俱未征求教职员同人之意见。本校同人对于前次宣告脱离教部之议决，并有历时甚久毫无闻知，以致无从表示者。同人等以为，贵会此次行为，理由如

何，尚系另一问题；就手续言，要不免有越权自专，抹视全体教职员同人之嫌。用是公函贵会，严重抗议。复次，同人等以为处兹政治与教育十分纷乱之时期，本校对于教部倘采取宣告脱离关系之极端手段，似亦应以教部对于本校地位有直接加害行为之场合为限。否则本校将日日在一般学潮与政潮之漩涡中，本校同人之大部分精力势必长为对外工作所消耗，校内之整顿与发展自然无可期望。从根本上着想，恐亦决非本校之福。即就目前而论，下学年本校之经费尚无着落，下学年之考试与课务亦尚缺乏任何准备。言念前途，已令同人等不寒而栗。今复日日走入一般学潮与政潮之漩涡中，下学年之开学问题恐益不免增加危险。未审诸公何以处此？……

颜任光　胡适　陶孟和　燕树棠　陈源（《北京大学日刊》第1748号，1925年8月22日）

8月20日　胡适将歌德的《竖琴手》译成中文。（《胡适手稿》第10集卷3，248～251页）

同日　李四光致函陶孟和、胡适、颜任光、燕树棠、陈源等教授，云：

顷阅报籍，评议会已议决与教育部脱离关系，并悉先生等对于此事已正式提出抗议，一则以评议会对于此种非常事件无决议之权；再则以大学为纯粹学术机关，不宜转入于政治漩涡之内，理由正大光〔明〕，亦极表赞同。现今政府当局所作所为，诸多不满人意，倘先生等以公民资格宣布反对，光亦愿随诸先生之后，若以学校为反对之具，则期期以为未可也。（《北京大学日刊》第1748号，1925年8月22日）

8月21日　颜任光、胡适等17位教授，就评议会决议脱离教育部事联名致函北大同事：

本月十八日本校评议会议决与教育部脱离关系的事，我们几个人之中，也有在评议会里力争过的，也有在事后向评议会提过抗议的。……

1925年　乙丑　民国十四年　34岁

我们认学校为教学的机关，不应该自己滚到政治旋涡里去，尤不应该自己滚到党派政争的旋涡里去。北京的教育界自从民国八年年底发起反对傅岳棻的运动以来，在这政争的旋涡里整整混了六年。成效如何，流弊如何，都是我们亲见亲闻的。我们不说这几年教育界的活动全是劳而无功；但我们到了今日不能不问：这几年纷扰的效果抵得过各学校所受的牺牲吗？

我们对于章士钊氏的许多守旧的主张是根本反对的。他的反对国语文学，他的反对新思潮，都可证明他在今日社会里是一个开倒车走回头路的人。他在总长任内的许多浮夸的政策与轻躁的行为，我们也认为应当反对。但我们主张，我们尽可用个人的资格或私人团体的资格去攻击他或反对他，不应该轻用学校机关的名义；就令学校机关万不能不有所表示，亦不当轻用妨害学校进行的手段。因为学校里大部分的教员学生究竟是做学问事业的；少数人的活动，如果牵动学校全体，便可以妨害多数人教学的机会，实际上便是剥夺他们教学的自由。叫嚣哄闹的风气造成之后，多数的教员学生虽欲专心教学，也就不能了。

所以我们主张：

（一）本校应该早日脱离一般的政潮与学潮，努力向学问的路上走，为国家留一个研究学术的机关。

（二）本校同人要做学校以外的活动的，应该各以个人的名义出去活动，不要牵动学校。

（三）本校评议会今后应该用其大部分的精力去谋学校内部的改革，不当轻易干预其职权以外的事业。（《胡适遗稿及秘藏书信》第20册，398页；又参《北京大学日刊》第1749号，1925年8月29日）

按，这17位教授是：颜任光、李四光、丁西林、王世杰、燕树棠、高一涵、陶孟和、皮宗石、胡适、王星拱、周览、胡浚济、陈源、张歆海、陈翰笙、邓以蛰、高仁山。

同日　陈衡哲致函胡适，为素斐之死安慰胡适，要把自己的二女儿送给胡适作干女儿。(《胡适遗稿及秘藏书信》第36册，162～163页)

8月23日　颜任光、胡适等14位教授致函蒋梦麟：

本月十八日评议会议决与教育部脱离关系一案，我们认为有审慎考虑的必要，所以要求先生召集教务会议与评议会开联席会议复议此案。我们的理由是：

（1）前次反对王九龄的一案，我们当时因为不愿本校牵入政治旋涡，故曾向先生表示反对，后由先生召集联席会议。当日我们因为要顾全大局，所以勉强承认"以后进行，随时由本联席会议议决行之"的议决。当日先生曾负责声明，以后凡有这样重要的议案，开会通告上皆须详细说明事由。今十八日之会，事前仍未说明事由。此应复议的理由一。

（2）同一次的联席会议的席上，先生又曾宣言，以后遇这样重大的事件，皆须开评议会与教务会议联席会议。今此次评议会议决后即自行公布，不令教务会议有考虑的机会。此应复议的理由二。

（3）现当举国对外的时候，工商学三界一时都不易恢复原状，学校前途正无把握，一切补考及开学的事件均未有准备。本校若真不能不与教育部脱离关系，亦先应与各学系负责任的主任商榷善后的办法，然后举行。此应复议的理由三。

我们对于此事的主张，完全是以学校为前提，只希望本校对于这样重大的事件作一番慎重的考虑，毫无固执个人成见之意。我们希望先生能采纳我们的请求，早日召集联席会议复议此案。(《胡适遗稿及秘藏书信》第20册，401～402页)

按，这14位教授是：颜任光、王世杰、丁西林、高一涵、燕树棠、陶孟和、胡适、皮宗石、周览、王星拱、陈源、胡浚济、陈翰笙、张歆海。

8月25日　颜任光、胡适等16位教授致函蒋梦麟，要求蒋召集教务会议、评议会联席会议,复议 18 日评议会通过北大脱离教育部之决议案。(《胡适遗稿及秘藏书信》第 20 册,203～206 页)

按,这 16 位教授是:颜任光、王世杰、丁西林、高一涵、燕树棠、皮宗石、陶孟和、王星拱、胡适、胡浚济、周览、陈翰笙、陈源、张歆海、张祖训、邓以蛰。

8月26日 顾颉刚致函胡适,云:"昨报载反清大同盟欲驱逐先生出京,阅之愤惋。此次北大内部欲借女师大学潮为党争之具,心地均不坦白,而一方面又拉先生为领袖,遂致反对者集矢于先生。我的意思,以为先生不必与任何方面合作,要说话就单独说话,不要说话就尽守沉默。未知先生肯见听否?"(《胡适遗稿及秘藏书信》第 42 册,303 页)

同日 陈衡哲复函胡适,得知胡适身体很好而放心。如能为消遣而工作,是很好的,劝胡适不要为工作而工作。相信胡适能做一番比以前更大的事业,劝胡适再休息一年。(《胡适遗稿及秘藏书信》第 36 册,164～166 页)

同日 上海学生联合会致函胡适,认为胡适近年来举动荒谬卑污,请胡适痛改前非:

比年以来,先生浮沉于灰沙窟中,舍指导青年之责而为无聊卑污之举,拥护复辟余孽,尝试善后会议,诸如【此】类,彰彰皎著。近更倒行逆施,与摧残全国教育,蔑视学生人格之章贼士钊合作,清室复辟函中又隐然有先生之名。呜呼,首倡文学革命之适之先生乎!

先生前曾为青年指导者,青年所期望于先生者良切。先生近来种种举动,荒谬卑污,长此以往,先生将永为吾全国青年所深恶痛绝。为先生人格计,为先生令名计,为全国教育界人格计,敝会谨代表全上海学生郑重致辞于先生之前,希先生痛改前非,恢复首创文学革命时之精神……(《胡适来往书信选》上册,第 341 页)

8月27日 胡适作有《"老章又反叛了!"》,指出章士钊的心理是一个时代落伍者对于行伍中人的悻悻然不甘心的心理。又指出：

> 白话文学的运动，是一个很严重的运动，有历史的根据，有时代的要求。有他本身的文学的美，可以使天下睁开眼睛的共见共赏。这个运动不是用意气打得倒的。(《国语周刊》第12期，1925年8月30日)

8月28日　胡适等25人出席北京大学评议会、教务会议谈话会，通过建议于校长、评议会两案。胡适等12人在建议于校长案上签名，此案曰：

> 同人建议于校长，请其对于本月十八日评议会议决案，斟酌情形停止执行。

胡适等21人在建议于评议员案上签名，此案曰：

> 同人愿建议评议会，请求议定：评议会凡对于政治问题，以及其他与本校无直接关系之重大问题，倘有所议决，须经评议会之二度议决；或经由评议会与教务会议联席会议之复决；或经由教授大会之复决；始能执行。(《北京大学日刊》第1749号，1925年8月29日)

> 按，是日钱玄同日记有记：今日北大评教联席会议。脱离案仍未报行。闻幼渔对于适之几致冲突云。(《钱玄同日记》中册，652页)

8月30日　顾颉刚来访不遇。(《顾颉刚日记》卷一，658页)

同日　余裴山致函胡适，认为《国语周刊》第12期上发表的胡适文章妙极。(《胡适遗稿及秘藏书信》第29册，225～226页)

8月31日　北京大学评议会复议脱离教育部一案，蒋梦麟决定继续执行决议。颜任光、胡适等立即发表声明呼吁停止执行。(《北京大学纪事(1898—1997)》，173页)

同日　胡适有《爱国运动与求学》一文，指出：

> ……这七年来的"学潮"，不能不算民国八年的五四事件与今年的五卅事件为最有价值。这两次都不是有什么作用，事前预备好了然后

发动的；这两次都只是一般青年学生的爱国血诚，遇着国家的大耻辱，自然爆发；纯然是烂缦的天真，不顾利害地干将去，这种"无所为而为"的表示是真实的，可爱敬的。……

但群众的运动总是不能持久的。这并非中国人的"虎头蛇尾"，"五分钟的热度"。这是世界人类的通病。……感情的冲动是没有持久性的；无组织又无领袖的群众行动是最容易松散的。……

…………

……救国是一件顶大的事业：排队游行，高喊着"打倒英日强盗"，算不得救国事业；甚至于砍下手指写血书，甚至于蹈海投江，杀身殉国，都算不得救国的事业。救国的事业须要有各色各样的人才；真正的救国的预备在于把自己造成一个有用的人才。

易卜生说的好：

真正的个人主义在于把你自己这块材料铸造成个东西。他又说：

有时候，我觉得这个世界就好像大海上翻了船，最要紧的是救出我自己。

在这个高唱国家主义的时期，我们要很诚恳的指出：易卜生说的"真正的个人主义"正是到国家主义的唯一大路。救国须从救出你自己下手！

学校是造人才的唯一地方，但在学生时代的青年却应利用学校的环境与设备来把自己铸造成个东西。我们须了解：

救国千万事，何一不当为？

而吾性所适，仅有一二宜。

认清了你"性之所近，而力之所能勉"的方向，努力求发展，这便是你对国家应尽的责任，这便是你的救国事业的预备工夫。国家的纷扰，外间的刺激，只应该增加你求学的热心与兴趣，而不应该引诱你跟着大家去呐喊。呐喊救不了国家。即使呐喊也算是救国运动的一部分，你也不可忘记你的事业有比呐喊重要十倍百倍的。你的事业是要把你自己造成一个有眼光有能力的人才。

……………

　　德国大文豪葛德（Goethe）在他的年谱里（英译本页一八九）曾说，他每遇着国家政治上有大纷扰的时候，他便用心去研究一种绝不关系时局的学问，使他的心思不致受外界的扰乱。……

……………

　　……在一个扰攘纷乱的时期里跟着人家乱跑乱喊，不能就算是尽了爱国的责任，此外还有更难更可贵的任务：在纷乱的喊声里，能立定脚跟，打定主义，救出你自己，努力把你这块材料铸造成个有用的东西！（《现代评论》第2卷第39期，1925年9月5日）

　　同日　武昌大学校长石瑛、武昌商科大学郭校长致函胡适，谈胡适来此讲演的时间安排等事宜：9月28日开始讲演，讲演性质分为两种：一为普通的，可以使多数人可以领悟；一为特别的听讲者，以有专门知识为限。（《胡适遗稿及秘藏书信》第24册，666～667页）

　　同日　孟寿椿致函胡适，介绍葛丽英女士（Miss Elizabeth Green）给胡适，并希望胡适为其引介梁启超与陶行知。（《胡适遗稿及秘藏书信》第30册，173～175页）

　　8月　望月小太郎致函胡适，述崇仰之意。（《胡适遗稿及秘藏书信》第42册，742页）

9月

　　9月3日　冯友兰致函胡适，希望胡适介绍其至国立编译馆兼职。（《胡适遗稿及秘藏书信》第36册，591～593页）

　　同日　施畸致函胡适，请胡适批评其《中国修词学要领》一书。（《胡适遗稿及秘藏书信》第30册，217～219页）

　　9月4日　朱经农致函胡适、陶孟和、沈性仁，不以北大脱离教育部为然。女师大风潮中杨荫榆固然守旧，但女学生的运动未免太新奇。北京教育界

没有主持公论的人。对胡适等反对评议会表示同情。感谢三位的赠书。(《胡适遗稿及秘藏书信》第25册，673～674页)

  同日　朱自清致函胡适，感谢胡适介绍其来清华大学任教，曾两度来谒不晤。将与孟宪承、钱基博开会决议国文系课程。(《胡适遗稿及秘藏书信》第25册，293页)

  9月6日　周谷城致函胡适云，当今学术界只有吴稚晖与胡适令人佩服。寄上《生活系统》请胡适指正。(《胡适遗稿及秘藏书信》第29册，521～523页)

  9月9日　郭泰祺致函胡适，告拟请胡适在武昌做普通讲演约两次，特别的约三四次，请胡适预为选定讲演题目，并于18日以前寄到，以便先期宣布。(《胡适遗稿及秘藏书信》第33册，230～231页)

  同日　顾颉刚致函胡适，云：曹聚仁君将辩论古史的文字出版后，朴社同人大哗。因他们嘱我编辑《古史辨》付印。我已于两年前答应他们了。现在只得赶速编集，并赶作些文字加入。(《胡适遗稿及秘藏书信》第42册，304页)

  9月11日　程湘帆致函胡适，向胡适推荐鲍小斋及其文章。(《胡适遗稿及秘藏书信》第37册，299～300页)

  9月12日　徐志摩致函胡适，谈因与陆小曼恋爱带来的精神恍惚与家庭反应等。(《胡适遗稿及秘藏书信》第32册，28～29页)

  按，类似的信，还有9月15日、9月16日、11月22日等数通。(均藏于中国社科院近代史所藏"胡适档案"中)

  同日　施畸致函胡适云：昨天畅谈，一舒几年来的积悃。胡适所谓清楚、有力、美和有结构，与自己的意见分毫不差。又请胡适批评其著作。(《胡适遗稿及秘藏书信》第30册，223～225页)

  按，稍后，胡适似看过施书并有所评议。(《胡适遗稿及秘藏书信》第30册，226～227页)

9月16日　顾维钧致函胡适,感谢胡适答应作文。(《胡适遗稿及秘藏书信》第41册,638～639页)

9月20日　胡适为顾颉刚编《吴歌甲集》作一序言,说道:

……国语不过是最优胜的一种方言;今日的国语文学在多少年前都不过是方言的文学。正因为当时的人肯用方言作文学,敢用方言作文学,所以一千多年之中积下了不少的活文学,其中那最有普遍性的部分遂逐渐被公认为国语文学的基础。我们自然不应该仅仅抱着这一点历史上遗传下来的基础就自己满足了。国语的文学从方言的文学里出来,仍须要向方言的文学里去寻他的新材料、新血液、新生命。

这是从"国语文学"的方面设想。若从文学的广义着想,我们更不能不倚靠方言了。文学要能表现个性的差异;乞婆娼女人人都说司马迁、班固的古文固是可笑,而张三、李四人人都说《红楼梦》《儒林外史》的白话也是很可笑的。……

…………

中国各地的方言之中,有三种方言已产生了不少的文学。第一是北京话,第二是苏州话(吴话),第三是广州话(粤语)。京话产生的文学最多,传播也最远。……除了京语文学之外,吴语文学要算最有势力又最有希望的方言文学了。

吴语文学向来很少完全独立的。昆曲中的吴语说白往往限于打诨的部分,弹词中也只有偶然插入的苏白,直到近几十年写娼妓生活的小说也只有一部分的谈话用苏白,记叙的部分仍旧用官话。要寻完全独立的吴语文学,我们须向苏州的歌谣里寻去。

顾颉刚先生编的这部《吴歌甲集》是独立的吴语文学的第一部。……

…………

……颉刚收集之功,校注之勤,我们都很敬服。他的《写歌杂记》里有许多很有趣味又很有价值的讨论(如论"起兴"等章),可以

使我们增添不少关于《诗经》的见识。……（《胡适文存三集》卷8，1048～1053页）

9月21—22日 《北京大学日刊》连载胡适等16位教授的报告《这回为本校脱离教育部事抗议的始末》，叙及为脱离与不脱离教育部争议的经过。8月31日，蒋梦麟代校长表示不能不继续执行评议会原案的苦衷，争论到此为止。"我们对于这回本校脱离教育部的事件竟不能挽救，我们狠惭愧。"

9月22日 胡适作有《刘熙关于〈爱国运动与求学〉来信后的附言》，指出：

> 我并没有"根本否认群众运动的价值"，我只想指出：救国事业不是短时间能做到的，而今日学生们做的群众运动却只能有短时间的存在；救国是一件重大事业，需要远大的预备，而跟着大家去呐喊却只能算是发发牢骚，出出气，算不得真正的救国事业。
>
> ……第一，青年学生应该注重有秩序的组织。今日学生纷纷加入政党，这不算是组织。学生团体本身没有组织，学生自己没有组织的训练，而仅仅附属于外面现成的，有作用的党派，那是无益的。学生时代的组织所以可贵，正在于两点：（1）学生自己参加，自己受组织的训练；（2）没有轨外的作用，不过是学生生活的一种必需的团体生活。现在的学生团体完全是鹜外的组织；平日不曾受过有秩序的团体的训练，到有事的时候，内部可以容少数人的操纵，外面可以受有作用的人的利用；稍有意见的纷歧，也不能用法律上的解决，必闹到分裂捣乱而后罢休，有时闹到分裂捣乱还不肯罢休。所以我们奉劝青年学生第一要注重那些有秩序而无作用的纯粹学生组织的训练，这是做公民的基础，也是做群众运动的基础。第二，青年学生如要想干预政治，应该注重学识的修养。（《现代评论》第2卷第42期，1925年9月26日）

9月23日 陈翰笙致函胡适，寄赠孙中山在世时最后一次摄影时照片

一张以及《苏联农业》一文。(《胡适遗稿及秘藏书信》第 35 册，528 页）

9 月 25 日　胡适抵汉口，王世杰、杨振声等来接，住郭泰祺家。(《胡适遗稿及秘藏书信》第 21 册，338 页）

9 月 27 日　陶行知致函胡适，邀请胡适参加 10 月 1 日在中华教育改进社召开的京津改进社同志讨论会。(《胡适遗稿及秘藏书信》第 36 册，422～423 页）

9 月 29 日　胡适在武昌大学演讲《新文学运动之意义》，大意谓：

……所谓新文学的运动，简单地讲起来，是活的文学之运动，以前的那些旧文学，是死的，笨的，无生气的；至于新文学可以代表活社会，活国家，活团体。

实在讲起来，文学本没有什么新的旧的分别，不过因为作的人，表现文学，为时代所束缚，依此沿革下来，这种样子的作品就死了，无以名之，名之为旧文学。

……文学要怎样才能新呢？必定先要解放工具，文学之工具，是语言文字，工具不变，不得谓之新，工具解放了，然后文学底内容，才容易活动起来。

…………

新文学之运动，并不是一人所提倡的，也不是最近八年来提倡的，新文学之运动是历史的，我们少数人，不过是承认此种趋势，替它帮忙使得一般人了解罢了。不明白新文学运动是历史的，以为少数借着新文学出风头的人们，现在听了我这话，也可了解了，新文学运动，决不是凭空而来的，决不是少数人造得起的。

…………

科举是维持死文学之唯一方法，以前是拘于科举，后来科举废了，何以没有新文学产生呢？因为自然的变迁是慢的，缓缓地衍化，现在自然变迁不够了，故要人力改造，就是革命，文学方面如仅随着自然而变化是不足的，故必须人力。照此一讲，我们应该作有意义的主张，白话是好文学，有成绩在可以证明。……

我们当记着下面那三种意义：

（一）白话文学是起来替古文发丧的，下讣文的。

（二）二千年中之白话文学有许多有价值的作品，什么人也不能否认。

（三）中国将来之一切著作，切应当用白话去作。

白话是活的，用白话去作，成绩一定好，死文字不能产生活文学，要创造活文学，所以就要用白话。

……新文学之运动，并不是由外国来的，也不是几个人几年来提倡出来的，白话文学之趋势，在二千年来是在继续不断的，我们运动的人，不过是把二千年之趋势，把由自然变化之路，加上了人工，使得快点而已。

…………

……如果尊重新文学，要努力修养，要有深刻的观察，要有深刻的经验、高尚的见解，具此种种，去创造新文学，才不致玷辱新文学。（《晨报副刊》，1925年10月10日）

同日　胡适在武昌大学演讲"谈谈《诗经》"。后来，胡适对此演讲稿又有修改，见本谱1931年9月11日条。

同日　李翊东致函胡适，不同意胡适在武昌讲演时对五卅惨案的态度。（《胡适来往书信选》上册，345～347页）

10月

10月4日　陈彬龢将日本人忽滑谷快天所著《禅学思想史》上卷（玄黄社，1925年）赠与胡适。胡适在此书题记中特别推崇《曹溪大师别传》。（《胡适藏书目录》第3册，2077页）

10月10日　胡适抵上海。汪原放、章希吕接胡适入住远东饭店。（《回

忆亚东图书馆》，94 页）

10 月 11 日　胡适应邀到"徽社"演讲东西文化问题，主旨是批评中国文化的缺点，赞扬西洋文化不知足的精神，希望中国人虚心学习西方文化。演讲最后，胡适还特别强调，徽州人素来有"不知足的发展性"，所以在商业上、文化上作出了很大的贡献，胡适希望各位同乡保持和发扬这种不知足的精神。演讲后，同人到"第一春"徽菜馆欢聚并合影留念。演讲稿的前半部经胡适写出后以《我也来谈谈东西文化》为题刊登在《微音》第 27 期。(《微音》第 26、27 期)

10 月 13 日　俞鼎传致函胡适，不同意胡 11 日讲演中对西洋文化的态度以及不知足的观念：

（一）先生说，"中国底'太知足'的滥民族，现在绝对的欢迎西洋文化侵略"。如果先生未说明为何要绝对的欢迎西洋文化侵略，又未说明中国人自己根本弥救的方法。请问如果永久的，且并继续增加的照这样侵略下去，中国自己不想根本弥救方法，将来可自然而然的有西洋这样的文化出来？可否对于中国底固有的文化要受影响？

（二）先生说："中国人'知足'的观念太下流，应该要有西洋底'人生的不知足'的观念。"我以为西洋所以能有"不知足"的观念，因为背后有个"资本"衬着他，帮助他底缘故。我们可怜的中国，现在受帝国主义底经济侵略，资本操诸帝国主义者的手里，即或有"不知足"的观念，其奈无经济何？(《胡适遗稿及秘藏书信》第 31 册，59～60 页)

10 月 14 日　下午 4 时，胡适来亚东图书馆，高君曼同来。下午 5 时，陈独秀来。"他们各有各的见解，各有各的意见。他们去时很迟……"(《回忆亚东图书馆》，94 页)

10 月 15 日　胡适应上海美专校长刘海粟邀请在该校演讲，指出学艺术者不可忘却有二事：先问自己是否有艺术的天才，要有学问与经验之修养。(次日之《申报》)

10 月 18 日　徽社上海总部于中西女塾集会，欢迎来沪之胡适，胡适讲演中西文化与皖人之关系。(《图画时报》第 273 期,1925 年 10 月 25 日;《微音》第 26 期,1926 年 1 月 1 日)

10 月 21 日　《北京大学日刊》第 1786 号刊登注册部《布告》:胡适之先生自沪来电续假一星期。

10 月 22 日　福建读者李光涨致函胡适,请教胡适《国语文法概论》中的问题。(《胡适遗稿及秘藏书信》第 28 册,170～172 页)

10 月 23 日　胡适应中华职业学校的邀请,在职工教育馆作公开演讲,讲演的题目是"怎样读书"。胡适说,青年受其影响,不是白话文,不是思想,而是研究方法。关于怎样读书,胡适说,要做到眼到、口到、心到、手到。(《时事新报·学灯》,1925 年 11 月 6 日)

10 月 26 日　上午 10 时,胡适应邀在大夏大学讲演,所讲内容为"如何思想?"。大意为:对每种事物,至少先"疑"而后"信",先"考虑"而后信。否则是盲从信仰,却不是有理想、有思想的人。思想大概可分四步,或五步:用思想去解决困难问题;用思想去指定困难在什么地方;用假定方法;批评;证明。又说:训练思想是为了预防难题的发生:思想是解决具体难题的工具。智识以及书本、胡思乱想都不是思想。思想都要放在脑袋里。常常的训练,可养成解决问题的习惯和养成对付的计划。遇到一件困难事情,全靠自己去思想才可解,现在教员不要学生去思想,都是现现成成为学生预备好,甚而实验室里,教员也为学生做好,这样,思想却没训练的机会了。(《时事新报·学灯》,1925 年 10 月 28 日)

10 月 27 日　胡适到中国公学演讲"谈二千五百年之中国哲学",大要是:

> 欲明中国哲学之源流,当先一述西洋哲学之观点。按西洋哲学之观点,以杜威博士之说,最能涵盖一切,以其不仅可以说明西方哲学,即东方哲学之来源与变迁,亦可依其所说加以解释。兹先将杜威博士之观点,分作四层讲讲:
>
> (一)哲学之原料。要知哲学之出身原极低微,其所根据者不外乎

传统的思想如迷信、风俗，及民间之歌谣等等。

（二）传统的思想必经过整齐统一的阶级。先民时代所遗之思想，率系杂乱无章，故必经系统化而后可以成为哲学。例如以前之神话成为后来之历史，以前之歌谣成为后日之诗歌，以前之迷信，成为后来之宗教等是。

（三）传统的思想与后来之常识相冲突。人之常识与时俱进，于是觉得以前之传统的信仰为不可信，既有所怀疑，则冲突生焉。冲突、革命，俱属破坏也，然而正统哲学之起即种因于是，破坏正未可以轻视也。

（四）正统哲学之起。前有传统思想，后有激烈思想，两不相容，而调和者出。新旧之调和，是即正统哲学之成立。其调和也用旧思想为基础以建设新智识于其上。是乃取旧思想之菁英而加以理想的解释：所谓旧思想之"理性化"与"理想化"者是也。

吾人既略窥杜威博士哲学之观点，可即持此以衡中国哲学之源流。

（一）中国哲学之原料。其原料不外乎几种经典如诗、书、易、礼、春秋者是也。此种经典乃根于先民之歌谣，先民之历史，与先民之迷信，而远在孔子之前。

（二）整齐统一之阶级。上述之传统的思想，其所以能成为经典，当然亦非一蹴可几。其间实经有若干时之整齐与统一。例如古时临阵，婚嫁之必待于卜，则足证已成为经典矣。

（三）对于经典之怀疑及破坏。例如先民之信仰谓天有意志与喜怒哀乐，并信有鬼。此种信仰相传至某时期便有人起而怀疑起而破坏。老子实为革命之健将。渠力反前人之说。不主敬天明鬼而谓天地以万物为刍狗。邓析亦曰天之于人无厚也。之二人者皆为极端之破坏者。若以今名称之，则老子或可称为思想上过激派之过激派，以其惟仅有破坏，反对一切传统思想于是有孔子出而调和以造成正统哲学。

（四）中国之正统哲学。

（甲）孔子。孔子虽亦不信鬼神，然其主张不若老子之过激。故曰祭神如神在。所谓"如"者即德文中之 als of 或英文中之 as if 也。又如礼记中之"齐戒"亦足以代表其调和式之思想。他如问鬼正名诸章亦复类是。总之，孔子完全将古代信仰加以理性化。

（乙）墨子。孔子虽以调和自处，然而时人犹有目之为激烈派者。于是有反动派之墨子。墨子之说实最守旧（此层乃胡先生治墨学而新有所得者）。渠尝指斥孔子有不能敬天明鬼等四大罪。故以令名称之，则正统哲学中孔子为左派，而墨子为右派。

（丙）汉代阳儒阴墨之哲学。墨学实能传后而最盛于汉。汉之董仲舒阳虽称为儒家，而阴实为墨学张目。当时之基本观念即，人做事能感动有意志及有智识之天。《春秋繁露》及《汉书》即具有此基本观念者也。"天人相与"实成为中古时代之哲学。迨王充起而大倡革命。渠以"疾虚妄"相标榜，力求打破一切迷信而主恢复昔日之自然哲学。

（丁）道教之起。墨家至此，知儒家之名已不必冒袭，于是一变而为道教。

（戊）佛家之继起。以上云云，乃一千年前之正统哲学。其后佛家继起，其势力之盛，几历八百载之久。然佛家为外来之思想，怀国家主义者出，遂力攻佛教，而打破一切迷信。

（己）宋儒之调和论。破坏佛教之说盛，而有宋儒之调和。若辈以佛家之眼光，重读中国古书，觉得尽可仿造外货，宋儒遂将儒释道三教，冶为一炉。采众说之长，而使其固之思想，得以保存。一方根据经典，一方则采用科学（致知格物）。一方讲道说理，而一方仍讲宗教。涵养是"敬"；"致知"是理。是乃用中国之菁英，以补"佛道之不足"。故中国之正统哲学亦负有一使命，即保存中国传统思想上固有之价值。调和者亦有绝大之贡献也。（《中国季刊》第1卷第1期，146～149页，1925年12月1日）

同日 北京大学本届评议会选举结果，顾孟馀、胡适等17人当选。（《北京大学日刊》第1792号，1925年10月28日）

10月28日　胡适在光华大学演讲《思想的方法》,提出思想的五个步骤:困难的发生,指定困难的所在,假设解决困难的方法,判断和选定假设之结果,证实结果。(《学生杂志》第 13 卷第 1 期,1926 年 1 月 10 日)

同日　胡适偕高梦旦、郑振铎游南京。(《回忆亚东图书馆》,94 页;胡适:《〈海上花列传〉序》)

10月29日　胡适作有《重印〈文木山房集〉序》。

11月

11月2日　汪乃刚日记有记:"适之兄到南京去了又回来了,住一品香十三号。"晚,汪乃刚、胡慕侨、余昌之、兆亮来一品香旅馆访胡适,因胡适正在作《老残游记》的序言,小坐即去。(汪无奇编著:《亚东六录》,黄山书社,2013 年,320 页)

11月3日　胡适在亚东图书馆午餐,并为人写对联,所写内容是:

慈故能勇
俭故能广

钩之以爱
揣之以恭

睁开眼睛阅世
挺起脊梁做人(汪乃刚是日日记,载《亚东六录》,320～321 页)

按,汪乃刚是日日记又补记胡适近日联句、单条、扇面内容:
种瓜得瓜种豆得豆
跟好学会跟衰学衰

但愿人长久
唯有月婵娟

但自用卿法

安可恤人言

刚忘了昨儿的梦,又分明看见梦中的一笑。

山风吹乱了窗纸上的松痕,吹不散我心头的人影。

所写扇面内容为五代冯延巳《长命女》小词、五代诗人张泌的小词、秘魔崖月夜小诗、小诗一首、《记言》一首、译英国诗人雪莱小诗。(《亚东六录》,321～324页)

同日 顾颉刚日记有记:吴立山君告我,谓吴稚晖先生说,近为国学者唯胡适之、顾颉刚,其次则梁任公。若章太炎则甚不行者。(《顾颉刚日记》卷一,678页)

11月4日 胡适来亚东图书馆吃蟹,又为人写对联、扇面。打牌。胡适为《老残游记》所作序言,已有近20页,余昌之已拿去付排。(《亚东六录》,324页;《回忆亚东图书馆》,95页)

同日 临时执政令:派范源濂、周诒春、任鸿隽、陈任中、高步瀛、徐鸿宝、胡适、翁文灏、马君武为国立京师图书馆委员会委员。(《政府公报》第3445期,1925年11月5日)

11月5日 程本海请胡适等吃徽州包,同席有汪孟邹、黄叔鸾、汪乃刚、胡慕侨、章希吕、余昌之等。打牌。(《亚东六录》,325页)

11月6日 胡适请汪乃刚等亚东友人以及李孤帆等吃饭,以其打牌赢钱也。(《亚东六录》,325页)

11月7日 胡适来亚东图书馆,将《老残游记》的《序言》做完。(《亚东六录》,325页;《回忆亚东图书馆》,95页)此序主要内容为三部分。第一部分,胡适根据罗振玉所作刘鹗的小传,指出刘鹗是一个很有见识的学者,是一位很有识力、胆力的政客,指出其一生有四件大事:河工,甲骨文字的承认,请开山西的矿,贱买太仓的米赈济北京难民。又指出,老残即是刘鹗自己的影子。第二部分评该书的思想。第三部分高度赞佩该书的文学技术。指出该书在文学史上最大贡献在描写风景人物的能力:"无论写人

写景，作者都不肯用套语烂调，总想熔铸新词，作实地的描画。在这一点上，这部书可算是前无古人了。"（《胡适文存三集》卷6，816页）

11月10日　汪孟邹请胡适、刘半农午餐，同席有子寿翁、章希吕、余昌之、汪乃刚。晚，汪原放、章希吕、汪乃刚访胡适，遇美国新闻记者沙克司君，又见胡适为别人写扇面：

一日画他两日狂，已过三万六千场。
他年新识如相问，只当漂流在异乡。

涌金门外柳如金，三日不来成绿荫。
我折一枝入城去，教人知道春已深。

野店桃花红粉姿，陌头杨柳绿烟丝。
不因送客东城去，过却春光总不知。

隐隐江城五漏催，劝君且尽掌中杯。
高楼明月笙歌夜，此是人生第几回。

我不是神仙，不会烧丹炼药，只是爱闲湛酒，畏学不拘缚。种成桃李一园花，真要怕人觉。受用现前活计，且行歌行乐。

生在阳间有散场，死归地府也何妨？
人间地府俱相似，只当漂流在异乡。（《亚东六录》，325～326页）

同日　胡适致函蒋梦麟，决定辞去教职，脱离北大，专心著述：

昨发一电，文云："阻不能归，决留此医痔，英文课可否请志摩代？乞告通伯叔永冬秀。"此电得达否？

……这回南下，有宝隆医院的西医推荐一个治痔漏专家潘君，说他能治宝隆医院割治无效的痔漏。我去诊视，他说我患的是一个"漏"，不过里面只有一根管，尚不难治。他要百五十元，包断根不发。我因此时北方不太平，到津后未必能到北京，所以决计请他医治，约三四星期可完功，船票也买了，又复去退了。

我想这样长假，是不应该的。昨天我思想一天，决计请你准我辞职，辞去教授之职。这是我慎重考虑的结果，请你不要疑虑，请你务必准我，我这回决定脱离北大，与上回争独立事件绝无关系，全不是闹意气，实在是我的自动的决心，这个决心的来源，虽不起于今日，而这回的南游确与此事大有关系。

我这回走了几省，见了不少的青年，得着一个教训。国中的青年确有求知的欲望，只可惜我们不能供给他们的需求。

耶稣说："年成是狠好的，只是做工的人太少了！"我每回受青年人的欢迎，心里总觉得十分惭愧，惭愧我自己不努力。

前不多日，我从南京回来，车中我忽得一个感想。我想不教书了，专作著作的事。每日定一个日程要翻译一千字，著作一千字，需时约四个钟头。每年以三百计，可译三十万字，著三十万字，每年可出五部书，十年可得五十部书。我的书至少有两万人读，这个影响多么大？倘使我能于十年之中介绍二十部世界名著给中国青年，这点成绩，不胜于每日在讲堂上给一百五十个学生制造文凭吗？

所以我决定脱离教书生活了。这一次请你务必准我辞职，并请你把此信发表在日刊上，免得引起误会的揣测。(《北京大学日刊》第1808号，1925年11月18日)

按，胡适拟留上海割痔事，汪原放有记：

汪孟邹通过黄钟医生介绍潘念祖为胡适割痔，胡适乃决定由"一品香"旅舍搬至亚东图书馆居住，以便治疗、休养。(《回忆亚东图书馆》，95～96页)

汪乃刚11月12日日记亦记：

适兄有个痔漏的毛病，已经起了三年了。这两天津京一带的消息很不好，日内不免就要发生战事。他本定十号动身北上，这样一来，恐怕路上不好走，他已决意在此医病了。医生潘念祖先生，因有祖传

的秘方，医痔漏有神效。惟贵和适兄害的同样的毛病，就是他医好的。潘先生是中医，关于这一类的毛病，西医治不好的，他都有法可以治好。(《亚东六录》，327页)

又按，1961年12月26日，胡适与胡颂平谈话：

下午，先生谈起"过去有一个痔漏，在北平协和医院开过刀，以后还是常发的。那年在北平，李石曾们和我闹，所以出来讲演了。这年年底我在上海，到宝隆医院去看痔漏。宝隆医院是德国派的西医，那位医生名叫黄钟，他告诉我：'这种痔漏，宝隆开刀之后会复发；就是在北平协和医院开刀后再来宝隆医的，也总不能断根。不过上海有位潘念祖，他有家传的痔漏秘方，差不多在我医院开刀之后再去请他看的，全看好了。潘念祖是吃鸦片的，上午不看病，下午才门诊，晚上才出诊。'我去的时候，果然有许多人在候诊。潘念祖也知道我的名字。他对我说：'如果胡先生有空的话，我可以包医，需要一百天。'那时我正生气，就向北大请假几个月，留在上海看病了。果然不到一百天，完全医好了。到今年有三十六年之久，从没有复发过"。(《胡适之先生晚年谈话录》，274页)

11月11日 黄叔鸾、赵雪奴、程本海、汪乃刚、胡慕侨等来一品香访胡适。(《亚东六录》，326～327页)

11月12日 为割痔，胡适决定搬住牯岭路亚东图书馆的房舍，又与来访的汪乃刚等谈旧诗：

适兄因为决定在此医病，一时不回北京，打算今天搬到牯岭路来住。早起接到他的电话，据说他的毛病，昨晚经潘医生诊视后，疼痛非常，一夜不曾安睡，今天怕走动，要明天再搬了。早饭后，我邀了希吕同往一品香看他；坐了一会，原弟也去了，一同在他那里吃中饭。饭后，大叔也去看他。……做的旧诗给我们看：

陆菊芬《纺棉纱》

永夜亲机杼，悠悠念远人。朱弦纤指弄，一曲翠眉颦。

满座天涯客，无端旅思新。未应儿女语，争奈不胜春。

菊　部

年少且行乐，三春好听歌。纷纷千古事，历历眼中过。

缓步摇钗凤，轻颦敛黛螺。群花真解语，欲觅已无多。

他写完了以后，希吕又背了一首，说是他们在上海读书时，有一年怡荪回家结婚，适兄做了这首诗送他。

客中还送客，风雪满天崖。寂寂游游望，迢迢云树间。

归来君授室，漂泊我无家。自顾无长策，东陵学种瓜。

他背完了以后，原弟也背了一首，说是适兄归国回家时，游采薇子墓做的。

野竹遮荒冢，残碑认故臣。当年亡鲁日，几个采薇人。

他们正说得高兴，我忽然想到几年前，洛哥曾经和我说起适兄有一次在戏园中为某女伶做的一首诗。可惜我只记得上边的两句。问他自己，他说记不清了。上边的两句是：袅袅丝音绕画梁，玲珑娇小冠歌场。（《亚东六录》，327～328页）

11月13日　胡适搬住牯岭路。

汪乃刚日记：

早起，适兄打电话来（告）诉我们，医生昨夜又去看过一次，患处已经不痛，今天可以搬家了。早饭后，我到一品香去接他，因为有客，我先回来；过了一会他也到了。（《亚东六录》，328～329页）

汪原放日记：

适之兄搬来住了。今天的人客最多，仲翁等都在这里吃午饭。（《回

忆亚东图书馆》，96 页）

11月14日　汪乃刚日记有记：

今天早上，适兄手里拿着一卷东西，说："我给你一件古董看看。"我接过来一看，原来是两张黄色的绢，头上写着三个较大的字"绢文章"。两面都写满了米大的小楷字，都是些八股文。我说："这一定是科举时代考试时做夹带用的。"他说："一点不错。从前江阴地方，有专做这行生意的，全部《四书》，每句都有一篇文章，可以写完在一件袍子上。这种袍子，总要万把银子一件。也可以出租，每租一次，也要几百两银子。"为了一个什么秀才、举人、翰林……的虚名，费尽这般苦心，真是太可怜了！（《亚东六录》，329 页）

11月15日　胡适与汪孟邹、范九等谈升学问题，汪乃刚日记有记：

下午范九来，大叔替他介绍和适兄认识，并谈到他的升学问题。适兄对于这个问题所发的议论，我不敢说他完全是对的，但是很可作为现在的青年们升学问题的一种参考。他所说的几点，我且概括的把他写在下面：

一、他说："有基业的人家的子弟，中学毕业以后，可以不必再进学堂，一方面出来练习办事，一方面多买书籍，自动地去研究你所喜欢研究的学问。培根、穆勒等都是世界有名的哲学家，他们都有他们的职业，都不是大学教授。商务印书馆编辑所长王云五先生，是一个很有学问的人，他并不曾进过大学，他一样的也得了好几个学位。他家里藏了不少的西洋书，有不少的理化器械。"这样看来，有志做学问，进学（堂）与不进学堂是没有多大关系的。他又说："学堂是为普通一般人而设的，学堂里的课程，也是为普通一般人而定，进步来得很慢。天资好的人，倒是自己用功比较进学堂的来得快些。"

二、自己买书看，比较进学堂经济。现在进大学，每年的用费，总要三四百元，在上海还不够。假如自己买书看，一年有二百钱，一定可买不少的书，一定可以够你看了。

三、只有自（己）肯留意，到处都是学校。"社会一大学校也。"这句话是很对的。（《亚东六录》，329～330页）

11月17日　黄钟来为胡适诊病。高梦旦、徐新六来探视胡适。（《亚东六录》，330页）

同日　刘海粟致函胡适，催促胡适为其画作题字以及为上海美专写作校歌。（《胡适遗稿及秘藏书信》第40册，101～104页）

11月18日　罗文干来访。李孤帆来访。胡适与汪乃刚等闲谈，说起汪孟邹明年50岁，胡适要汪写自传，"已经替他理了一个大纲交给他了，并要我们催着他做这件事"。又谈及其外公及父母订婚的事等。（《亚东六录》，330～331页）

11月20日　汪乃刚日记有记：

> 适兄说起标点之难，一不留心，就会错误。他说他从前读过蒋捷做的一首词《秋晓》，词名《贺新郎》（又名《金缕曲》）。他是按照下面的读法：
>
> 月有微黄，篱无影挂，牵牛落点青花小。……
>
> ……仔细一想，原来是从前读错了；后来没有留心，也就标点错了。他立刻起来找着这首词，把它改正如下：
>
> 月有微黄篱无影，挂牵牛落点青花小。（《亚东六录》，332页）

11月22日　任鸿隽致函胡适，告自己已到北京，猜度胡适何以迟迟不回北京等，又请胡见到朱经农、王云五等人时代为致意等。（《胡适遗稿及秘藏书信》第26册，519～523页）

11月24日　洪范五将《江苏第一书馆覆校善本书目》（1918年江苏第一图书馆编，铅印本）题赠胡适："适之先生至鄂湘演讲毕，返京过宁相晤于成贤学舍，观阅江苏第一图书馆书目，范有两部，故以此书赠之。洪范五，乙丑秋月九日。"（《胡适藏书目录》第2册，1302页）

11月25日　胡晋接致函胡适，云：族人从汪孟邹处得知，其曾伯祖胡秉虔（字伯敬，号春乔）著稿十大厚册由甘肃周了扬以钱买得，并嘱转交胡适。恳请胡适将此稿索回，一方面由该宗祠同仁负责出版，并将原稿归其宗祠收藏。拜托胡适向周子扬致谢，同时归还买书垫钱等。(《胡适遗稿及秘藏书信》第30册，455～456页)

11月26日　汪乃刚日记有记：

大叔说起适兄主张士范兄去做二师校长，适兄要我去担任体育主任。我和原弟讨论的结果：自己店里的事到底要紧，决意谢绝。(《亚东六录》，333页)

同日　苏雪林致函胡适，请胡适指正其著《李义山恋爱事迹考》。(《胡适遗稿及秘藏书信》第41册，521～522页)

11月27日　汪乃刚日记有记：

今天北京张歆海君来了一电给适兄，问他愿做清华校长否。适兄复电说："干不了，谢谢。"(《亚东六录》，333页)

11月28日　北京示威群众烧毁了晨报馆。事后，胡适为此事致函陈独秀云：

前几天我们谈到北京群众烧毁晨报馆的事，我对你表示我的意见，你问我说："你以为《晨报》不该烧吗？"

五六天以来，这一句话常常往来于我脑中。我们做了十年的朋友，同做过不少的事，而见解主张上常有不同的地方。但最大的不同莫过于这一点了。……(《胡适遗稿及秘藏书信》第20册，72页)

11月29日　程本海、叔鸾来访。晚间与汪乃刚、章希吕、余昌之打牌。北京转来康奈尔大学给胡适的电报，请胡适去做中国历史教授，"时间六个月，薪水一千五百美金"。(《亚东六录》，333页)

11月30日　任鸿隽致函胡适，告：图书馆委员会已开过一次会，举范源濂任委员长,陈仲骞任其副手,胡适为书记,周诒春及高阆仙为司库。因胡适不在京,故书记职务由任暂代。馆长、副馆长为梁启超及李四光(丁文江不想干)。又谈及北京乱象等。(《胡适遗稿及秘藏书信》第26册,524～526页)

11月前后　徐志摩致函胡适,告自己已到北大为胡适代课,自己也去上课了。谈到自己与陆小曼"已在蜜缸里浸着","所有可能的隔阂麻烦仇敌缝儿全没了","剩的只是甜";且已得陆小曼父母的了解与体谅。"现在唯一的问题是赶快要一个名义上的成立。……我的父亲赶快得来,最好你能与他同来……我们定得靠傍你,我们唯一的忠友,替我们在他面前疏说一切"。徐拜托胡适向徐父疏说的,有四点:陆小曼是怎样一个人;徐、陆的感情程度;陆小曼离婚出自陆家父母之主意,使徐父知道王赓、陆小曼的婚姻并不是徐志摩拆散的;希望徐父来看陆小曼,一定会接受她,一定会满意,让徐父出面向陆家父母谈此事再行订定。(《胡适研究》第三辑,468页)

12月

12月1日　刘半农来访。胡适请他校一校《海上花列传》,并且请他写一篇序。(《回忆亚东图书馆》,96页)

同日　胡适与汪原放谈起翻印古书的事。他主张出一部"中国哲学丛书",把一切与中国哲学史有关的重要著作一概整理出来。并列出书单:《朱子年谱》、《王阳明传习录》、《颜氏学记》、《费氏遗书》、《李直讲集》、《明夷待访录》(黄梨洲)、《伯牙琴》(邓牧)、《明儒学案》、《近思录集注》(江永)。陈独秀来阅此书单后,又添加《神灭论》《非神灭论》两部。(《回忆亚东图书馆》,97页)

12月2日　汤尔和致函胡适,云:"京中状况狞恶可怖,白昼纵火烧报馆,此是何等景象?章行严纵犯弥天大罪,亦不应放火烧之;下而至于安福系,对之亦不应惨无人道至于此极。沪上报纸熟视无睹,未闻一伸公论,真该杀也。"(《胡适遗稿及秘藏书信》第36册,488～489页)

12月4日　《申报》刊登胡适、朱经农、任鸿隽、盘珠祁、周烈忠联名致汪精卫电，请释放熊克武、丁轂音。

12月5日　文轶群致函胡适，讨论"文学"问题，并提出自己对文学假定的界说：文学的意义与范围，文学的要素，文学价值的评判，今日文学家应持的态度。（中国社科院近代史所藏"胡适档案"，卷号748，分号3）

12月6日　汪孟邹请刘半农在美丽川吃饭，胡适等作陪。（《亚东六录》，335页）

12月7日　汪乃刚日记有记：

> 今天早上，适兄睡在床上；因为隔壁人家敲钉，把墙敲塌了一块，落在我们这边，把适兄的头打破了，幸未大伤。（《亚东六录》，336页）

同日　文公直致函胡适，述经济窘状，向胡适借钱。请胡适不管愿意借钱与否都回一信。（《胡适遗稿及秘藏书信》第23册，422～425页）

12月17日　胡适生日，请亚东图书馆友人吃鸡子面。（《亚东六录》，338页）

12月18日　汪原放在美丽川请胡适补吃寿酒，在座的为汪原放母亲、汪孟邹夫人、汪原放、章希吕等。（《亚东六录》，338页）

12月19日　程松堂因伤寒去世，亚东图书馆同人欲集合思诚同志为其举行公葬，"现在先由适兄领衔发出一信，征求他家属的同意，一俟得复，便应积极进行"。（《亚东六录》，339页）

12月22日　胡适为别人写扇。（《亚东六录》，339～340页）

12月25日　胡适致函桥川醉轩：

> ……又有一事须奉白……说我是胡培翚之曾孙，此是近人的误说，我和胡培翚先生不是一家；虽同县同姓，而没有血族上的亲谊。我的父亲名传，字铁华［花］，号钝夫，是刘熙载、吴大澂的弟子；初治经学，后专治历史舆地，有文集日记未刻，遗文散见《小方壶斋舆地丛钞》及《经世文续编》等书。（《胡适中文书信集》第2册，22页）

同日 徐志摩致函胡适，询胡向徐父疏通之情形，又谈及清华内情复杂得很，"你且缓决定"。（中国社科院近代史所藏"胡适档案"，卷号1719，分号11）

12月28日 《北京大学日刊》第1837号刊登胡适致蒋梦麟函：

……我的医事已满二十七天，尚须三个星期，方可收功，我怕不能不在此过阳历年了。续假心甚不安，辞职你又不允。只好请你先给我半年假罢。此半年之中，我不要薪水。

美国哥仑比亚大学来电，要我明年到暑期学校里去授课。我得电后，颇费踌躇，这是他们第四次邀我了，我也想跑开一趟，所以就回电答应了。

12月29日 汪乃刚日记有记：

标点诗词，比较难一点。适兄说："应该按意思标点，不可拘韵。"他又说："最好用分段法。"他曾举了两个例子给我们看：

沁园春（将进酒，戒酒杯）

杯，汝前来，老子今朝点稔形骸。甚常年抱病，咽如焦釜；于今喜眩，气似奔雷？汝说："刘伶，古今达者，醉后何仿死便埋？"混如许，叹汝于知已，真少恩哉！

更凭歌舞为媒，算合作乎[平]居鸠[鸩]毒猜。况愁无小大，生于所爱；物无美恶，过则为灾。与汝感言：勿留！亟退！杯再拜，道：挥之则去，有召须来。

蝶恋花

独倚危楼风细细。望极，离愁，黯黯生天际。落日楼头，断鸣声里，江南游子，把吴钩看了，阑干拍遍，无人会，登临意。

……

晚间，替蕴素做了一副挽联，经适兄改过。

>   同学经年，竟成永诀！
>   离乡三月，遽失良朋！
>
>   巾帼英雄，又弱一个！
>   天涯风雪，遥哭斯人！
>
>   第二对是慕侨做的上联，下联是适兄续的。（《亚东六录》，340～341页）

12月30日　汪乃刚日记有记：

> 今天清早，我还没有起身，适兄睡在床上大叫道："乃刚，挽松翁的挽联做好了。"随叫老孙拿过来给我看。联句是：
>
>   泛爱于人，无私于己；说什么破产倾家，浑身是债！
>   蔼然如春，温其如玉；看今日感恩颂德，有口皆碑！
>
> 适兄又替大叔做了一对，联句是：
>
>   一世种善因，何必及身收果？
>   百年成定论，果然有口皆碑。（《亚东六录》，341页）

12月31日　曹诚英自南京来探视胡适的病。（《亚东六录》，341页）

12月　胡适作成《〈儿女英雄传〉序》。序文首先介绍了作者文康（铁仙）之显赫家世。又指出是作者写的他的家庭的方面。又指出，此书的短处是思想浅陋，长处在于言语的生动，漂亮，俏皮，诙谐有风趣。又指出该书描写社会习惯的部分，是重要的社会史料等。（收入《胡适文存三集》卷6）

1926年　丙寅　民国十五年　35岁

> 年初，胡适仍休养于沪上。
> 2月，胡适作为英国庚款咨询委员会委员在上海开始工作，旋到汉口、杭州、上海、南京、北京、天津等地考察。
> 6月，胡适作有《我们对于西洋近代文明的态度》一文。
> 7月，赴英国出席英庚款咨询委员会会议。公余，在大英博物馆、法国国家图书馆查阅敦煌卷子，为后来的禅宗史研究打下坚实基础。

1月

1月1日　胡适与亚东友人打牌：

> 早上，大家吃过鸡子面，适兄推牌九，赢了五十元之多。大叔输二十元，我输十元，慕侨、希吕、原弟诸人，几个无人不输。
> ……适兄被友人邀去打牌，又赢了八十元。(《亚东六录》，342页)

同日　日田次郎致函胡适，感谢胡适的指教。(《胡适遗稿及秘藏书信》第42册，611页)

1月8日　胡适为友人写扇，所写内容为杭州诗人赵秋舲的小词、陈简斋的小词、李煜的《清平乐》、辛弃疾的《清平乐》、陆游的《好事近》。(《亚东六录》，343～345页)

1月9日　胡适致函胡朴安：因自己头痛发烧，不能出席明日的邀宴。(《胡适九封未刊信稿》,《明报月刊》1992年2月号，54页)

1月10日　晚，胡适与亚东友人打牌，又与汪乃刚长谈至深夜。(《亚东六录》，345页)

1月13日　汪乃刚是日日记有记：

> 晚间，和适兄谈鬼，他引了王充的话："凡天地之间有鬼，非人死精神为之也，皆人思恋存想之所致也。致之何由？由于疾病。人病则忧惧，忧惧则鬼出。"(《亚东六录》，346页)

1月14日　胡适在清人顾晛元撰《且饮楼诗选》四卷续集一卷（1880年刻本，1函1册）上有题记："俞凤宾医士送我的。著者为俞君的外曾祖，跋中之'令子叔因'是他的外祖。"(《胡适藏书目录》第2册，1433页)

1月21日　赵元任函请胡适资助罗家伦回国。(《胡适遗稿及秘藏书信》第38册，413～414页)

2月

2月1日　任鸿隽致函胡适，并寄送图书馆委员会的通告，认为因教育部无诚意、不负责任，恐怕所谓国立图书馆的大计划要成一个水泡。函询胡适对此事之主张。(《胡适遗稿及秘藏书信》第26册，527～530页)

2月11日　丁文江致函胡适，谈英庚款调查团事：开会的时间地点待Lord W. 到了上海再说。英使正式给我封信，说明英政府appoint我们做会员。徐新六本可为成员之一，因为伯堂反对，所以改为王景春。认为胡适可以暂时脱离北大。(《胡适遗稿及秘藏书信》第23册，68～70页)

2月14日　张元济致函胡适，关心胡适病情，蒋孟苹之书尚未归涵芬楼。谈及《永乐大典》之收藏，该书由法人考订甚详，欲询之于王国维。蒋孟苹所藏之《水经注》，亦极可宝贵等。(《胡适遗稿及秘藏书信》第34册，62～65页)

2月21日　午间，中华医学会假美丽川菜社欢宴各会员，英庚款委员会中国委员胡适、会长牛惠霖、会员张道中、魏立功、倪逢生、林惠贞等

1926年　丙寅　民国十五年　35岁

百余人。胡适有演说，略谓：英庚款委员共11人，英委员8人、中委员3人、即某与王景春、丁文江。该款每年总数为600万元，中国所负之债，须至民国二十九年方能还清。其与丁君个人意见，以为此款须以一半作基金，一半作为发展国内科学研究所及他项事业。中华医学会所提出用一部分英庚款作为发展国内公众卫生一案，某极为赞成。试观长江一带，大城小镇，不计其数，而有自来水者，不过汉口、上海两处而已，余皆吸用长江污水，一年中因而夭亡者，不下千万。即此一端，可见公众卫生，对于吾人之重要。英庚款委员会开会后，某定当竭力设法，使此问题，有图满之结果云云。（次日之《申报》）

2月22日　Lord Willingdon抵上海。（据《日记》）

按，据胡适1956年2月18日所作题记，知其在1926年有一本"破碎的民国十五年袖珍日记"，"记的都是约会的地点与时间，但也可以大略指出那一年我的行踪。我要考英国庚款访问团的行踪，故专钩出二月到七月的残片"。但目下此袖珍日记不知藏于何处，我们目下所见者，只有此残片。"残片"手迹收入《胡适的日记》手稿本第6册之"胡适的杂记"后、"欧洲日记第四册"前。本谱所引"残片"史料，均据《胡适的日记》手稿本第6册，以下不再特别注明。

2月23日　刘弄潮致函胡适，告拟先出版《浪花飞舞》，再出版《人生哲学》，请胡适寄还前年寄阅之《浪花飞舞》。（《胡适遗稿及秘藏书信》第40册，53页）

按，同年7月2日、4日，刘弄潮又致函胡适，催胡将《浪花飞舞》寄回长春中华书局。（《胡适遗稿及秘藏书信》第40册，54～55页）

2月25日　江冬秀致函胡适，告丁文江执意要她租下林长民的房子，并亲自带她看房。又告近来打牌输钱很多等琐事。（《胡适遗稿及秘藏书信》第22册，362～366页）

同日　华盛顿大学人文学院院长J. E. Gould致函胡适，云：

For a long time we have been deeply interested in the proper Orientation of non-English speaking students. We have organized a special class for the purpose of preparing the students to handle their scholastic work in accordance with the plans and methods of instruction in the American universities.

We find their trouble is not entirely one of language difficulty. It is somewhat more precisely a difficulty of methods. Speaking generally, we have what might be known as the scientific method of study in the American universities.

We have an unusually capable woman in charge of our Orientation class and it has occurred to me that she might give instruction to students in a foreign university which would show what American universities demand. She might also instruct a certain teacher in such foreign universities in the problems which the non-English speaking student has to meet and thus make the process of entering our work more satisfactory.

In order that we may understand the problem very much better ourselves, I should like to be able to send our instructor for a fraction of a year to different foreign universities and it has occurred to me that some universities might be glad to have her as an instructor in English for a fraction of a year. Our problem would be chiefly one of paying the expense of a trip to and from China, Japan or the Philippines.

May I ask if you are in a position to invite our instructor for a fraction of a year, preferably the spring and summer quarters, for some work in your institution? I believe that such an exchange would work out very much to the interests of all parties concerned.（中国社科院近代史所藏"胡适档案"，卷号E-211，分号1）

2月　徐志摩致函胡适，感谢胡适对他的关切，"这次中途要不碰着你，剖肚肠的畅谈了两晚，我那一肚子的淤郁不发成大病才怪哪！"（《胡适研

究》第三辑，471页）

3月

3月4日　胡适与汪原放谈起《古短篇小说丛书》可出如下几种：第一种《京本通俗小说》（七种，加一种，叶德辉刻）；第二种《今古奇观》；第三种《拍案惊奇》；第四种《石点头》；第五种《醉醒石》。（《回忆亚东图书馆》，98页）

同日　江冬秀复函胡适，为胡适的痔漏全好感到高兴，又为其病后辛苦感到担心。预备7号搬家，丁文江为迁居事"完全出力了"，希望胡适能谢谢他。现在手头极为拮据等。（《胡适遗稿及秘藏书信》第22册，367～372页）

3月6日　江冬秀致函胡适，请胡适为江伯华之丧送祭幛与奠仪，因自己手头无钱。决定明天搬家。高一涵也要搬到织染局。（《胡适遗稿及秘藏书信》第22册，374～375页）

3月9日　胡适追记去年在燕京大学教职员聚餐会上演讲——"今日教会教育的难关"。指出，今日的传教事业有三个难关：新起的民族主义的反动，新起的理性主义的趋势，传教士在中国生活的安逸。胡适为此开出的两个药方是：

第一，教会教育能不能集中一切财力人力来办极少数真正超等出色的学校，而不去办那许多中等下等的学校？

第二，教会学校能不能抛弃传教而专办教育？

……你不能同时伏侍教育又伏侍宗教。在今日民族主义和理性主义的潮流之中，以传教为目的的学校更不容易站得住。

……（1）利用儿童不能自己思想的时期，强迫他做宗教的仪式，劝诱他信仰某种信条，那是不道德的行为。……教育是为儿童的幸福的，不是为上帝的光荣的。学校是发展人才的地方，不是为一宗一派

收徒弟的地方。用学校传教，利用幼稚男女的简单头脑来传教，实行传教的事业，这种行为等于诈欺取利，是不道德的行为。

（2）为基督徒计，与其得许多幼稚可欺的教徒，还不如得少数晚年入教的信徒。……（《胡适文存三集》卷9，1159～1169页）

3月12日　徐志摩致函胡适，拜托胡向丁文江疏说，请丁不要坚持不赞成徐、陆婚事的态度："万一他不赞成的口风又飞到老太爷那里去，那不是火上又添油。百里那里他至少也不能说反面话，这关系我全家骨肉感情安宁大事，千万求他顾全一点儿。"（《胡适研究》第三辑，472页）

3月13日　顾颉刚日记有记：前日接汪孟邹来书，谓《东壁遗书》急须排完，适之先生之文将在上海做，嘱赶将附录各件寄去。（《顾颉刚日记》卷一，726页）

3月14日　江冬秀复函胡适，希望胡适保重身体，保证睡眠。又听说胡适在上海纵情赌博。3月10日已经搬进新居，房子甚好。希望胡适尽快寄钱来。（《胡适遗稿及秘藏书信》第22册，376～379页）

3月中　胡适从亚东图书馆搬到老同学索克思家中去住。（《回忆亚东图书馆》，99页）

3月16日　王景春、胡适致电汪精卫、伍朝枢：英国庚款委员拟于开会前游历各地，征求意见，拟先来粤，何时最便请复电。（中国社科院近代史所藏"胡适档案"，卷号579，分号2）

按，稍后，胡适又致电汪精卫、伍朝枢：英庚款委员会代表团暂不南下，廿三日赴鄂、湘。（中国社科院近代史所藏"胡适档案"，卷号1595，分号5）

同日　雷殷、马叙伦等北京教育界人士公议后，通过《北京教育界对于英国部分庚款之议决案》，反对英国政府所定关于庚款处置办法，以保国权；要求英国无条件抛弃庚款。后雷殷等20余人联名将此案连同《北京教育界对于英国部分庚款议决之进行办法》（函中国委员不得就职；由今日列席者为发起人，联合全国各团体，依据议决案以个人名义书面通告英国；发表反对宣言；公函政府请先根据同人意，提出严重抗议）及《对于英国处置庚款办法之宣言》函寄胡适。(中国社科院近代史所藏"胡适档案"，卷号2213，分号4)

同日 顾颉刚致函胡适，谈及《古史辨》因自己的序文太长而愆期，《国学季刊》因学校经费拮据而不能运行，景山书社成立后营业甚好，校中党派意见太深等。(《胡适遗稿及秘藏书信》第42册，310～311页)

3月18日 凌鸿勋致函胡适，希望胡适等在英庚款委员会争回用款主权，扩充在华代表团调查职权为决定用途等，修正英国庚款组织委员会之性质，使之成为独立主持退还庚款之会等。(《胡适遗稿及秘藏书信》第31册，546～550页)

3月19日 杨杏佛致函胡适，认为英国并非退还庚款，仅指定庚款作中英互利之事业而已。且中国委员仅3人，复由英政府任命，实为英国庚款委员会之客卿。认为胡适应联合中国委员要求英政府无条件退还赔款，否则全体退出，以示国人对于此事之决心。(杨杏佛：《杨杏佛文存》，平凡书局，1929年，262～263页)

3月20日 蔡元培致函胡适，云：

> 昨于临行时，留函送奉，附有尔和先生一函，为欢迎英庚款委员事，想荷鉴及。到杭后，忆先生曾嘱弟陈述意见，而报纸上说先生现正在审核各方面之要求书。故弟即缮《意见书》一纸奉上，似乎弟所主张与先生及在君先生所主张之大规模实验所，存小异而实则同，或者无以方凿入圆枘之嫌。请阅后代为提出。(《胡适遗稿及秘藏书信》第39册，280页)

3月21日 徐志摩致函胡适，拟请梁启超、胡适为徐、陆婚事做媒，又询胡有无可能请蔡元培为其证婚等。又谈到梁启超割掉一肾等。(《胡适遗稿及秘藏书信》第32册，61～63页)

3月23日 胡适致函汪精卫，希望汪接见新就任的英国驻广州总领事。

又云：英国庚款委员会代表团本拟于 23 日起程赴港、粤游历，现以行程之需要不得不变更计划，改于今日先游鄂、湘，俟回沪后再期南下。(《胡适遗稿及秘藏书信》第 19 册，123 页）

3 月 27 日　胡适一行抵汉口，住德明饭店。陈蔗青（介）等招往翼江楼晚餐。(据《日记》)

同日　陶行知、凌冰联名致函胡适、丁文江、王景春，述 3 月 16 日北京教育界集会公议对英国庚款的处置办法和一致坚决对外之精神。又云：

> 来电述及咨询委员会重要职务在决定管理基金之组织，弟等对组织一层亦曾稍加考虑。如果英国赞同无条件退还，在组织方面，吾人应有下列最低限度之要求：一、董事会应为独立机关，以行使保管、支配款项之权；二、中国人董事至少应居三分之二，表决时每人一权，由多数取决；三、董事会内如有设置英国人董事之必要，则其任期至一千九百四十四年庚款付清时止；四、全体董事均须由中国政府聘任；五、用途俟董事会依前列原则组织后，再由董事会决定。总之，董事会董事，我国人必须居大多数，而英国人董事任期必须于有限期间截止，且同由我国政府聘任，庶几主权在己。国体无伤，巨款可得正用，而中英邦交亦可望增进。不然，将来组织英款董事会，如全体董事不由中国政府聘任，中国人董事不占大多数，英国人董事无一定期限截止，以京中情形推之，其不能获国人同意，当可断定。日俄两款已铸大错，英款处理似不宜蹈其覆辙。(《胡适来往书信选》上册，367～368 页）

3 月 28 日　胡适等访吴佩孚。晚到英领事 H. Goffe 家茶会。(据《日记》)
同日　《申报》《上海商报》刊登胡适、丁文江、王景春复南洋大学校长凌鸿勋函：

> 案英国庚款是否退还，不在文字之争，须视将来管理该款机关之组织与性质为转移。如果该项机关之组织，我方能占优势，则其结果

自与美款处理相似。现在来华庚款咨询委员会代表团之主要任务，即为研究该项管理机关之组织与该款用途之大纲。此两大问题，一经决定，该咨询委员会即告一段落，该咨询委员会共有十一人，其现在来华之代表团共有六人，中英各三人，对于管理与用途，将来该代表团如此有一致的主张，其所提出之建议，在全委员会中自占多数。承示注重国权民意各节，正与弟等向来所抱宗旨相同，自当始终一致，以孚国人之望也。我兄对于国家急务，教育宏图，想已早有成竹，深冀时赐教言，以匡不逮。……

按，凌鸿勋函作于2月18日，亦载沪上报章。

3月29日　上午开会。（据《日记》）

4月

4月2日　《北京大学纪事（1898—1997）》是日记：北大物理系、国文学、英文学等六系主任改选，张歆海当选为英文学系主任。（《北京大学纪事（1898—1997）》，182页）由此可知，胡适不再担任英文学系主任。

4月4日　胡适作有《封神榜》一篇读书杂记。（《胡适遗稿及秘藏书信》第9册，212～214页）

同日　江冬秀复函胡适，云："今天收到你轮船上的信，我现在什么话都不说了，只要你对得住我，我什么话都完了。"又云现在北京因战事很恐慌，"我们也只好听天由命，北京城多少人烟呢，靠怕也没有用处。……我不狠怕，请你放心"。又说自己"一个钱没有的用"，请胡适寄钱来。又说自己的病很严重等。（《胡适家书》，466～467页）

4月5日　开会，英商会代表Burn和Marker出席陈述意见。他们主张造铁路，而意见大菲薄教育。胡适驳之，大意谓教育之弊唯有更多更好的教育可以救之。教育界代表亦主张以全款办教育。到省议会。到奥略楼赴教育界欢迎会。与王景春赴王荫樵饭。（据《日记》）

4月7日 下午，英国庚款委员会代表团威灵顿、胡适、王景春、丁文江等10余人乘德和轮船到南京。军政各界代表、驻宁英领事暨中西人士欢迎者甚众。下午7时，孙传芳、陈陶遗在军署西花园欢宴代表团。(《申报》，1926年4月9日)

4月8日 罗家伦致函胡适，请胡适代筹回国川资国币500元，又告自己转抄伦敦有关太平天国研究书籍事。(《胡适遗稿及秘藏书信》第41册，243页)

4月12日 章元善致函胡适，希望农村信用合作社的计划能获得英庚款补助。(《胡适遗稿及秘藏书信》第33册，164～166页)

4月16日 胡适等一行10人抵杭州。(据《日记》)

4月17日 胡适致函韦莲司小姐，祝其生日快乐，并祝福韦母。言自己和中英庚款代表团的其他成员现在杭州。"这个代表团的工作也许能在今年让我去趟美国。我可能必须去英国出席法制委员会最后几次的会议。我们还没决定走什么路线。我们应该在9月之前到伦敦。"又说：

> 大体来说，代表团工作的进展颇满人意。我们希望将来组织起来的董事会类似于目前的中美基金会(Sino-American Foundation)，当然，在全国反英情绪如此高张的时候，做这个委员会的成员，是个吃力而不讨好的工作。但是我们希望能为中国带来一些永久的利益。

又感谢韦莲司母女对高梦旦儿子、媳妇的照顾。又说："……离开自己的书房简直就不可能工作！我希望代表团的工作马上结束。欧洲和美国之旅不但有益于我的健康，对我的学术生涯也大有助益。在我下次休假之前，我会静下心来，努力工作几年。"(《不思量自难忘：胡适给韦莲司的信》，149～151页)

同日 江冬秀致函胡适，担心胡适因辛苦会导致痔疮、脚气等病发作。又谈到千万国民军撤退时，朋友劝移入东交民巷，而不肯去事："一来小孩子们都睡觉。二来北京城多大地方……怕死的人赶到那块去受受罪罢！一间房住几十个人，你看受罪不受罪……还是我们安然无事，睡觉一晚……

我们只好那［拿］平民比，他们也是人呀！城中几十万人民，还在我们几个人要躲吗？人人都是性命，我不怕，还是不走好。"又谈及准备在京汉路通车后与程士范一起南归。盼胡适寄钱来。(《胡适遗稿及秘藏书信》第22册，384～385页)

4月21日　胡适日记残片有记：中午，徐新六约吃饭。下午，参加江苏省教育会茶会。

4月22日　胡适日记残片有记：Rotary Club Lunch（As for House）。下午4点，请商会长等。

4月23日　胡适日记残片有记：上午11点，英商会。下午1点，Mrs. Soothill（As for Hosie）。9点三刻，Society of St. George's Ball。

按，胡适在日记中将Hosie误作House。

同日　胡适作成《〈四角号码检字法〉序》。(收入《胡适文存三集》卷9)

按，1930年2月7日，胡适又作有《后记》。

4月25日　胡适日记残片有记：晚，与李登辉、郭任远等在功德林餐叙。
同日　胡适以私人名义复函陶行知、凌冰，谈对英庚款的态度：

英国国会原案乃是一九二二年的旧案，至去年六月卅日始通过两院，成为法令。其中诚多不满人意之点，(1)(4)两条尤坏。但你们根据此案，说英国不肯退还此款，那却不是事实。英国朝野人士及委员会中人都认此举是退还赔款，故我们三月二十二日的宣言直用"退还"字样。不过所谓"退还"并不是完全交与中国政府去自由支配罢了。

…………

我在北京这几年，眼见大家争各国庚款的惨史、丑史，思之痛心。……

我们既有各国庚款委员会组织经过的事实作借鉴，自应格外慎重，以求一个满意的结果。

英国国会原案经过三年之久，始得通过。若推翻此案，另提新案或修正案，几近于不可能；即使可能，亦必费去一二年之久。为今之计，只有潜移默运于此案范围之中，使此案不成为障碍，反为有益的根据。

我们主张的解释如下：（一）外交大臣的管理全权是暂时的，略如美国总统的暂时全权管理。（二）咨询委员会给外交大臣决定方针与办法，略如孟禄之使命，而较为正式的，公开的。（三）管理机关（董事会）成立之后，外交大臣以全权移交；正如美国总统之移交全权与董事会。（四）原案第四项年终报账一层，实行上应作为"董事会每年年终应将本年度收支账目作为报告，各以一份分送中英两国政府存案"。此略如中美董事会规定中美两国政府均得派代表出席到会。

如此，则原案之条文具在，而精神根本改变了。这几层意思，甚盼你们和静生、梦麟、叔永诸位细细考虑，随时赐教。

你们三月廿七日信上说的关于组织的五项意见，我们都很赞成……

但你们所谓"无条件退还"一句话，却有语病。例如美国原案规定此款用于教育文化，此是有条件呢？是无条件呢？无条件的退还，我们实在没有这样厚脸唱这样高调。但我们也不赞成调子唱的太低，讨价讨的太贱。……

我们三个中国委员虽无他长，至少有一点可以与国人共见，就是都肯细心考虑，为国家谋永久利益；都有几根硬骨头，敢于秉着公心对国人对外人说话。我们的任务有两点：（1）审察舆论，替英庚款计画一个能满人意的董事会，并助其组织成立；（2）博访各方面的意见，规定用途的原则，以免去原案"教育或其他用途"有太空泛的危险。关于这两项任务，我们深盼得你们和北京各位朋友的指教与援助。（《胡适遗稿及秘藏书信》第20册，86～101页）

4月26日　胡适日记残片有记：与 Lord Willingdon 午餐。看南洋大学，上海各大学校长约晚餐。

1926年　丙寅　民国十五年　35岁

同日　徐志摩复函胡适，谈自己婚恋近状等。(《胡适遗稿及秘藏书信》第32册，64～68页）

4月27日　胡适日记残片有记：1点，Foreign Y. M. C. A.（Shanghai Club）。8点，Union Club Dinner。

4月28日　胡适日记残片有记：1点，与蔡元培午饭。下午4时，上海妇女会、基督教妇女协会等团体假三马路慕尔堂请胡适演讲。次日《申报》报道胡适讲演内容：

> 英国退还庚子赔款之议，系一九二二年十二月一日起始，尔时提议，因英国政潮迭起，两年间迄无宁息，至去年五卅之后一月，即六月三十日，始经三读完全成立，其原条第一项，分为四条：(一)英国政府以庚子赔款划出于预算之外，作为一种基金，交外务大臣管理，由外务大臣征取咨询委员会之同意，以用于中英互利之教育或其他事业；(二)另立咨询委员会，以辅佐外务大臣，咨询委员为十一人，其中中国委员至少二人，女委员至少一人；(三)关于委员团之费用，统由赔款中支付；(四)将来每年用途，须将上年之账目，分报英国财政部审计院及国会。委员中中国委员本只二人，嗣以朱尔典逝世，乃以王景春君补充，女委员即为诸君素稔之安特生女爵士，此种办法，国人发表议论者极多，类多不满，委员同人又何尝不同此感想，但此既成为一种法律，希望于此法律之形式下另生新解释而已。查美国退还庚子赔款前例，颇足供参考，美退赔款，系分两次，第一次在一九〇八年，尔时形式上美国政府完全将此款交于中国政府，但实际上先有默契条件，接洽就绪后，不过未成文而已，即用途则指定为派留美学生，管理则由双方监督。至第二次退还，中国紊乱情形，更甚于昔，于是美国会议决，以此款交美总统处理，但美总统于接受此议决案，甚觉为难，交于政府，既不放心，交于国民，又无人可以代表，于是派代表孟罗博士来华，非正式与学商界领袖及官厅接洽，嗣决定设董事会，董事十五人，美占三分之一，中占三分之二，独立处分，凡此

均足予吾人参考之价值，至荚款数目，年约五十万镑，以现时金镑价计，约四百六十万元，其间亦有上落，大约平均为五百万元，本来英国庚款，系至一九四〇年止，因欧战期内延付五年，故至一九四五年为止，计二十三年，为数不为不巨，故如何处置用途，实为至须考虑之问题，现委员团正公开接受各方面之意见，诸君如有高见，极所欢迎云云，演说毕，由主席致谢而退，另有妇人会会员提议，将来如果设基金董事会，中国董事至少应有女子一人，因无论何种教育，女子实较男子为需要，而女子之需要，惟有女子知之最切，在场多数赞成，闻将正式提书面于委员团云。

5月

5月1日　胡适日记残片有记：1点，Sokolsky's Lunch, with Lo & Ting。

5月2日　胡适日记残片有记：6点，陈光甫晚饭。

5月3日　下午3时，广学会举行欢迎会，欢迎庚款委员胡适及安特生等。（胡适日记残片）次日之《申报》报道如下：

……该会主任季理斐博士殷勤招待，并引导参观各部，次开茶会。入席后，该会董事窦乐安、谢颂羔、莫安仁等起述该会之历史及服务社会之经过。次安特生女士演说，大致述其来华之任务，及其目的与希望等。后胡适之用英语演说，略云："广学会所出各书，余自幼即读之，今日得与诸君畅谈，甚为欣快。本人非基督教徒，亦并未奉任何宗教，不过有一种主张，颇与基督教义吻合者，即本良心去作工是也。余意世上人人当努力去寻良好之工作，忆圣经中耶稣有言，世上工作极多而作工之人甚少，余对此言颇有感想。盖凡百事业非努力工作，不克成功，换言之，凡能本良心主张努力去作工者，必能获良好美满之效果于将来，今有二事足资证明者。当余倡白话文时，收效之期，本定二十年，不料行来三载，已普遍全国矣。又余十五岁时，曾阅某书，中载一言，使余大为感动，乃日志斯言于脑海之中，以为做人之矜式。考此言出自一千五百余年前之古人所说，当其说此言时，初不料一千五百余年后，尚有人深志之以为做人之矜式者，可见善种必获佳果，余极奉此说，亦即我之宗教的意见也。近日有人反对基督教，且有非基督教之运动，此种事不当抱悲观，盖凡事有反动方能引起人之注意及研究，能引起人之注意及研究，是即好现象。又无论何种宗教，凡能一心信仰者，即甚可佩，余对于宗教亦颇有兴趣，喜欢研究云云……

5月4日　胡适日记残片有记：上午10点，与Professor Soothill同去看麦伦书院。8点，Bungy, Majestic Hotel。

5月5日　胡适日记残片有记：12点半，Dr. MacGillivray。

同日　下午3点到5点，孙传芳在总商会招待各界，宣布对淞沪商埠事宜方针，胡适等出席。（胡适日记残片；次日之《申报》《民国日报》）

5月7日　胡适致函张元济，恳劝张打消辞意等。（张元济：《张元济全集》第2卷，商务印书馆，2007年，539页）

　　按，16日张元济复函胡适云，在此风浪时期，自己未尝不想再撑几年商务的职务，但再做下去，"恐有损而无益"，"此中情形，笔墨不能代达"，只能面谈。（《胡适遗稿及秘藏书信》第34册，68页）

5月10日　余裴山致函胡适，拜托胡适写荐函与安徽教育厅长，推荐其为徽州二师的校长。（《胡适遗稿及秘藏书信》第29册，228～231页）

5月13日　胡适回到北京。顾颉刚是日日记有记：

　　适之先生于今日下午三时归京，已出京七八月矣。本年七月中，即须到英国开会。他说将来可在退还赔款内弄一笔留学费，我们可一同留学。这使我狂喜。我在国内牵掣太多，简直无法进修。……（《顾颉刚日记》卷一，746页）

5月15日　顾颉刚来访。(《顾颉刚日记》卷一，746页）

5月16日　胡适日记残片有记：下午5点，漪澜堂。

同日　顾颉刚致函胡适，感谢胡适告知"日用不足可向亚东支取"。又谈自己的研究进度。又附自己今年欠债单，据此单知顾颉刚共欠胡适220元。《胡适遗稿及秘藏书信》第42册，312～317页）

5月17日　胡适日记残片有记：上午11点，Bevan。1点Clark（Grover Clark）。

5月19日　容庚来访，赠《金文编》一部，胡适送其《戴东原的哲学》一部。(《容庚北平日记》，92页）

同日　全国教育会联合会代表、北京大学多位教授及中国教育改进社代表等集会，通过对英国庚款《议决案》（英国应正式声明退还庚款；所退还之庚款应由中国组织董事会，保管及支配之）。当日将此案函寄丁文江、胡适、王景春。(《胡适来往书信选》上册，381～382页）

5月20日　朱我农致函胡适，谈及大多数中国人对英庚款的意见有三：明白宣布退还；保管及支配权须由中国人自掌；其他枝叶问题暂谈不到，必须先将上面两条基础的办法办妥。认为三位中方委员应将上述意见转告英方。委员会应多游历一些地方，尤其是北京。《胡适遗稿及秘藏书信》第25册，386～397页）

同日　查良钊致函胡适，拜托胡适为焦韫华的英文读本作序。(《胡适遗稿及秘藏书信》第30册，612～614页）

5月21日　顾颉刚日记有记：

到长春亭，日本小畑薰良邀宴也。同坐十人，十二点归。

今日之会，可以淳于髡话记之："日暮酒阑，合尊促坐，男女同席，杯盘狼藉，堂上烛灭，微闻芗泽。"

同座：船津辰一郎（总领事）、掘内干城（外务事务官）、日高信六郎、小畑薰良、适之先生、通伯、巽甫、金甫。(《顾颉刚日记》卷一，749页）

同日　朱毅农致函胡适，询朱经农的情况，又谈及自己和饶毓泰都好，等等。(《胡适遗稿及秘藏书信》第26册，15页）

5月23日　胡适登车赴天津。（胡适日记残片）

5月24日　胡适致函鲁迅、周作人、陈源，谈对他们笔战的态度，希望他们结束论战：

　　　　你们三位都是我很敬爱的朋友，所以我感觉你们三位这八九个月的深仇也似的笔战是朋友中最可惋惜的事。我深知道你们三位都自信这回打的是一场正谊之战，所以我不愿意追溯这战争的原因与历史，更不愿评论此事的是非曲直。我最惋惜的是，当日各本良心的争论之中，不免都夹杂着一点对于对方动机上的猜疑；由这一点动机上的猜疑，发生了不少笔锋上的情感；由这些笔锋上的情感，更引起了层层猜疑，层层误解。猜疑愈深，误解更甚。结果便是友谊上的破裂，而当日各本良心之主张就渐渐变成了对骂的笔战。

　　　　我十月到上海时，一班少年朋友常来问我你们争的是什么，我那时还能约略解释一点。越到了后来，你们的论战离题越远，不但南方的读者不懂得你们说的什么话，连我这个老北京也往往看不懂你们用的什么"典"，打的什么官司了。我们若设身处地，为几千里外或三五年后的读者着想，为国内崇敬你们的无数青年着想，他们对于这种"无头"官司有何意义？有何兴趣？

　　　　我觉得我们现在应该做的事业多着咧！耶稣说的好，"收成是很丰足的，可惜作工的人太少了！"国内只有这些些可以作工的人，大家努力"有一分热，发一分光"，还怕干不了千万分之一的工作——我们岂可自己相猜疑，相残害，减损我们自己的光和热吗？

　　　　我是一个爱自由的人——虽然别人也许嘲笑自由主义是十九世纪的遗迹——我最怕的是一个猜疑、冷酷、不容忍的社会。我深深地感觉你们的笔战里双方都含有一点不容忍的态度，所以不知不觉地影响了不少的少年朋友，暗示他们朝着冷酷、不容忍的方向走！这是最可惋惜的。

....

敬爱的朋友们，让我们都学学大海。"大水冲了龙王庙，一家人不认得一家人。""他们"的石子和秽水，尚且可以容忍；何况"我们"自家人的一点子误解，一点子小猜嫌呢？（《胡适遗稿及秘藏书信》第20册，254～260页）

5月25日　胡适日记残片有记：9点45分会集。10点，新学书院。11点15分，Doctors 谈话。晚8点15分，Chil: River Conservancy。

同日　蔡元培复函胡适，因胃疾不能北上主持北大校务。一到可以北上之期，决不再有迟延。（《北京大学日刊》第1925号，1926年6月4日）

5月26日　胡适日记残片有记：2点半，南开。

5月27日　胡适日记残片有记：10点，会。12点15分，至 Rotary Club。

5月28日　胡适日记残片有记：上午，教育界。Taylor & Diang。天津官厅午饭。午饭前看 Memorial Hospital。下午看北洋大学。

5月31日　胡适日记残片有记：12点一刻，常荫槐（？）。

同日　任鸿隽复函胡适，非常赞成胡到英国去。又拜托胡适在见到丁文江时拜托丁在中基会帮助中国科学社等。（《胡适遗稿及秘藏书信》第26册，497～499页）

同日　朱少屏致函胡适，告欲编辑《名人录》，请胡适填写调查表并惠赐照片。（《胡适遗稿及秘藏书信》第25册，279页）

5月　容庚赠其所撰《金文编》十四卷附录二卷通检一卷（贻安堂影印，1925年，1函5册）一部与胡适。（《胡适藏书目录》第2册，1316页）

6月

6月1日　加州伯克利大学副校长 Walter Morris Hart 致函胡适，云：

1926年　丙寅　民国十五年　35岁

As a result of the retirement of Dr. E.T. Williams next year, the University of California is under the necessity of appointing a Professor of Oriental Languages as his successor. We believe that this Professor should be an American; that his main interest should be Chinese civilization, as being more fundamental than the Japanese; that he should be a thorough scholar and command the respect of his colleagues in the University; that he should be something of a diplomat and persona grata to Chinese and Japanese scholars; that he should be a good lecturer and be able to interest American students in Chinese and Japanese culture and affairs. While it is desirable that he should have a thorough knowledge of the language, it is not necessary that he be able to teach it since this work is done by a native Chinese.

Mr. Lewis Chase has given me your name as one of those best able to advise the University in making this appointment. May I venture so far to trespass upon your good nature as to request you to send me the names of likely candidates with a few words of comment concerning each? The University will be deeply grateful for this service.（中国社科院近代史所藏"胡适档案"，卷号E-221，分号4）

6月2日　顾颉刚来访不遇。（《顾颉刚日记》卷一，753页）

6月3日　顾颉刚偕潘介泉来访。（《顾颉刚日记》卷一，753页）

同日　高鲁致函胡适，告与丁文江都认为各国退款补助学术机关应联合进行，故拟于一二日内约同各代表聚餐一次，请胡适指定时间、地点。《胡适遗稿及秘藏书信》第31册，163～164页）

同日　凌冰致函胡适，云：昨日下午与范源濂商量中基会请客事，范感为难，最后决定由平民教育促进会、中华教育改进社、香山慈幼院三团体名义请庚款调查团全体并威林顿夫人到香山一游，时间由胡适同其余人酌定，以下星期二为佳。（中国社科院近代史所藏"胡适档案"，卷号E-408，分号1）

同日　寰球中国学生会总干事朱少屏致函胡适，告美国西雅图华大中国学生会来函询问赴美日期，因华盛顿大学拟邀请演讲且中国学生会亦预备招待，敬请示知大概何时可抵西雅图以便转告。（中国社科院近代史所藏"胡适档案"，卷号 E-408，分号 1）

6 月 4 日　顾颉刚日记有记：是日同席的有胡适、潘介泉、陈源、杨振声、丁西林。（《顾颉刚日记》卷一，754 页）

6 月 6 日　胡适作成《我们对于西洋近代文明的态度》。

同日　顾颉刚来借款 60 元。（《顾颉刚日记》卷一，754 页）

同日　王云五致函胡适，告商务印书馆拟编撰《教育辞典》，请胡适撰写其中的"国文教学法"一条。（《胡适遗稿及秘藏书信》第 24 册，331～333 页）

同日　程憬致函胡适，从唯物史观的角度谈对中国哲学的看法。（中国社科院近代史所藏"胡适档案"，卷号 1852，分号 2）

同日　Robert M. Bartlett 致函胡适，云：

I am very glad that you are back in Peking since I have been anxious for several months to have a talk with you. I met you at one of the Yenching Faculty Club meetings and again at the Language School. During the last two years I have been at work on my Ph. D. thesis for Yale University. My subject deals with Current Chinese Social and Philosophic Thought as it affects Religion.

I have been translating some of your articles along with some of the writings of Wu Chih Hui, Liang Chi Chiao, Liang Ssu Ming, Chen Tu Siu, Wang Ching Wei, Sun Yat Sen, Tsai Yuan Pei, Chang Chun Mai etc. I want to talk with you for a few minutes about the Philosophic Controversy, the trends of Western Philosophy in China today and some of the literary and intellectual leaders.

This year I gave a course on Modern Western Philosophy since Kant.

I want to get your point of view on the influence of James, Dewey, Russell, Bergson, Tagore, Marx. I hope that you can give me a list of all your published articles and books in Chinese and English. I want a kodak picture of you for my scrap book and I look forward to this talk with you with the keenest anticipation. I assure you that I will due all in my power to return this kind favor.

I realize that you are very busy, but as my friend, Dr. T.T. Lew, said last winter: "See Hu Su, he will give you more help that any other man in China." I need your suggestions and criticisms very much.

I leave Peking for the summer very soon. If possible give me the privilege of seeing you at your house or office this Thursday or Friday. I can come in at any time of the day, early morning till late at night.（中国社科院近代史所藏"胡适档案"，卷号 E-125，分号 8）

6月8日　顾颉刚致函胡适，告《古史辨》日内可出版，又奉上样本，请胡适标出应修改之处，等等。(《胡适遗稿及秘藏书信》第42册，318页）

同日　陈达致函胡适，告：美国西岸几家大学想请胡适做短期讲演，询胡适意见。又请胡适为《清华学报》投稿。(《胡适遗稿及秘藏书信》第35册，46～47页）

6月9日　朱毅农复函江冬秀、胡适，告已收到信和书，自己将进一步补习英文等。(《胡适遗稿及秘藏书信》第26册，16页）

6月11日　顾颉刚日记有记：

今日同席：长谷川万次郎（主宾）、伊藤武雄、嘉治隆一、友仁所丰、适之先生、霍佩白、陶孟和夫妇、陈通伯、徐志摩、燕树棠、冯芝生、马寅初、张奚若、陈博生、邓以蛰、杨金甫、丁西林、王世杰、皮皓白、周鲠生、金岳霖。(《顾颉刚日记》卷一，756页）

同日　赵元任致函胡适，谈编新诗集收入胡适的诗诸问题。(《胡适遗

稿及秘藏书信》第 38 册，416～417 页）

6月12日　顾颉刚来访。(《顾颉刚日记》卷一，756 页）

同日　曹诚克致函胡适，详谈南开大学矿冶科停办事。（中国社科院近代史所藏"胡适档案"，卷号 1760，分号 8）

　　按，胡适给曹有复函，不得见，但据 18 日曹复函，知胡适表示欲帮助曹，但曹表示不再接受胡适直接与间接的援助。6 月 23、26 日，曹氏又有函谈此事。（均据中国社科院近代史所藏"胡适档案"）

6月14日　张锦城致函胡适，希望能充当随员与胡适同去英国。(《胡适遗稿及秘藏书信》第 34 册，496～497 页）

同日　陈钟声致函胡适，感谢胡适为其论文写序。拜托胡适指正其论文，最好能在出国前赐教一切。（中国社科院近代史所藏"胡适档案"，卷号 1303，分号 1）

　　按，是年向胡适求序的还有杨寿询、朱清华等。（据中国社科院近代史所藏"胡适档案"不完全统计）

6月17日　胡适日记残片有记：Salt House: Lord Willingdon's Party。
同日　胡适赴陈衡哲夫妇之邀宴。顾颉刚日记有记：

　　到叔永处，其夫妇邀宴也。……
　　今晚同席：适之先生及师母、孟和先生及师母、叔永先生及衡哲夫人、志摩、徐振飞（新六）、小畑薰良、加藤直士、布施胜治（此二人大阪《每日新闻》）。(《顾颉刚日记》卷一，757～758 页）

同日　胡适复函蔡元培，问候蔡之胃疾，又云："北大事，弃之甚可惋惜，而救济非先生不能。故前回不畏嫌疑，作披肝沥胆之长书。……"(《胡适遗稿及秘藏书信》第 20 册，225 页）

　　按，此函系残函，余缺。

1926年　丙寅　民国十五年　35岁

6月18日　胡适日记残片有记：上午10点半集会。1点汇丰银行。4点25分，Dame A. Anderson 行（东站）。

同日　顾颉刚来访。(《顾颉刚日记》卷一，758页)

6月19日　胡适日记残片有记：3点，Lord〔& Lady〕Willingdon 行。

同日　顾颉刚日记有记：到研究所，与适之先生谈话。4时许，开季刊委员会。议决，由适之先生募款。(《顾颉刚日记》卷一，758页)

同日　北京大学学术研究会闭会式举行，胡适应邀出席，介绍剑桥大学苏晒教授讲演，并为其口译。最后，胡适讲演，大意谓：

> 彼有九月未到学校，此次于出国之前，而能与诸君再见一次面，觉得高兴异常。去年彼所发表之"求学与救国"，得许多人之攻击，但彼以为居社会上领袖地位之人，应本良心，本知识说话，令社会受些好处，不应附和社会，以维名誉，以混饭吃。救国非摇旗呐喊可以成功，只有学术始能救国。次举出巴斯德学术救国之一例子，谓普法战争五十万之佛郎（比庚子赔款尚多五分之一）为巴氏一人所还清，并数出巴氏之各种发明使法国各业兴盛之事实，及巴氏一人还此大债之不诬，后谓彼近来有二高兴之事，第一即诸位在学校几乎不能继续之时，自动组织此学术研究会，切实研究学术。第二在顾颉刚近来出一部不可磨灭之著作《古史辨》，又谓被〔彼〕最重科学方法。前所做出各种考证，有人谓彼博，但彼以为博，乃最无用的，惟出言每句有根据，乃始成佳作耳。《古史辨》即此一类之著作也，最后又引出耶稣收获虽多，工人却少之话，以勉励少数真为学问求学之人。(《晨报》，1926年6月20日)

顾颉刚是日日记：

> 今日适之先生在北大学术研究会演说，谓《古史辨》出版为彼有生以来未有之快乐。闻通伯言，先生将为一书评，登《现代评论》。(《顾颉刚日记》卷一，758页)

同日　沈兼士宴请胡适。(《顾颉刚日记》卷一，758 页)

6 月 20 日　顾颉刚偕姚名达来访。高仁山、陈剑翛来访。(《顾颉刚日记》卷一，758 页)

同日　徐志摩、陈博生、陶孟和、霍佩白、胡适等在徐志摩处邀宴顾颉刚、徐新六、马君武、小畑薰良、任鸿隽夫妇、陆小曼、凌瑞棠、金岳霖、张奚若、丁西林、杨振声、张慰慈、陈源等。(《顾颉刚日记》卷一，759 页)

6 月 24 日　胡适访顾颉刚。(《顾颉刚日记》卷一，760 页)

6 月 25 日　王云五致函胡适，告已函寄《四角号码检字法》五本。(《胡适遗稿及秘藏书信》第 24 册，330 页)

6 月 26 日　高梦旦致函胡适，告知胡适高仲洽与高君珊的动向，高度赞佩《物质文明》一文。(《胡适遗稿及秘藏书信》第 31 册，319～320 页)

6 月 28 日　高梦旦致函胡适，云：听沈昆三说胡适的状况不错。托胡适代购大藏经是否仍在某君处，拟请孙伯恒接收。(《胡适遗稿及秘藏书信》第 31 册，321 页)

6 月 29 日　高仁山函请胡适早日告知艺文学校演讲的时间，以便公告。(《胡适遗稿及秘藏书信》第 31 册，224 页)

6 月 30 日　晚，北大学术研究会与国语演说会二团体职员，假座欧美同学会西餐厅，送胡适教授赴欧，并邀该校教务主任王世杰作陪。到者另有林和民教授外，两会职员 10 余人。叶含章、温少普、甘蛰仙相继发言，继由胡适答词。除致谢外，并述其研究学术之态度。

次日之《世界日报》对此次讲演之报道：

研究学问第一要"与其过而信之毋宁过而疑之"。吾人研究学问，首要虚心，能虚心则无成见，无成见则能客观，而研究自有所获。法儒笛卡尔，为主张怀疑之鼻祖。其研究学问之方法常以怀疑及发问为工具。举凡安身立命之事，皆须持怀疑与究竟为什么之态度。中国庞居士亦曾有"与宁疑勿信相若"之名言；而以"但愿定〔空〕其所有，诚无实其所无"为其做人对事之态度。

第二要为学问而研究学问，莫求速效。我虽为主张实验主义者，但研究学问时，不必时怀切于实用之一途。要有为学问而研究学问，视发现古迹，如发明行星之价值一样。然后学问自有发生实效之一日。一个人应为自己配做而能做的事。若为国家社会做事，而徒求速效，非研究学术者应有之态度。故吾人研究学问，应注意不求速效与实利。

第三须有信仰。此之所谓信仰，与宗教家之所谓信仰微有不同。盖有有意的自觉的努力，决不含无效果的信仰，然后研究学问，始不会落空无效。吾前此在《努力》周报上所发表之《不朽》，其意亦在于此。如南北朝吾人有一句话，虽当时无人注意，然司马光《资治通鉴》中尚引用之。诚以吾人研究学问，但期能尽己力而为之，原不必及身而成也。盖凡能本良心而从事于有之计画与实行，终有发生效力之一日。我们中国政治学术之所以颓蔽若此者，亦在前人未能从事做有意的计画的和与努力实行的工夫所致。吾人既以研究学术为怀，应当格外注意。

按，关于此次讲演，1926年7月18日之《台湾日日新报》亦有报道，与这所引，大同小异。发现此报道者，为董立功先生。见《胡适研究通讯》2014年第2期，30～31页。

同日　胡适作成《〈海上花列传〉序》，共分四个部分:《海上花列传》的作者，介绍作者韩子云的生平、事迹;"替作者辩诬"，驳斥污蔑作者人格、并伤损《海上花列传》文学价值的传闻;论此书是一部海上奇书;论此书是吴语文学的第一部杰作。(此文收入《胡适文存三集》卷6)

同日　张耀翔致函胡适，就英庚款问题提出两个意思望胡适考虑并采纳:

1. 请承认心理学为一种科学。

2. 请你在你们二百页的计划书上，辟"精神科学"一栏，与自然社会科学并立。(中国社科院近代史所藏"胡适档案"，卷号1248，分

号 7）

　　按，胡适担任英庚款调查团成员后，各方来函"请款"的甚多。如金陵大学国文系教员陈钟凡、胡光炜等致函胡，希望将来分配英款酌拨若干接济金陵大学国学系。(《胡适来往书信选》上册，413～414 页）

　　同日　蔡元培为寿鹏飞《红楼梦本事辨正》作序，云："先生不赞成胡适之君以此书为曹雪芹自述生平之说，余所赞同。以增删五次之曹雪芹，为非曹霑而即著《四焉斋集》之曹一士，尤为创闻，甚有继续研讨之价值。"（寿鹏飞：《红楼梦本事辨正》，商务印书馆，1927 年）

　　6 月　胡适为北京大学一流教员流失事，致函蔡元培：

　　今天忍不住，又写此信与先生。

　　现在学校的好教员都要走了。

　　北大最好的是物理系，但颜任光兄今年已受北洋之聘，温毓庆君已受东北大学之聘。此二人一走，物理系便散了。

　　数学系最久而最受学生爱戴者为冯汉叔兄，汉叔现已被东北大学用三百现洋请去了。他的房子帖"召租"条子了。他的教授的本领是无人能继的。

　　钢和泰为世界有名学者，我极力维持他至数年之久，甚至自己为他任两年的翻译，甚至私人借款给他买书。（前年有一部藏文佛藏，他要买，学校不给钱，我向张菊生丈借了乙千二百元买了一部《论藏》，此书为涵芬楼所有，但至今借给他，供他研究。）但他现在实在穷得不得了……（《胡适研究通讯》2019 年第 4 期，13 页）

7 月

　　7 月 1 日　下午 2 时，北京大学求真学社在中央公园水榭为胡适举行

1926年　丙寅　民国十五年　35岁

欢送茶会，胡适有演讲，大要是：

> 我从前留学美国，当时忽想学农业，忽想学文学，终于转到哲学的路上去。可见得当时我对于自家所学的志愿，已经是很漂浮无定的！到了回国以后，以少年气盛，对于国家的衰沉，社会的腐败，很不满意！故竭力想对于这种行将倾颓的社会国家，作一番大改造的工夫。可是在这种积重难返的社会国家里，想把这两千年来所聚累的污浊一扫而空，把这已经麻木不仁了好久的社会打个吗啡针，使它起死回生，真不容易！也许是我个人的学问不够，经验不足，努力了这许多年，转眼去看看社会，还是一无所动！而且看看这两年来的情形，政治愈演愈糊涂，思想愈进愈颓败。此外如人民的生计，社会的风俗习惯，都没有一件不是每况愈下，真是有江河日下之势！……

> …………

> ……我自信我个人是有我的宗教信仰的。我所信仰的宗教，既没有上帝，也没有默示（Revelation），实在说来，人只要有一种信仰，便即是他的一种宗教。佛教不是没有神没有上帝的一种宗教吗？所以我对于我自家的信仰，也就叫做我的宗教。我相信一切有意识的，本平［凭］良心的努力，都不会白白地费掉的！……

> …………

> ……在哲学史中，往往一个哲学家思想的结果，当时或当地看不出什么影响来，但是过了一时，或换了一地，却生产了惊天动地的大变动。在历史上许多［按，原文"许多"之间有一"大"字，显然不通，径删之］的大转机都是这样。……只要你的工作是有意识的、有目的的，那吗，你这一分的努力，就有一分的效果。虽然这一分的效果，就这宇宙的大洪流里头看来，也许有"渺沧海之一粟"的感慨；然而这安知这一分的效果，一分加一分，一点复一滴，终于变成滔滔大浪的江河呢？……我曾给我的朋友做了一副联，联云：

> 胆欲大而心欲小，

诚其意在致其知。

这副联的上文，即是说一切都要从一点一滴小小心心的做去。我们无论做什么事，都得从大处着眼，小处下手，功夫决不会空费的！这就是我的不朽的宗教……

……我看西洋人作哲学史太偏于哲学的（philosophical）了，往往是把那些不切要紧的问题，谈得太多，而惊天动地改变社会的思想家，在他们的哲学史上反没有位置。例如一部哲学史翻开一看，康德（Immanuel Kant）和黑格儿（Hegel）的东西，已占了差不多一半，而 Darwin、Marx、Huxley 和 Tolstoy，反没有他们的位置，不是太冤枉了吗？照我的意见，作哲学史当以其人的思想影响于社会的大小为主体，而把那些讨论空洞的判断（Judgment）、命题（Proposition）……等不关紧要、引不起人家的兴趣的问题，极力删去。我将来打算用英文作一本西方的思想史（A History of Western Thought），就本着这种意思做去。例如述黑格儿的哲学，他自身的重要远不如他的三个儿子。第一，如 Strauss 用历史的眼光，去批评耶稣教义的得失，把从前一种迷信的崇拜推翻；第二，如 Feuerbach 极端提倡唯物质主义（Materialism）；第三，如马克思（Karl Marx）竭力提倡社会主义，用黑格儿的辩证法（Dialectical method）和哲学上的唯物主义构成唯物史观，用此解释人类社会的演进，及将来共产主义社会的归宿。至于黑格儿本身的哲学，和他的祖若父的哲学，只说个线索就够了。……（中国社科院近代史所藏"胡适档案"，卷号 217，分号 3）

同日　胡适复函张铭慈（明池）云，读了张之来函很感动，给了自己不少的愉快与安乐。略看张与其爱侣游绍斌的诗集《比翼集》，认为其中有些很可诵，如"小窗双影话心肝"便是好句。但作旧诗是很不容易的事，所以自己不劝少年人向这路上走。胡适还为这本诗集题写了张之诗："生本赤裸来，亦向赤裸去，如何宇宙间，偏少赤裸语。"（转引自肖伊绯：《胡适的一通"佚札"——兼及〈比翼集〉之发现》，《胡适研究通讯》2019 年第 2 期，

2019年6月25日，13页）

7月2日 《现代评论》同人招宴胡适等。同席有高一涵、丁西林、陈源、杨振声、陈翰笙、陶孟和夫妇、邓以蛰、王世杰、周鲠生、江冬秀、燕树棠、皮宗石、唐有壬、郁达夫、周炳琳、李四光等。（《顾颉刚日记》卷一，763页）

同日 顾颉刚致函胡适云，自己将到厦门大学执教，又谈及历年来从胡适处借款数目，并再商借200元等。（《胡适遗稿及秘藏书信》第42册，319～320页）

同日 蔡元培复函胡适，告不能回北大并详述理由，又谈英庚款应用等事：

> 前日又奉惠函，知于新六兄处知弟近状，而仍促弟北行。昨在南洋大学晤丁在君，言接兄一函，嘱彼促弟北行，且有不行则"资格丧失"之警告……今晨又奉惠函，报告各难得教员纷纷他就之警讯，而且知钢君非即得六千元欠款之偿还，则亦将一去不还；虽承先生向新六商借，而尚无把握。先生对于北大，对于学者，对于弟，均有尔许热诚，弟佩服感谢，非言可表。然弟竟无以副先生之厚望，死罪！死罪！
>
> ……弟已致一电于国务院及教育部辞北大校长及俄款委员之职；故昨日在君亦以为既有此举，无从再参辨议。……
>
> …………
>
> 对于"别有高就"之教员，自然为北大惜之；然弟既以"不合作"律己，宁敢以"合作"望人？
>
> ……望先生对于庚款，有良好之影响，使此款之应用，不致受国内多数反对，与日本用庚款相等，而至少等于美国。又科学研究院果能成立，而凡现在由北大散去之学者，与北大现在尚未能延揽之学者均能次第会聚，静心研究，于中国文化上，放一点光彩，以贡献于世界，则目前北大之小小挫折，亦不患无所补偿，而弟个人对于北大之罪戾，亦得稍从末减矣。（《胡适来往书信选》上册，393～395页）

7月4日 钱玄同来访不遇。（《钱玄同日记》中册，675页）

7月6日　袁丕明致函胡适，谈遵胡适嘱搜罗《崔东壁遗书》之设想等，高度赞佩顾颉刚之《古史辨》。（中国社科院近代史所藏"胡适档案"，卷号1634，分号5）

7月7日　程本海致函胡适，向胡适催稿《我也来谈谈东西文化》一文的续篇。《胡适遗稿及秘藏书信》第37册，284～285页）

同日　顾颉刚来访不遇。（《顾颉刚日记》卷一，765页；《胡适遗稿及秘藏书信》第42册，321页）

同日　刘崇佑复函胡适，告洋已收到。屡拟造访，恐胡适忙而未敢冒昧，询何时有暇。又谈及北京似非永久安居之地等。（《胡适遗稿及秘藏书信》第40册，116页）

7月8日　顾颉刚来访不遇。（《顾颉刚日记》卷一，765页）

7月9日　国民革命军誓师北伐。

同日　顾颉刚来访不遇。（《顾颉刚日记》卷一，766页）

同日　顾颉刚致函胡适，谈及再向胡适借款200元等事。（《胡适遗稿及秘藏书信》第42册，322～323页）

7月10日　顾颉刚日记有记：

> 今日同席：博晨光、恒慕义、马智尔、戴闻达、胡石青、适之先生、金甫、上沅、一多、敬五、通伯、之椿、炳琳、济东、以蛰、绍原、芝生、余泽兰、周作仁（灌生）。
>
> 适之先生见借二百元，秋衣有着矣。先生待我如此挚厚，将何以为报耶？（《顾颉刚日记》卷一，766页）

同日　徐炳昶致函胡适，归还书籍与借书，又询《禅宗史》的作者与出版书局以及胡适著禅宗史的文章等。（《胡适遗稿及秘藏书信》第32册，213页）

7月11日　张昌圻致函胡适，告蒋梦麟叫他找胡适，请胡适写推荐函给赵元任，请赵为其在清华大学研究院谋一职位。（《胡适遗稿及秘藏书信》第34册，230～233页）

1926年　丙寅　民国十五年　35岁

同日　顾颉刚日记有记：

到什刹海会贤堂，援庵先生招宴也。……

今日同席：适之先生、尹默先生、兼士先生、叔平先生、亮丞先生、刘廷芳、简又文、黄晦闻、援庵先生、仲益。(《顾颉刚日记》卷一，767页)

7月12日　胡适日记残片有记：午，看喀拉罕。

7月13日　胡适日记残片有记：俄使馆取护照。钱阶平（史家胡同54，刘宅）。冯幼伟（九条本宅）。

同日　陈钟声致函胡适，请胡适批评其论文，并写序。（中国社科院近代史所藏"胡适档案"，卷号1303，分号2）

同日　洪业致函胡适，云：

Recently I wrote a letter to Mr. Malone, asking if it would not be wise to arrange for a meeting of the officers of Peking Historical Association so as to plan a little bit for the work of next year. Now I have a letter from him in which he says that it would be a fine thing, and suggests that as you are still the president it would be most proper for you to call the meeting. What do you think of this?（中国社科院近代史所藏"胡适档案"，卷号E-238，分号5）

同日　Lucius C. Porter致函胡适，云：

May I send you as a very humble farewell gift, a copy of the *New Mandarin*, a magazine which is published at the Yenching School of Chinese Studies, to help inform our students about some of the currents in modern Chinese research. You will find in it an article which I wrote on research and reform, dealing especially with the recent studies in Moh Ti.

May I ask a sort of last favor from you? The other night at Bennett's I discovered your fondness for Tennyson's "Ulysses". For many years this has been one of my favorite poems and I have chosen the phrase "My purpose holds to said beyond the sunset" as a motto to put on my book-plate.

I should like to have a neat Chinese translation of the words: " beyond the sunset" which I could use as a name for my study. I enclose some attempted translations which were given to me. Would you be good enough to criticize them and perhaps dash off one of your own and send them all back to me?

I shall see you at least once more before you get away on Saturday and will not make a farewell speech at this time.（中国社科院近代史所藏"胡适档案"，卷号 E-319，分号 3）

7月14日　胡适日记残片有记：Karakhan 请午饭；凌、陈婚日。任陈摇船。

同日　张鹏致函胡适，请胡适为其向亚东图书馆提出每年收用其译稿十数万字，请胡适代为催收移交稿子之稿费。希望明日拜访胡适。（中国社科院近代史所藏"胡适档案"，卷号 1210，分号 2）

同日　郭维屏致函胡适，向胡适索取演讲稿发表。（中国社科院近代史所藏"胡适档案"，卷号 1596，分号 1）

7月17日　胡适自北京登车赴欧洲，前往英国出席英庚款的会议。是日来车站送行的家人、朋友约40人。（联经版《胡适日记全集》第4册，325页）

按，本谱引用胡适1926年7月17日至8月20日日记，均据联经版，以下不再特别注明。

7月18日　胡适过奉天。19日早7时抵长春，有中日人士多人迎接。住大和旅馆。往自强学校演说并参观。下午5时，伊藤一郎陪游全市。满铁同人邀晚餐。在满铁纪念馆为"中日教育界联欢会"讲演"东西的文化"。9时半上车。（据《日记》；奉天《图画周刊》第17期,1926年7月26日）

1926年　丙寅　民国十五年　35岁

7月20日　早7时，胡适抵哈尔滨，满铁调查课太宰君来接。住 Hotel Moderne。太宰君邀游全市。访满铁调查课长佐藤君，所长古野君。访中东副局长郭子纯君。访日本总领事天羽君。胡适对"道里""道外"之区别感受极深，又认为哈尔滨仍是俄人势力最大。（据《日记》）

7月21日　胡适写一意见书送与日本众议员大内君，论中日文化事业。郭子纯邀午餐，遇旧友蔡劼卿、孙季恒。下午与哈埠社会领袖数人会面并答问。日本总领事天羽请吃饭。晚9时半上车。（据《日记》）

7月22日　胡适抵满洲里，11时出境。（据《日记》）本年9月5日胡适致韦莲司小姐函中谈及出境时的心境：

7月22日，在我越过中国疆土的时候，我感到对中国的强烈思乡情绪。我感到"受良心责备"，有一种回到中国努力工作的冲动。在这样紧要关头离开中国，似乎是一个懦夫的行径。（《不思量自难忘：胡适给韦莲司的信》，153页）

7月23日　胡适读完 Morgenthau 的自传。下午，过赤塔。（据《日记》）

7月24日　胡适开始作《介绍几部新出的史学书》，介绍陈垣的《二十史朔闰表》。下午过伊尔库斯克。（据《日记》）

同日　胡适致函钱玄同，拜托钱为《醒世姻缘传》作一篇序言，又评价该书：

我以为此书有点价值。……

古人见了一种事实，不能用常识来解释，只好用"超自然"的理由来解释。其实狄希陈的怕老婆，和他老婆的憎恶他，都是平常的很的现状。狄希陈本是一个混蛋，他不配讨一个好老婆。一个一无所长的混蛋讨了一个美而慧的老婆，自然怕她；她也自然嫌他。后来积威既成，她越凶，他越萎缩；他越萎缩，她越看不起他，越讨嫌他。

这是常识的解释。但古人不肯从这方面着想，所以不能明白此中真原因在于"性情不合"，在于婚姻的根本制度不良。其实是他们不是

"不能",只是"不敢"。……

我们今日读《马介甫》,或读《醒世因缘》,自然要问:"为什么古人想不到离婚的法子?"这个问题差不多等于晋惠帝问的"何不食肉糜?"古代婚姻生活所以成为大悲剧,正因为古人从不敢想到离婚这个法子。请看狄希陈与他的父母,与他的朋友,那一个想到这个法子?离婚尚且不敢,更不必说根本打破婚姻制度了。(《胡适全集》第23卷,489～490页)

同日　胡适致函顾颉刚,希望顾为《封神传》写一篇序,并希望从"神的演变"一个观念下手。(《胡适遗稿及秘藏书信》第10册,94～95页)

同日　胡适致函张慰慈,云:

车上读了 Morgenthau 的 *All in a Life Time* 很受感动。此人是一个"钱鬼子"……中年以后,决计投身于政治社会的服务,为"好政府"奋斗,威尔逊之被选,很靠他的帮助。

前次与你谈国中的"新政客"有二大病:一不做学问,不研究问题,不研究事实;二不延揽人才。……还有一个大毛病,就是没有理想,没有理想主义。

我们不谈政治也罢。若谈政治,若干政治,决不可没有一点理想主义。我可以做一句格言:"计划不嫌切近,理想不嫌高远。"(《胡适文存三集》卷1,73～74页)

7月25日　胡适作书评第二部,介绍顾颉刚之《古史辨》。下午过 Krasnoyarsk。(据《日记》)

7月26日　胡适致函江冬秀,云:

今早睡不着觉,想到我们临分别那几天的情形。我忍了十天,不曾对你说;现在想想,放在心中倒不好,还是爽快说了,就忘记了。

你自己也许不知道我临走那时候的难过。为了我替志摩、小曼做媒的事,你已经吵了几回了。你为什么到了我临走的下半天还要教训

1926年　丙寅　民国十五年　35岁

我，还要当了慰慈、孟录的面给我不好过？你当了他们面前说，我要做这个媒，我到了结婚的台上，你拖都要把我拖下来。我听了这话，只装做没有听见，我面不改色，把别的话岔开去。但我心里很不好过。我是知道你的脾气的；我是打定主意这回在家决不同你吵的。但我这回出远门，要走几万里路，当天就要走了，你不能忍一忍吗？为什么一定要叫我临出国还要带着这样不好过的影象走呢？

我不愿把这件事长记在心里，所以现在对你说开了，就算完了。你不怪我说这话吗？你知道我个人最难过的是把不高兴的事放在心里。现在说了，就没有事了。

志摩他们的事，你不要过问。随他们怎么办，与我家里有什么相干？

有些事，你很明白；有些事，你决不会明白。许多旁人的话都不是真相。那回泽涵、洪熙的事，我对你说了，你不相信。我说你不明白实在的情形，你总不信。少年男女的事，你无论怎样都不会完全谅解。这些事你最好不管。你赞成我的话吗？

我不是怪你。我只要你明白我那天心里的情形，就够了。我若放在心里不说，总不免有点怪你的意思。所以我想想，还是对你说开的好。

（《胡适遗稿及秘藏书信》第 21 册，339～340 页）

7月27日　胡适作书评第三部，评陈衡哲之《西洋史》下册。连日读荷马的《奥德赛》，用 Andrew Lang 的散文译本。（据《日记》）

7月28日　胡适读完《奥德赛》。又读 Masson-Oursel's *Comparative Philosophy*。过乌拉山。（据《日记》）

7月29日　下午 2 时抵莫斯科。到中山大学访 Radek 不遇，恰遇中国学生周达文，请他转交 Karakhan 的介绍信。到中国大使馆，见到代办郑子俊先生等。于右任来访不遇。（据《日记》）

7月30日　逛书店。到"国际文化关系会"，遇芝加哥大学的 C. E. Merriam 及 Harpers。参观革命博物馆。（据《日记》）

7月31日　胡适到"国际文化关系会",遇 Harpers 与 Merriam。与 Merriam 谈苏俄政治:

……我问,他以政治学说史家的眼光看苏俄,感想如何?以一党专政,而不容反对党的存在,于自由的关系如何?所谓 Dictatorship 的时期究竟何时可终了?既不许反对党的存在,则此训政时期岂不是无期的延长吗?

Merriam 说,此间作此绝大的、空前的政治试验,自不容没有保障,故摧残一切所谓"反革命的行为"是可以原谅的。向来作 Dictaor 的,总想愚民以自固其权力。此间一切设施,尤其是教育的设施,都注意在实地造成一辈新国民——所谓"Socialistic generation";此一辈新国民造成之日,即是 Dictatorship 可以终止之时。此论甚公允。(据《日记》)

同日　读教育部所作《公家教育》,"不能不感觉八年来的教育成绩可惊。其教育方针实根据于新的教育学说"。(据《日记》)上午十一点,参观第一监狱。访于右任不遇,与蔡和森(时在于寓)纵谈:

……我们纵谈甚快,陆续来者甚多,有刘伯坚,任□□,王人达,马文彦等。后来越来越多,至十余人之多。右任也回来了。我与和森仍继续辩论,余人参加者甚少。从三点直到九点,Radek 来了,才把我们的舌战打断。Radek 谈了一会,先走了……(据《日记》)

同日　胡适致函张慰慈,云:

在一个地方遇见美国芝加哥大学教授 Merriam 与 Harpers。今早同他们去参观监狱,我们都很满意。昨天我去参观 Museum of the Revolution,很受感动。

我的感想与志摩不同。此间的人正是我前日信中所说有理想与理想主义的政治家;他们的理想也许有我们爱自由的人不能完全赞同的,但他们的意志的专笃(Seriousness of purpose),却是我们不能不十分顶礼佩服的。他们在此做一个空前的伟大政治新试验；他们有理想，有计划，有绝对的信心，只此三项已足使我们愧死。

…………

今天我同 Merriam 谈了甚久，他的判断甚公允。他说，狄克推多向来是不肯放弃已得之权力的，故其下的政体总是趋向愚民政策。苏俄虽是狄克推多，但他们却真是用力办新教育，努力想造成一个社会主义的新时代。依此趋势认真做去，将来可以由狄克推多过渡到社会主义的民治制度。

我看苏俄的教育政策，确是采取世界最新的教育学说，作大规模的试验。可惜此时各学校都放假了，不能看到什么实际的成绩。但看其教育统计，已可惊叹。(《胡适文存三集》卷1，74～75页)

按，8月15日张慰慈复函胡适云，同意胡适对苏联的观察。又谈及：蒋梦麟离开北京，王徵已到上海，徐志摩与陆小曼已订婚等。(《胡适遗稿及秘藏书信》第34册，377～380页)

8月

8月1日　蔡和森与刘伯坚来谈。下午自莫斯科登车，继续西行。(据《日记》)

8月2日　胡适出俄国境，入波兰境。读小说 Kneel to the Prettiest。与 Rothstein 君畅谈：

我告诉他我的政治见解，他说，帝国主义的国家暗地利用军阀，阻挠改革运动……若不先作反帝国主义的运动，则内政的革新必无希望。

他又说，你不必对于我们的 Dictatorship 怀疑。英美等国名为尊崇自由，实是戴假面具，到了微嗅得一点危险时即将假面具撕去了。如

此次对付罢工的 Everyway Powers Act 即是一证。他们也是一种 Dictatorship，只是不肯老实承认。苏俄却是言行一致，自认为无产阶级专政。

此言却甚有理。我看苏俄之《刑事律》及《苏俄指南》，皆十分老实，毫无假装面孔。（据《日记》）

同日　胡适致函张慰慈，云：

我这两天读了一些关于苏俄的统计材料，觉得我前日信上所说的话不为过当。我是一个实验主义者，对于苏俄之大规模的政治试验，不能不表示佩服。凡试验与浅尝不同。试验必须有一个假定的计划（理想）作方针，还要想出种种方法来使这个计划可以见于实施。在世界政治史上，从不曾有过这样大规模的"乌托邦"计划居然有实地试验的机会。求之中国史上，只有王莽与王安石做过两次的"社会主义的国家"的试验，王莽那一次尤可佩服。他们的失败应该更使我们了解苏俄的试验的价值。

去年许多朋友要我加入"反赤化"的讨论，我所以迟疑甚久，始终不加入者，根本上只因我的实验主义不容我否认这种政治试验的正当，更不容我以耳为目，附和传统的见解与狭窄的成见。我这回不能久住俄国，不能细细观察调查，甚是恨事。但我所见已足使我心悦诚服地承认这是一个有理想，有计划，有方法的大政治试验。我们的朋友们，尤其是研究政治思想与制度的朋友们，至少应该承认苏俄有作这种政治试验的权利。我们应该承认这种试验正与我们试作白话诗，或美国试验委员会制与经理制的城市政府有同样的正当。这是最低限度的实验主义的态度。

至于这个大试验的成绩如何，这个问题须有事实上的答案，决不可随便信任感情与成见。还有许多不可避免的困难，也应该撇开，如革命的时期，如一九二一年的大灾，皆不能不撇开。一九二二年以来的成绩是应该研究的。我这回如不能回到俄国，将来回国之后，很想组织一个俄国考察团，邀一班政治经济学者及教育家同来作一较长期的考察。

总之,许多少年人的"盲从"固然不好,然而许多学者们的"武断"也是不好的。……(《胡适文存三集》卷1,75～77页)

按,9月9日张慰慈复函胡适云:把胡适三封信的摘要交给徐志摩,将会加上徐志摩与张奚若的意见发表。谈论武汉形势变动。北京大学不开课,汤尔和与张君劢南归。徐志摩与陆小曼婚期确定。(《胡适遗稿及秘藏书信》第34册,381～383页)

8月3日 胡适出波兰,入德国;当晚9点半,出德国境。是日日记有记:

回想前日与和森的谈话,及自己的观察,颇有作政党组织的意思。我想,我应该出来作政治活动,以改革内政为主旨。可组一政党,名为"自由党"。充分的承认社会主义的主张,但不以阶级斗争为手段。……历史上自由主义的倾向是渐渐扩充的。先有贵族阶级的争自由,次有资产阶级的争自由,今则为无产阶级的争自由。略如下图。

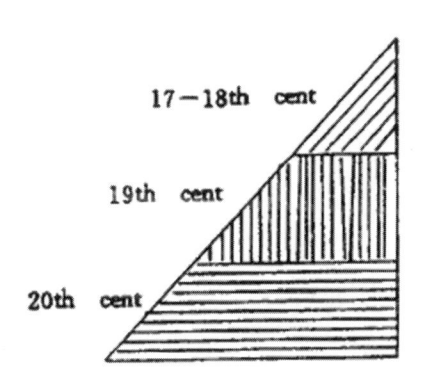

不以历史的"必然论"为哲学,而以"进化论"为哲学。资本主义之流弊,可以人力的制裁管理之。

党纲应包括下列各事:

1. 有计划的政治。
2. 文官考试法的实行。
3. 用有限制的外国投资来充分发展中国的交通与实业。

4. 社会主义的社会政策。（据《日记》）

8月4日　胡适自 Ostende 乘船赴 Dover，又换火车赴伦敦。Soothill、Dame Adelaide Anderson 与王景春接站。住 Grosvenor Hotel。与王景春同去看 Lord Buxton。分访中国使馆及日本使馆。（据《日记》；《北京大学日刊》第1962号，1926年9月4日）

同日　江冬秀致函胡适，希望胡适保重身体，常写平安信。又谈及江耘圃托人带口信求帮事。又告胡绍之身体全好了，大概还会多住几天等。（《胡适遗稿及秘藏书信》第22册，386～388页）

8月5日　胡适与王景春拜访 Lord Willingdon，见到庚款委员会秘书 F. Ashton-Gwatkin，谈公事3小时。使馆陈代办请胡适与王景春午餐。Archibald Ross 来谈。往见 Lady Willingdon。见 Universities China Committee 的 T. H. T. Silcock，他邀请胡适在三岛演讲若干次。（据《日记》）

8月6日　Soothill 邀胡适同去外交部，见 Mounsey。与王景春同访 Dame Adelaide Anderson，不遇。在 Willingdon 家午饭。陈代办邀晚饭并观剧。（据《日记》）

同日　胡适给罗素一明信片，希望罗素回到伦敦后能会面。（《书评书目》第61期，1978年5月）

8月7日　晨，购 Imagination, Labour, Civilization（by Einar Sundt·London: William Heinemann, 1920）。是为来英后买的第一本书。因伤风，即在旅舍读此书。（《胡适藏书目录》第4册，2371页；又据《日记》）

同日　王云五致函胡适，云：赞成胡适所言，四角号码检字法应无条件让人采用。唐擘黄辞职至为可惜，朱经农夏季专任于商务印书馆。（《胡适遗稿及秘藏书信》第24册，334～335页）

8月8日　因伤风未好，胡适终日未出门；读 Conrad 的最后一部小说 Suspense。（据《日记》）

8月9日　胡适访 Sir Arthur Shipley。读 Masson-Oursel 的 Comparative Philosophy。造访 Archibald Ross 家，遇 Dannis H. Robertson，胡适允为其作

1926年　丙寅　民国十五年　35岁

到中国去的介绍信。(据《日记》)

同日　易群先致函胡适，自述当前处境。欲转学上海女子体操学校。向胡适借钱。(《胡适遗稿及秘藏书信》第29册，393～398页)

8月10日　顾树森来谈。访 Johnston，谈甚久。外交部远东司 G. Mounsey 请胡适午餐。张兴之夫妇邀晚饭。(据《日记》)

8月11日　Dame Adelaide Anderson 邀吃饭。夜作一说帖，论科学研究所事。Johnston 来谈。(据《日记》)

8月12日　胡适写好说帖。到 Willingdon 家谈2小时，Johnston 也来。顾树森夫妇邀吃中国饭。Archibald Ross 赠送打字机一台。(据《日记》)

8月13日　日本使馆吉田伊三郎请胡适吃饭。逛 Foyle 旧书店。Dr. Yetts 请胡适吃饭。Johnston 请 Dr. Yetts 与胡适同去看戏。(据《日记》)

8月14日　胡适分别致函江冬秀、傅斯年。重写关于科学研究所的说帖，用打字机打好，请 Willingdon 转交 Lord Buxton。(据《日记》)胡适致 Buxton 函大要是：

> May I take the liberty of writing to your Lordship on a few points concerning the proposed Scientific Research Institute in our Report? I have read Sir Frank Heath's memorandum with great care, and have noticed with great interest the notes made by your Lordship on paragraphs 47 and 50. Your Lordship seems to hold that emphasis on the practical phases of research might lead to a reduction in the expenditure for Scientific Research, and that the balance resulting from such reduction might be profitably applied to Medicine and Public Health. May I be permitted to point out that such an explicit statement in favor of reducing the expenditure for Scientific Research would greatly disappoint the original sponsors of the Research Institute, Mr. V. K. Ting and myself?
>
> Ting and I are strongly convinced that the purposes of the Research Institute should be as broad and liberal as possible, and should include the culti-

vation of researches in pure science as well as the application of modern science to practical industrial problems. China is an unexplored field for science as well as for industry. A systematic floral or faunal survey in China is just as much a matter of basic importance to the pure scientists in botany or zoology as it is to the farmer and the manufacturer. The sole object of the Institute should be to encourage and facilitate original research, and no premature attempt should be made to limit the nature and scope of the problems for research.

...

All these considerations lead me to think that it would be advisable to let the percentages stand as they are, and leave the detailed plan of the Research Institute to be worked out by the Board of Trustees and its subcommittee of scientific experts. It may be found necessary to combine some of Ting's departments and to add new ones. It may also be found more economical to start some of the research departments in connection with existing institutions of research . And it may be found expedient to establish a certain measure of cooperation with the other indemnity fund commissions which are spending or planning to spend large sums of money for more or less similar purposes.

May I there fore submit the following amendments to the two notes on paragraphs 47 and 50?

NOTE ON PARAGRAPH 47

"The Advisory Committee endorse these percentages, but they suggest that (2) and (3) might be advantageously classed together so that the work of Medicine and Public Health might be more systematically planned and more efficaciously executed under the guidance of the Scientific Research Institute."

NOTE ON PARAGRAPH 50

"The Advisory Committee endorse this very important proposal. They

1926年　丙寅　民国十五年　35岁

took the opportunity of consulting Sir Frank Heath, K. C. B., Secretary of the Department of Scientific and Industrial Research, and were impressed by his views on this subject. They recommend that his memorandum, together with that of Dr. W. H. Wong of the Geological Survey of China, should be carefully considered by the Board of Trustees and its sub-committee of scientific experts when formulating concrete plans for the establishment of the Research Institute."（中国社科院近代史所藏"胡适档案"，卷号 E-90，分号 33）

按，8月21日，Mr. Buxton 复函胡适，云：

Your letter was delayed in reaching me, and Lord Willingdon addressed his letter to Sussex, and it was forwarded from there.

I am very much obliged for your letter, and suggestions, which I have studied with much care, and agree in substance with your views. I have read Dr. Wong's memo with much interest. But I fear that his proposal, if adopted in full, would considerably exceed the 23%.

Paragraph 47: I had already, in revise, anticipated your suggestion. The words in question were not mine but were suggested at a former meeting of the Committee, and so were incorporated in my draft. But, on further consideration, I did not like them and so struck them out in revise.

Paragraph 50: I have adopted your suggestion and wording, but have added a reference to Mr. Ting's memo, and also suggested cooperation with the Sino-Japanese Cultural Commission.

The revised draft of para. 50 was too late for revise; but I will have it circulated as a separate slip with the revise. I hope when you see it, that you will agree with the wording.（中国社科院近代史所藏"胡适档案"，卷号 E-142，分号 1）

8月15日　Dr. Yetts 请胡适吃茶，遇 Sir James Lockhart、Mr. Danson Scott、Miss Margaret Irving、Mr. Dingle 等。（据《日记》）

同日　江冬秀致函胡适，很欣慰胡适的喉病已好，希望胡适按时吃陆仲安医生开的补药，希望胡适买东西送给陆。假如胡适手头充裕，自己想要一只手表与一个皮包。商务印书馆送来稿酬1000元。胡绍之的病好了。所租房子的3间北房，他们要回了。（《胡适遗稿及秘藏书信》第22册，389～392页）

8月16日　参观British Museum。访Arthur Waley。访Lionel Giles不遇。逛两家书店。（据《日记》）

同日　丁文江复函胡适，谈在上海工作极其繁忙，"所以你叫我做的科学研究所计画书，天天想做，天天没有功夫。……此项计画书，我还想在两三天里做起来寄去……但是工作的压迫不知还能否允许我耳！"又谈到个人经济状况很是窘迫，故打电报请胡付款，是因为光景很窘。又云，"赔款委员会的事，希望你照上次的信努力做去"。又希望胡与苏格兰大学（Glasgow）地质教授J. W. Gregory通信等。（《胡适遗稿及秘藏书信》第23册，71～77页）

8月17日　上午访客有顾树森、Dr. Yetts及曾耀垣（斗南）。（据《日记》）

8月18日　上午Ashton-Gwatkin来谈。冒雨游Westminster Abbey。请张兴之（薇）、顾荫亭夫妇吃中国菜。（据《日记》）

8月19日　重访British Museum。再与Waley谈一次。顾夫人、张夫人等来喝茶。（据《日记》）

同日　顾颉刚日记有记：适之先生嘱为亚东标点之《封神榜》作序，因拟看一遍。此序材料甚多，但不易做得好也。（《顾颉刚日记》卷一，782页）

8月20日　陈代办邀吃饭，并请胡适到其家中做客。（据《日记》）

8月21日　早上与Gwatkin谈广东事。10点50分由伦敦乘火车去巴黎，大使馆林小松接站。（据《日记》）

按，本谱引用胡适日记，自此日起据远流版。

8月22日　林小松陪胡适游卢浮宫、罗丹美术馆和卢森堡公园。作长信答L. Gannett，感念其对自己的规劝，告诉他自己近来的决心："要严肃地

做个人，认真地做番事业。"（据是日及次日《日记》）

8月23日　到使馆，见到李显章。与李显章、林小松同饭，遇姚锡先夫妇、沈篯基夫妇。夜读 John Paris 的小说 Sayonara。（据《日记》）

8月24日　写长信与 Lord Willingdon。湖南籍学生沈润生来长谈。下午访 M. Pelliot。李显章约胡适吃饭，会见巴黎总领事赵颂南（诒诗）。读沈润生《系统进化哲学》第一册后，十分失望。（据《日记》）

同日　胡适复函傅斯年，云：

> 你最得意的三件事，我却也有点相像。1. 近来每用庞居士临死的遗训劝人："但愿空诸所有，慎勿实诸所无"。庞居士也许注重在上半句，我却重在下半句。你的"几句中国书"还不曾忘的"干干净净"，但这不关紧要，只要把那些捆死人的绳索挣断几条——越断的多越好——就行了。2. 捆人最利害的是那些蜘蛛肚里吐出来自己捆自己的蛛丝网，这几年我自己竭力学善忘，六七年不教西洋哲学，不看西洋哲学书，把西洋人的蛛网扫去了不少，自己感觉很痛快。例如 Descartes，我只记得他"善疑"，只教人学他"善疑"，其余的他的信条，我早已忘了。这一层很得意，因为我是名为哲学教授，很不容易做到把自己的吃饭家伙丢了。3. 我很佩服你的"野蛮主义"；我近来发表一文论西洋近［代］文明，你见着了没有？……你若见了此文，定有许多地方能表示同意。我在那文里说，"西洋近代文明不从宗教出发，而结果成一新宗教"……同一见解，但没有你说的痛快。

> 你赞许我的两件事，也使我很高兴。很少人能赏识我的政论，我却自己很得意，所以编《文存二集》时，把《努力》周报的长短政论都收进了，很惹一些人笑话。关于第二层——小说的考证——我也很高兴。老实说，这十年来，没有一篇文字费去的时间与精力有《〈水浒传〉考证》《〈红楼梦〉考证》那样多的。我那次病倒，也就是从第一篇《〈水浒传〉考证》得来的。但我的辛苦已得了过望的酬报了。几部第一流小说的作者的事实都次第发现了，这差不多是一种"生死人而

肉白骨"的功德！最大的报酬却是一些"副产物"（by-products）。我的本意本是想提倡一种方法，做学问的方法。颉刚在他的《古史辨》自序里说他从我的《〈水浒传〉考证》里得着他的治史学方法。这是我生平最高兴的一件事。

关于你说的"古代思想集叙"的大计划，我此时不能多谈，只好留作我们谈话的资料罢。（王汎森整理：《史语所藏胡适与傅斯年来往函札》，《大陆杂志》第93卷第3期，1996年9月15日，1页）

按，8月17、18日，傅斯年写长信复胡适。信中提到：最盼望能在巴黎和胡适见面。胡适近几年在《努力》上提出的政治评论的条则和小说考证，都是好成绩。就胡适《中国哲学史大纲》上卷的长久价值论，远不及小说考证。严格说来，中国无哲学。傅斯年评论陈源和徐志摩：对陈的文章，不胜佩服，但徐志摩的诗不像诗。傅斯年还谈到他留欧6年半的学习情形。高度评价顾颉刚取得的成绩。（《胡适遗稿及秘藏书信》第37册，348～355页）

8月25日　姚锡先来。赵颂南来，与其同游里尔美术馆。（据《日记》）

8月26日　胡适与Pelliot同到法国国家图书馆，得进"写本书室"看敦煌各卷子。胡适对有关禅宗的史料记札记颇详。沈润生来谈，胡适劝他要极力学虚心，不可自负。（据《日记》）

8月27日　胡适致函徐志摩，云：

我这回去国，独自旅行，颇多反省的时间。我很感觉一种心理上的反动，于自己的精神上，一方面感觉depression，一方面却又不少新的兴奋。究竟我回国九年来，干了一些什么！成绩在何处？眼看见国家政治一天糟似一天，心里着实难过。去国时的政治，比起我九年前回国时，真如同隔世了。我们固然可以自己卸责，说这都是前人种的恶因，于我们无关，话虽如此，我们种的新因却在何处？满地是"新文艺"的定期刊，满地是浅薄无聊的文艺与政谈，这就是种新因了吗？

几个朋友办了一年多的《努力》，又几个朋友谈了几个月的"反赤化"，这又是种新因了吗？

这一类的思想使我很感觉烦恼。

但我又感觉一种刺激。我们这几年在北京实在太舒服了，太懒惰了，太不认真了。……我在莫斯科三天，觉得那里的人有一种 seriousness of purpose，真有一种"认真""发愤有为"的气象。我去看那"革命博物馆"，看那一八九〇——一九一七年的革命运动，真使我们愧死。我想我们应该发愤振作一番，鼓起一点精神来担当大事，要严肃地做个人，认真地做点事，方才可以对得住我们现在的地位。

....

英国不足学；英国一切敷衍，苟且过日子，从没有一件先见的计划……

我们应当学德国，至少应该学日本。至少我们要想法子养成一点整齐严肃的气象。

这是我的新的兴奋。

你们也许笑我变成道学先生了。但是这是我一个月来的心理，不是一时偶然的冲动。我希望北京的几个朋友也认真想想这点子老生常谈。

....

我预备回国后即积极作工。很想带点"外国脾气"回来耍耍。带些什么还不能知道。大概不会是跳舞。(《胡适文存三集》卷1，77～80页)

8月28日　是日访客有许德珩、劳君展夫妇、何思源、陈承弼、李显章、陈忠钧（天逸）、季志仁、王和（维克）。（据《日记》）

8月29日　胡适与李显章夫妇、陈天逸等同游卢森堡博物馆及Panthéon。晚，许德珩夫妇及何思源邀胡适去看《茶花女》。（据《日记》）

8月30日　是日访客有熊光楚、李圣章。安徽学生张忠道、邓穆、张

其浚邀胡适吃饭，并谈他们发起的皖民共进社，胡适勉其"为政不在多言，顾力行何如耳！"（据《日记》）

8月31日　胡适作有关《坛经》的札记。访赵颂南，畅谈。（据《日记》）

9月

9月1日　傅斯年来，畅谈。偕顾树森夫妇、傅斯年到赵颂男家喝茶。晚饭时遇梅光迪。（据《日记》）

9月2日　胡适仍与傅斯年大谈。（据《日记》）

9月3日　是日访客有黄亭夏、李松风、邓荣惠、姚锡先、傅斯年、许德珩夫妇、何思源。（据《日记》）

9月4日　胡适到法国国家图书馆看敦煌卷子。与同学 Miss Freda Fliegelman 久谈。访伯希和。（据《日记》）

同日　陈世璋致函胡适，略述北伐情况，又希望胡适能引荐其到中英庚款委员会做事。（《胡适遗稿及秘藏书信》第35册，310～318页）

9月5日　季志仁邀胡适看戏。访许德珩夫妇，与傅斯年谈，"这几天与孟真谈，虽感觉愉快，然未免同时感觉失望。孟真颇颓放，远不如颉刚之勤"。（据《日记》）

同日　胡适致函韦莲司小姐，谈行程，又云：

> 目前，我正在伯希和（Pelliot）藏书中，研究有关中国禅宗历史的〔敦煌〕卷子。有些发现对我非常有用。……我希望能花些时间在这两个有价值藏书的中文卷子上，我相信，这些中文卷子比欧洲汉学家所能理解的更有价值。
>
> ……我之所以不写第二册的《中国哲学史》，是因为我相信，要是我们不能对七世纪的中国佛教，其中包括四世纪的禅宗做一个详细明白的叙述，那么中古和近代的中国哲学是不可了解的。
>
> 在研究佛教，尤其是中国宗派方面，我没有接受任何稍早的叙述

和阐释，我是一个真正的开山者。我发现了一个全新的世界！

在我完成第二册《中国哲学史》之后，可能还有足够的材料，再写一册《禅宗史》。

…………

……我所有的朋友都劝我尽可能待在海外。他们要我在欧洲度个长假，并"完成我的美国教育"。带着罪恶感，我是无法享受这次欧洲之旅的。

……要是我去美国，我不想作公开演讲。我唯一的目的是去看老朋友，我没有任何东西可以告诉美国人民。……

过去9年来，差不多只为中国人思考的这个经验，似乎使我没法子再为其他国家设想。你听了这个也许觉得奇怪，但却是事实。……我必须承认，我已经远离了东方文明。有时，我发现自己竟比欧美的思想家更"西方"。(《不思量自难忘：胡适给韦莲司的信》，152～154页)

9月6日　胡适到使馆。与傅斯年同去看书店。访Miss Freda Fliegelman，谈甚久。(据《日记》)

9月7日　胡适到使馆，与李显章谈。看书店。与梅光迪、傅斯年同去访伯希和。(据《日记》)

同日　吴康致函胡适，从科学的伟大谈论西方近世哲学家。又批评中国学者的"名山绝业"梦想。又谈起家乡的山歌，其中含着内容极其丰富的民众文学等。(《胡适遗稿及秘藏书信》第28册，324～327页)

9月8日　看敦煌卷子，有札记。(据《日记》)

9月9日　看敦煌卷子，有札记。(据《日记》)

9月11日　看敦煌卷子，有札记。(据《日记》)

同日　张慰慈致函胡适，告：信件摘要已发表。信件又交高一涵，《现代评论》下一期将有所讨论。余文灿与查良钊从俄款委员的代理人弄到2000万元救济费，教育部又要争支配权了。(《胡适遗稿及秘藏书信》第34

册，384～385 页）

同日　J. W. Gregory 致函胡适，云：

My friend Dr. V. K. Ting has asked me if I can do anything to help in support of the proposed Research Institute and Scientific Museum recommended by the Boxer Indemnity Delegation.

He has suggested that I should try to get into touch with you, as you might be able to suggest some way in which I could help.

I will do anything I can, and perhaps you would let me know if there is anything I could do. I could probably secure the support of "Nature".（中国社科院近代史所藏"胡适档案"，卷号 E-215，分号 9）

9 月 12 日　江冬秀、胡祖望各有家书与胡适。（《胡适遗稿及秘藏书信》第 22 册，393～395 页；中国社科院近代史所藏"胡适档案"，卷号 676，分号 3）

同日　徐志摩致函胡适，谈及自己与陆小曼已在七夕订婚，婚期定在 8 月 27 日，现在的问题是徐父能否北来参加婚礼还未定，张幼仪尚未签字。计划婚后先回乡小住，然后远行。又谈到陈源、凌叔华近况。又谈及："你临行的那封信，真是给我们的金言……我们决意到山中去过几时养心的生活，也正为此。……你论俄国的几封信，一定有很多批评，我陆续寄给你，你有信请亦陆续寄我代发表。"又托胡适代为问候罗素等英国友人。（《胡适遗稿及秘藏书信》第 32 册，69～72 页）

同日　顾颉刚日记之欠友朋款项清单上记道：适之先生 500 元（实四百八十三元零二分）。（《顾颉刚日记》卷一，791 页）

9 月 13 日　看敦煌卷子，有札记。（据《日记》）

9 月 14 日　在寓写信。访 Miss Freda Fliegelman，同饭，遇傅斯年、梁宗岱、郭有守、郑桐荪、余日宣。（据《日记》）

9 月 15 日　上午去图书馆看敦煌卷子，有札记。下午与傅斯年、郭有守、梁宗岱同游布洛涅森林公园。（据《日记》）

1926年　丙寅　民国十五年　35岁

同日　顾颉刚致函胡适，谈到厦大后情形，又谈及：

《封神榜》的序，接信后即从事搜集材料，并将本书看了一遍。只因到厦门后参考书太少，尚未下笔。鲁迅先生已为我函日本友人，嘱将内阁书库所藏明本之序文钞出，因看书目上有"明许仲琳编"字样，序文必甚重要。……先生厚我，嘱我辍作，但不知先生何时归国？如尚无回国之期，则亚东方面势难久待，还是由我做为好。如果再过两月即归，那么，我便可在半年中将《东壁遗书》的工作弄完了。(《顾颉刚书信集》卷一，435页)

9月16日　看敦煌卷子，有札记。(据《日记》)

同日　江冬秀致函胡适，牵挂胡适的健康。又谈及多余的住房还没有成功出租。家里太大故晚上留心安全，睡得较少等等。(《胡适遗稿及秘藏书信》第22册，396～397页)

9月17日　看敦煌卷子，有札记。(据《日记》)

同日　留德学生刘钧、汤元吉、杨钟健致函胡适云，阅报悉胡适将在法兰克福演讲，无任欣喜，自愿负筹备及招待之责。(中国社科院近代史所藏"胡适档案"，卷号915，分号10)

同日　A. Rose 致函胡适，云：

I have just got this cable from Dennis Robertson. I suppose he has left your letters behind—careless fellow. If you can do anything for him in the shape of a few new letters, I am sure he will be most grateful. I am sending this to the Legation as I don't know which part of the world you will have got to by now. Things don't look too cheerful in China, do they? But I am inclined to think that the situation is not so very serious. It may help towards a settlement now that things have come to a head. I hope you are enjoying yourself. (中国社科院近代史所藏"胡适档案"，卷号E-330，分号4)

9月18日　看敦煌卷子，有札记。晚与 M. Margonlies 同饭。与傅斯

年论政治："……他总希望中国能有一个有能力的 Dictator who will impose some order & civiliation on us。我说，此与唐明宗每夜焚香告天，愿天早生圣人以安中国，有何区别？况 Dictator 如 Mussolini 之流，势不能不靠流氓与暴民作事，亦正非吾辈所能堪。德国可学，美国可学，他们的基础皆靠知识与学问。此途虽迂缓，然实唯一之大路也。"（据《日记》）

  同日　Alfred Forke 致函胡适，云：德国东方学会邀请胡适出席德国的东方研究学者于 9 月 28 日到 10 月 2 日在汉堡召开的会议，担任荣誉嘉宾。（中国社科院近代史所藏"胡适档案"，卷号 E-200，分号 5）

  9 月 19 日　访伯希和，胡适在日记中记会面情形：

> 上午去看 M. Pelliot……他说 1907 年，Sir Aurel Stein 先到敦煌，发现石室藏书，但 Stein 不懂中文，带了一个"师爷"，姓王，大概也不很高明。他买了几大捆的藏书而去，未加检择。到次年春间（1908），Pelliot 才到敦煌。他把所有写本检择一遍。凡于中国经、史、文学有关的，他都提出。凡普遍常见的译经，除有抄写年月记在"跋尾"（Colophon）可供考订的，他都不要。又凡道教经典，他因为古代道教经典不易得，也都收了。所以巴黎的敦煌写本是选择过的，故有用的卷子较多。
>
> 我告诉他，巴黎与伦敦的敦煌写本皆应有中国哲学者整理一道，分类编目，例如：
>
> 1. 中国佛教史料。
>
> 2. 中国道教史料。
>
> 3. 佛经译本：（1）有刻本的，（2）无刻本的。
>
> 4. 中国古书写本：（1）经，（2）老子，（3）庄子，（4）史籍，（5）佚书。
>
> 5. 俗文学材料。
>
> 6. 字书、辞书。
>
> 7. 其他史料。
>
> 他很赞成此计画。
>
> 我告诉他，他编的目录很多错的。我只读了五十卷子，只占全部

三十分之一，已发见了不少错误。他要我把这些错误记出来，他愿意更正。

他托我留意禅宗在中国画派上的影响，我答应他留意。（据《日记》）

下午访 Miss Fliegelman，会见沈星五夫人。（据《日记》）

9月20日　胡适到使馆，会见陈任先（箓）公使。到图书馆续抄书。俄国马古烈（par Georges Margouliès）赠送其 *Le Kou-Wen Chinois* 与胡适。访 Miss Fliegelman；访傅斯年，遇马古烈、许德珩夫妇等。（据《日记》；《胡适藏书目录》第4册，2403页）

9月21日　胡适到图书馆续抄书。陈箓公使请吃饭。（据《日记》）

9月22日　胡适访傅斯年。胡善恒来谈。访伯希和，不遇。梁宗岱为胡适、傅斯年饯行。（据《日记》）

9月23日　12时，胡适离巴黎。许德珩夫妇、邓季宣、梁宗岱来送。"在巴黎住了卅四天，游览的地方甚少，瑞士竟去不成，然在图书馆做了十几天的工作，看了五十多卷写本，寻得不少绝可宝贵的史料，总算不虚此一行。" 8时到伦敦，暂住 Grosvenor Hotel。是日日记又记：

晚上忽然想起一部书可做。拟做近十篇文章，杂论西洋近代的文明。书名即叫做"西洋文明"。其子目约略如下：

1. 引论。（即用我的《西洋近代文明》一篇）

2. 科学与宗教的战争。

3. 科学的精神与方法。（Pasteur）

4. 科学的世界。（神奇的成绩）

5. 争自由的小史。

6. 自由主义。（Mill & Morley）

7. 女子的解放。

8. 社会主义。

9. 苏维埃俄国的大试验。

10. 社会化的世界。

　　此书的动机固然很早；这几年来，我常常想着这个文化问题。但今晚忽想到此题，却因为另有一种刺激。我在厕上看 Evening Standard，见有一篇文字论 "Is Crime a Disease？" 我没有读其内容，却想起西洋近代法律观念的变迁也是近代文明的一个特色。回到房里，便想作文分论西洋社会政治的各方面。想的结果，却又把原来的计画变更了。以后也许仍回到这"平面的"的叙法。

　　我的历史癖太重，真不易改。如此题本可以"平叙"的，想来想去，仍免不了历史的叙法。（据《日记》）

　　9月24日　Johnston 来谈。访 Lord Willingdon 和 Lady W.，遇 Lord Leading。到使馆，会见施肇基公使。到 British Museum 看见 Lionel Giles，他允许胡适到图书馆看敦煌卷子。看见 Arthur Waley，他送胡适一小册子及一部张文成的《游仙窟》。（据《日记》）

　　9月25日　Johnston 邀游 National Gallery。访屈文六。晚，陈代办请屈文六、胡适吃饭。读《禅学思想史》。（据《日记》）

　　同日　顾树森致函胡适云，在巴黎交谈时，虽彼此主张不同，"但是各人有各人的苦心和用意，浅见如我辈，决不愿以一己的主张，来辩驳他人的主张"。请胡适担任"国际智育互助"通信员一事，该组织秘书厅希望胡适正式函复。又云，希望回国后从事解决平民经济和改良农民生活的问题，希望胡适写几封介绍信（如陈陶遗、孙传芳、丁文江等）。（《胡适遗稿及秘藏书信》第42册，493～497页）

　　9月26日　移入 National Hotel 居住。把巴黎读书的 notes 用英文写出，寄与伯希和，使他可修正写本目录上的错误。访 Dr. Yetts。与罗隆基谈。（据《日记》）

　　9月27日　去看 British Museum 里的敦煌写本目录。与屈文六谈。请施肇基公使吃便饭，谈甚久。记忽滑谷快天的《禅学思想史》不很高明，但颇有好材料。（据《日记》）

9月28日　去British Museum，看敦煌写本的展览。（据《日记》）

9月29日　胡适与屈文六谈。Lord Buxton约吃饭，谈委员会的事。王景春约吃饭，饭后谈委员会事。（据《日记》）

同日　张慰慈复函胡适，谈及：瞿世英与张奚若有专文讨论胡适的信件。徐志摩与陆小曼将在10月3日结婚。北大由余文灿掌理，不甚理想。又详论国内战争形势。（《胡适遗稿及秘藏书信》第34册，386～390页）

9月30日　到British Museum翻敦煌Mss目录。与Mr. C. Delisle Burns谈英国的政治及宗教。张兴之等请胡适、屈文六、王景春等吃饭。（据《日记》）

同日　胡适为《词选》作一序，云：

> ……凡是文学的选本都应该表现选家个人的见解。……我的《词选》就代表我对于词的历史的见解。
>
> 我以为词的历史有三个大时期：
>
> 第一时期：自晚唐到元初（850—1250），为词的自然演变时期。
>
> 第二时期：自元到明清之际（1250—1650），为曲子时期。
>
> 第三时期：自清初到今日（1620—1900），为模仿填词的时期。
>
> 第一个时期是词的"本身"的历史。第二个时期是词的"替身"的历史，也可说是他"投胎再世"的历史。第三个时期是词的"鬼"的历史。
>
> 词起于民间，流传于娼女歌伶之口，后来才渐渐被文人学士采用，体裁渐渐加多，内容渐渐变丰富。……
>
> …………
>
> 我的本意想选三部长短句的选本：第一部是《词选》，表现词的演变；第二部是《曲选》，表现第二时期的曲子；第三部是《清词选》，代表清朝一代才人借词体表现的作品。
>
> 这部《词选》专表现第一个大时期。这个时期，也可分作三个段落。
>
> 1.歌者的词，
>
> 2.诗人的词，

3. 词匠的词。

苏东坡以前，是教坊乐工与娼家妓女歌唱的词；东坡到稼轩、后村，是诗人的词；白石以后，直到宋末元初，是词匠的词。

....

但文学史上有一个逃不了的公式。文学的新方式都是出于民间的。久而久之，文人学士受了民间文学的影响，采用这种新体材来做他们的文艺作品。文人的参加自有他的好处：浅薄的内容变丰富了，幼稚的技术变高明了，平凡的意境变高超了。但文人把这种新体裁学到手之后，劣等的文人便来模仿；模仿的结果，往往学得了形式上的技术，而丢掉了创作的精神。天才堕落而为匠手，创作堕落而为机械。生气剥丧完了，只剩下一点小技巧，一堆烂书袋，一套烂调子！于是这种文学方式的命运便完结了，文学的生命又须另向民间去寻新方向发展了。……（《小说月报》第18卷第1期，1927年1月）

同日　舒舍予致函胡适，希望约时间前来拜访，又请胡适指正其小说。（《胡适遗稿及秘藏书信》第37册，259～260页）

10月

10月1日　胡适到British Museum看目录。Johnston邀胡适、王景春茶叙。（据《日记》）

同日　陆侃如致函胡适，谈及自己到清华已逾半个月。拟编《中国诗史》的上卷（即《古代诗史》），约年底可脱稿，希望在亚东图书馆出版，拜托胡适和汪孟邹打招呼等。（《胡适遗稿及秘藏书信》第34册，607～608页）

10月2日　到B. M. 翻了100目，借读《续藏经》中的宗密《圆觉大疏钞》。到Dr. Yetts家吃饭，见着梵文大学者Prof. Serge。到Dr. C. Delisle Burns家里吃茶，遇见J. A. Hobson，又遇见Huxley的儿子Leonard Huxley。与王景春去看Johnston，久谈。（据《日记》）

1926年　丙寅　民国十五年　35岁

10月3日　翁君邀胡适与屈文六等同游 Hampton Court 及 Windsor Castle。郑桐荪、余日宣来。(据《日记》)

10月4日　续记宗密之神会略传。(据《日记》)

同日　张慰慈致函胡适，又谈及北京大学之情形，希望胡适能早回：

> 大学总投票的结果是多数主张不开课。……雪艇这般人都希想你能够于阳历年假之内赶回。这学期虽荒废了，下学期总当要想一个办法。他们又想同时进行大学内部改组计画。这一层又非你在此地很难办到的。俄款现在办不到，是因为没有人办这件事。教育总是时时更动，九校校长的团体差不多于无形之中解散了，大学事务又在余文灿等手里，在这种状况之下，什么事都做不到的。你如能早些回来，确实很能做些事，至少能够供给我们一种 Leadership，你以为如何？(《胡适遗稿及秘藏书信》第34册，391～394页)

10月5日　胡适出席庚款委员会第二次会议，全体都到，只缺 Lord Willingdon、丁文江及 Sir Christopher Needham。Lord Buxton 主席。陈代办请吃饭，客人有 Lampson，新任驻中国公使、Dr. Gray、Mr. Gwatkin、胡适及王景春。Burns 请吃饭。(据《日记》)

10月6日　胡适出席庚款委员第三次会议，Needham 也出席。报告全部通过。Prof. Soothill 邀吃饭，久谈。到 B. M. 翻目录，已完3750目。读 Andrew Lang 等译的 Iliad，查询自己常引的一句话"You shall see the difference now, that we are back again"之出处，竟寻不出，只找出 Achilles 说的"Yes, Let them know that I am coming back, though I tarried long from the war"。(据《日记》)

同日　毛子水致函胡适，云：听友人说胡适月内有德国之行，可代在此间处理租屋之事。又谈及近来生计窘迫等情。(《胡适遗稿及秘藏书信》第24册，597页)

同日　许德珩致函胡适，述窘状，请胡适帮忙筹措回国路费。(《胡适遗稿及秘藏书信》第33册，127～128页)

同日　高鲁致函胡适，云：渠所主持之紫金山天文台将参与法国邀请的中国经纬度测量。国务会议已通过此项经费将由海关拨出，关键是安税务司是否允准，因此拜托胡适"代向安税务司详述气象、磁力与航海安全及收入之关系，重以鼎力，想当邀其允许也"。（《胡适遗稿及秘藏书信》第31册，165～167页）

10月7日　访Dr. Silcock、Prof. Soothill及Mrs. Soothill和Lady Hosie。到B. M.看目录，完了4150目。读Galsworthy的剧本《逃犯》（*Escape*）。晚到Dame Adelaide Anderson处吃饭。（据《日记》）

10月8日　到B. M.看到4300目。日本学者宇野哲人在B. M.看敦煌之中国古书卷子。胡适把他看的一些卷子略记下来。到基督教学生协会参加他们的"Social"。晚上准备后天的演说。Lawrence M. Mead来访。（据《日记》）

同日　蔡元培复函胡适，谈及北京政情与北大现状，又云：

"提高"计画，弟深所赞同。英款一部分备设研究院之用，更无问题。惟日款能否与英款冶为一炉，弟未敢断言。据梦麟说，美款恐无法可想。现在惟希望英款先有着落，全仗先生努力。

…………

北京国立各校将来终有统一之办法，若有一最高等之研究院（大学院），不分畛域，选各校一部分较优之教员为导师（自然可别延国内外学者），而选拔各校较优之毕业生为研究生，则调和之机，由此而启。鄙意若能由赔款而成立，正不必以狭义之北大范之。事求可，功求成，本不必避嫌……时局若无新发展，北京政府殆无清明之望；此等研究学术机关，即不在北京，亦无不可。文化中心，人力可以移转之。（《胡适遗稿及秘藏书信》第39册，281～284页）

10月9日　晚，胡适到Hotel Cecil赴中国学生会年宴，演说"The Revolution Which China Needs Today"，约费20分钟，是为出国后第一次公开演说。席散后，有Oxford工程学教授Jenkin、锡兰学生会会长、印度学

1926年　丙寅　民国十五年　35岁

生会会长等来谈。接得 Prof. Dewey 的信。（据《日记》）胡适讲演大要是：

There is no denying that the Revolution has been a failure in practically all its constructive phases. We have overthrown the Manchu Dynasty, but we have failed to establish a true republic. We have eliminated the old parasitic nobility, but we have not been able to produce great modern leaders to take their place. We have broken away from the old political order, but we have not succeeded in establishing a new one, nor have we been able to check and control the evil forces which have been let loose by the Revolution. In short, fifteen years have passed since the Revolution and we have so far failed to make China a great modern state worthy of her potentialities.

...

For instance, when China first sent students abroad, more than half a century ago, she sent not well prepared leaders but boys of fifteen or under with the view that they might easily learn the languages and return to serve as mere interpreters to the great mandarins and officials. And when later young men were sent abroad in large numbers, they were sent not to be trained as leaders of men, but merely to acquire a technical education——to become a civil or mechanical engineer, a miner, or an electrician, a chemist or a physician. Very few took up law, and almost none studied philosophy and literature. Even as late as 1910, the year before the Revolution, when I was leaving for America with a group of seventy students, I was strongly advised by all my friends to prepare myself to be a railway or mining engineer. Thus, even on the eve of the Revolution, China had no idea that the modern western world could offer anything more than technical knowledge and that we ought to train our young men and women in the west to become future leaders of new thought and of a new civilization. In our national self-conceit we excelled in everything. That was the mental state as late as 1910.

Then all of a sudden came the Revolution, and we were expected by the whole world to transform China into a modern democratic state. We were caught unprepared. The Revolution found China with no modern trained leaders and has only given rise to a large number of unscrupulous opportunists. The situation today is that men fitted only to become drill-masters are now governing vast provinces, and petty politicians trained only to do clerical and departmental work are now entrusted with the helm of the state. Little wonder, therefore, that the Revolution has failed to achieve its purpose and the Republic has been an empty idea only.

This, then, is the real tragedy of China. The Revolution has been a failure, because, I repeat, there was no revolution in the sense that the French or the Russian Revolution was a revolution. There was lacking a new revolution more fundamental than the mere overthrow of a dynasty or the change in the form of a government.

We need a new revolution, a spiritual revolution. It is such a revolution which China needs today We need a new recognition of the spiritual value and possibilities of the modern civilization. We need a new appreciation of material progress not only as a means of money making, but as the only effective means of emancipating human energy from the pitiful struggle for bare subsistence and uplifting it for higher values. We need a new conception of government, not as a means to personal power, but as an organized instrument for bringing the greatest happiness to the greatest number. We need a new conception of science, not as a means of producing a new smokeless powder, of aeroplanes for destruction, but as the legitimate road to truth and as the only powerful liberator of human mind and spirit. We must nationalize or ideas and beliefs and must humanize and socialize our institutions. Above all, we must get rid of our national selfconceit; we must sincerely and earnestly feel dissatisfied with the existing state of affairs, we must have divine discontent, and we must have faith in the new order we are to create. We must have a new philosophy and a new literature to preach and propagate this new faith. Such a fundamental Revolution China needs today.

Without such a fundamental change, the Revolution of 1911 will always remain a failure and there can never be a truly modern China. And, fellow students, it is you and I who are called upon to dedicate ourselves to this new revolution which is only beginning and to prepare ourselves for this realization. When I first read the Gospels I was greatly moved by the sentence, "Plenteous is the harvest but the laborers are few." The old generation has failed and we do not see new leaders in sight. Shall we wait for some dictator to descend upon us or be content with that pathetic emperor of a thousand years ago who every night burned incense and prayed that Heaven might send down some great man to save China? Or, shall we call upon ourselves to prepare and undertake the leadership of the nation?

During the second quarter of the last century, there was a religious movement in this country known as the Oxford Movement. The leaders of the movement, Newman, Keble, and Froude, wrote a number of devotional poems, some of which have now become a part of the modern hymn book. These poems were collected and copied by the authors themselves in a common manuscript book, and upon the first page of the volume Cardinal Newman wrote a line from Homer which he freely translated as follows: "You shall see the difference now that we are back again."

This struck me much when I first read it. I proposed to the Students' Club at Peking that they should adopt it as their motto, but modesty or lack of courage prevented it.

Fellow students, may I propose this line of Homeric poetry as my toast to the Central Union of Chinese Students? May I hope that, when you return to China, you will be ready to declare to the nation and the world: "You shall see the difference now that we are back again."(*The North-China Daily News*，1926 年 11 月 4 日)

10 月 10 日　陈文劢邀吃饭。到使馆参加"双十节茶会"。Waley 邀胡适到他家便饭，相谈甚欢。(据《日记》)

10 月 11 日　到 B. M.，把 5000 目片都翻完了。摘出的一些目，共分三部：禅宗史；俗文学；杂部。(据《日记》)

10 月 12 日　胡适到 School of Oriental Studies，见校中董事长 Sir Harris Stephen。校长 Sir Denison Ross 与 Dr. Yetts 陪胡适参观，见到 Dr. Bruce。Sir Denison Ross 请胡适吃饭。到 Royal Asiatic Society 去听 Sir Charles Eliot 讲演。在 Okakura Kakuzo 的 *The Book of Tea* 上写一跋，认为日本人不懂得禅宗。今日收到韦莲司小姐迫切希望与胡适在 12 月会面的电报。(据《日记》)

同日　胡适致函陶孟和、沈性仁，关心沈之病情。(《胡适中文书信集》第 2 册，53 页)

10 月 13 日　胡适动手写讲演稿："The New Literary Movement in China"；听 Sir Denison Ross 讲演"Persian Poetry"。(据《日记》)

10 月 14 日　预备讲演稿。Miss Grace Crosty 请吃晚饭。与 John McCook Roots 谈鲍罗廷、蒋介石、宋子文诸人。(据《日记》)

10 月 15 日　胡适到 China Society 讲演。他说：

> 早在公元前 2 世纪，古代中国的文言文，对于大部分的中国人来说已经难以理解。但是直至 1900 年，所有的科举应考者依然不得不通过文言文的诗文考核。同时，在 16、17 与 18 世纪，数以千计的长篇与中篇小说诞生于无名作者之手，足以与西方世界的作品相媲美。它们是以白话文写成，然而即使它们具备其固有的文学价值，却被上层人士所禁止。一位出版者告诉我，这些作品中的三部作品，每年却有上百万的总销售量。
>
> 我们听过有欧洲的父母将其孩子锁进暗室，仅提供面包和水，让他们去读薄伽丘。当我是孩子时，中国的父母也是这样做。当别人都

1926年　丙寅　民国十五年　35岁

入睡后，我坐在床上，用偷来的菜油点灯，满怀喜悦地读那些用白话文写就的中国伟大的长篇小说。母亲和老师认为我还无法理解这些书，所以禁止我阅读。学校里的教材都是文言文，老师们不得不逐字翻译成白话文。西方的著作被翻译成很少有人明白的文言文。不仅包括斯宾塞和赫胥黎的书，还有狄更斯、大仲马、哈葛德和柯南·道尔的作品。狄更斯笔下的窃贼、哈葛德笔下的祖鲁首长，都用我们的文言体来说话。在过去的十年间，自从古文传统的桎梏打破后，我们国家一些优秀的创作者已经开始写作白话文作品。中国公众从事阅读的人口已增长了30倍。（转引自金传胜《有关胡适1926年在伦敦两次演讲的新材料》，《胡适研究通讯》2017年第1期，8页）

同日　张慰慈复函胡适，云胡适被巴黎的学生污为"走狗"，可能与丁文江在上海封闭国民党机关有关，希望胡适要小心，不要吃眼前亏等。又谈及国内政情等。（《胡适遗稿及秘藏书信》第34册，395～397页）

10月16日　胡适复函韦莲司小姐，谈行程，又云：虽渴望尽快抵美（很不喜欢这里的天气），但为了看大英博物馆的敦煌卷子，还得在此停留一段时间。演讲极干扰自己的研究工作，令人生厌。（《不思量自难忘：胡适给韦莲司的信》，156～157页）

10月17日　胡适访罗素。日记有记：

……谈了两点钟。他的精神甚好，谈锋如旧。

奇怪的很，他说苏俄的Dictatorship办法是最适用于俄国和中国的。他说，这样的农业国家之中，若采用民治，必闹得稀糟，远不如Dictatorship的法子。我说，我们爱自由的人却有点受不了。他说，那只好要我们自己牺牲一点了。

此言也有道理，未可全认为不忠恕。

同日　Prof. Osvald Sirén来谈，他陪胡适去B. M.看了一些中美洲的Maya文化作品。访Dr. Delisle Burns，遇Mr. Lloyd。又遇T. H. Huxley的孙

子 Julian Huxley。（据《日记》）

10月18日　胡适曾作《禅宗史》长编，指出关于达摩的材料只有道宣《续僧传》最可信。是日胡适到 B. M. 重检《续僧传》的《达摩传》，更觉道宣可信。故略作札记。（据《日记》）

同日　留学生熊光楚致函胡适，述窘状请求胡适帮助。（中国社科院近代史所藏"胡适档案"，卷号 1908，分号 3）

10月19日　胡适在 B. M. 读敦煌卷子，并记所见各卷的内容：2054、1004、468、1494、646、1568、1461、264、1053、1611、38、1334、1389、1635。（据《日记》）

10月20日　胡适在 B. M. 读敦煌卷子，并记所见各卷的内容。（据《日记》）

10月21日　与王景春同访 Lord Buxton；动手写"中国小说"的讲演稿。（据《日记》）

10月22日　Dame Adelaide Anderson 邀吃饭，遇 Mr. & Mrs. Pratt、Gwatkin 夫妇、Johnston 等。访 Ross 不遇。与王景春、叶元龙同晚饭。（据《日记》）

10月23日　夜，登船；次早下船后换火车，下午抵 Frankfurt A. M.，Richard Wilhelm 在车站相候。（据《日记》）

10月25日　与驻柏林公使魏宸组长谈。续作讲演稿。晚，出席 China Institute 第一次秋季大会开幕礼。（据《日记》）

10月26日　胡适续作"中国小说"讲演稿。（据《日记》）

10月27日　终日作讲演稿。用英文讲演"中国小说"。在 Carl von Weinley 家吃晚饭。（据《日记》）

10月28日　胡适与罗良铸同去看中国学院。晚，看 Wilhelm 译的两出中国戏：一为《蝴蝶梦》，一为《大劈棺》。Countess Sierstorff 请吃晚餐。（据《日记》）

同日　江冬秀复函胡适，告：不要以割去鼻子与小舌的一部分为治病之法等。（《胡适遗稿及秘藏书信》第 22 册，398～399 页）

1926年　丙寅　民国十五年　35岁

10月29日　经布鲁塞尔到Ostende换船到伦敦。到使馆，与张兴之等谈。（据《日记》）

同日　胡适致函顾颉刚，谈在巴黎看敦煌卷子情形：

> 我此次在巴黎看Pelliot带回的敦煌卷子，发见了不少的禅宗重要史料，使我数年搁笔的《禅宗史长编》又有中兴的希望了。前年作禅宗史，写了八万字，终觉得向来流行的史料，宋人伪作的居多，没有八世纪及九世纪的原料可依据，所以搁笔了。来欧时，便想巴黎及伦敦所藏敦煌写本上起四百年，下讫一千零五十年，若禅宗有八九世纪的史料，到十世纪时应该可以传到敦煌了。到巴黎图书馆第一天即发见一卷要件，以后日日有所发现，皆是八世纪的原料。然非前几年做一番预备工夫，亦不能如此容易。此种大半是没有题目的残卷，非有专门预备不能有所得也。故知做学问第一要多多收集常识；参考比较的材料越多，则meaning（意义）越多。
>
> 巴黎有敦煌卷子一千五百卷，伦敦有六千卷，北京所藏乃其余剩耳。近在此间翻看Stein带回来的写本，费了八天，仅仅把目录片翻完，做了一个我自己备用的简目。日内即须去看原件，不知有所得否。
>
> 此行也许只能做此一件事。然禅宗一关打通后，哲学史即可作下去了。此虽小题目，然于我却有大关系。治佛书六七年，终不敢发表一个字，今日始稍稍敢自信耳。
>
> 前年许振铎作《佛教文学在中国文学上的影响》一文，久久终不敢下笔。今稍稍检敦煌写本之俗文学，始知前年主张中国小说出于佛教文学之影响一说亦不能成立。任公先生谓《孔雀东南飞》出于佛教文学之影响，其说亦不能成立。佛教之俗文学产生甚晚，而唐人已有小说，已有说三国故事者。我疑心中国自有说故事的一业，其散文方面直追汉人的神仙故事，其韵文方面直追《焦仲卿妻》等。至唐以后，受佛家俗文学之影响则有之，谓其出于佛教文学盛行以后则非也。（《国立中山大学语言历史学研究所周刊》第2集第15期，1928年2月7日）

10 月 30 日　访 Giles 不遇。访 Waley，略谈。（据《日记》）

10 月 31 日　胡适与余日宣谈。与 Waley 同饭后，同访 Johnston。在张兴之家晚饭。（据《日记》）

10 月　胡适在 The Book of Tea: Japanese Harmony of Art Culture & the Simple Life 一书作有题记："Hu Shih, Oct.1926, London. 日本人的信禅，大似北欧民族的信基督教；禅其名而日本其实。他们的喝茶，也是如此。禅宗记载上常有'为新到设茶'之语，但其礼必不如此之繁而板。若如此喝茶，此与古人之一饭酒而宾主百拜何异？禅宗大师何至如此之拙？此又是禅其名而日本其实也。"（《胡适藏书目录》第 3 册，2175～2176 页）

11 月

11 月 1 日　做剪报。访 Giles，小谈。与 Arkwell 同饭。访 Sir James H. Stewart Lockhart。（据《日记》）

同日　张慰慈致函胡适，谈及：《现代评论》陶孟和、周鲠生可能因为怕事而没发表胡适的信件。陆小曼尚未拜见翁姑。"北京教育大概就要发讣闻完事。"寄上关于北京大学消息的剪报。（《胡适遗稿及秘藏书信》第 34 册，403～404 页）

11 月 2 日　晚，作"The Chinese Situation Today"。（据《日记》）

11 月 3 日　访 Giles。叶元龙来谈。应约搬到 Mr. H. Silcock 家里。（据《日记》）

11 月 4 日　写 Cambridge 的讲演。Sir Charles Addis 请吃饭，胡适有演讲，内容为前晚所作文章的概要。

同日　钱端升致函胡适，劝胡出任清华大学校长。钱云：曹云祥辞职后，拟请郭鸿声来，"不过我们决不能让郭来"。又云，清华校长要满足三个条件：外交部通过，美使馆不反对，学生不反对。此外，他们希望新校长是一个学者，有勇敢心，且有好的 taste。就以上条件论，胡适最适宜。又请胡适注意清华的机会：经费充足，大学教育在北方只得从清华着想。若胡肯来，校内校外俱不患没人帮助。最后云:"只消你说你愿意考虑我的建议,我便想法宣传;这个宣传功夫,当然不至十分费力,因为大多数的人是十分希望你来的。"(《胡适遗稿及秘藏书信》第 40 册,482～488 页)

按,胡适的此函后,曾在信上眉批:"我愿意考虑你的提议;却十分不愿意你去'设法宣传'。这是我答复。请谅解此意。"(中国社科院近代史所藏"胡适档案",卷号 1702,分号 1)

11 月 5 日　下午 5 点,胡适在 London School of Economics 演说"The New Literary Movement in China"。Dr. Eileen Power 主席。在演说之前见到 Dr. Delisle Burns、Mr. Lloyd、Mr. Arnold Toynbee、Dr. Tawney 等,Sir James Stewart Lockhart 也来听。(据《日记》;中国社科院近代史所藏"胡适档案",卷号 E-490,分号 1)

同日　华美协进社主任郭秉文致函胡适,云:

I am glad to learn from Dr. C. C. Wang, who is now spending a few days with me in New York, that you are planning to come over to America the beginning of next year. May I know the exact time of your arrival here and how long a stay you think you can make in America?

There is a great demand for persons like you to interpret China to the public in this country and the China Institute wishes very much to be given the opportunity to make arrangements for you to lecture before American audiences.

I think it will be possible for you to speak in ten leading universities in the country, spending one week in each institution giving from three to five lectures and receiving $250.00 in each place. This would require a stay of at least three months and the honorariums received will more than cover your expense.

I do hope that you will be able to spend some time here and that you will let me hear from you at your earliest convenience, giving me the titles of your lectures and your own wishes in the matter.

Anticipating the pleasure of hearing from you and of seeing you in America, I am, with kindest regards.（中国社科院近代史所藏"胡适档案"，卷号 E-260，分号 4）

同日　L. Carrington Goodrich 致函胡适，云：

As you will note by the letter head, I have severed my connection with the Rockefeller Foundation, and am now associated with the Department of Chinese of your Alma Mater. One of my most pleasant duties is to ask you if you would be willing on your way through New York City, to linger with us and deliver a few lectures in connection with the Institute of Arts and Sciences, or even, perhaps, give a course under the Department of Chinese, if you are to be in this city long enough.

I have heard of you through Professor Dewey, and he tells me that he also is writing today in response to a recent note from you, to urge you to accept as much of this invitation as you find it possible to do.

If you can tell me about when you expect to land in New York, and how much of your time will be available, I will be glad to make further arrangements. I shall not enter into the question of remuneration now. That can be taken up when we know your decision in reference to the time you can spare us.（中国社科院近代史所藏"胡适档案"，卷号 E-210，分号 6）

11月6日　写演讲稿。访 Dr. Eileen Power，她是伦敦大学的中古经济史教员，6年前曾到中国，曾在 Hart 家见着胡适与丁文江。此人研究 Marco Polo 的游记，想循 Polo 的路线，由中国回到欧洲。胡适极力赞助她。（据《日记》）

11月7日　写讲演稿。到中国基督教学生会演说。到 Silcock 家吃饭，客有 Dr. &Mrs. Hosie、Miss Howard、Mr. & Mrs. Barrington、Mr. &Mrs. Suter。(据《日记》)

11月8日　写讲稿，终日不出门。(据《日记》)

同日　陈垣致函胡适，谈及："《中西回史日历》所有叙例点句，及每段首行低格等，均照尊属办理。又将《现代评论》大著印作广告，当能多销一二部。"又谈及此书在日本售卖情形会比中国好，因为中国读书的人少。又云："巴黎之游，想大有所得，便幸示知一二，以慰饥渴。"(《胡适遗稿及秘藏书信》第35册，5～6页)

11月9日　到 Dr. Harold William 家吃饭，有 Johnston。晚上到 Sir John Power 家吃饭。在 Royal Institute of International Affairs 演讲 "The Chinese Renaissance"，演说完后，有质问。(据《日记》)

11月10日　动身到 Cambridge University。住 Christ's College 的 Master，Sir Arthur Shipley 宅内。晚，与中国学生谈话。(据《日记》)

同日　A. Rose 致函胡适，告昨晚听了胡适的演讲后，提出两个问题，希望胡适给以解答：

1.What is going to happen in China and is there any prospect of a peaceful settlement?

2.What should the British do?

I have found it very difficult myself to provide any satisfactory answer to these questions. You may find it equally difficult. But if you do feel able to meet them in any way you will be sure of a sympathetic hearing.

You have convinced people that you approach your subject with a fair and constructive mind and that will prove a great help. (中国社科院近代史所藏"胡适档案"，卷号 E-330，分号 4)

11月11日　写讲演稿。访 Prof. Herbert A. Giles。到 Arts School 演讲 "Has China Remained Stationary for the Last 1000 Years?"(《中国近一千年是停滞不进步吗？》) 副校长 Rev. W. E. Weeks 主席，Sir Arthur Shipley 致谢辞。Sir

Arthur 和胡适到 Christ's College 与教员学生同餐，得见他们晚餐的仪式。（据《日记》）

胡适之演讲，主要批驳韦尔士在《世界史纲》里所说中国文明在 7 世纪已经达到顶点的观点，认为："我要提出的解答实在就是不承认这个谜，绝没有一个中国停住不动一千年之久，唐代的文明也绝不是中国文明成就最高的时代。历史家往往被唐代文化成就的灿烂迷了眼，因为那些成就与光荣的唐代以前不止四百五十年的长期纷乱和外族征服对照，当然大显得优胜。然而仔细研究整个的中国文化史，我们便容易相信七世纪的唐代文明绝不是一个顶点，而是好几个世纪的不断进步的开始。"又以艺术、文学、宗教、哲学为例说明之。（徐高阮：《胡适和一个思想的趋向》，台北地平线出版社，1970 年）

按，1934 年胡适在《整整三年了》一文中回顾了当时写讲演稿并目睹一位油漆工人纪念第一次世界大战停战的情形：

我在那一天看见了一件平常不容易看见的更庄严的停战纪念礼。我到了康桥，住在克赖斯特学院里，院长薛勃莱先生（Sir Arthur Shipley）把他的书房让给我预备我的讲稿，他说："我不来惊扰你。不幸这天花板上的油漆正在修理，有个匠人要上去油漆，他不会打扰你的工作。"我谢了他，他走出去了；我打开我的手提包，就在那个历史悠久的书房里修改我的稿子。那个工人在梯子上做他的工作。房子里一点声响都没有。到了十一点钟，我听得外面钟楼上打钟，抬起头来，只见那个老工人提了一桶油漆，正走上梯子去。他听见了钟声，一只手扶住梯子，一只手提着漆桶，停在梯子中间，低下头来默祷。过了一分钟，钟楼上二次打钟，他才抬起头来，提着油漆桶上去，继续他的工作。

我看见那个穿着油污罩衣的老工人停住在梯子半中间低头默祷，我的鼻子一酸，眼睛里掉下两滴眼泪来。那个老工人也许是在纪念他的战死的儿子，也许是在哀悼他的战死的弟兄。但是他那"不欺暗室"

的独自低头默祷，是那全欧洲同一天同一时间的悲哀的象征，是一个教育普及的文明民族哀悼死者的最庄严的象征。五十万陆军的大检阅，欧洲最伟大的政治家的纪念演说，都比不上那个梯子半中间的那个白发工人的低头一刹那间的虔敬的庄严！(《独立评论》第119号，1934年9月23日)

11月12日　与 Sir Arthur 同到伦敦；到 London School of Oriental Studies 演讲，题目为"Has China Remained Stationary for the Last 1000 Years?"(据《日记》)

11月13日　去大使馆。观剧《三姊妹》。(据《日记》)

11月14日　到 South Place Ethical Society 演讲。到 Dr. Delisle Burns 家吃饭，饭后 J. A. Hobson 来谈。Burns 与 Hobson 都不赞成美国，"我告诉他们，他们若真承认西洋近代文明，不能不赞成美国的文明。美国在文明上很有大贡献"。访 Mr. John Ward (Eleanor) Young。会见 Glasgow 大学的地质学教授 J. W. Gregory。(据《日记》)

同日　毛子水复函胡适：已经收到胡适来信及惠借3镑。以胡适不来柏林，此间朋友都甚失望。又述自己贫状，以及北大不寄款等情，请胡适帮忙设法解决外债以及回国川资问题。又提到俞大维为此间学生中优秀者等。(《胡适遗稿及秘藏书信》第24册，598～599页)

11月15日　Mr. A. E. A. Napier, secretary to the Lord Chancellor, 邀胡适游 House of Lord。(据《日记》)

11月16日　叶树梁邀胡适吃饭。下午起程赴 Belfast。(据《日记》)

11月17日　抵 Belfast。访副校长 R. W. Livingstone。参观 Belfast 大学，Livingstone 邀胡适游 Mahee 的古寺遗址。演讲"China & Western Civilization"。(据《日记》)

11月18日　Dr. Livingstone 邀了两位教授来谈。参观 Dublin 大学的藏书楼。讲演"The First Chinese Renaissance"。副校长 (Vice-President) Louise C. Purser 主席。听众中有 Mrs. I. R. Green，有 Professor Augustine Henry。(据《日

记》）

11月19日　返抵伦敦。访 Dr. Giles 及 Waley。到 School of Oriental Studies，会见伯希和。（据《日记》）

11月20日　访 Silcock; Dr. Giles。听伯希和讲演 "Christianity Central Asia and China"。Sir Denison Ross 邀伯希和、胡适等吃饭，同席有 Lady Ravenada（Lord Curson 之女）、Dr. Eileen Power、Miss Edwards、G. F. Hudson、Yetts、Clamson、Arthur Waley、Sir Thomas Arnold 等。（据《日记》）

11月21日　到牛津。Prof. W. E. Soothill 带胡适去看 All Souls College、Magdalen College、Christ Church。晚上到 Trinity College 会餐，见到院长 Bluckistone。到 New College 赴 Oxford Philosophical Society 旁听 Prof. L. I. Russell 读一篇论文，题为 "Value & Existence"，浅直得很。（据《日记》）

11月22日　Prof. Soothill 陪胡适参观 Bodleian Library。（据《日记》）

同日　江冬秀复函胡适，再劝胡适不要开割。嘱胡适到美国后买花旗西洋参回来，又详述近来庞大的开支状况等。（《胡适遗稿及秘藏书信》第22册，400～404页）

11月23日　Mr. G. F. Hudson 请胡适吃早饭。到 Examination School 讲演 "The Chinese Renaissance"。晚上到 New College 会餐，院长 Dr. Fisher 作主人。（据《日记》）

11月24日　离开牛津到利物浦，住 North Western Hotel。Prof. Percy M. Roxby 来谈。（据《日记》）

11月25日　读 Roxby 的论文《中国人口之分布》。下午在利物浦大学讲演，题为 "The Chinese Renaissance"。到 Judge Dowdall 家吃饭。今日致函丁文江，大要是：

> 今日之事只有三条路：一是猛烈的向前，二是反动的局面，三是学术思想上的大路。（缓进）
>
> 我们即不能加入急进派，也决不可自己拉入反动的政治里去。（据《日记》）

1926年　丙寅　民国十五年　35岁

11月26日　胡适到 Roxly 的地理班上演讲 "China & the Western Powers"。下午抵 Manchester，Sir Christopher Needham 来接。到 Victoria University of Manchester 演说，题为 "China at the Parting of the Ways"。胡适说，中国由于历史悠久，对冲击它的新文明的接纳过程异常缓慢；单靠政治体制的彻底改革仍是不能解决中国问题的。胡适指出，1898年的变法是有戏剧性的，辛亥革命已经失败。胡适又谈及新文学运动及东西方文明等问题。（据《日记》）

按，中国社科院近代史所藏"胡适档案"中收有此讲演稿之提纲，卷号 E-55，分号 137。

同日　罗良铸致函胡适，请胡适将译稿拟修改之处寄来。又云自己颇希望到英国求学，而经济异常艰苦，倘胡适有可提拔之处，则荣幸之至。（中国社科院近代史所藏"胡适档案"，卷号 1436，分号 6）

11月27日　胡适抵伯明翰，陈其田、黄作霖来接。到 Selly Oak 的 Woodbrooke Settlement，遇 Mr. & Mrs. Sturge。Mr. Harvey 开车送胡适到伯明翰，赴此间的 Philosophical Circle 开会。Prof. Russell 也在座。胡适演说"二千五百年中国哲学的鸟瞰"。（据《日记》）

11月28日　胡适见到《国闻周报》上登有批评胡适关于苏俄通信的文章，认为"浅薄之至"。另有一篇《蔡元培与北京大学》，"更没有意思"。在 Woodbrooke 演说 "The Chinese Renaissance"。史学教员 H. B. Adams 邀胡适到其家谈话，他也邀了一位德国学者来谈话，他们都讥嘲美国，尤不赞成美国的哲学。（据《日记》）

同日　丁文江复函胡适，略谈北伐军和孙传芳之间的军事形势，又谈到自己"在上海整理内政，颇有点小成绩""个人经济甚窘"等，又云：

我细读你的信，觉得你到了欧洲，的确是吃了一剂补药，心里异常的高兴。不肯 frivolous，真可以说是你的觉悟。我们处中国目前的环境，真要立定了脚跟，咬紧了牙齿，认真做事，认真做人。……

赔款的事我有一封信给 Lord B.，一封信给 Johnston，还有几个电报……结果如此，总算满意，但不知道人选问题，有没有具体的接洽。(《胡适遗稿及秘藏书信》第 23 册，78～83 页)

同日 张慰慈致函胡适，告江冬秀听说胡适旧病复发，劝其赶快回国。谈及顾维钧内阁总辞事。又告北京大学开始上课，但到校的教员估计不到二分之一。(《胡适遗稿及秘藏书信》第 34 册，406～407 页)

11 月 29 日 早起与 H. G. Wood 谈论科学与宗教，胡适把"不朽"论告诉他，但他总觉得上帝的观念不能抛弃，他主张万物皆属于一个综合的大规划。胡适说，若依此规划论，则此次世界大战也是上帝所规划？到 Fircroft 去吃饭，到 Birmingham University 讲演，题为 "China and the Western Civilization"，Prof. L. I. Russell 主席。十点一刻回到伦敦。是日日记又记早晨的一个感想：

我感谢我的好运气，第一不曾进过教会学校；第二我先到美国而不曾到英国与欧洲。

如果不是这两件好运气，我的思想决不能有现在这样彻底。

11 月 30 日 叶元龙来谈。去使馆。与陈代办、张兴之、叶元龙同饭。(据《日记》)

12 月

12 月 1 日 *Evening News* 派人问胡适对于汉口排外事件的意见，胡适答应发表一文。Prof. Hinton 请胡适吃饭，谈中国时局。访 Johnston，谈中国时局。到 London School of Economics 的 Students' Union 吃饭，演讲"中国的学生运动"。(据《日记》)

12 月 2 日 作论时局的文章一篇，交与 *Evening News* 的代表。到外交部，与 Gwatkin 同饭。到 Bradford College 讲演，题为 "The Second Renais-

sance"。间一班"Friends"（Quakers），Dr. Dairdsor Jilcock Stubbs 诸人皆甚关心中国的情形，开会讨论，主张改变根本对华方针，胡适参与他们的讨论。（据《日记》）

12月3日　到 British Museum，找到 Giles，拜托他将敦煌卷子先取出来，待讲演完，有空就来看。访 Waley，他已收到胡适赠送的《胡适文存》《儒林外史》《老残游记》等书。胡适对他能看懂自己的文字感到欣慰，"我的文章专注意在这一点长处'说话要人了解'，这是我的金科玉律"。与 Yetts 谈，他要胡适译陶湘给《营造法式》所作的长序。Miss Harkin 与 Lady Hosie 请胡适喝茶。到 Y.N.C.A. 赴中国学生会，并演说"中国留学生的不争气"。收到 *Evening News* 的退稿信。（据《日记》）

12月4日　Prof. H. I. Eleure, President of the Anthropological Society 请胡适吃早饭。Prof. Weirs of University of Manchester 也在座。12点半到 Canterbury，主教派秘书 F. D. L. Naborough 来接。先去参观 Canterbury Cathedral。与 Archbishop 同饭，谈话。又同走到村外球场上看此间 King School 与伦敦 Black Heath 会比足球。（据《日记》）

12月5日　胡适日记有记：

> 关于苏俄新定的婚姻律，欧洲报纸宣传了许多猜测的评断，大抵都认为大不道德的举动。今日的 *Observer* 记载最公平，故记在此地。
>
> 报馆记者之荒谬莫过于有意造谣。关于苏俄的记载，此种谣言最多。近日关于汉口的事件也是如此的。前天 Silcock 说他听说此次的恐慌，起于一个新到的汉口访员（*The Times*?），他发出了一个骇人的电报，以后"三人成市虎"，便造成了大恐慌。（据《日记》）

同日　《生活周刊》第2卷第7期发表胡适的《时间不值钱》一文。

12月6日　胡适到 British Museum 阅敦煌卷子，有札记。到 University College 讲演，题为"China at the Parting of the Ways"。到 Chatham House Dining Club，演说"中国政局"。晚上到 P.E.N. 会，作 Guest of Honor。（据《日记》）

同日　毛子水致函胡适，向胡适借钱，又建议胡适写信给吴稚晖批评其在中山大学推行党化政策。(《胡适遗稿及秘藏书信》第 24 册，600～602 页）

同日　陈其田致函胡适，函寄胡适所要的南方政府 33 条政纲，又谈国内国际政情。又指出，胡适的《我们对于西洋近代文明的态度》，"似乎颂扬西洋文明的好处多，详细表示我们应取的态度少"，文章提出西洋近代文明的分析、东西古代近代文明的比较等，国内应该好好讨论这些问题。又指出，东西文明这个题目比"科学与玄学"还要紧的多，顶少是 30 年内一个实际上的大问题。（中国社科院近代史所藏"胡适档案"，卷号 1291，分号 1）

12 月 8 日　Lord Buxton 邀吃饭，遇见 Sir Derbert Baker 及其他人。到 Universities China Committee 开会，他们的宗旨在于沟通中英两国之间的情感，增进国际的了解。其中 Sir Arthur Shipley、Silcock、Sir Charles Addis、Archibald Ross、Roxby 皆是真心关切中英好感的人。与 Roxby 谈国际问题。到 Central Asian Society 吃饭，饭后演说。之后 Dr. Gray、Col. Malone、Mr. A. Ross 各有短演说。（据《日记》）

同日　任鸿隽复函胡适，云："承你告诉我们你精神上的反动，尤使我喜出望外。"又云：

> 你寄志摩的信，说国人的毛病，一个是迷信"底克推多"，一个是把责任推在外国人身上。这两句话我以为都对。但是依我的观察，迷信"底克推多"是由不信"德谟克拉西"来的，而现时俄国式的劳农专制，正与美国式"德谟克拉西"决胜于世界的政治舞台。我们若要排除"底克推多"的迷信，恐怕还要从提倡"德谟克拉西"入手……

（《胡适遗稿及秘藏书信》第 26 册，535～537 页）

同日　陈衡哲复函胡适，谈及经常在导报上看到胡适的演说，很为中国人荣幸；北京的大学教育已经破产。(《胡适遗稿及秘藏书信》第 36 册，189～193 页）

1926年 丙寅 民国十五年 35岁

12月9日 Dame Adelaide Anderson 邀胡适与 Mr. Ramsay MacDonald 会面，同饭。Meal 邀饭，并会见 Dr. Grenfell。吴南如夫妇为张兴之夫妇送行，胡适也在座。(据《日记》)

12月10日 下午 H. T. Silcock 来吃茶。Arthur Waley 来。到 Dr. Eileen Power 家中吃晚饭，会见她的朋友瑞典人 Miss Lindgren。(据《日记》)

12月11日 请 Miss Freda Fliegelman 吃日本饭。温君请胡适到他家中吃晚饭，饭后同去看戏 *First Year*。读 Will Durant's Voltaire 传。(据《日记》)

12月12日 常道直、刘乃诚、郦堃厚来长谈。下午赴"旅英各界华人会"的茶会，略演说。到 Mr. Arnold Toynbee 家吃饭，"此君论国际事最有见地，熟于史事，甚可敬。我与他谈起中国由中古变为近世，大似欧洲之由中古变为近世，其中相类似之点大有'暗示'的作用"。(据《日记》)

同日 江冬秀复函胡适，告：隔壁房子由凌叔华及一位廉先生租下。认为胡思齐结婚请人太多。想念素斐。(《胡适遗稿及秘藏书信》第22册，405～407页)

12月13日 到 B. M. 读敦煌卷子，其中有许多是巴黎已见过的。与 Miss Fligelman 同去吃饭，遇陈代办。到 Student Movement House 演说，说完后有辩论。读 C. T. Gorham's Ingersoll 小传。(据《日记》)

12月14日 胡适到 B. M. 读书。Dr. Anglad Christie 来谈。到 1900 Club 演说。读完 Ingersoll 小传。(据《日记》)

12月15日 胡适到 Victoria St. 送张兴之夫妇归国。到 B. M. 读书。Mrs. Sanger 邀吃饭，会见 Mrs. How-Martin、Mrs. Chance。Waley 邀吃便饭，久谈。(据《日记》)

12月16日 胡适到 B. M. 读书。晚上读 I. M. Robertson's Gibbon 传。(据《日记》)

12月17日 胡适到 B. M. 读书。Mr. & Mrs. Silcock 邀胡适同往 I. Doyle Penrose 家吃饭。晚读 Huxley 略传。是日日记又记：

今天是我的生日，满了三十五岁了。……百感交集，顾憾年来虚

度过许多年月,不曾做点实在工夫。自从去年九月底出京后,和我的"书城"分手太久了,真有点想念他。这一年多,东奔西走,竟不曾做一篇规规矩矩的作品。《老残》一序,《儿女英雄传》一序,《海上花》一序,《西洋近代文化》一文,如此而已!英国庚款事总算有点成绩。此外只是出来跑一趟,换了一点新空气,得了一点新刺激,于我有点好处。然而忙的要死,倦的不得了,身体上始终没有休息。巴黎、伦敦两地的读书,可算是今年的大成绩。今天过生日,终日在 B. M. 里校读敦煌卷子,总算是一种最满意的庆祝仪式了。

按,据江冬秀 12 月 23 日来函,知胡适生日那天,家里来了很多客人,很热闹。(《胡适遗稿及秘藏书信》第 22 册,408～409 页)

12 月 18 日　胡适到 B. M. 把检出的敦煌卷子读完。晚,到 Mr. George Eumorfopoulos 家吃饭,并参观他收藏的美术品。是日日记又记:

校书最难。第一要得最古本,愈古则脱误越少。古本不可得,则多求本子,排比对看,可得一最近"母"本的本子。昨日校《修心要论》,往往于劣本中得好解。劣本往往出于不通文字的人;因为他不通文义,故其错误处易见,而其不错误处最可宝贵。

12 月 19 日　今天来客:邱祖铭、叶元龙、刘振东、赖绍周、Yetts。去罗素家吃茶,会见他的夫人,见着他们的儿子 John,女儿 Kate。应 Yetts 的请求,胡适对其所译《营造法式》的陶湘序作修改,借机知道了《营造法式》的历史,略作札记。(据《日记》)

同日　许德珩、劳君展复函胡适,告中山大学愿付回国川资,但恐怕无法解决此间债务问题。又请胡适帮忙出版《茶花女》的译本。《胡适遗稿及秘藏书信》第 33 册,129 页)

12 月 20 日　胡适到 Friends' House 与 Silcock、Hautains、Nicolls 谈论传教问题。与 Silcock 同去吃日本饭。到使馆。到 Pioneer Club,赴 Mrs. Young's 茶会,见着她的姊姊 Mrs. Nicolson。胡适初以为 Asclepius 是一个人。

承 Dr. R. W. Livingstone 赠送一部 *The Pageant of Greece*，始知 Asclepius 是一个神。（据《日记》）

12月21日　Mr. Tom Jones 邀饭，会见一班"政府公仆"，请胡适略谈中国问题。晚，与 Lord Buxton 夫妇谈。认为 Lord Buxton 是一个极有气度的政治家。读 Lord Buxton 著的 General Batta 传。（据《日记》）

12月22日　胡适与 Lord Buxton 出游。返伦敦。到 Dr. Burns 家吃茶，会见 G. Lowes Dickinson，相谈甚久。胡适日记有记："他说，前时颇关心死后灵魂灭否的问题，现在更老了，反不觉得此问题的重要了。他问我，我说，全不愁此事。即使我深信死后全归于尽，我决不介意；我只深信一生所作为总留下永永不灭的痕迹：善亦不朽，恶亦不朽。他很以为然。"写长信与 Lord Buxton，讨论英外部拟的修正赔款案的草案。（据《日记》）

同日　胡适有一函与 Lord Buxton，谈及：

I am very grateful to Your Lordship for the privilege of seeing the text of the Amendment to the China Indemnity Act. The text as a whole seems quite satisfactory...

I am very glad indeed that the principle of a Chinese majority in the Board of Trustees is to be stated in the text. But may I venture to suggest that it seems unnecessary to specify "a majority of one".

...

It seems most desirable that the new Act which speaks for the Government of Great Britain should be more generous and more liberal in tone and in spirit than our Report which merely embodies the summaries and compromises of our individual opinions. It will no doubt greatly improve the tone of the new Act if the words "of one" be left out. By thus establishing a Chinese majority without too strictly limiting it, the new Act will produce the impression desirable that H. M. Government is, to use the words of the Secretary of State for Foreign Affairs, not only "anxious to demonstrate British goodwill to", but also "trust in the Chinese nation as a whole". （中国社科院近代史所藏"胡适档案"，卷号 E-90，分号 33）

12月23日　胡适与叶元龙、章洪楣久谈。晚，到 Yetts 家吃饭。（据《日记》）

同日　江冬秀致函胡适，请胡适到美国后代为问候杜威夫妇，嘱从美国买花旗参回来，生日时家里很热闹，等等。（中国社科院近代史所藏"胡适档案"，卷号 663，分号 4）

12月24日　胡适与陈代办同赴吉田公使饭约。与新从重庆来的 R. H. Davidson 餐叙。（据《日记》）

12月25日　胡适到 Silcock 家过圣诞节。（据《日记》）

12月26日　胡适会见 Jack Hall。到 Dr. Burns 家晚饭，遇 Dr. Edward Deller。（据《日记》）

同日　胡适致函顾颉刚，云：

……偶从陈彬龢兄处得知厦大近况，颇为叹息。经济为教育的基础；顷在欧洲观察大学教育，其科学设备殊不如美国之佳，其图书馆中之目录与管理皆不及美国，其所以如此者，有钱与无钱之别耳。此间 British Museum 藏书目录"i"与"j"不分，"u"与"v"不分；所以者何，目录起于早年，至今无钱作彻底的新目录，故因袭至今！Oxford 大学之书目尤可怪。

有一事报告。伦敦大学教授中古经济史的教员包威尔女士（Dr. Eileen Power）前几年曾到中国。她曾作马哥波罗略传，颇注意中古生活，有志要到东方去探险，想从北京起程，经历蒙古，出新疆，历西部回去，一一追游 Marco Polo 的往迹。她和一位女子 Miss Lindgren（瑞典原籍的美国人）想同去。她们自己预备了一点钱，现在要求美国一个机关帮助一笔钱作经费。行期约在1928（后年）年的三月间。

他们与我谈起此事，我很感动。我说，到了那时候，也许中国方面能邀集一班学者同行。两个女子能吃的苦，我们干不了吗？我想到张亮

1926年　丙寅　民国十五年　35岁

丞、陈万里、你和我。这四个人之中，也许有能同去的。问题只是钱。此事也许不难，我当设法。倘使四个人能同去，由蒙古到新疆，到了新疆，我们可以和她们分手，她们往西去，我们折回甘肃，研究周秦民族的遗迹，考察汉唐的遗迹，由陕西回去——这是多么有趣的事！

也许那时候西北已全入冯玉祥之手，治安较改良，旅行也可以更容易了。

月前见着伯希和，他说亮丞先生指出之宇罗不是 Marco Polo，另是一人；其人的历史伯希和考的甚详细。客中无书，不得代为检查。乞告亮丞一检。

亮丞所校注之 Marco Polo 游记，其已印出之一部分（地学会），请他寄二份，一与 M. Paul Pelliot（38 Rue de Varenne, Paris），一与 Rev. A.C. Moule（Trumpington Vicarage, Cambridge, England）。他们都是研究 Marco Polo 的专家。

我在 British Museum 读敦煌卷子的成绩远不如巴黎的好。此间有六千卷子，而可用的实不如巴黎之多。(《国立中山大学语言历史学研究所周刊》第1集第9期，1927年12月27日)

12月27日　胡适访 Dr. Power，会见 Dame Rachel Crowdy。赴 Elinhirst 约。(据《日记》)

12月28日　胡适请 Dr. Yow 诊视。日本学生茂木夫妇请吃晚饭。(据《日记》)

12月29日　胡适访 Dr. Giles。与叶元龙到 Rationalist Press Association 买书。与上村、田边敏行（T. Tanabe）吃茶。晚上请使馆中人、吉田公使及叶元龙吃饭。(据《日记》)

12月30日　胡适与 Ashton-Gwatkin 及 W. Strand 向 Rose 辞行不遇。向 Sir Charles Addis 辞行不遇。与 Dame Adelaide Anderson 谈一点多钟。叶元龙与章洪楣等为胡适饯行。晚上重写信与 Lord Buxton，论庚款新修正案的条文。(据《日记》)

同日　叶麐致函胡适，告 20 日前函寄佛洛依德《析心术五讲》之译稿原稿，未得胡适复信。倘胡适无暇介绍此书出版，请将稿件寄还，以便寄回国内请人卖出。(《胡适遗稿及秘藏书信》第 37 册，122 页)

　　12 月 31 日　胡适到使馆辞行。下午离伦敦。来送行的有吉田、Pratt、陈代办、吴南如、刘锴、叶元龙、章洪楣，中国学生来者甚多。是日日记又记：

　　　　偶尔翻查这一年的袖珍日记册，看册上记的约会，一时心动，戏为计算一遍。共计全年用此册子的日子只有一百九十三日，而有记的宴会（饭局与茶会）共计一百九十一次。平均每日有一次宴会，真不知糟蹋了多少可宝贵的光阴！

　　是年　胡适有一英文讲演，题目为 "What is Wrong with China?"

1927年　丁卯　民国十六年　36岁

1月11日，胡适抵纽约，旋应邀在哥伦比亚大学演讲多次。

3月21日，哥伦比亚大学授予胡适哲学博士学位。稍后，胡适重访绮色佳。

4月12日，胡适自西雅图搭轮返国，过日本时停留多日，5月20日抵上海。

5月，胡适购藏甲戌本《脂砚斋重评石头记》。

1月

1月3日　任鸿隽复函胡适，觉得英款咨询委员会的报告"很可满意"，"比日本庚款的办法高明多了"。又云：

> 此次你们委员会最重要的工作，第一是决定款子的用途，第二是董事会的组织。董事会组织最重要的一点，是完全由中国政府任命。这一层是对于Buxton原提案的一个大修正，也是异于日款办法的所在。你说目下中国不易找这样一个政府来任命第一期的董事，是一个漏洞，我说这倒是不妨事的。因为中国的统一政府迟早总是有的，不过时间问题罢了。
>
> 你致在君的电报，我极赞成。我尤希望在君此时就暂为脱离政治漩涡。……（《胡适遗稿及秘藏书信》第26册，538～540页）

同日　张慰慈复函胡适，请胡适小心攻击张彭春的钱某。询胡适哈佛

的约是否允诺，认为在目前时局下胡适在美国住上半年也是好事。丁文江医院养病颇为闲适，胡适骂丁之函被徐新六留中。(《胡适遗稿及秘藏书信》第34册，408～409页)

1月5日　顾颉刚日记有记：前日《思明报》上，载林校长对人说鲁迅之走，系由国学院内部分为胡适派与鲁迅派之故。开会时，万里质问之。(《顾颉刚日记》第二卷，3页)

1月6日　许德珩、劳君展复函胡适，感谢寄款，所借款项将于回国后一年内还清。又谈归国行程，又为回国后没有好的学问环境忧虑。(《胡适遗稿及秘藏书信》第33册，130～131页)

1月7日　徐志摩致函胡适，谈近来自己与陆小曼的"苦况"，提到丁文江、杨杏佛、张君劢、傅斯年、陈源夫妇、朱经农、王徵、蒋梦麟等人近况，又谈道：

……你的新来的兴奋，我也未尝不曾感到过……你在社会上是负定了一种使命的，你不能不斗到底，你不能不向前迈步，尤其是这次回来，你愈不能不危险地过日子……(《胡适遗稿及秘藏书信》第32册，78～84页)

同日　张子高复函胡适，感谢胡适汇30英镑过来。认同胡适所言：在国外不忍不为国民党鼓吹。又谈及傅斯年与胡适畅谈时被胡适折服等事。(《胡适遗稿及秘藏书信》第34册，6～8页)

1月10日　胡适写成《海外读书杂记》，将自己在巴黎、伦敦查阅的敦煌卷子中一些零碎的材料，"整理出几件来，送给留英学生会的杂志主任，也许可以引起海外留学的朋友们的注意"，希望他们也到这破纸堆里去掏摸一点好材料出来。共以下几部分："敦煌写本的略史""敦煌卷子的内容""神会的'显宗记'及语录""所谓'永嘉证道歌'""《维摩诘经唱文》的作者与时代"。(此文收入《胡适文存三集》卷4)

1月11日　胡适抵纽约，刘聪强与赵任来接。到 China Institute，见着郭鸿声。赴 China Inst. 餐会，演说 "The American Conquest of China"，Dr.

Paul Monroe、Dean Russell 都有演说。到 Teacher's College，与 Dr. Monroe 到他家中吃饭。住 Town House Hotel。(据《日记》)

按，本年引用胡适日记，1927 年 2 月 5 日之前者，据《胡适的日记》手稿本第 6 册。其后的日记，则据联经版《胡适日记全集》第 4 册。

1 月 12 日　胡适到哥伦比亚大学，见着杜威。见 Mr. A. C. Goodrich，商量胡适讲演事。到图书馆中文部，略翻中国书，检出宗密的《禅源诸诠集》，略一翻看，始知其中所述宗派，非有此次发现的敦煌材料，决不能明白。买得轰动一时的 Will Durant's *The Story of Philosophy*，此书受许多人好评，"却不曾有人知道此书原散见于 Little Blue Books 之中"。(据《日记》)

同日　徐新六致函胡适，谈及丁文江现状，重点是谈对胡适思想转变的看法：

兄西游后，政治思想颇多更变，在各处通讯中所见兄之议论，弟所赞成者甚多。例如对于俄国革命态度之修正，认为对于全世界之大 challenge，调和稳健即是因循苟且，以及我辈政治活动能力之薄弱，均是无可驳击。但是俄国革命对于旧式之社会虽有震撼摧拉之力，我辈亦不能见其力大而即以为是。犹之乎西欧社会之组织经此震撼，未经摧拉，我辈亦不能认为即应存在之证也。俄国革命之特色，一为政治上党治之试验，一为经济上共产之试验。共产未能成功，而行其所谓新经济经策，然亦不能谓其说即可废，故我辈当平心静气研究此二点之是否，以及对于我国此时是否为对症之良药。如其不然，当研究出一方案来，徒为消极之 anti 确是无聊的。弟所希望于兄者，对于政治如尚未用过上述几层工夫以前，不必急提方案，而却不可不苦用一番工夫，或可终于提出一个方案。(《胡适遗稿及秘藏书信》第 32 册，242～244 页)

1 月 13 日　胡适到哥伦比亚大学，见着 Dr. John Cose；见着桂君。到杜威家，探视 Mrs. Dewey 的病。与杜威及 Miss Evelyn Dewey 谈甚久。到

Prof. Bud 家中，赴哲学会。见着 Cohen、Mortague、Sheldon、Bakewell、De Lagnlie、Singer、Lyner 等，皆哲学家。写长信与韦莲司小姐和 Prof. Thilly。(据《日记》)

1月14日　Mrs. Rublee 邀胡适吃饭。到 C. I. 与郭秉文商定日程。Mrs. Simon Ford 请看戏，演的是 *Caponsacchi*。写一信给 Prof. M. W. Sampson。(据《日记》)

同日　晚，胡适在哥伦比亚大学为中国留学生演讲。说留学生有用英文的机会，切不可错过，又感叹这 10 年"美国的进步真快"。又说：

> 理想的学者，是象埃及国的金字塔，塔顶既然高，塔底也大，塔顶从四方斜与下部相接。这样人的学识，有高出群众的地方，同时他的知识又与群众紧接连着，他在几方面如同运动，音乐，宗教，诗歌等等都有兴趣。
>
> …………
>
> 求学的标际〔准〕，一是个人的兴趣，一是社会的要求，二者必有其一，或是二者兼用。……社会的标准对于求学上是无用的，全看你本人的兴趣，倾向。假若你是一等的诗人而勉强成了第五六等的数学者，两方面都不上算，社会上失落了一个一等的诗人，你自己也失落了应得的乐趣。我若是退到十年前的我，再在哥伦比亚求学，我必定多学几门化学，物理学，地质学，生物学等，这些是我所缺少的，是我所欲多知道的……我希望诸位由博而专，专而且博，从博之中寻你自己 (Discover Yourself)。
>
> ……美国的精神是乐观，是能作……美国人因为乐观，对于一切事体，都抱着一个"我能"的主义，所以各方面的进步，非常迅速。欧洲人总小看美国，说美国无文化 (Culture)，文化幼稚，其实欧洲的文化，只是古老的，因袭的。……我们对于新文化的观念不能拘泥欧洲化式的说素。美国近四十年的文化，特创的点很多，是可超越欧洲百年的进步，像杰姆斯、杜威一流人都是推陈出新的学者，是世界的

人物，所以我觉得在美国留学是很值得的。(《兴华》第 24 卷第 10 期，1927 年 3 月 23 日）

同日 胡适致函韦莲司小姐，告因在哥伦比亚大学演讲，故不能尽早到绮色佳，又云：

> 我写了一封长信给 Thilly 教授，向他报告我的近况。我很难过他以为我对哲学系没有兴趣。其实，我对哲学系教授的感激是超过他们所知的。我在康奈尔人缘太好，活动太多，这对我的功课是不好的。Thilly 教授从不掩饰，他对我外务太多感到不快。别的教授，尤其是 Creighton 教授也觉得不高兴。……
>
> 我的哲学教授们对我所做最好的一件事是他们在 1915 年没让我通过哲学系圣哲奖学金的〔申请〕。这个事情把我从睡梦中惊醒。为了自己能专心于学业，我决定把自己隐没在一个像纽约这样的大都市里。在 1915 到 1917 两年之间，我非常用功。这些刺激全是来自康奈尔的教授。我不想让他们失望，他们所寄望于我的，显然比我表现出来的要高。
>
> ……我经常把这个故事告诉我在北京的学生……我告诉他们"成功常常惯坏一个年轻人，而失败却能致以激励"。我的事业是由两个重大的失败所决定的：第一件是 1910 年的一个夜晚，我喝得大醉，和巡捕打起来了，并受了轻伤——这件事让我反省，结果我进了美国大学；第二件是我在康奈尔没取得奖学金，这让我用功学习，并试着为自己赎罪。
>
> …………
>
> ……我总是把你想成一个永远激励启发她朋友思考的年轻的克利福德（Clifford）。我会永远这样想念你的。(《不思量自难忘：胡适给韦莲司的信》，158～160 页）

1 月 15 日 胡适与郭秉文同到 Cosmopolitan Club（a Women's Club）

赴 Mrs. Simon Ford 的饭局。遇见 Dr. Charles Fleischer，此人一牛崇拜 Democracy，终身宣传 The Philosophy of Democracy，因而邀他到寓中畅谈。到中国学生会讲演，略述 10 年回顾的感想。(据《日记》)

1 月 16 日　会客颇多。(据《日记》)

同日　张慰慈复函胡适，云"……北京的局面是差不多到了法国革命时代的 Reign of terror 了"，"你前天寄来那篇文章的意思是很好，我个个字都同意"。又云："清华的事听说是发源于前几月曹云祥有一个较好的 offer，学校内有几个人就想到你做他的继任人物，并且他们都承认你是 the most acceptable person，但近来曹云祥别处的 offer 不说起了，所以这事也好像是暂时终止了。我也觉得这个学校比北大有可为，如果没有别种问题，很可以试他一试。"(《胡适遗稿及秘藏书信》第 34 册，410～413 页)

1 月 17 日　Asia 主任 Froelick 来谈；到"生育节制会"，有短的谈话。(据《日记》)

1 月 18 日　胡适到哥伦比亚大学图书馆读书，预备讲演。访 Austin P. Evans，他送胡适一部 Thomas Francis Carter's *The Invention of Printing in China and Its Spread Westward*。略作札记。读宗密《禅源诸诠集序》，有摘记。(据《日记》)

同日　胡成之致函胡适，告：《国学季刊》在胡适回来前出版无望；绩溪亦遭兵燹；《胡适文存》有人在盗印，已经查出翻印之人并告诉汪孟邹；仆人阎海死于脑充血。(中国社科院近代史所藏"胡适档案"，卷号 1517，分号 3)

1 月 19 日　胡适读《春秋繁露》，有摘记。旧同学 Robert Plaut 来谈，因知同学 Bill Edgerton、Eluer Biller 诸人的消息。(据《日记》)

1 月 20 日　胡适到哥伦比亚大学读《论衡》，摘记之。管复初邀吃夜饭，会见李文卿夫妇及通运公司诸人。(据《日记》)

1 月 21 日　胡适到哥伦比亚大学读书。Hodus & Goodrich 邀吃中饭；Harold Riegelman 邀吃晚饭。检元稹《长庆集》，略有摘记。(据《日记》)

1 月 22 日　汪敬熙自 Baltimore 来谈。访旧友 Miss Nellie B. Sergent。

北大同学13人请胡适吃饭。(据《日记》)

1月23日　汪敬熙、李树棠、杨亮功来，长谈。作一短文，译元稹《长庆集序》，并附小论，寄与Pelliot。(据《日记》)

1月24日　Dr. Norman F. Coleman（President of Reed College, Portland, Oregon）要胡适去讲演，却劝胡适不要表示反对基督教的态度，胡适大不高兴。到China Instit.与郭秉文谈。写讲演大纲。(据《日记》)

1月25日　胡适写讲演稿的第二讲。胡适与郭秉文到Lewis S. Gannett家吃饭，同席有Dr. Charles A. Beard夫妇，谈论历史的问题：

> 有一个问题很有趣："何以中国这一二百年中的进步远不如西洋之大？"
>
> 我提出几个答案：①中国在统一的帝国之下，没有竞争的必要，没有"政治的殖民政策"的必要，故每种进步到一可以勉强应用的时期，就停止了。欧洲的列强竞争甚烈，有意的增加国际贸易，有意的发展工业，有意的提倡殖民政策，皆是中国缺乏的因子。②鸦片之为害。中国吃了印度的两种麻醉剂：先吃了一服精神上的鸦片——佛教；后吃了一种物质上的麻醉剂——鸦片。三百多年之中，鸦片把中国变成了一个病夫国。③十九世纪初年，嘉道的学风还在，到阮元、林则徐等还不曾表现大弱点。十九世纪中叶的洪杨之乱毁了国中最富庶、最有文化的几省。这也是一个大原因。
>
> 后来我们泛论历史，我提出一个见解：历史上有许多事是起于偶然的，个人的嗜好，一时的错误，无意的碰巧，皆足以开一新局面。当其初起时，谁也不注意。以后越走越远，回视作始之时，几同隔世！如造字一事，西洋文字与中国文字同出于会意象形之字。其初起全是偶然的。西方之倾向字母，也是偶然的；然而几千年后，两大组的文字便绝不同了。如显微镜的发明是偶然的。然而三百年来，科学受他多少影响。又如缠足，起初不过是宫廷一二人的作始，贵族妇人从而效之，平民又从而效之，越学越小，遂成为当然的事了。语言文字史

的改革，最多明显的例。"之"字变为"他"，是怎样来的？多数的"们"字是怎样来的？英文中"I""J"的分开，"U""V"的分开，是怎样来的？美国人把 honour, labour 等字里的"u"都去了，是怎样来的？英国人下午吃茶是怎样来的？"其作始也简，其将毕也巨"，可不是吗？

　　Prof. Beard 因作一公式道："Accident+Imitation=History"（偶然加模仿＝历史）。他很赞成此说。他说，史家往往求因果，其实去题甚远。有许多大变迁，与其归功于某种原因，如经济组织之类，远不如此偶然与模仿说也。试问缠足能以经济组织来解释否？"之"字变成"他"，能用经济来解释否？（据《日记》）

1月26日　写讲演稿。Miss Watson 和 Mrs. Jackson-Fleming 邀吃晚餐。（据《日记》）

1月27日　The Nation 编辑部同人邀胡适吃午饭，饭后胡适应邀谈话半点多钟。花旗银行副经理 Mr. Currie 来谈。访 Miss Sergent，遇见她的同事 Miss Shaw & Miss Page。（据《日记》）

1月28日　胡适到哥伦比亚大学读书，翻《唐大诏令集》。访杜威。写讲演稿；读《拾遗录》一卷。（据《日记》）

1月29日　杜威邀吃饭，见着他的儿子 Fred，确有点"Hardened up"，武断得厉害。"一个大哲学家的亲儿子就不肯虚心思想，使人叹教育之力之弱小！"访郭秉文，小谈。（据《日记》）

1月30日　胡适与郭秉文、张领事谈文化问题。北大学生娄学熙来谈。他的论文是"儿童法庭"。胡适觉得题目很好。（据《日记》）

1月31日　终日写讲义，不曾出门。（据《日记》）

2月

2月1日　终日写讲义，不曾出门。日记有记：

　　我的哲学讲演题为："中国哲学的六个时期"。

一、第一次造反，第一次调和，第一次反动。（600—200 B.C.）

二、统一的时期（200 B.C., 300A.D.）

　　（一）第一次统一（道家）

　　（二）第二次统一（儒教）

　　（三）反抗（王充至魏晋）

三、佛教的征服中国，与中国的反抗（300A.D.—1100）

四、中国哲学的复兴（1050—1150）

五、理学的时期（1150—1650）

六、反理学的时期（1650—1850）

我本想随便讲讲，后因为要节省时间，决计写出来；现在越写越有趣，于我自己很有益处，决计用心写出来，预备将来修正作一本英文书。

我的《哲学史》上册，先作英文的《名学史》。今又先作英文的全部《哲学小史》，作我的《新哲学史》的稿子，也是有趣的偶合。（据《日记》）

同日　胡适致函韦莲司夫人和韦莲司小姐，为再次延后至绮色佳致歉，并告将会在哥伦比亚和哈佛讲座结束以后再去绮色佳。（《不思量自难忘：胡适给韦莲司的信》，161 页）

2月2日　Froelick 邀胡适吃饭，会见 Harcourt & Brace & Co. 的编辑主任 Mr. Smith，他要胡适的书交他们出版。访杜威，他赞成胡适把讲演的草稿书写成付印。到 Bob Plaut 家吃晚饭。连日写讲演，深有所得，日记略记一二。（据《日记》）

同日　顾颉刚致函胡适，谈厦门大学的风潮，又对胡适将来是否从事政治活动有所建言：

有一件事情我敢请求先生，先生归国以后似以不作政治活动为宜。如果要作，最好加入国民党。……国民党是一个有主义、有组织的政党，而国民党的主义是切中于救中国的。又感到这一次的革命确比辛

亥革命不同，辛亥革命是上级社会的革命，这一次是民众的革命。……先生归国以后，名望过高，遂使一班过时的新人物及怀抱旧见解的新官僚极意拉拢，为盛名之累。现在国民党中谈及先生，皆致惋惜，并以好政府主义之失败，丁在君先生之为孙传芳僚属，时加讥评。民众不能宽容：先生首唱文学革命，提倡思想革命，他们未必记得；但先生为段政府的善后会议议员，反对没收清宫，他们却常说在口实。……先生此次游俄，主张我们没有反对俄化的资格，这句话也常称道于人口。……我们这辈人，理智太强，到处不肯苟同，这原不错；但这只能在学问上用，不能在政治上用。在政治上，不能不先顺从了民众而后操纵民众。现在民众服膺中山先生的三民主义，努力于主义的工作，这是很好的事情。至于虚心，宽容，研究，观察，这原是说不到的。……先生在文化上使命巨大，不值得作无谓的牺牲……（《胡适遗稿及秘藏书信》第42册，328～334页）

2月3日　门禄博士请胡适吃饭，邀了杜威、Woodbridge、Jones、Birky诸先生，谈得很久。到大学图书馆。晚上与郭秉文到Mrs. W. M. Crane家吃饭。7个月内可与谈的妇人仅有Mrs. W. M. Crane、Miss Power、Miss Evelyn Dewey。（据《日记》）

2月4日　胡适在哥伦比亚大学演讲。到International House吃茶。Prof. N. T. Bush请胡适吃饭，会着巴黎大学的Prof. Gilson，又得见Prof. Felix Adler、Woodbridge、Singer、Morris Cohen、Mortague等，旧同学Edman也在。饭后，"Gilson说他四年前在俄国助赈的事，把俄国说的真不成人世界！他似不很信俄国近年的进步"。（据《日记》）

2月5日　胡适午睡时梦见女儿素斐，大哭，写悼诗一首，诗中有这样的句子：

　　今天梦里的病容，
　　那晚上的一声怪叫，
　　素斐，不要叫我忘了，

永永留作人们苦痛的记号!(据《日记》)

同日　胡适致函江冬秀,谈因梦见女儿素斐而大哭,并写悼诗事。函中云:"我想我很对不住她。如果我早点请好的医生给她医治,也许不会死。我把她糟掉了,真有点罪过。我太不疼孩子了,太不留心他们的事,所以有这样的事。今天我哭她,也只是怪我自己对她不住。"(《胡适遗稿及秘藏书信》第21册,341～345页)

同日　顾颉刚日记有记:兼士先生与我相处3年,而处处疑忌我为胡适之派,我反对伏园、川岛全是为公,而彼对人扬言,以为是党争。(《顾颉刚日记》第二卷,13页)

2月7日　胡适致函彭学沛,谈整理国故的工作:

你说整理国故的一种恶影响是造成一种"非驴非马"的白话文。此话却不尽然。今日的半文半白的白话文,有三种来源。第一是做惯古文的人,改做白话,往往不能脱胎换骨,所以弄成半古半今的文体。梁任公先生的白话文属于这一类;我的白话文有时候也不能免这种现状。缠小了的脚,骨头断了,不容易改成天足,只好塞点棉花,总算是"提倡"大脚的一番苦心,这是大家应该原谅的。

第二是有意夹点古文调子,添点风趣,加点滑稽意味。吴稚晖先生的文章(有时因为前一种原因)有时是有意开玩笑的。鲁迅先生的文章,有时是故意学日本人做汉文的文体,大概是打趣"顺天时报派"的;如他的《小说史》自序。钱玄同先生是这两方面都有一点的:他极赏识吴稚晖的文章,又极赏识鲁迅弟兄,所以他做的文章也往往走上这一条路。

第三是学时髦的不长进的少年。他们本没有什么自觉的主张,又没有文学的感觉,随笔乱写,既可省做文章的工力,又可以借吴老先生作幌子。这种懒鬼,本来不会走上文学的路去,由他们去自生自灭罢。

这三种来源都和"整理国故"无关。……

平心说来,我们这一辈人都是从古文里滚出来的,一二十年的死

工夫或二三十年的死工夫究竟还留下一点子鬼影，不容易完全脱胎换骨。即如我自己，必须全副精神贯注在修词造句上，方才可以做纯粹的白话文；偶一松懈……便成了"非驴非马"的文章了。

大概我们这一辈"半途出身"的作者都不是做纯粹国语文的人，新文学的创造者应该出在我们的儿女的一辈里。他们是"正途出身"的；国语是他们的第一语言；他们大概可以避免我们这一辈人的缺点了。

但是我总想对国内有志作好文章的少年们说两句忠告的话。第一，做文章是要用力气的。第二，在现时的作品里，应该拣选那些用气力做的文章做样子，不可挑那些一时游戏的作品。

其次，你说国故整理的运动总算有功劳，因为国故学者判断旧文化无用的结论可以使少年人一心一意地去寻求新知识与新道德。你这个结论，我也不敢承认。

国故整理的事业还在刚开始的时候，决不能说已到了"最后一刀"。我们这时候说东方文明是"懒惰不长进的文明"，这种断语未必能服人之心。六十岁上下的老少年如吴稚晖、高梦旦也许能赞成我的话。但是一班黑头老辈如曾慕韩、康洪章等诸位先生一定不肯表同意。

那"最后一刀"究竟还得让国故学者来下手。等他们用点真工夫，充分采用科学方法，把那几千年的烂账算清楚了，报告出来，叫人们知道儒是什么，墨是什么，道家与道教是什么，释迦、达摩又是什么，理学是什么，骈文律诗是什么，那时候才是"最后的一刀"收效的日子。

……还得双管齐下。输入新知识与新思想固是要紧，然而"打鬼"更是要紧。……

…………

……你且道，清醒白醒的胡适之却为什么要钻到烂纸堆里去"白费劲儿"？为什么他到了巴黎不去参观柏斯德研究所，却在那敦煌烂纸堆里混了十六天的工夫？

我披肝沥胆地奉告人们：只为了我十分相信"烂纸堆"里有无数无数的老鬼，能吃人，能迷人，害人的厉害胜过柏斯德（Pasteur）发现的种种病菌。只为了我自己自信，虽然不能杀菌，却颇能"捉妖""打鬼"。

这回到巴黎、伦敦跑了一趟，搜得不少"据款结案"的证据，可以把达摩、慧能，以至"西天二十八祖"的原形都给打出来。据款结案，即是"打鬼"。打出原形，即是"捉妖"。

这是整理国故的目的与功用。这是整理国故的好结果。

……用精密的方法，考出古文化的真相；用明白晓畅的文字报告出来，叫有眼的都可以看见，有脑筋的都可以明白。这是化黑暗为光明，化神奇为臭腐，化玄妙为平常，化神圣为凡庸：这才是"重新估定一切价值"。他的功用可以解放人心，可以保护人们不受鬼怪迷惑。

西滢先生批评我的作品，单取我的《文存》，不取我的《哲学史》。西滢究竟是一个文人；以文章论，《文存》自然远胜《哲学史》。但我自信，中国治哲学史，我是开山的人，这一件事要算是中国一件大幸事。这一部书的功用能使中国哲学史变色。以后无论国内国外研究这一门学问的人都躲不了这一部书的影响。凡不能用这种方法和态度的，我可以断言，休想站得住。

梁漱溟先生在他的书里曾说，依胡先生的说法，中国哲学也不过如此而已（原文记不起了，大意如此）。老实说来，这正是我的大成绩。我所以要整理国故，只是要人明白这些东西原来"也不过如此"！本来"不过如此"，我所以还他一个"不过如此"。这叫做"化神奇为臭腐，化玄妙为平常"。(《胡适文存三集》卷2，207～212页)

2月9日　梅光迪复函胡适，谈及为胡适接风事，又谈道：

……我向来只愿作个狷者。近来饱阅世变，尤想萧然物外，趋于旷达一流，那肯和他人争一日的短长。若你始终拿世俗眼光看我，脱不了势利观念，我只有和你断绝关系而已（你这回来，我或请你吃饭，或不请，到那时看我的兴趣如何再定）。

我的白话，若我肯降格，偶而为之，总比一般乳臭儿的白话好

得多。但是我仍旧相信作小说戏剧可用白话，作论文和庄严的传记（如历史和碑志等）不可用白话。(《胡适遗稿及秘藏书信》第33册，478～479页）

2月20日　胡适致函韦莲司小姐，告自己计划3月4日离开波士顿，直接去绮色佳。感谢韦为自己向Thilly教授解释，"他写了一封很好的信给我"。感谢寄剪报来。(《不思量自难忘：胡适给韦莲司的信》，162页）

2月23日　王卓然致函胡适，云：听说胡适来美，不胜欢喜。外国人对中国的知识，不是谬误，就是皮毛，胡适此来必能纠正不少。又希望拜会胡适。(《胡适遗稿及秘藏书信》第23册，637～638页）

2月　陆丰县长李秀藩致函江冬秀，归还吴康在巴黎所借胡适的款子大洋110元。（中国社科院近代史所藏"胡适档案"，卷号1162，分号2）

3月

3月1日　顾颉刚在日记中记鲁迅排挤他的原因有四，其中之一为"我为适之先生之学生"。(《顾颉刚日记》第二卷，22页）

3月2日　高梦旦复函胡适，告影印殿本二十四史已售完不再版，现拟印古本各史目录，但须二年方能印完。高仲洽已经痊愈。(《胡适遗稿及秘藏书信》第31册，322页）

3月5日　胡适致电Nicholas Roosevelt，谈对Frederick Moore发表的通讯的感受：

> Strongly resent Frederick Moore's recent correspondence, at such critical times, such attitude of reactionism and especially of ridicule cannot achieve anything except illfeeling. A man still believing monarchy for China and joking about a great national movement is absolutely unfit to represent a great paper like *The Times*.（中国社科院近代史所藏"胡适档案"，卷号E-108，分号14）

3月11日　胡适复函Miss Ogden云，感谢3月5日来函，很高兴参加3月16日演讲之前的晚宴。（中国社科院近代史所藏"胡适档案"，卷号E-105，分号4）

按，3月5日，Esther G. Ogden致函胡适云：欣闻您将于3月16日为外交政策协会在世界学生会演讲"The Modern Chinese Renaissance"，委员会也将为您举行小型晚宴，敬请回复是否接受此邀约。（中国社科院近代史所藏"胡适档案"，卷号E-310，分号11）

3月21日　哥伦比亚大学授予胡适哲学博士学位。（中国社科院近代史所藏"胡适档案"，卷号2384，分号1）

3月30日　韦莲司小姐致函胡适，此信断断续续写了一周，有关内容见本年4月5日条。（中国社科院近代史所藏"胡适档案"，卷号E-380，分号1）

3月31日　胡适给韦莲司小姐一张明信片，告自己安抵丹佛，"已做了3次演说，明天下午离开前，还有3次！"又谈及自己游览了落基山，参观了少年法庭。又云："然而整个〔美洲〕大陆也阻隔不了我对绮色佳的魂牵梦系。"（《不思量自难忘：胡适给韦莲司的信》，164页）

4月

4月3日　胡适在旧金山为当地华侨讲演"新文化运动的过去及将来"，大意谓：

新文化运动，也就是革命运动，可分做四步来说。

（一）文学革命

（二）思想革命

（三）社会革命

（四）政治革命

民国三四年间，袁世凯擅权，旧势力依然存在。政治现象黑暗无光。所有从前的革命势力者，和有功民国的人物，均异常失望。……

中国政治现象坏到这步田地，仅用政治的手段，是没有办法的。因为革命是要以思想为基础，方可有真正的革命。……辛亥革命可以说是种族革命成功，而政治革命毫无基础。故欲达政治革命目的，非将世界的思想搬到中国去，使与中国发生关系，使中国人的思想根本上起变化不可。欧洲近代灿烂的文明，是由"文艺复兴"来的。所以我们要想改造中国，也需要一个"中国的文艺复兴"。

但是应从何处下手呢？答案是：从文学革命下手。

中国人的思想，所以深深的被束缚着，就由于言文背驰，太远太久。古文艰深，非费十年二十年的工夫，不能写信作文。因此教育不能普及，思想不能发达。……

二千年来，中国人都奉文言为正宗，文人争以能摹仿古人的死文学自豪。……

我对于文学革命有两个方法：（一）历史的方法。（二）尝试的方法。略为解释如下：

（甲）历史的方法　怎样叫历史的方法呢？就是用历史的眼光来观察，可以证明白话文学，足为中国文学的正宗，而为新文化运动所必用的利器。……

（乙）尝试的方法　怎样叫做尝试的方法呢？这就是科学家的试验方法。科学家遇着一个未经实地证明的理论，便施行种种实验方法。再用试验的结果来批评那个理论的价值。我们认定文学革命须有先后的程序，先要将文学的体裁大解放，才可做新思想新精神的运输品。换句话说，若要造出一种活的文学，必须用白话来做文学的工具。……

……这个运动［按，指五四运动］的发生，既（即）和文学革命有关。文学革命又因这个运动，更为进步。因"五四运动"发生以后，出版物如潮涌一般的出现，几乎全是用白话的。……

…………

广东话多含古音，却与中国本部十分之九的今音多有不同。可以说，广东人在言语上是很守旧的。但是广东之于中国，在商业上，在文化上，都占重要的位置，都是最新的。在言语上，却这样的守旧。我想，这是广东人急应设法救济的。救济的唯一方法，就是要学国语。假设将来我再有机会对诸君演说，能够直接与诸君讲谈，不必请翻译先生，那就是国语统一的效用。

……………

文学革命的成绩，既如上面所说。思想的革命便随着发生，因为文学的体裁既解放，新的思想得着传播利器，就蓬蓬勃勃的发育起来。对于社会上各种制度，都要重新去估定价值。一时发生的各种问题，如婚姻问题，宗教问题，教育问题，民生问题，遗产问题，贞操问题，大家庭小家庭问题等等，都应用新文学来讨论和批评。旧时传统的思想，不合时宜的思想，因受抨击而渐渐崩坏，同时又得外国学者如杜威，罗素，杜里舒诸人，到中国讲学。外国大思想家如易卜生，托尔斯泰，萧伯纳们的作品，也输入中国了。于是中国人的思想就大起变化，发生了思想革命。

思想界既经发酵，社会上自然发生革命现象。尤以一般青年人最不满意现状。……

我起首作文学革命工夫的时候，认为由文学革命引起思想革命，由思想革命引起社会革命，造就改革政治的基础，这就够得做了，所以打算在二十年内不谈政治。不料后来政治一天坏似一天，教育破产，实业破产，国立学校的教职员，和驻外的公使领事，欠薪至二十几月。政府腐败到了这样程度，逼着我们不能不谈政治。所以近年我和我的同志们也发表过好几次政见。

自从民国八年以后，学生运动影响全国。各政党均认学生为一种新势力，欢迎他们的合作。……于是青年又有由社会革命参加政治革命的机会了。兼以各种对外运动，取得经验不少。由讨论更进一步，即是实行。北伐军之所以所向无敌，从前的学生运动，是无组织的，

现在是有组织的。从前是无主义的，现在是有主义的。从前是无纪律的，现在是有训练的。从前是感情的，现在是理性的。从前是暂时的，现在是永久的。从前是无实力的，现在是有实力的。这就是文学革命以来青年组织势力的发展。结果，便使现时的政治改革容易得多。

不过单靠政治改革，还不够，打倒了专横的军阀，还不算真正的革命。以后的问题多着呢！我以为中国新文化运动的将来，还该在物质方面注意。……设法增进国人的物质幸福，也是新文化运动的重要部分。（转引自肖伊绯：《1927年：胡适首次为华侨讲解"新文化运动"》，《胡适研究通讯》2019年第2期，28～31页）

同日　胡适致函韦莲司小姐，告自己已到旧金山，又云："……在过去悠长的岁月里，我从未忘记过你……我要你知道，你给予我的是何等丰富……我们这样单纯的友谊是永远不会凋谢的。"（《不思量自难忘：胡适给韦莲司的信》，165页）

同日　韦莲司小姐的母亲 Harriet Williams 致函胡适，非常怀念胡适此次来访，并因自己健康不佳而不能与胡适多谈而感到遗憾。又退还胡适送给韦家管家的小费。（中国社科院近代史所藏"胡适档案"，卷号 E-384，分号 1）

4月5日　韦莲司小姐在给胡适的信中说："我〔在信中〕不会写任何东西是对你妻子不忠实或不体贴的（我相信并没有这样的东西在我心中）。你妻子一定是非常爱你的。把你看作是我少有的一个好朋友，这并不是对她〔你妻子〕的不忠。你总是给我心智上的启发，我非常喜欢，我并不要任何其他的东西。你们两人（胡适与江冬秀）同是一个不合理制度下的牺牲品。她可能不很清楚，而你是完全了然的。你有许多许多机会，而她却没有，结果问题当然是出在对情况清楚的那个人的身上。"次日又写道："让你走，是如此的艰难，老友——但是你留下来也不会有什么好结果。生命充满了离合聚散，在离合和聚散之间，我们工作。"（《胡适与韦莲司：深情五十年》，79～80页）

1927年　丁卯　民国十六年　36岁

4月9日　孟寿椿致函胡适云，在旧金山相聚，受教益不少，寄上照片3张。告李大钊被捕。胡适式的演说辞已开始发表。(《胡适遗稿及秘藏书信》第30册，176～177页)

4月10日　胡适致函韦莲司小姐，预祝其生日快乐，又云：

> 1920年有一天，我在天津，在搭火车回北京前还有几小时，我就进了一个旅馆，要了一个房间，准备写点东西。服务员带上房门出去以后，虽然街上的市声和车声从窗中涌入，但我却突然的感到一种奇特的寂寞！这时我才意识到：其实我一向很寂寞，我只是用不断忙碌的工作来麻醉自己，忘掉寂寞。只有在我停下工作的时候，我才全然的意识到这种奇特孤独之感。
>
> 你也许不能全然了解，生活和工作在一个没有高手也没有对手的社会里——一个全是侏儒的社会——是如何的危险！每一个人，包括你的敌人，都盲目的崇拜你。既没有人指导你，也没有人启发你。胜败必须一人承担！
>
> 在国家危急的时候，你觉得自己有义务独立思考，并发表与群众想法不同的意见。可是你发现整个群众以种种恶名加之于你，并与你为敌。这时，你又只有自己来给自己一些劝慰、支持和鼓励了。
>
> 我在海外的时候，我觉得有义务为国民党的理想做些辩护来更正一些歪曲和误会。可是，我知道在我回国以后，对现有的政治运动一定会采取比较批判的态度。在我前头的又是一场战斗。我将面对许多歪曲和群众的愤怒。
>
> 我在波特兰(Portland)的时候，P. W. Kuo博士发了一个电报给我说："收到以下电文：Kuo和胡适延缓归期。"这电文是由出版我书的上海商务印书馆馆长张元济签的字。
>
> 然而，我还是决定回去，我将在后天中午启航。我会在日本停留，在我决定下一步做什么之前，我会在日本仔细研究一下中国当前的情况……

我很疲倦。在旧金山的人要我在3天之内做了8次演讲；在波特兰的人要我在2天之内做了8次演说。我渴望到海上去，在摇摆的船上，看鲸鱼吐浪，欣赏无边的海天！在大海上做一只翱翔的海鸥！……（《不思量自难忘：胡适给韦莲司的信》，166～167页）

4月11日　胡适复函韦莲司夫人，为告给伍尔特（Walter）小费之由，并麻烦韦莲司小姐代买一册哲学系圣者学院（Sage School of Philosophy）所出1月号的《哲学评论》等事，又云："在府上的两次造访真是愉快极了……P. W. Kuo博士……劝我暂缓行期，待时局稍平静后再启航。我真想取消此行……可是，我强忍着这股'暂时不回中国'的冲动，而决定启航。"（《不思量自难忘：胡适给韦莲司的信》，168页）

4月12日　胡适自西雅图登轮返国。

同日　蒋介石令白崇禧派遣军队解除上海工人纠察队武装，捕杀共产党人，揭开"清党"序幕。

4月17日　胡适将高本汉的两篇论文的主要观点抄寄顾颉刚，请顾与钱玄同"看看"。（《国立中山大学语言历史研究所周刊》第1集第1期，1927年11月1日）

4月18日　南京国民政府成立。

4月19日　顾颉刚日记有记：鲁迅在此，造了我许多谣言（例如说我为研究系，称胡适之为世界上第一好人，陈通伯为世界上第二好人……）。（《顾颉刚日记》第二卷，38页）

4月24日　胡适致函Mrs. Rublee，云：

... We have been 12 days on the Ocean and now Japan is in sight. We shall land at Yokohama in 2 hours' time. On the whole, the trip has been pleasant and restful. I am going to stop over in Japan for about 2 weeks before returning to China.

I do not know who will be able to go to Geneva to attend the Conference on Population. I shall try to get somebody to represent China there; I

1927年　丁卯　民国十六年　36岁

shall write you later on this subject.

I think you may be able to secure a copy of my essay on "Is there a substitute for force in International Relations?" if you write to the "International Conciliation", which is in New York City. It was written in 1916.

I am going to write a book on "The Chinese Renaissance" which will tell the story of this movement with much documentation. For the present I hope you will get a copy of Tsi C. Wang's "The youth movement in China" (New Republic Press) which will tell you much about myself and my part in the movement....

By the way, I have at last succeeded in fulfilling my promise to Mr. Leach to write that 500 words statement on Christianity. He has acknowledged its receipt by radio...

The interview with whymant about Confucius' ghost voice is very disappointing indeed. I did not expect he would degrade himself so low. I wrote to him once that, in all textual criticism and commentary, wherever scientific research fails the only legitimate road open to us scholars is that of doubt and of "watchful waiting" for further evidence to turn up. We cannot take the shortcut: there is no shortcut in scientific scholarship. If ghost voices can help reading of ancient texts, then, let us drop all philological research to textual criticism and sit complacently at the feet of Mr. George Valiantine for textual mendings.

...

On this trip to Europe and America, I have met with so much warm reception and eulogy that I am beginning to feel they are more than is good for my spiritual health....（中国社科院近代史所藏"胡适档案"，卷号 E-108，分号 18）

4月26日　高梦旦复函胡适，云：

……吾兄性好发表意见，处此时势，甚易招忌，如在日本有讲授机会或可研究哲学史材料，少住数月，实为最好之事。(《胡适遗稿及秘藏书信》第 31 册，323 页）

4月28日 顾颉刚致函胡适，劝胡适万勿回北京，"先生一到北京去，他们未必不拉拢，民众是不懂宽容的，或将因他们而累及先生"。又云："从此以后，我希望先生的事业完全在学术方面发展，政治方面就此截断了罢。……先生在学问上的生命，我认为方兴未艾，可以开辟的新天地不知有怎样大，此中乐事正无穷尽。"(《胡适遗稿及秘藏书信》第 42 册，335～340 页）

4月 胡适的《国语文学史》由北京文化学社印行，书前有黎锦熙的代序。

5月

5月5日 高梦旦再函胡适，仍劝胡适暂缓归国：

顷晤乡人之为海军政治部主任者，言有人主张请胡某为上海市宣传部主任，徐志摩为之副，业已决定，云云。似此，足下返国后如何能不问事，且有吴、蔡诸君关系较深，亦必不放手。故弟以为稍缓归国为得策……(《胡适遗稿及秘藏书信》第 31 册，325～326 页）

5月6日 胡适在其所购《佛教年代考》上作一题记："胡适，在东京买的，十六，五，六。"(《胡适藏书目录》第 3 册，2092 页）

5月7日 The China Press 发表胡适在东京对记者的谈话，大要如下：

……有关国民党方面蒋介石将军和北方军阀张作霖之间达成协议的传言是不真实的……

正是国民党内那些极端主义者图谋攫取大权才引发了目前的分裂。分裂发生正当其时，假如稍后发生可能会造成远比现在更加严重的情

1927年　丁卯　民国十六年　36岁

形……中国国民党人现在做的就是在发展壮大之前对自家门户稍作清理。

新任外交部长伍朝枢、国立北京大学校长蔡元培等人士进入国民党政府层，这自然令人鼓舞。对于中间派的最终胜利，我有十足的信心。

显然，民族主义正在赢得中产阶级、商人和知识分子的支持。

我在美国呆了三个月，切身感受到美国人民对中国所持抱负的友好态度……

必须看到，今天尽管发生了国内战争，尽管存在内部纷争，但如果没有发生在广州的那些事情的冲击，上海就不可能发生任何事变；如果没有发生在安东的那些事情的冲击，长沙也就不会发生任何事变。整个中国团结在民族主义的旗帜下，一个地方发生什么事，都会在全国各地引起反响。

日本人能够在比中国人短得多的时间内消除了治外法权和外国人对自己国家的支配，这对中国人来说并非一件坏事。我相信，长跑路上的中国人正在为即将到来的进步世纪奠定更加持久、更加可靠的基础。我们正在为未来努力着，我们不仅把眼睛盯着今后这几年，而且还会放眼今后几个世纪。

日本之所以能够较快地在外部影响下获得自由，是因为面对一个中央集权政府，它的变革源自上层。与此同时，当我们面对命运注定由人民主宰的中央集权政府时，我们的变革是从下层发动的。我们变革的步伐比日本缓慢得多，我们所走的路与日本有所不同。

民族主义运动可以追朔[溯]到多年之前。在十九世纪末的两三年间，西方八个强国几乎都在中国攫取了一片土地，民族主义就诞生在此时。这是一种盲目的民族主义，它引发了北京城被围攻以及义和团事件。当时的人们对于自己到底想些什么缺乏明确的主张，以为义和拳以及秘密组织的影响是最重要的。现在，他们知道自己必须与世界一道前进。

5月8日　陈彬龢致函胡适，谈及：

前几天上海中央宣传委员会开会，郭泰祺先生提议，拟请吾师回国主持一部分工作，众无异议。鄙意以为今尚未其时，暂观时机为妥。此时如能续办《努力》报，革清青年思想，确为今日实际的重要工作。尊意以为何如？吾师如有意于此，生愿抛弃一切职务，为吾师效力也。（《胡适遗稿及秘藏书信》第35册，461页）

5月15日　叶麐致函胡适，请胡适催促商务印书馆速审查弗洛伊德译稿，若用，请尽快寄稿费来，否则尽速退稿。（《胡适遗稿及秘藏书信》第37册，125～126页）

5月17日　胡适致函韦莲司小姐，将结束在日本的停留（共23天），于今晚启程回上海。又云：

所有我在上海的朋友都打电报或写信给我，劝我不要在此时回中国。我已经尽可能试着在日本多留几天。但是这种动荡的情形对我是很不好的。我觉得紧张，有时甚至失眠。所以我决定回到上海，要亲眼看看到底是怎么回事。

要是情况〔很糟〕，打破了我的乐观主义，我会回到京都，定下来工作。

我想上海朋友的看法并不正确。他们过分考虑到我自身的安危，他们只是不要我卷入政治的旋涡。他们也许是过多受了眼前局势的影响，因而看不清事情的真相了。

…………

4月的政变（译者按：意指国民党清党）似乎是走向一个对的方向。国民党似乎有意振作一下。但是代价太大了！这也许会大大减缓革命的进程；这也可能意味着〔新文化〕运动的倒退。但是无论代价多高都是值得的。我的许多老朋友都站在南京政府的那一边。这个政府代表温和派和自由派。

1927年　丁卯　民国十六年　36岁

日本给我的印象深刻极了。如此巨大的进步在过去10年之中完成！在东京和其他现代的城市里，人力车已经不见了。这既不是佛教，也不是孔教，也不是基督教所造的福——这只是物质进步的一个自然结果！这是何等的一个教训！（《不思量自难忘：胡适给韦莲司的信》，169～170页）

5月20日前　胡适停留日本期间，曾访神田信畅，神田氏赠胡《尚书》（大正四年影印本）一部。（《胡适藏书目录》第2册，1476页）

5月20日　胡适抵沪，次日之《申报》报道：

新文化运动领袖胡适氏，于去秋赴欧美各邦，备受各国民众致敬。昨晨七时，乘麦金兰船抵沪，由沪友张慰慈、徐志摩、陆小曼女士、沈昆三、黄警顽、王孟洲、徐新六等，同往大来码头迎接，送往沧洲别墅。所带行李十余件，内有在巴黎伦敦图书馆博物院发见未有之珍书，如敦煌石室秘本，历代法宝记，楞架师资记，神会语录，均六艺所未刻者，不图于此行发现高价之亲笔本，故不惜时光手抄外，更摄真影数份，以饷同好，当视为国宝也。中午有商务书馆王云五、高梦旦、李拔可等，设宴消闲别墅。晚餐浙江兴业银行徐新六、陈叔通等，在古益轩为君洗尘，邀陪大都北大教授。闻胡君于三日内，将往西湖略为休息。

5月22日　顾颉刚日记有记：到亚东图书馆，晤适之、慰慈、孟邹诸先生。（《顾颉刚日记》第二卷，48页）

同日　胡星垣致函胡适，告自己收藏脂砚斋批本《红楼梦》事：

兹启者，敝处有旧藏原抄《脂砚斋批红楼》，惟只存十六回，计四大本。因闻先生最喜《红楼梦》，为此函询，如合尊意，祈示知，当将原书送阅。（中国社科院近代史所藏"胡适档案"，卷号1530，分号1）

5月23日　任白涛致函胡适，云：

  我对于你这次欧游所发的言论，尤其称赞的，就是你给某君写的那几封"长信"。——可惜他没有给你完全刊布，并且加了些极无意味、极无价值的按语！——我尤其欢喜你对于苏俄的新教育的观察……

  你在南京的演讲，关于"文学革命"的部分我是完全首肯的。并且希望你今后设法继续做未完的工作，免得失坠了你的前功！——我觉得现在中国的战争，就某点上说，算是白话与文言之战；换言之，新文化——尤其是新文学——的运动，从笔尖上移到枪尖上了……所有的反动派——就文学上说是所谓"海派"——都明目张胆地树起彼等的反动的旗帜来了！——我相信"文学革命"不成功，一切革命是不会成功的。就是成功，它的基础是不稳固的。……

  你的《情死强国论》，我很郑重地介绍到去冬出版的《近代恋爱各论》的卷头上了。关于这一点，我更希望你能够着实提倡一下子！(《胡适遗稿及秘藏书信》26 册，155～158 页)

同日 郁达夫日记有记："在新新酒楼吃晚饭，遇见胡适之，王文伯，周鲠生，王雪艇，郭复初，周佩箴诸人。"(吴秀明主编：《郁达夫全集》第5卷，浙江大学出版社，2007 年，174 页)

5月31日 松木龟次郎致函胡适，尊右岩村成允之嘱，函寄《汉译日本口语文法教科书》等书共 4 册。(《胡适遗稿及秘藏书信》第 42 册，713～714 页)

6月

6月5日 胡适入住新租法租界极司斐尔路 49 号 A。(据次日《日记》)

6月6日 胡适日记有记：

  慰慈劝我把这十几天内所有的重要谈话记出来。我也有此意，但仔细一想，实在很少重要的谈话，见的人虽不少，然其中很少重要的思想值得记载的。若因其不足记载而记之，似亦非忠厚之道。

我对慰慈说，今日之许多文告、通电、演说，皆可说是"画符念咒"式的。符咒的原理是深信文字本身有奇异的能力。Ogden 所谓 Word-magic 是也。

前天报纸登出王静庵先生（国维）投河自杀的消息，朋友读了都很不好过。此老真是可爱可敬的，其学问之博而有要，在今日几乎没有第二人。（据《日记》）

6月7日　胡适与张慰慈谈及电车上所见卖票人作弊情形，直叹我们这个民族之不长进。（据《日记》）

6月9日　胡适开始写《孙中山的政治思想》。（据《日记》）

同日　丁文江复函胡适、徐新六，谈自己从政半年多的感受、将来的打算以及庚子赔款委员会的事，并请胡适帮助打听南方新政府要通缉他的传闻是否属实。

……美款委员会月底预备开会。开会时我拟将我董事辞去，荐你自代。范、颜、周已默认。你有意见，请你托孟禄带一信来……美款年会大概可以通过一个议案设立几个 fellowship，我狠希望得到一个。如你肯继我的任，到时请你帮忙。蔡先生所说通缉的话，请你再打听。……（《胡适遗稿及秘藏书信》第23册，85~87页）

6月10日　胡适日记有记：

前十天左右，Lindbergh 从纽约飞到巴黎，中间不停，计时共卅二点多钟。一星期后，Chamberlain 从 New York 飞到 Berlin，虽不曾到 Berlin，差 70 英里而止，但速率比 Lindbergh 还快。此一条新闻中的 Chamberlain 即是此人。

我正月中在大西洋上时，London 刚与 New York 通电话。五个月中，已有这样大的进步了！（据《日记》）

6月11日　顾颉刚来访。（《顾颉刚日记》第二卷，56页）

6月13日　顾颉刚来访。(《顾颉刚日记》第二卷，56页)

6月18日　梁启超致函胡适，谈自己主持编纂《中国图书大辞典》"昕夕从事"等情及该书在学界之价值，又拜托胡适在审读及赓续资助时予以帮忙：

今将稿本略审定可缮写者，提出若干种于图书馆以转达董事会，盼我公在会中审查时，费一二日之力细为省览，而有以是正之。其中薄录之部官录及史志一册，史部谱传类年谱之属一册，金石书画部丛帖之属一册，史部杂史类晚明之属一册，比较的可算已成之稿，虽应增改者仍甚多，自谓其组织记述批评皆新具别裁，与章实斋所谓横通者迥别，将来全书即略用此例。公视似此作法能达前所期之目的否耶？此等工具之书编纂备极繁难，非有一人总揽全部组织不可，却绝非一人之精力所能独任。现在同学数辈分功合作，写卡片四万余纸，丛稿狼籍盈数箧，幸得董事会之助，使诸人薄得膏火之资等于工读。现在第一期工作已过，以经验之结果知初期枉费之工作极多，下半年专从事于整理写定。原定两年成书之计划虽未必能完全实现，要可得什之七八耳。董事会所赐补助原定两年，今正得半，想董事诸公既提倡于始，则赓续更不成问题，仍盼我公稍注意审查成绩，估其价值，在会中力予主持，俾不致废于半途。……(《胡适遗稿及秘藏书信》第33册，43~46页)

同日　《申报》报道胡适谈话云：世界文化之演进，所需于科学者至重且大。即就交通论，西国汽车已普及，而东方则在在需用人力。我国今日，则人力车之增加，方兴未艾，但此不过一时之现象。他日科学发达，实业振兴，行见数以万计之人力车，一旦完全淘汰，而满街汽车往来，足以与欧美诸国，并驾齐驱云。

6月22日　蒋梦麟复函胡适，云：

研究院简章系蔡先生于十分匆促间起草(因为要通过预算)，未经详细讨论的，你有意见，请你多多见教。我的意思，现在先办自然科学之关于实用者，如农医等，社会科学之经济等项，以备省政府建设各种事业之需，其余如国学、文学等暂行缓办。蔡先生对于此项意见亦表示赞同，未识兄之意思如何？寅初兄想时会面，子丈及同人等极愿其来浙担任经济一门，已函文伯兄转咨，兄如晤时亦乞代为劝驾。（《胡适遗稿及秘藏书信》第39册，465～466页）

6月23日 正午12时，胡适在上海礼查饭店出席上海扶轮社交谊会，出席者还有孟禄博士等百余人。王正廷介绍胡适演讲"中国复兴运动"。胡适略谓，近来颇喜旅行，于旅行之时，每不谈政治与接见新闻记者。因扶轮社为商人组织，故愿来躬与盛会。中国之复兴运动，为各种运动之一部分；复兴运动之变迁，约分三种：1.文字之改革；2.知识之改革；3.社会与政治之改革。最后谓，中国以上三点，若能逐渐改善，则一切问题，均可解决，而成新中国云。（《申报》，1927年6月24日）

同日 下午2时，胡适出席胡明复追悼会（胡亦为纪念筹备委员之一），并有演说。胡适说，胡明复博士长处极多，一肯负责，喜在暗处做事，科学杂志稿件10余年之校对、句读皆胡明复任之；二学问上精进不让人。（《申报》，1927年6月24日）

6月24日 胡适出席中西女塾毕业典礼，并演讲"新妇女"，亦庄亦谐。并云日本反对剪发故称时髦女子为"毛断"，又"谓中国女子不配做母亲，因'奶被压'"。演词颇长。（《申报》，1927年6月27日）

6月25日 《申报》报道，上海党务训练所筹备以来，已正式上课。该所秘书费哲民、教务主任彭学沛，应学生之需要，乃敦聘国内名人讲演。业由该所发函致聘李石曾、陈果夫、吴稚晖、褚民谊、周鲠生、王世杰、胡适、杨杏佛、郭泰祺、杨端六、戴季陶、邵元冲诸人，定期讲演。

6月26日 余昌之致函胡适，请胡适向程振钧介绍其父余绩冲。（《胡适遗稿及秘藏书信》第29册，172～175页）

6月27日 自是日始，新月书店创办人胡适等连续5天在《申报》刊登"新月书店启事"：

上海法租界麦赛而蒂罗路一五九新月书店启事

　　我们许多朋友，有的写了书没有适当的地方印行，有的搁了已经好久了。要鼓励出版事业，我们发起组织新月书店，一方面印，一方面代售。预备出版的书，都经过严密的审查，贩来代售的书，也经过郑重的考虑。如果因此能在教育和文化上有点贡献，那就是我们的荣幸了。创办人胡适、宋春舫、张歆海、张禹九、徐志摩、徐新六、吴德生、余上沅同启

　　按，从口吻、笔调看，陈通造先生和笔者均认为这广告词出自胡适。

6月28日　郁达夫日记有记：

　　……午后有暇，当去访适之及他们的新月书店。

　　新月书店，开在法界，是适之、志摩等所创设。他们有钱并且有人，大约总能够在出版界上占一个势力。(《郁达夫全集》第5卷，198页）

6月下旬　胡适致函胡汉民，告冒充自己兄弟的胡大刚（胡培瀚）是一个骗子。(《胡适遗稿及秘藏书信》19册，260～262页）

　　按，6月29日，胡汉民复函胡适，希望胡适到南京来讨论一些重要的问题，又云：

　　最近在宣传部发刊《中央半月刊》，似乎近于治标之本，狠望先生们帮帮做些治本的文字，更其讨论到怎样治本的方法。(《胡适遗稿及秘藏书信》第30册，573～576页）

6月30日　郁达夫来访，谈浙江教育的事情，又谈道："大约大学院成立的时期总还很远，因为没有经费。"(《郁达夫全集》第5卷，199页）

7月

7月4日　胡适作有《旧梦》：

山下绿丛中，露出飞檐一角，
惊起当年旧梦，泪向心头落。
隔山遥唱旧时歌，声苦没人懂。
——我不是高歌，只是重温旧梦。(《胡适手稿》第10集卷3，256页）

7月5日　顾颉刚日记有记：闻适之先生已到杭，住西湖饭店。(《顾颉刚日记》第二卷，64页）

7月6日　邵元冲日记有记：午间与新自沪来之子民、石曾、适之、湘帆、陈世璋、韦悫等中央教育委员，又马寅初、邵斐子、夷初、梦麟等在楼外楼同餐，餐后在舟中开第三中山大学筹备委员会，对于章程等有所讨论。……7时后偕夷初作东，在省政府邀集午间列席之各教育委员晚餐，彼等明日将往游桐江，登览严陵钓台云。（王仰清、许映湖整理：《邵元冲日记》上册，上海人民出版社，2018年，359页）

7月8日　顾颉刚日记有记：适之先生与正甫同来。(《顾颉刚日记》第二卷，65页）

7月14日　上海学联会暑校公开聘定讲师名单，有胡适之、王云五等。(《申报》，1927年7月15日）

7月16日　郁达夫日记有记："晚上在南洋西菜馆吃晚饭，遇见适之，和他约定合请佐藤春夫吃饭。他说除礼拜一二外，每日都有空的。"(《郁达夫全集》第5卷，204页）

7月18日　郁达夫日记有记："约定于二十日晚上，再招佐藤来吃晚饭，当请志摩、适之、予倩等来作陪客。"(《郁达夫全集》第5卷，206页）

同日　胡适致函《晶报》的"公开声明"：

大雄、丹斧两位先生：《晶报》第一千零五号登有神豹君的《妇女慰劳会零拾》，说慰劳会的游艺大会开幕时，有胡适之博士演说"声音颇低，惟至'我总理'三字，则声调甚高朗也"云云。神豹君一定错认人了，慰劳会曾邀我于开幕时到会演说，不幸我那一天下午先有别处约会，不能到徐家汇去。那天早晨，我曾亲到筹备主任郭夫人处，留书道歉。却不料神豹君硬把别人的演说，派作我的演说，不敢掠美，敬此声明。（《晶报》第1006号，1927年7月21日）

7月20日　郁达夫日记有记："八点钟到功德林去，适之、通伯、予倩、志摩等已先在那里了。喝酒听歌，谈天说地，又闹到半夜。"（《郁达夫全集》第5卷，207页）

7月21日　郁达夫日记有记："……到七点钟才上新新公司去吃晚饭，是现代评论社请的客，座上遇了适之、蘅青、复初等许多人。"（《郁达夫全集》第5卷，207～208页）

7月22日　顾颉刚致函胡适，谈及：

闻寅初先生说，先生将到浙任大学国文系主任，确否？浙中对于北大派积愤已深，街头已有标语。若先生来，则身处领袖地位，徒然代人受过。且经费竭蹶，实在做不出什么事。我意不如不就。粤中本有聘请先生之意，嗣以我去之后，为鲁迅攻击如此，恐先生去了更要引起他人误会，为一班不逞之徒攻击之标的，事遂作罢。我深愿让我们先去一年，俟根柢打好之后，再请先生去。（中国社科院近代史所藏"胡适档案"，卷号1659，分号9）

7月23日　蔡元培致函胡适，云："承示英国退款委员会预拟诸人，弟愿就；民谊远去，弟可代为承认。惟亮畴近在南京，请先生直接函询之。"（《胡适遗稿及秘藏书信》第39册，279页）

7月30日　顾颉刚复函胡适，告《东壁遗书》的材料，均在广州，非自己亲去，恐别人找不去。又告《封神榜》的材料集得不多。又述近两年

因事务、心境不佳不能安心学问之苦痛等。(《胡适遗稿及秘藏书信》第42册，341～344页)

8月

8月1日　王云五函寄陈彬龢编《初中国语》六册与胡适，请胡适校阅，希望能两日校阅一册，随时交下发排。(《胡适遗稿及秘藏书信》第24册，336页)

8月2日　胡适、王云五等都对炳勋国语学社速记学表示赞许。(《申报》，1927年8月2日)

同日　钱玄同致函胡适，云：冯友兰与徐炳昶最适合作《醒世姻缘》的新序。又详谈北京文化书社印行胡适《国语文学史》1000部做讲义的经过。又谈及"我近来思想稍有变动，回想数年前所发谬论，十之八九都成忏悔之资料"等。(《胡适遗稿及秘藏书信》第40册，372～377页)

8月11日　胡适致函钱玄同，除抄示《亡友玄同先生成仁周年纪念歌》，又云：

> 小说考证，我真干不了了。此事本应该由一班朋友大家分任，人任一部书，则轻而易举。我做了几部最容易做（因为材料多）的小说的考证。材料没有了，考证也做不出了。如《醒世姻缘》便是一例。……
> 近日收到一部乾隆甲戌抄本的脂砚斋重评《石头记》，只剩十六回，却是奇遇！批者为曹雪芹的本家，与雪芹是好朋友。其中墨评作于雪芹生时，朱批作于他死后。有许多处可以供史料。有一条说雪芹死于壬午除夕。此可以改正我的甲申说。敦诚的挽诗作于甲申（或编在甲申），在壬午除夕之后一年多。……又第十三回可卿之死，久成疑窦。此本上可以考见原回目本作"秦可卿淫丧天香楼"，后来全删去"天香楼"一节，约占全回三之一。今本尚留"又在天香楼上另设一坛〔醮〕"一句，其"天香楼"三字上不着天，下不着地，今始知为删削剩余之语。

此外尚有许多可贵的材料，可以证明我与平伯、颉刚的主张。此为近来一大喜事，故远道奉告。

....

最后要提到你的信的末段了。这一段大有"可杀"的气味。所以说四十以上人有该死之道者，正因为他要"回思数年前所发谬论，十之八九都成忏悔之资料"耳。实则大可不必忏悔，也无可忏悔。所谓"种种从前，都成今我，莫更思量更莫哀"是也。我们放的野火，今日已蔓烧大地，是非功罪，皆已成无可忏悔的事实。

昔日陆子静的门人有毁朱元晦者，子静正色说道，"且道世间多个朱元晦、陆子静，是甚么样子；少个朱元晦、陆子静，又成个甚样子"（原文记不得了）。如今只好说，"世间添个钱玄同，成个甚么样子！少了个钱玄同，又成甚么样子！"此中一点一滴都在人间，造福造孽惟有挺着肩膀担当而已。你说是吗？（《鲁迅博物馆藏近现代名家手札》〔二〕，174～185页）

8月13日 《现代评论》第6卷第140期开始连载胡适的《漫游的感想》（141期登载完结）。共登出六节，题目依次是东西文化的界限、摩托车的文明、一个劳工代表、往西去、东方人的"精神生活"、麻将。胡适说：

人力车代表的文明就是那用人作牛马的文明，摩托车代表的文明就是用人的心思才智制作出机械来代替人力的文明。把人作牛马看待，无论如何，够不上叫做精神文明。用人的智慧造作出机械来，减少人类的苦痛，便利人类的交通，增加人类的幸福，这种文明却含有不少的理想主义，含有不少的精神文明的可能性。

....

……社会革命的目的就是要做到向来被压迫的社会分子能站在大庭广众之中歌颂他的时代为人类有史以来最好的时代。

....

……世间的大问题决不是一两个抽象名词（如"资本主义""共产

主义"等等）所能完全包括的。最要紧的是事实。现今许多朋友却只高谈主义，不肯看看事实。孙中山先生曾引外国俗语说"社会主义有五十七种，不知那一种是真的"。岂但社会主义有五十七种？资本主义还不止五百七十种呢！拿一个"赤"字抹杀新运动，那是张作霖、吴佩孚的把戏。然而拿一个"资本主义"来抹杀一切现代国家，这种眼光究竟比张作霖、吴佩孚高明多少？

朋友们，不要笑那位日本学者。他还知道美国有些事实足以动摇他的学说，所以他不敢去。我们之中却有许多人决不承认世上会有事实足以动摇我们的迷信的。

按，1930年3月30日，胡适又为此文作一后记。

8月14日　顾颉刚与丁山来访。（《顾颉刚日记》第二卷，75页）

8月16日　丁文江复函胡适，云：

南方情形昆三来时曾详细说过，然而我仍旧不悲观，并且劝你大可不必"忧国忧民"，徒然害自己身体。大乱方始，岂是一时可了。但只要我们努力，不要堕落，总不要紧。

…………

庚款委员会，诚如你所言，一时总无妥当办法。美款尚可进行，英款则难说矣。（《胡适遗稿及秘藏书信》第23册，215～216页）

8月21日　胡适作有《菩提达摩考》一文，指出：菩提达摩的传说在禅宗史上是一件极重要的公案。又通过考证《洛阳伽蓝记》《续高僧传》等史书指出：达摩是一个历史的人物，但他的事迹远不如传说的那么重要。又以达摩见梁武帝的传说为例说明达摩的传说是如何逐渐加详，逐渐由唐初的朴素的史迹变成宋代的荒诞的神话。传说如同滚雪球，越滚越大，其实禁不住史学方法的目光，一照便销溶净尽了。又指出达摩的传说还有无数的谬说。（收入《胡适文存三集》卷4）

按，1928年9月30日，胡适又有《书〈菩提达摩考〉后》，共三则。

同日　胡适致函曹梁厦、胡敦复、胡宪生，请求他们在北大改组的特殊时期为北大数学系三年级学生蒋圭贞变通办理转入大同大学手续，俟北大恢复后补缴证书。（《胡适中文书信集》第2册，78页）

8月22日　晚，胡适与陈源、张奚若、徐志摩、余上沅、杨端六联合宴请任鸿隽夫妇、陶孟和夫妇、俞平伯、傅斯年、陈寅恪、钱昌照、杨振声、钱端升、唐瑛、彭学沛、冰心、刘南陔。（《顾颉刚日记》第二卷，78页）

8月25日　顾颉刚日记有记：

到沧洲旅馆，晤孟真、适之先生、寅恪、平伯、玄伯及东陆二君。孟真邀茶点，平伯等别去。

…………

今晚同席：适之先生、伯嘉、予（以上客），孟真（主）。

适之先生评予，谓予性欲强，脾气不好，此他人所未知者也。又谓予的性格是向内发展的，彼与孟真是向外发展的。（《顾颉刚日记》第二卷，79页）

8月26日　胡适作有《拜金主义》一文，"提倡人人要挣饭吃"。（《文社月刊》第2卷第10期，1927年10月）

同日　丁文江致函胡适，谈时局，又云"日本在东三省及内蒙的野心，真正可怕"；《哲学史》振飞说你已着手，真否？厚生来又说你已与美国书店签合同，做一部《中国通史》，确否？"（《胡适遗稿及秘藏书信》第23册，88～89页）

8月27日　顾颉刚、马叔平同访胡适。（《顾颉刚日记》第二卷，80页）

8月31日　胡适作有《张慰慈〈萨各与樊才第的案件〉附记》一文，文末说：

这件案子引起了全世界的抗议，我们中国人却只有低头羞愧，不能加入这种抗议的喊声。我们不配讥弹美国。人家为了两个工人的生死闹了七年之久，审判与复查不知经过了若干次，然而至今还有许多人替死者喊冤，鸣不平。我们生在这个号称"民国"的国家里，两条生命算得什么东西！杀人多的便是豪杰，便是圣贤，便是"真天人"。我们记叙萨樊的案子，真忍不住要低头流愧汗了。(《现代评论》第6卷第143期，1927年9月3日)

8月　胡适购得《六祖大师法宝坛经》一卷(释法海撰，1872年如皋刻经处刻本，1函1册)。(《胡适藏书目录》第2册，1368页)

同月　胡适作有《亡友钱玄同先生成仁周年纪念歌》。(《胡适手稿》第10集卷4，383～385页)

9月

9月1日　顾颉刚日记有记："到沧州［洲］旅舍，并晤适之先生、通伯、金甫、奚若，谈至十二时……"(《顾颉刚日记》第二卷，82页)

9月4日　顾颉刚来访。(《顾颉刚日记》第二卷，83页)

9月8日　胡适致函江绍原，询其"这一年的计划如何"，又云傅斯年希望江早日回中山大学等。(《胡适全集》第23卷，533页)

9月14日　胡适复函胡近仁，谈及：胡绍之既已定期出殡，则胡思敬不必回去奔丧。感谢胡近仁主持胡绍之丧事。又谈绍之过世后毓英学校及个人债务等善后事，又云，"……今年总想回家来走一趟。……两代的坟茔未做，终是一件系心的事"。(《胡适中文书信集》第2册，79～80页)

9月17日　丁文江复函胡适说，斯文赫定提议给胡适运动诺贝尔奖金，"雷兴极愿意帮忙翻译你的著作。但是自从你寄了这篇文章以后，我倒不愿意你就来。没有这种主张，倒无所谓，既然如此，似乎不值得受嫌疑"。(《胡适遗稿及秘藏书信》第23册，21页)

9月24日　胡适致函教育行政委员会，云：

承问关于译外国人名地名的意见，我以为此事是无法统一的。其故并不在你们举出的三个原因,而在于著作家的懒惰。即使你们能定出一个"相当之解决办法",印成图表,颁行各地,你们又有何法能使译者人人遵用?今之译书者大都是待米下锅的寒士,他们在百忙中译书挣饭吃时,那有工夫或心情去时时翻检你们所定的标准译法?

最容易施行的解决法似是提倡原文之注出。无论底本是德文、俄文或英法文,无论译的是京音、苏音或硖石、无锡的土音,只须注出原文,便可稽考检校了。

不然,即使译音有统一的标准,即使人人真能严守此标准译法,而你们终无法规定译者必须用某国文字为底本。如法国女杰"贞德"的译音是从法文来的,仅通英文而不通法文的人必译为"阿克的迦因"一类的名字。若译者处处注出原文,则译音尽管歧异,读者自有底子可查考了。(《胡适遗稿及秘藏书信》第20册,370～371页)

同日 曹细娟致函胡适、江冬秀,报告胡觉葬礼的明细。又谈及胡近仁与胡震泰在胡觉病危的日子常来照顾等。(中国社科院近代史所藏"胡适档案",卷号1766,分号7)

9月28日 顾颉刚来访。(《顾颉刚日记》第二卷,90页)

9月29日 顾颉刚日记有记:与叔存同到适之先生处,谈甚久。(《顾颉刚日记》第二卷,91页)

9月 傅斯年致函胡适,请胡适帮忙为中山大学聘请教员,又云:

陈寅恪来信劝我们买商务的《经论藏》,因为这部已成孤本,参考上有用处。祈先生务必为中国留得此书。我们付钱,大家公用。我们决不自私,只盼望中国更留多一版本,以供后学者。陈又云,刚[钢]和泰将赴东京,希望我校寄彼千元,留其在京。但此恐非根本解决之策。何如使来广州,他可以带助手带学生。我们可让他任意买书,薪水亦决不低,盼先生劝之。我返后与校中谈及先生,都盼望先生到此教书。先生此时恐怕不能就动身,但十二月总盼望来此一次,演讲二三礼拜,并指导我们的研究所。校中送先生来往川资及一个月的薪(毫洋五百

元），如看的满意，肯留下，然自更是我们欢喜的了。(《胡适遗稿及秘藏书信》第37册，387～390页)

10月

10月1日　顾颉刚日记有记：

六时半，到银行公会赴宴。饭毕，商《现代评论》编辑办法。

今晚同席：适之先生、鲠生、雪艇、西林、通伯、端六、有壬、奚若、端升、蘅青、浩徐、梁龙、慰慈、予。(《顾颉刚日记》第二卷，91页)

10月2日　顾颉刚日记有记：

……留鲁弟及适之先生等饭。

…………

……看《脂砚斋批本红楼梦》。

适之先生持《脂砚斋批本红楼梦》，为是书抄本之最古者，其中有曹雪芹之事实焉。(《顾颉刚日记》第二卷，92页)

10月4日　胡适作有《〈左传真伪考〉的提要与批评》，评述珂罗倔伦的《左传真伪考》一书，共分七部分：著者珂罗倔伦先生、作序的因缘、什么叫作"《左传》的真伪"、论《左传》原书是焚以前之作、从文法上证明《左传》不是鲁国人做的、关于这一部分的批评、下篇的最后两部分。胡文最后说：

总之，《左传》的年代问题，此时还在讨论的时期，还没有定论。现在我们稍稍有把握的一点只是《左传》不是"鲁君子左丘明"做的。卫先生提出的"《左传》不是山东人做的"一个假定，得着珂先生的文法比较的结果，可算是有了强硬的佐证；而卫先生在《左传之研究》里举出《左传》袒魏，又详于述晋国霸业，而略于齐桓霸业，等等佐证也可以帮助珂先生的结论。这可见我们只要能破除主观的成见，多求客观的证据，肯跟着证据走，终有东海西海互相印证的一日的。(《胡适文存三集》卷3，277～309页)

10月5日　晚，胡适宴请顾颉刚父女、陈彬龢等于第一春。(《顾颉刚日记》第二卷，93页)

同日　曹诚克致函胡适、江冬秀，对胡绍之的过世表示难过，又谈及胡适在北京租房的处置问题等。(中国社科院近代史所藏"胡适档案"，卷号1760，分号1)

10月6日　周诒春致函胡适，为胡适、蔡元培同意就任中基会董事感到欣幸。又告此次改选，胡适系继丁文江之职，任期至1932年。如中基会董事会议时不能到会，可托另一董事代表，但其代表范围仅限于某特定事项。(《胡适遗稿及秘藏书信》第30册，67～69页)

10月7日　胡适致函陈乃乾，告可参加南洋中学的会，又请陈帮助代买《敦煌零拾》《沙洲文录》《神清北山录》三书。(《胡适中文书信集》第2册，81页)

10月8日　胡适复函太虚法师，云：

鄙意以为先生到欧美，不如到日本；去讲演，不如去考察；去宣传教育，不如去做学生。……

先生能读日本书籍，若能住日本多读一点基础科学及梵文、巴利文，三五年之后进益当不浅。往欧美则有语言上的困难，虽有译人，终觉相隔几层，用力多而成功少，且费用又很大。故我说，到欧美不如到日本。

传闻先生之行带有讲演与宣传教育之意。此意在今日夸大狂的中国，定有人劝驾。然鄙意则甚不赞成。佛教在中国已成强弩之末，仪式或尚存千万分之一二，而精神已完全没有了。先生是有志复兴佛教的一个人，我虽不热心于此事，然未尝不赞叹先生的热心。倘先生与座下的一班信徒能用全副精力做佛教中兴的运动，灌输一点新信心到

1927年　丁卯　民国十六年　36岁

这已死的宗教里去，这自然是可敬的事。然此事去成功尚大远大远，此时正是努力向国内做工作的时候，还不是拿什么"精神文明"向外国人宣传的时候。西洋民族文化之高，精神生活之注重，道德之进步，远非东方那班吃素念佛妄想"往生"的佛教徒所能梦见。先生此次若决计去西方，我很盼望先生先打消一切"精神文明"的我执，存一个虚怀求学的宗旨，打定主意，不但要观察教堂教会中的组织与社会服务，还要考察各国家庭、社会、法律、政治里的道德生活。昔日义净《[南海]寄归内法[传]》，于印度僧徒的毛厕上用的拭秽土块，尚且琐琐详述，如今看了，似觉好笑，然古人虚怀求学的精神，殊不可及。先生此行，无论在欧美，在日本，若能处处扫除我执，作一个虚怀的学生，则玄奘、义净的遗风有嗣人了。如为一班夸大狂的盲人所误，存一个宣传东方文化的使命出去，则非我所敢附和的了。(《胡适遗稿及秘藏书信》第19册，17～20页)

按，10月19日，太虚复函胡适云：

至于东方精神文明之说，虚前撰《大乘与人间两般文化》，早不然其说，与尊论间亦符契，故对于先生力负宣传西洋文化于中国之责任亦有相对之赞成。兹承以玄奘、义净之游印相勉，在先生责任中固应如此，但在虚则不如以游华之觉贤辈拟之耳。……蒙告以西洋民族文化之高，精神生活之注重，道德之进步，及教堂教会之组织与社会服务，并家庭社会、法律政治的道德生活，极为感谢。以彼方有此善根福德，正其堪受佛陀教化之基。彼有其才而我施之以法，则人间新佛庶其由此产生。若华土佛徒，强弩之末，则不妨任之消灭，待他日西洋新佛之来此再传。然因先生之言以为之比较，则华土之群众事业诚事事不如欧美日本，若察之超然独迈之个人，间亦有非彼之所能方比者。……(《胡适来往书信选》上册，446页)

同日　胡适复函罗鸿涛，云：

《说文解字便查》确是很便利,这种工作自是功德无量。但鄙意以为,《说文》的本身实在太简单了,用处实在不大。若能把段注、朱骏声《通训定声》摘要附入,其余各家则略选其与段、朱异者附入,如此则此书真成一部有用的书,不但是《说文便查》,竟成了《说文集注》的《便查》了。(《胡适遗稿及秘藏书信》第20册,298页)

10月11日　胡适作有《记某女士》一文,说的是国民政府新免临时法院院长卢兴原之职,而继任院长的某女士贿买新闻记者之事。文章说:"中国的脸面真被这位女英雄丢尽了!"(《胡适遗稿及秘藏书信》第12册,15～18页)

10月13日　Lionel Giles 致函胡适,云:

Your last letter reached me soon after I had returned from a rather extended holiday in the Dolomites, where I stayed with my younger brother and his party in a delightful hotel in the heart of the mountains. On the way there, we spent a couple of days in Nuremberg (a wonderful old city), and I came back through Venice and Milan.

Thank you very much for the *Hsiao Shuo Shih Lüeh*, a useful little book which I have long wished to have. It is also most kind of you to have ordered a copy of the *Shuo fu* for the Museum. We have not yet received the dynastic histories published in the new edition of 四部丛刊: I wonder if you would be so good as to make inquiries of the Commercial Press?

To-day the first meeting of the China Society (Session 1927-8) takes place. Professor von Le Coq has come over from Berlin to give the inaugural lecture; his subject will be "Central Asia: the great transmitter of Western culture elements to China, and of Chinese culture elements to the West". To-morrow he is lecturing for the Oriental School, and next week for the Royal Asiatic Society. I wish you were in London to hear him!(中国社科院近代史所藏"胡适档案",卷号E-186,分号4)

1927年　丁卯　民国十六年　36岁

10月16日　章乃器致函胡适，请胡适介绍学者为其《新评论》撰稿，并请胡适为其《国民党的当面问题——党的组织，和党的纪律》写一篇"简短的批评"。(《胡适遗稿及秘藏书信》第33册，145～149页)

10月17日　柯莘麓致函胡适，请胡适代为谋职。(中国社科院近代史所藏"胡适档案"，卷号1558，分号1)

10月22日　胡适复函江绍原，云傅斯年仍希望他回中山大学，"但你说他们把你看做鲁迅派，此确是你的误会"。又云："此时粤局不定，你回来未必非福。此时最好闭户著译；如有成稿，当为设法介绍。"(江小惠编：《江绍原藏近代名人手札》，中华书局，2006年，198～199页)

10月23日　胡适出席在交通大学召开的北京大学旅沪同学会成立大会并发表演说。大会由鲁士毅主持，鲁氏与金国珍报告开会宗旨及筹备经过后，继请蔡元培、杨杏佛、胡适、余无休等人演说。(上海《民国日报》，1927年10月25日)

10月24日　胡适致函蔡元培，请辞大学委员：

……大学委员会之事，我决计辞谢，请先生勿发表为感。……我是爱说老实话的人，先生若放我在会里，必致有争论，必致发生意见，不如及早让我回避……例如劳动大学是大学院的第一件设施，我便不能赞同。稚晖先生明对我说这个劳动大学的宗旨在于"无政府化"中国的劳工。这是一种主张，其是非自有讨论的余地。然今日之劳动大学果成为无政府党的中心，以政府而提倡无政府，用政府的经费来造无政府党，天下事的矛盾与滑稽，还有更甚于此的吗？何况以"党内无派，党外无党"的党政府的名义来办此事呢？一面倡清党，一面却造党外之党，岂非为将来造第二次清党的祸端吗？无政府党倡的也是共产主义，也是用蒲鲁东的共产主义来解释孙中山的民生主义，将来岂不贻人口实，说公等身在魏阙而心存江湖，假借党国的政权为无政府党造势力吗？

……类此之例尚多，如所谓"党化教育"，我自问决不能附和。(《胡

适遗稿及秘藏书信》第20册，226～228页）

按，27日，蔡元培复函胡适云：

大学委员会所讨论之事，未必涉及有政府与无政府问题；劳动大学与无政府主义尤无关系；现在校长为易寅村（培基），乃是章太炎之弟子，向来喜搜罗旧书，亦颇以目录学自负，近年始参加政治活动。彼不解西文，更不知无政府主义为何物也。劳动大学，实即陶知行所提倡之"教学做合一"主义。……

现拟大学委员会例会之期，一年不过两次，如先生以不办事而支多数夫马费为不然，则前弟所告之三百元，现亦已改去，拟于开会办公时酌送公费及夫马费，想先生必尤赞成也。石曾固好争意气，然会中有多人均非持无政府主义者，彼亦无从固执。今日所拟定之委员，自石曾及先生以外，为褚民谊、高叔钦、许崇钦［清］三人（元任暂从缓议），而当然委员，则为戴季陶、朱骝先（副校长）、蒋梦麟、张君谋、张仲苏（同济）、易寅村（劳动）、郑韶觉（暨南），各方面人都有，愿先生勿固辞。下星期六（十一月五日），拟在上海开第一次会议，请先生必到。……（《胡适遗稿及秘藏书信》第39册，285～288页）

同日　陈衡哲致函胡适，述任鸿隽等北方老友望其回北京的心意，又感谢并同意胡适对其诗的批评，但又表示，其作诗，为的是 expression 而不是 impression 等。（《胡适遗稿及秘藏书信》第36册，194～200页）

10月27日　胡适致函张元济，对其被劫持后平安归来感到"欢喜之至"。又奉还前借《曹子建集》《晋书》。（张树年、张人凤编：《张元济蔡元培来往书信集》，香港商务印书馆，1992年，215页）

10月28日　下午5时，光华大学学生会编辑委员会召开第二次茶话会，请该会顾问胡适谈话。首由主席洪绍统致欢迎辞，并提出目前青年思想混乱问题谈话之中心。胡适指出，现在青年思想之所以趋于混乱，实由于一方面奢望太大，他方面学识太差。欲救斯弊，唯有二途：一、虚心从事学到哪一步，做到哪一步，解大问题，实在学问太差，便应当自己觉悟，不应越级相求;二、培植分析精神,少谈些笼统的主义,多谈些切实际的问题;又谈及现代一般青年做文章,大都大题小做,无谓之极,希望能够抱一种小题大做的态度,切切实实,做些有意义的有创见的精彩文字。(《民国日报》,1927年10月29日)

同日 L. Carrington Goodrich 致函胡适,云:

Many students are constantly asking me if your promised book, to be written in English, on Chinese Philosophy has yet appeared, and if not, when and where they can expect to get a copy. We are all in hopes that you have found time already to complete this work.

I should also like to have you keep us in mind whenever you publish, in English, any other papers regarding Chinese philosophy....(中国社科院近代史所藏"胡适档案",卷号E-210,分号6)

10月29日 胡适开始写作一组关于王梵志的稿件,包括《巴黎的敦煌写本王梵志诗集》《王梵志考》《风穴引寒山诗,提及梵志》《王梵志的年代与生地》《巴黎藏敦煌本王梵志诗别本》等,胡适将这组稿子总其名曰《记王梵志》。此组稿件收入《胡适遗稿及秘藏书信》第13册。

同日 翁文灏致函胡适,谈地质调查所经费困难事,拜托胡适帮忙。(《胡适遗稿及秘藏书信》第32册,267~270页)

10月30日 张元济复函胡适,已看完《王梵志诗稿》,极佩;"辱承垂问,愧无以答"。(中国社科院近代史所藏"胡适档案",卷号1220,分号13)

10月 胡适在《现代评论》第6卷第149期发表《〈孔雀东南飞〉的年代》,列述了近人丁福保、谢无量、梁启超、陆侃如等人对此诗的时间判定。又针对梁启超、陆侃如说此诗受佛教文学影响的观点指出:

我对佛教文学在中国文学上发生的绝大影响,是充分承认的。但我不能信《孔雀东南飞》是受了《佛本行赞》一类的书的影响以后的作品。我以为《孔雀东南飞》之作是在佛教盛行于中国以前。

第一，《孔雀东南飞》全文没有一点佛教思想的影响的痕迹。……………

第二，《佛本行赞》《普曜经》等等长篇故事译出之后，并不曾发生多大的影响。

胡适不同意陆侃如之此诗是六朝作品的观点，指出：

我以为《孔雀东南飞》的创作大概去那个故事本身的年代不远，大概在建安以后不远，约当三世纪的中叶。但我深信这篇故事诗流传在民间，经过三百多年之久（二三〇—五五〇）方才收在《玉台新咏》里，方才有最后的写定，其间自然经过了无数民众的增减修削，滚上了不少的"本地风光"（如"青庐""龙子幡"之类），吸收了不少的无名诗人的天才与风格，终于变成一篇不朽的杰作。(《跋张为骐论〈孔雀东南飞〉》,《国学月报》, 1927 年第 2 卷）

11月

11月3日　胡适致函刘海粟，为"屡次相左"，不得晤面感到"抱恨之至"。又云："久别甚思一见，何时到这边来时，请来一谈。"(《胡适全集》第 23 卷，541 页）

11月9日　胡适复函张元济，告自己不知罗家伦地址，送贺礼可由李伯嘉转。又云："王梵志事，《太平广记》八十三说他是隋、唐之间的人。前日晤董绶经先生，他也有考证，引证甚多，许我借抄。不久梵志诗集与考证定可成小册子了。"又抄示和张元济诗："盗窟归来一述奇，塞翁失马未应悲。已看六夜绝床味，换得清新十首诗。"(《张元济全集》第 2 卷，540 页；《张元济蔡元培来往书信集》, 216 页）

11月10日　邹韬奋致函胡适，希望拜访胡适，希望在《生活》转载胡适《我们对于西方近代文明的态度》一文。(《胡适遗稿及秘藏书信》第 38 册，

385页）

11月12日　胡适作成《〈官场现形记〉序》，初步考索了作者李宝嘉的生平传记材料，指出此书是一部社会史料，又高度评价了鲁迅对该书的定位。（收入《胡适文存三集》卷6）

11月14日　胡适作成《重印乾隆壬子本〈红楼梦〉序》。通过校勘程甲本和程乙本的异文，指出程乙本的许多改订修正之处，胜于程甲本。又指出容庚收藏的120回旧抄本《红楼梦》，不是曹雪芹的原本，"是全钞程乙本的，底本正是高鹗的二次改本，决不是程刻以前的原本"。序文大要：

> 从前汪原放先生标点《红楼梦》时，他用的是道光壬辰（一八三二）刻本。他不知道我藏有乾隆壬子（一七九二）的程伟元第二次排本。现在他决计用我的藏本做底本，重新标点排印。这件事在营业上是一件大牺牲，原放这种研究的精神是我很敬爱的，故我愿意给他做这篇新序。

> 《红楼梦》最初只有钞本，没有刻本。钞本只有八十回。但不久就有人续作八十回以后的《红楼梦》了。……

> 程伟元的活字本有两种。第一种我曾叫做"程甲本"，是乾隆五十六年（一七九一）排印，次年发行的。第二种我曾叫做"程乙本"，是乾隆五十七年改订的本子。

> 程甲本，我的朋友马幼渔教授藏有一部。此书最先出世，一出来就风行一时，故成为一切后来刻本的祖本。南方的各种刻本，如道光壬辰的王刻本等，都是依据这个程甲本的。

> 但这个本子发行之后，高鹗就感觉不满意，故不久就有改订本出来。……

> 这个改本有许多改订修正之处，胜于程甲本。但这个本子发行在后，程甲本已有人翻刻了；初本的一些矛盾错误仍旧留在现行各本里，虽经各家批注里指出，终没有人敢改正。……

> ……………

前年我的朋友容庚先生在冷摊上买得一部旧钞本的《红楼梦》，是有百二十回的。他不但认这本是在程本以前的钞本，竟大胆地断定百二十回本是曹雪芹的原本。他做了一篇《〈红楼梦〉的本子问题，质胡适之俞平伯先生》（北京大学《国学周刊》第五、六、九期），举出他的钞本文字上与程甲本及亚东本不同的地方，要证明他的钞本是程本以前的曹氏原本。我去年夏间答他一信，曾指出他的钞本是全钞程乙本的，底本正是高鹗的二次改本，决不是程刻以前的原本。他举出的异文，都和程乙本完全相同。其中有一条异文就是第二回里宝玉的生年。他的钞本也作：

不想隔了十几年，又生了一位公子。

我对容先生说：凡作考据，有一个重要的原则，就是要注意可能性的大小。可能性（Probability）又叫做"几数"，又叫做"或然数"，就是事物在一定情境之下能变出的花样。把一个铜子掷在地上，或是龙头朝上，或是字朝上，可能性都是百分之五十，是均等的。把一个"不倒翁"掷在地上，他的头轻脚重，总是脚朝下的，故他有一百分的站立的可能性。试用此理来观察《红楼梦》里宝玉的生年，有二种可能：

（1）原本作"隔了十几年"而后人改作了"次年"。

（2）原本作"次年"，而后人改为"隔了十几年"。

以常理推之，若原本既作"隔了十几年"，与第十八回所记正相照应，决无反改为"次年"之理。程乙本与钞本之改作"十几年"，正是他晚出之铁证。高鹗细察全书，看出第二回与十八回有大相矛盾的地方，他认定那教授宝玉几千字和几本书的姊姊，既然"有如母子"，至少应该比宝玉大十几岁，故他就假托参校各原本的结果，大胆地改正了。

直到今年夏间，我买得了一部乾隆甲戌（一七五四）钞本《脂砚斋重评石头记》残本十六回，这是曹雪芹未死时的钞本，为世间最古的钞本。第二回记宝玉的生年，果然也是：

第二胎生了一位小姐，生在大年初一，这就奇了。不想次年又生了一位公子。

这就证实了我的假定了。我曾考清朝的后妃,深信康熙、雍正、乾隆三朝没有姓曹的妃子。大概贾元妃是虚构的人物,故曹雪芹先说她比宝玉大一岁,后来越造越不像了,就不知不觉地把元妃的年纪加长了。

我再举一条重要的异文。第二回冷子兴又说:

当日宁国公荣国公是一母同胞弟兄两个。宁公居长,生了四个儿子。

程甲本、戚本都作"四个儿子"。我的程乙本却改作了"两个儿子"。容庚先生的钞本也作"两个儿子"。这又是高鹗后来的改本,容先生的钞本又是钞高鹗改订本的。我的《脂砚斋石头记》残本也作"四个儿子",可证"四个"是原文。但原文于宁国公的四个儿子,只说出长子是代化,其余三个儿子都不曾说出名字,故高鹗嫌"四个"太多,改为"两个"。但这一句却没有改订的必要。《脂砚斋》残本有夹缝朱批云:

贾蔷贾菌之祖,不言可知矣。

高鹗的修改虽不算错,却未免多事了。

我在《红楼梦考证》里曾说:

程伟元的序里说,《红楼梦》当日虽只有八十回,但原本却有一百二十卷的目录。这话可惜无从考证。(戚本目录并无后四十回)。我从前想当时各钞本中大概有些是有后四十回目录的,但我现在对于这一层很有点怀疑了。

俞平伯先生在《红楼梦辨》里,为了这个问题曾作一篇长文(卷上,一一—二六。)辨"原本回目只有八十"。他的理由很充足,我完全赞同。但容庚先生却引他的钞本第九十二回的异文作证据,很严厉地质问平伯道:

我们读第九十二回"评《女传》巧姐慕贤良,玩母珠贾政参聚散",只觉得宝玉评《女传》,不觉得巧姐慕贤良的光景;贾政玩母珠,也不觉得参什么聚散的道理。这不是很大的漏洞吗?

使后四十回的回目系曹雪芹做的,高鹗补作,不大了解曹雪芹的原意,故此说不出来,尚可勉强说得过去。无奈俞先生想证明后四十回系高鹗补作,不能不把后四十回目一并推翻,反留下替高鹗辨护的余地。

现在把钞本关于这两段的钞下。后四十回既然是高鹗补的，干么他自己一次二次排印的书都没有这些话？没有这些话是否可以讲得去？请俞先生有以语我来？(《国学周刊》第六期，页十七）容先生的钞本所有的两段异文，都是和这个程乙本完全一样的，也都是高鹗后来修改的。容先生没有看见我的程乙本，只看见了幼渔先生的程甲本，他不该武断地说高鹗"自己一次二次排印的书都没有这些话"。我们现在知道高鹗的初稿（程甲本）与现行各本同没有这两段；但他第二次改本（程乙本）确有这两段。……

…………

这个程乙本流传甚少；我所知的，只有我的一部原刻本和容庚先生的一部旧钞本。现在汪原放标点了这本子，排印行世，使大家知道高鹗整理前八十回与改订后四十回的最后定本是个什么样子，这是我们应该感谢他的。(《胡适文存三集》卷5，551～563页）

11月16日 下午3时10分，胡适接受《生活周刊》记者访问。

胡先生说："《生活周刊》，我每期都看的。选材很精，办得非常之好。"说到这里，更郑重的申明："我向来对于出版物是不肯轻易恭维的，这是实在的话。……我并听得许多人都称赏《生活周刊》。"

…………

我问先生生平遇着什么大困难没有？他说："我生平不觉得有什么大困难。说起来，将要留美以前在上海的时候，可算困难时候，那个时候差不多天天醉，醉了沿街打巡捕！"这样看来，留美一行，居然把一个"醉汉"变成一个哲学家和文学家，我们倒要谢谢美国。

……〔胡适〕大的小少爷九岁，在北京本在孔德学校肄业，读了一年多法文，到上海后，因邻近一带没有什么好的小学，就友人家共请一位教读，除中文算学外，也读些英文玩玩。胡先生说"这个小孩子很好"。小的小少爷六岁，就在家里读读，请胡先生的书记教。这位书记每天不过来两三小时，帮帮抄写而已……

我问先生现在每日做什么事？他说每星期在光华大学教授三小时，在东吴法科大学教授三小时，这两个地方每星期里就费了他四个上午。此外都在家里著书。我问每天大概著多少字？他说："不一定，像前几天的四天里面，连做三篇序，都很长，每日约三千字至六千字。昨天便玩了一天。"我觉得这种生活倒也舒服，著作得起劲的时候，就做；做得吃力高兴歇歇，就玩个一天。但是这也看各人所处的情境，不能一概而论的。

我问先生星期日也休息吗？他说星期日反而大忙。我问忙些什么，他说星期日宾客来往不绝，其中有和尚，有军人，有学生，有美术家。……形形色色，忙得不了。所以胡太太常笑他说，星期日好像大做其礼拜！星期日偶遇没有宾客的时候，他还是照常著书。

…………

我问胡先生还有到北京去的意思吗？他说他很喜欢北京的气候，不过目前或有久居上海之意。上海书不够看，他正在设法把藏在北京的书搬出来。我问先生和北京大学还有关系吗？他说前年作欧游的时候，便与北京大学脱离关系了。

后问先生对于中国前途的观察……他笑着说道："我不谈政治。"我说撇开政治而谈社会，我觉得近年来我国社会在思想方面确有进步，你以为如何？他说："近年来我国社会确有进步。只要有五年的和平，中国便大有可为。"

我说各国在思想界总有一二中心人物，我希望胡先生在我国也做一位中心人物。他说："我不要做大人物。"我进一步问他："那末要做什么人物？"他说："要做本分人物，极力发展自己的长处，避免自己的短处。……各行其是，各尽所能，是真正的救国。"（《生活》第3卷第5期，1927年12月4日）

11月19日 胡适致函全国国语教育促进会附设第一国语模范学校校董

蔡元培、吴稚晖、赵元任、刘半农,请辞该校校董,又对该校简章提出不同意见:

> 适此次被选为本校校董,本不敢当。曾于选举函上声明不愿被选之意。近因闭户著书,终日无暇顾及外事,更感觉此事应该辞去。所以正式函请诸位校董准我辞职,不胜盼切。
>
> 又有一事应请诸位校董注意的。本校附设国语速记术函授科,本是好事。但印出之简章上有"本会发明的国语速记术"的话,又广告(十一月十四日《申报》)上有"陆衣言发明的国语速记术……经本会速记委员会研究试验,认为确是中国速记中最合科学方法……的一种"。此时速记术尚在研究讨论的时期,此等断语似嫌过早。非学术研究机关所宜出。这是应注意的一点。
>
> 又简章上说:"毕业学员经本校面试及格,给予证明书者,当由本校介绍至各机关任用(月薪四十元至一百五十元)。"此一条近于用利禄为引诱,况且本校决无人能担保四十元至百五十元的月薪。这更未是一个学术机关应该说的话。这是应注意的第二点。(《胡适遗稿及秘藏书信》第 20 册,243～245 页)

11 月 25 日 胡适复函曹细绢,谈为祖父母、父母买坟地诸家务琐事。(《胡适全集》第 23 卷,544 页)

同日 胡适复函胡近仁,谈及"校事的你主持,再好没有了",又请其帮忙看坟地等。(《胡适家书手迹》,138 页)

12 月

12 月 3 日 胡适作成《白话诗人王梵志》。胡适从六朝唐五代人的敦煌写本、《历代法宝记》及《太平广记》等书中,推定王梵志生于隋朝,约当 6 世纪之末,死于唐高宗时(约 660—670)。(《现代评论》第 6 卷第 156 期,1927 年 12 月)

1927年　丁卯　民国十六年　36岁

12月5日　顾颉刚致函胡适，询胡适现在有无作文之暇，如有，《东壁遗书》序言及年谱是否要做？当将稿件寄上。询是否收到归还之欠款。又云：

> 有人看《上海报》，知先生在大学院中办历史研究所，不知此事有办好希望否？经费有着落否？……
>
> 《左传真伪考》一册已收到……其中论"及"字有误，盖《论语》虽无及字，而《春秋》中固甚多及字也。《春秋》不可谓非鲁语，特前于《论语》之鲁语耳。(《胡适遗稿及秘藏书信》第42册，345～347页)

12月8日　王云五函请胡适审订《初中国语教科书》书稿，并奉上《词选》十部及《中国文学研究》一部。(《胡适遗稿及秘藏书信》第24册，337页)

12月10日　胡适致函张元济，云：

> 承赐借《旧唐书》，先生的校注极有用处。如李白一传，殿本脱二十六字，正是极重要之文，少此二十六字，此传遂不可读。今人论李白，多据《新书》，其实《新唐书》远不如《旧书》之可靠。倘非得先生用宋本校补之本，我竟不知此传的本来面目了。故草此书道谢，并盼先生早日将校本全史付印，以惠学者，不知曾有意于此否？又顷读顾况的诗，颇喜其诗多引白话。《旧书》说他是苏州人，《全唐诗》说他是海盐人。此人当日因作白话诗多嘲讽，竟致得罪贬谪，此冤似不可不为一伸。先生习于海盐掌故，不知顾况的文集二十卷有传本或辑本否？便中幸见示为感。(《张元济蔡元培来往书信集》，217页)

按，同日，张元济复函胡适，询《苕溪鱼隐丛话》是否收到。言《旧唐书》宋本只存三分之一，尚未校毕。新近校毕《魏书》，将续校《北齐书》与《北周书》。顾况虽不是海盐人，然居海盐必甚久。其集20卷久不传，自己仅存3卷。(《胡适遗稿及秘藏书信》第34册，87～88页)

同日　韦素园将自己的小说译稿寄与胡适，请胡适帮忙售出（希望能卖300元），以便清理医债。(《胡适遗稿及秘藏书信》第30册，642～643页)

12月12日　张元济复函胡适，云：校史事荷兄鞭策，益思奋进。异日排印或可选用一二种。志整理云云，则非区区所敢承矣。《华阳集》尽情留阅……如需用何书，当嘱图书馆检送。(《张元济全集》第2卷，540～541页)

12月14日　胡适复函张元济，谈及：《华阳集》所收文有几篇可以考其人生卒年代之大概；《苕溪渔隐丛话》为绩溪人著书中最流行的一部书，虽无甚精义，然颇便检查。王梵志有两条，已录出。又云：

先生校全史之功作，真可敬佩，令我神往。鄙意以为先生宜倩一二助手，先将已校各书过录一二副本。岫庐近作《千种丛书》计划，中有廿四史均拟加点读。点读之际似可即将先生已校改各本改正……

整理全史，今日已不容缓。清代学者已有之成绩似宜应有一总结集，如王益吾《两汉书补注》之例。若不结集，则此种勤苦之功力只有裨于极少数之学者，于多数读者仍无关系，殊可惜也。(《胡适全集》第23卷，546～547页)

按，12月16日张元济复函胡适，云《华阳集》可留阅等。(《胡适遗稿及秘藏书信》第34册，70页)

同日　查良钊致函胡适，告高仁山被捕后，艺文中学负债几千元，困难到极点，请胡适在京、沪地区找人代为掌理艺文中学，并帮忙筹措部分款项。(《胡适遗稿及秘藏书信》第30册，615～619页)

12月24日　张元济复函胡适，言法国友人购买《四部丛刊》及《廿四史》事，已经托馆内友人借钱。检送前漏送之《旧唐书》8册。(《张元济全集》第2卷，541页)

12月25日　任鸿隽致函胡适，告范源濂过世。周诒春说中基会董事会会期在2月底，询胡适是否能来出席。抄示和丁文江诗。(《胡适遗稿及秘藏书信》第26册，548～550页)

12月30日 姚名达致函胡适，告：已照胡适意将《章实斋先生年谱》增改好，过几天可以寄胡校订；已答应陆侃如去主持《国学基本丛书》。又云：

> 我们几天不读先生的文章，便觉得沉沉欲死，若能常接先生的音吐，岂非多一点生的机会吗？青年学者属望于先生的无穷。……先生，你能够念及远道向慕的一个青年，使他能够接近先生，做一点学问吗？（《胡适遗稿及秘藏书信》第31册，84～86页）

12月31日 陈钟凡致函胡适，请胡适为其《巴黎高等教育》写序，并推荐出版。（《胡适遗稿及秘藏书信》第36册，245页）

是年 胡适有一演讲，题目为"Influence of Buddhism on Chinese Culture"。胡适说：

> The acceptance of Buddhism has transformed the Chinese conception of many of the fundamental values. Most fundamental of all is the transvaluation of life....
>
> ...
>
> Another revolution was in the conception of the family which had formed such an important part of Confucian ethics. Of the five cardinal human relationships, three, those with parents and children, between man and wife, and between elders and the young—belong to the family. But there came a time when people openly deserted the homes, defied the family relations and became monks and nuns of the Buddhist Order.
>
> ...
>
> During these centuries of Buddhist conquest, there arose the popular religion of Taoism which was a conglomeration of all the local, tribal and traditional beliefs and superstitions of Mediaeval China, but which became an organized religious movement more or less under the inspiration of the Bud-

dhist invasion and was organized more or less after the pattern of the Buddhist Order....

...

... Buddhism has done its work which could not be undone by any amount of boycott or persecution. It had already radically changed the Chinese outlook of life and conception of family and society, and its influence had already penetrated into Chinese religion, art, literature and philosophy....（《胡适未刊英文遗稿》，58～61页）

1928年　戊辰　民国十七年　37岁

> 4月，中国公学校董会举胡适为校长。
> 上半年，江冬秀回绩溪故里修缮胡适祖父母、父母之墓。

1月

1月1日　是日印行之《光华期刊》第2期由胡适题写刊名。据该刊封底，知胡适被聘为该刊之"顾问及特约撰述"。

　　按，5月印行之该刊第3期，仍用胡适题写的刊名，第4期则不用。据第3期封底，胡适大名仍名列"顾问"栏，但不再是"特约撰述"。

1月3日　朱挹芬致函胡适，请胡适为李涵秋所做《广陵潮》作序。(中国社科院近代史所藏"胡适档案"，卷号1030，分号5)

1月5日　胡适复函胡近仁，谈家乡办学事：

　　1. 本年先汇乙百元。

　　2. 十六年份捐款照旧收齐。

　　3. 祥善、吉卿、衡卿、在斋、绍之五人均应在学校内立一种永久纪念。(一)校内悬挂他们的照相。(二)请近仁就近征集各人事略，为作小传，用青石刻小碑，嵌入学校墙上。

　　4. 本校历年捐款，除造清册报告外，应在校内立碑。……

　　…………

关于课程一事，我年内不能赶回来，请你斟酌办理。老叔不可不任教课，薪俸请照聘请教员常例，不必客气。其现有教员，请你酌量去留。石家有石原皋，北大学生，现在家中，似可与商量，请他暂任一点功课，课程也可与商酌。他的成绩还好，人也极忠厚。

剑奴处，我们未有信去。如校中不需人，可不必去函；如实需人，请你直接去函。(《胡适家书手迹》，140～142页)

同日　顾颉刚致函胡适，询《白话文学史》上册是否脱稿，《哲学史》中册是否已经着手等。(《胡适遗稿及秘藏书信》第42册，348～349页)

同日　陈世璋致函胡适，云：孙传芳曾在庚款委员会提出导淮、淮南开垦两案，现在遍寻不得，不知胡适是否知道此案之来历，倘能帮忙找到，无任感幸。(《胡适遗稿及秘藏书信》第35册，319～320页)

1月8日　缪金源致函胡适，述自己在文学、哲学上与胡适一致，以及自己讲授国文课时所用教材等。(《胡适遗稿及秘藏书信》第41册，73～77页)

1月9日　任鸿隽致三函与胡适，一函谈中基会的开会地点问题。另一函谈及上函是周诒春嘱写的，希望胡适能与会。又力荐丁文江能继范源濂之后担任北京图书馆馆长；以此征求胡适的意见，也希望胡能赞助此事。(《胡适遗稿及秘藏书信》第26册，551～559页)

1月10日　胡适复函Beard，云：

... the article you wanted from me did not leave the typewriter until this moment.... If it is too late to be included in your book, or if it is not satisfactory to you and your coeditors as I am afraid it will be, please do not hesitate either to return it to me or do whatever with it as you deem fit.

If its substance is acceptable, please have the kindness to improve its form and style and make it readable. I must confess that this is the longest article I have written in English for publication abroad.

... I came to Shanghai directly from Japan, and have not yet returned to

Peking. For over seven months, I have not yet had the heart to visit the new Capital of Nanking. I am doing some writing to keep myself from being too pessimistic.(《胡适全集》第40卷，268～269页)

1月13日　胡适作有《史是宗教的官》一篇读书杂记。(《胡适遗稿及秘藏书信》第9册，215页)

1月15日　章铁民、鲍剑奴、胡家健、汪乃刚、程宗潮、胡广平、胡培瀚七人联名致函胡适，欲在芜湖创办中学，希望胡适能担任校董。(中国社科院近代史所藏"胡适档案"，卷号1747，分号3)

1月16日　蒋梦麟复函胡适，云：现值冬防，无法抽身远行。游杭无任欢迎，若胡适来即下榻校内。(《胡适遗稿及秘藏书信》第39册，467页)

1月19日　胡适作有《跋张为骐〈孔雀东南飞〉》，举六条理由指出：支持陆侃如观点的张为骐误解了胡适的主张，而张所举证据恰能助证胡适的观点。(《现代评论》第7卷第165期)

1月21日　丁文江复函胡适，谈到邀请胡适来大连演讲的事；又谈到范源濂去世后，任鸿隽曾提议由丁文江担任图书馆馆长，但丁表示对于此种事没有多大的兴味。(《胡适遗稿及秘藏书信》第23册，199～200页)

1月22日　丁文江致函胡适，劝胡适不要贸然北来，因不安全。又谈希望胡适来大连，又谈在此间的寂寞并今后的打算。又希望胡适以后少"作为无益"，接续做"努力"的工夫！(《胡适遗稿及秘藏书信》第23册，237～238页)

1月23日　胡适致函孙伏园：送上"戴震"一篇。匆匆增入一页，可为"中篇"，"吴稚晖"一篇尚未修改也。(《贡献》第1卷第7期，1928年2月10日)

1月27日　胡适有答某君书，谈人生的意义，云：

……你自己去寻出一个本不成问题的问题，"人生有何意义？"其实这个问题是容易解答的。人生的意义全是各人自己寻出来，造出来的：高尚，卑劣，清贵，污浊，有用，无用……全靠自己的作为。生

命本身不过是一件生物学的事实，有什么意义可说？生一个人与一只猫，一只狗，有什么分别？人生的意义不在于何以有生，而在于自己怎样生活。你若情愿把这六尺之躯葬送在白昼作梦之上，那就是你这一生的意义。你若发愤振作起来，决心去寻求生命的意义，去创造自己的生命的意义，那么，你活一日便有一日的意义，作一事便添一事的意义，生命无穷，生命的意义也无穷了。

总之，生命本没有意义，你要能给他什么意义，他就有什么意义。与其终日冥想人生有何意义，不如试用此生作点有意义的事。……(《生活周刊》第 3 卷第 38 期，1928 年 8 月 5 日)

1 月 28 日 胡适致函徐志摩，请徐于下次董事会提出：辞董事及审稿委员，归还招来之三股（江冬秀、胡思杜、张慰慈），退还本股，请同意将《白话文学史》另行出版。总之，决计脱离新月书店。(《胡适遗稿及秘藏书信》第 19 册，361～362 页)

同日 陈源致函胡适，云："国事我觉得很难乐观。可是有些朋友欣然的说大地回春的时候，他们便能回北京了……要是能回北京，当然谁也方便，你也可以去利用你的书了。万一还是不能去，上海还是乌烟瘴气，我劝你还不如东渡的好。（目下北京你当然去不得，听说高仁山枪毙了，他的罪状里还把你的名字拉进去了。……）"又云：曾见过大学汉文助教仓石，听说你得了一部《红楼梦》抄本，他很希望早些印出来。又拜托胡适写介绍信给狩野或其他大学中有势力的人，以便利用这里的图书馆等。(《胡适来往书信选》上册，458～460 页)

2 月

2 月 1 日 中西学校颜文初致函胡适，告该校将出版建校三十年纪念刊，请胡适撰写《三十年来中国新文化运动》一文。(《胡适遗稿及秘藏书信》第 41 册，78～79 页)

1928年　戊辰　民国十七年　37岁

2月7日　胡适改定《几个反理学的思想家》，大意谓：

一　引子

中国的近世哲学可分两个时期：

（A）理学时期——西历一〇五〇至一六〇〇。

（B）反理学时期——一六〇〇至今日。

理学是什么？理学挂着儒家的招牌，其实是禅宗、道家、道教、儒教的混合产品。其中有先天太极等等，是道教的分子；又谈心说性，是佛教留下的问题；也信灾异感应，是汉朝儒教的遗迹。但其中的主要观念却是古来道家的自然哲学里的天道观念，又叫做"天理"观念，故名为道学，又名为理学。

…………

五百多年（一〇五〇—一六〇〇）的理学，到后来只落得一边是支离破碎的迂儒，一边是模糊空虚的玄谈。到了十七世纪的初年，理学的流弊更明显了。五百年的谈玄说理，不能挽救政治的腐败，盗贼的横行，外族的侵略。于是有反理学的运动起来。

反理学的运动有两个方面：

（1）打倒（破坏）

打倒太极图等等迷信的理学——黄宗炎、毛奇龄等。

打倒谈心说性等等玄谈——费密、颜元等。

打倒一切武断的，不近人情的人生观——颜元、戴震、袁枚等。

（2）建设

建设求知识学问的方法——顾炎武、戴震、崔述等。

建设新哲学——颜元、戴震等。

现在我想在这几天内，提出四个人来代表这反理学的时期。顾炎武代表这时代的开山大师。颜元、戴震代表十七八世纪的发展。最后的一位，吴稚晖先生，代表现代中国思想的新发展。

二　顾炎武（亭林，生一六一三，死一六八二）

……

顾氏很崇敬朱子……

他的宗旨只有两条，一是实学，一是实行。他所谓"博学于文"，并不专指文学，乃是包括一切文物……故他最研究国家典制，郡国利病，历史形势，山川险要，民生状况。他希望拿这些实学来代替那言心言性的空虚之学。

……

……"考文"便是校勘之学，"知音"便是音韵训诂之学。清朝一代近三百年中的整治古书，全靠这几种工具的发达。在这些根本工具的发达史上，顾炎武是一个开山的大师。

我们举一条例来证明他治学的方法。……

这样用证据（Evidence）来考订古书，便是学术史上的一大进步。这便是科学的治学方法。科学的态度只是一句话："拿证据来！"

这个方法不是顾炎武始创的，乃是人类常识逐渐发明的。"证"这个观念本是一个法律上的观念。法庭讯案，必须人证与物证。考证古书，研究科学，其实与法官断案同一方法。用证据法来研究古书，古来也偶然有人。但到了十七世纪初年，这种方法才大发达。……

……为了考究一个字的古音而去寻求一百六十二个证据，这种精神是古来不曾有过的；这种方法是打不倒的。用这种搜求证据的方法来比较那空虚想像的理学，我们不能不说这是一个新时代了。

三　颜元（习斋，生一六三五，死一七〇四）

……

中国的哲学家之中，颜元可算是真正从农民阶级里出来的。他的思想是从乱离里经验出来的，从生活里阅历过来的。他是个农夫，又是个医生，这两种职业都是注重实习的，故他的思想以"习"字为主脑。他自己改号习斋，可见他的宗旨所在。……

……

颜元的思想很简单，很浅近。因为他痛恨那故意作玄谈的理学家……

……

人性不过如此，最重要的是教育，而教育的方法只是实习实做那有用的实事实物。……

……

这是颜李学派的实习主义（Pragmatism）。

四　戴震（东原，生一七二四，死一七七七）

十七八世纪是个反理学的时期。第一流的思想家大抵都鄙弃那谈心说性的理学。风气所趋，遂成了一个"朴学"时代，大家都不讲哲学了。"朴学"的风气最盛于十八世纪，延长到十九世纪的中叶。"朴学"是做"实事求是"的工夫，用证据作基础，考订一切古文化。其实这是一个史学的运动，是中国古文化的新研究，可算是中国的"文艺复兴"（Renaissance）时代。这个时期的细目有下列各方面：

（1）语言学（Philology），包括古音的研究，文字的假借变迁等等。

（2）训诂学（Semantics），用科学的方法，客观的证据，考定古书文字的意义。

（3）校勘学（Textual Criticism），搜求古本，比较异同，校正古书文字的错误。

（4）考订学（Higher Criticism），考定古书的真伪，著者的事迹等等。

（5）古物学（Archaeology），搜求古物，供历史的考证。

这个大运动，又叫做"汉学"，因为这时代的学者信汉儒"去古未远"，故崇信汉人过于宋学。又叫做"郑学"，因为郑玄是汉代的大师。但"朴学"一个名词似乎最妥当一点。

这个运动的特色是没有组织大哲学系统的野心，人人研究他的小问题，做专门的研究：或专治一部书（如《说文》），或专做一件事（如辑佚书），或专研究一个小题目（如"释绘"）。这个时代的风气是逃虚就实，宁可做细碎的小问题，不肯妄想组成空虚的哲学系统。

但这个时代也有人感觉不满意。如章学诚（实斋）便说这时代的学者只有功力，而没有理解，终身做细碎的工作，而不能做贯串的思想，如蚕食叶而不吐丝。

其时有大思想家戴震出来，用当时学者考证的方法，历史的眼光，重新估定五百年的理学的价值，打倒旧的理学，而建立新的理学。是为近世哲学的中兴。

....

戴震生在朴学最盛的时代，他是个很能实行致知格物的工夫的大学者，所以他一眼看破程朱派的根本缺点在于走错了路，在于不肯抛弃那条中古宗教的路。……

他认清了理学的病根在于不肯抛弃那反人情性的中古宗教态度，在于尊理而咎形气，存理而去欲，故他的新理学只是并力推翻那"杂糅傅合"的，半宗教半玄学的旧理学。……

....

这是很明白的唯物论（Materialism）。宇宙只是气化的流行。阴阳五行的自然配合，由于分配的不同，而成为人物种种不同。性只是"分于阴阳五行以为血气心知"。血气固是阴阳五行的配合，心知也是阴阳五行的配合。这不是唯物论吗？这里面正用不着勉强拉出一个"理"或"天理"来"凑泊附着以为性"。于是六百年的理学的天论与性论也都用不着了。

他是主张"性善"的，但他的根据也只是说人的知觉，高于禽兽，故说人性是善的。……

....

……理学家先假定一个浑然整个的天理，散为万物；理附着于气质之上，便是人性。他们自以为"性"里面具有"许多道理"，他们误认"性即是理在人心"，故人人自信有天理。于是你静坐冥想出来的，也自命为天理；他读书傅会出来的，也自命为天理。人人都可以把他自己的私见，偏见，认作天理。"公有公的道理，婆有婆的道理。"人人拿他的"天理"来压迫别人，你不服从他，他就责你"不讲理"！

戴震最痛恨这种思想，他说这种态度的结果必至于"以理杀人"……

戴震因此提出他的"理"说。……

依他的说法，理即是事物的条理，在事情之中，而不在人心之内。人心只有血气心知，心知只是可以求理的官能；用心知去寻求事情的条理，剖析区分，至于无差失，那就是理。科学家求真理，是如此的。法官判断诉讼也是如此的。人生日用上的待人接物，谋合理的生活，也是如此的。

理学最不近人情之处在于因袭中古宗教排斥情欲的态度。戴学的大贡献正在于充分指出这一个紧要关键。……这里的历史见解是很正确的。宋儒以来的理学挂着孔教的招牌，其实因袭了中古宗教的种种不近人情的教条。中古宗教的要点在于不要做人而想做菩萨神仙。这固是很坏，然而大多数的人究竟还想做人，而不想做神仙菩萨。故中古宗教的势力究竟还有个限度。到了理学家出来，他们把中古宗教做菩萨神仙之道搬运过来，认为做人之道，这就更坏了。主静去欲，本是出世之法，今被误认作入世之法，又傅会《伪尚书》"人心惟危，道心惟微"的话，于是一班士大夫便不知不觉地走上了顾炎武所谓"置四海困穷不言，而讲危微精一"。……

戴学的重要正在于明白攻击这种不近人情的中古宗教遗风。……

这个时代是一个考证学昌明的时代，是一个科学的时代。戴氏是一个科学家，他长于算学，精于考据，他的治学方法最精密，故能用这个时代的科学精神到哲学上去，教人处处用心知之明去剖析事物，寻求事情的分理条则。……

五　吴敬恒（稚晖）

....

吴先生曾从中国旧思想里打过滚出来，经过了多少次的思想变迁与多年的亲身阅历，他深切感觉中国思想有彻底改造的必要。他又深切感觉中国思想的根本改造决不是洋八股式的理学所能收效的，也不是所谓"整理国故"的工作所能收效的。宋明的理学固然应该反对，清朝的汉学、朴学也济得甚事？吴先生在二十年前便同陈颂平先生相约不看中国书。……

粗看吴先生的文章，我们定要嫌他太缺乏历史的观念，故说出那种极端的主张来。其实吴先生是个最有历史眼光的思想家，他对于中国文化演变的历史最有精明的研究，最有独到的见解。他那很像过激的主张，其实都是根据于他的历史见解的。他见得透辟，故说得恳切；他深明历史的背景，故不肯作拖泥带水的调和论。

....

……[《一个新信仰的宇宙观及人生观》里有]很彻底的，很激烈的见解。第一，吴先生根本排斥宗教……

第二，吴先生很老实地指出中国人的总和是道德低浅……

第三，吴先生对于中国文化史有很透辟的见解，当代的一般学者都见不到，说不出。……

吴先生承认这三百年的中国学术史是一个"文艺复兴时期"。……

从这新宇宙观上生出他的新人生观。

....

……这是吴先生的人生观。他盼望"既有了人生，便要……把演唱的脚本做得好好的，然后不枉一登场"。……

吴先生对于物质文明的信仰是很可以叫我们这些信仰薄弱的后生小子奋发鼓舞的。……最后这一项便是他的"品物进步论"。……（本文原为胡适1927年12月在上海同文书院的讲演稿，曾载1928年1月25日至2月15日《贡献》旬刊第6至8号，此为改定稿。据《胡适文

存三集》卷2，111～176页）

2月8日　钟荣光致函胡适，希望中基会补助岭南大学的科学研究计划。（《胡适遗稿及秘藏书信》第40册，582～584）

2月10日　上午9时，婺源旅沪同乡会假西藏路宁波同乡会馆开成立大会，同乡共千余人，胡适出席并有演说。（次日之《申报》）

2月12日　胡适复函胡近仁，云：我原信的意思是请你援照聘请教员最高年薪（240元）之例。你既不肯自定，现由我定为年薪240元，自十七年一月起算。（《胡适家书手迹》，145页）

2月12—16日　胡适写成《考证〈红楼梦〉的新材料》一文，大要是：

一　残本《脂砚斋重评石头记》

去年我从海外归来，便接着一封信，说有一部抄本《脂砚斋重评石头记》愿让给我。我以为"重评"的《石头记》大概是没有价值的，所以当时竟没有回信。不久，新月书店的广告出来了，藏书的人把此书送到店里来，转交给我看。我看了一遍，深信此本是海内最古的《石头记》抄本，遂出了重价把此书买了。

这部脂砚斋重评本（以下称"脂本"）只剩十六回了……首页首行有撕去的一角，当是最早藏书人的图章。今存图章三方，一为"刘铨畐子重印"，一为"子重"，一为"髣眉"。第二十八回之后幅有跋五条。……

　　…………

此书每半页十二行，每行十八字。楷书。纸已黄脆了，已经了一次装衬。第十三回首页缺去小半角，衬纸与原书接缝处印有"刘铨畐子重印"图章，可见装衬是在刘氏收得此书之时，已在六十年前了。

二　脂砚斋与曹雪芹

　　…………

据此，《石头记》在乾隆十九年已有"抄阅再评"的本子了。可见

雪芹作此书在乾隆十八九年之前。也许其时已成的部分止有这二十八回。但无论如何，我们不能不把《红楼梦》的著作时代移前。……

脂本于"满纸荒唐言"一诗的上方有朱评云：

能解者方有辛酸之泪哭成此书。壬午除夕，书未成，芹为泪尽而逝。余尝哭芹，泪亦待尽。每意觅青埂峰再问石兄，余不遇癞头和尚何！怅怅！……

甲午八月泪笔。（乾隆三九，一七七四）……

我从前根据敦诚《四松堂集·挽曹雪芹》一首诗下注的"甲申"二字，考定雪芹死于乾隆甲申（一七六四），与此本所记，相差一年余。雪芹死于壬午除夕，次日既是癸未，次年才是甲申。敦诚的挽诗作于一年以后，故编在甲申年……现在应依脂本，定雪芹死于壬午除夕。再依敦诚挽诗"四十年华付杳冥"的话，假定他死时年四十五，他生时大概在康熙五十六年（一七一七）。……

……雪芹的父亲曹頫卸织造任在雍正六年（一七二八），那时雪芹已十二岁，是见过曹家盛时的了。

…………

……脂砚斋是同雪芹很亲近的，同雪芹弟兄都很相熟。我并且疑心他是雪芹同族的亲属。……

…………

此等处皆可助证《红楼梦》为记述曹家事实之书，可以摧破不少的怀疑。我从前在《红楼梦考证》里曾指出两个可注意之点：

第一，十六回凤姐谈"南巡接驾"一大段，我认为即是康熙南巡，曹寅四次接驾的故事。……

第二，我用《八旗氏族通谱》的曹家世系来比较第二回冷子兴说的贾家世次，我当时指出贾政是次子，先不袭职，又是员外郎，与曹頫一一相合，故我认贾政即是曹頫。……脂本第二回"皇上……赐了这政老爹一个主事之衔，令其入部习学，如今现已升了员外郎"一段之傍有朱评云：

嫡真事实,非妄拥也。

这真是出于我自己意料之外的好证据了!

故《红楼梦》是写曹家的事,这一点现在得了许多新证据,更是颠扑不破的了。

三 秦可卿之死

....

……我们虽不得见未删天香楼的原文,但现在已知道:

(1)秦可卿之死是"淫丧天香楼"。

(2)她的死与瑞珠有关系。

(3)天香楼一段原文占本回三分之一之多。

(4)此段是脂砚斋劝雪芹删去的。

(5)原文正作"无不纳罕,都有些疑心",戚本始改作"伤心"。

四 《红楼梦》的"凡例"

《红楼梦》各本皆无"凡例"。脂本开卷便有"凡例",又称《红楼梦》旨义"。……

....

我们读这几条凡例,可以指出几个要点:(1)作者明明说此书是"自譬石头所记之事",明明说"系石头所记之往来"。(2)作者明明说"此书只是着意于闺中",又说"作者本意原为记述当日闺友闺情,并非怨世骂时之书"。(3)关于此书所记地点问题,凡例中也有明白的表示。曹家几代住南京,故书中女子多是江南人,凡例中明明说"此书又名曰《金陵十二钗》,审其名则必系金陵十二女子也"。我因此疑心雪芹本意要写金陵,但他北归已久,虽然"秦淮残梦忆繁华"(敦诚赠雪芹诗),却已模糊记不清了,故不能不用北京作背景。所以贾家在北京,而甄家始终在江南。……我的答案是:雪芹写的是北京,而他心里要写的是金陵:金陵是事实所在,而北京只是文学的背景。

至如大观园的问题,我现在认为不成问题。贾妃本无其人,省亲

也无其事，大观园也不过是雪芹的"秦淮残梦"的一境而已。

五　脂本与戚本

现行的《红楼梦》本子，百廿回本以程甲本（高鹗本）为最古，八十回本以戚蓼生本为最古，戚本更古于高本，那是无可疑的。……我曾用脂砚斋残本细校戚本，始知戚本一定在高本之前，凡平伯所疑高本胜于戚本之处（一三五——一三七），皆戚本为原文，而高本为改本。……

我用脂本校戚本的结果，使我断定脂本与戚本的前二十八回同出于一个有评的原本，但脂本为直接抄本，而戚本是间接传抄本。

何以晓得两本同出于一个有评的原本呢？戚本前四十回之中，有一半有批评，一半没有批评；四十回以下全无批评。我仔细研究戚本前四十回，断定原底本是全有批评的，不过抄手不止一个人，有人连评抄下，有人躲懒便把评语删了。……

…………

（1）《红楼梦》的最初底本是有评注的。

（2）最初的评注至少有一部分是曹雪芹自己作的，其余或是他的亲信朋友如脂砚斋之流的。

…………

以上说脂本与戚本同出于一个有评注的原本，而戚本传抄在后。但因为戚本传抄在后，《红楼梦》的底本已经过不少的修改了，故戚本有些地方与脂本不同。有些地方也许是作者自己改削的；但大部分的改动似乎都是旁人斟酌改动的；有些地方似是被抄写的人有意删去，或无意抄错的。

…………

六　脂本的文字胜于各本

我们现在可以承认脂本是《红楼梦》的最古本，是一部最近于原稿的本子了。在文字上，脂本有无数地方远胜于一切本子。我试举几

七　从脂本里推论曹雪芹未完之书

从这个脂本里的新证据，我们知道了两件已无可疑的重要事实：

（一）乾隆甲戌（一七五四），曹雪芹死之前九年，《红楼梦》至少已有一部分写定成书，有人"抄阅重评"了。

（二）曹雪芹死在乾隆壬午除夕（一七六三年二月十三日）。

……

戚本四十回以下完全没有评注。这一点使我疑心最初脂砚斋所据有评的原本至多也不过四十回。

....

……但已成的残稿确然不止这八十回书。……

从这些证据里，我们可以知道雪芹在壬午以前，陆续作成的《红楼梦》稿子决不止八十回，可惜这些残稿都"迷失"了。脂砚斋大概曾见过这些残稿，但别人见过此稿的大概不多了，雪芹死后遂完全散失了。（中国社科院近代史所藏"胡适档案"，卷号147，分号1）

2月17日　太平洋国交讨论会执行委员长余日章、主任干事陈立廷致函胡适，请胡担任该会会员。（《胡适遗稿及秘藏书信》第29册，152～153页）

2月18日　汤尔和致函胡适，告潘馨航表示希望胡适北来，"保管无事。弟即谓高某事与之实风马牛不相干，然闻供词中既有其名，恐生麻烦。渠谓可以相信适之来此，至多不过改良白话，即有其他关系，亦当设法保存"。（《胡适遗稿及秘藏书信》第36册，490～491页）

2月20日　胡适致函回里修墓的江冬秀，谈修墓等琐事。（《胡适遗稿及秘藏书信》第21册，346～348页）

2月21日　胡适致函曾朴，论翻译：

……尽读惠赠的嚣俄戏剧三种。读后更感觉先生的志愿与精神之不可及。中国人能读西洋文学书，已近六十年了；然名著译出的，至今还不满二百种。其中绝大部分，不出于能直接读西洋书之人，乃出于不通外国文的林琴南，真是绝可怪诧的事！近三十年来，能读英国文学的人更多了，然英国名著至今无人敢译，还得让一位老辈伍昭扆先生出来翻译《克兰弗》，这也是我们英美留学生后辈的一件大耻辱。英国文学名著，上自 Chaucer，下至 Hardy，可算是完全不曾有译本。莎翁戏剧至今止译出一二种，也出于不曾留学英美的人。近年以名手译名著，止有伍先生的《克兰弗》，与徐志摩译的《赣第德》两种。故西洋文学书的翻译，此事在今日直可说是未曾开始！先生独发弘大誓愿，要翻译嚣俄的戏剧全集，此真是今日文学界的一件绝大事业，且不论成绩如何，即此弘大誓愿已足令我们一班少年人惭愧汗下，恭敬赞叹！……我觉得《吕伯兰》前半部的译文最可读，这大概是因为十年前直译的风气未开，故先生译此书尚多义译，遂较后来所译为更流利。近年直译之风稍开，我们多少总受一点影响，故不知不觉地都走上谨严的路上来了。

近几十年中译小说的人，我以为伍昭扆先生最不可及。他译大仲马的《侠隐记》十二册（从英文译本的），用的白话最流畅明白，于原文最精警之句，他皆用气力炼字炼句，谨严而不失为好文章，故我最佩服他。……（《胡适文存三集》卷8，1123～1125页）

2月24日　胡适偕胡祖望等同去苏州。（《胡适遗稿及秘藏书信》第21册，349页）

同日　胡适在苏州女中演讲。1928年4月印行之《妇女月刊》第2卷第1号有报道。

2月25日　丁文江致函胡适，颇为详细地介绍了送5000元钱给他的河南人杨金的情况。又盼胡适尽快来大连。（《胡适遗稿及秘藏书信》第23册，91～95页）

1928年　戊辰　民国十七年　37岁

2月27日　顾颉刚致函胡适，说此间同学甚盼胡适能来讲学，又谈到自己在中大工作以及所欠胡适账目等。(《胡适遗稿及秘藏书信》第42册，350～352页)

2月28日　胡适致函吴稚晖，请吴稚晖校正他关于吴的文章，并请吴写简单的自传：

……承先生说我于先生的新信仰"虽无具体的相同，却也不曾寻出他的异点来"，这几年来我和先生的主张渐多"具体的相同"，故述先生的信仰都是抬出老将军去打头阵，好让我们腾出功夫来多预备一点子弹来给先生助战。此意与先生所谓"浇块垒"者大不同，或不为先生所痛斥罢？

我的立脚点是历史，故此文把先生排作"反理学"运动的最近一幕（不是最后一幕），又特别看中了先生的文化史观，把它从附注里提出来作为正文，这一点不知先生能同意否？……

先生当日作《新信仰》一文，先叙宇宙观，次叙三个人生观；这个大纲目之外要说的话，便都放在附注里。我两次试述此文……皆依此纲目，总觉不能惬意，而不解所以不能惬意之故。今年改稿，始放胆抛弃原文的纲目，把附注之文提作正文，而不复人生观的三大段。稿成后，觉得这办法比前两次满意多了，试令别人读过，他们也都容易明白了解。不知先生自己对于这个大搬动有何意见？

以上各点，均望先生有空闲时见教。

…………

……我想请先生腾出一点时间来赐我一篇简单的"自传"，粗枝大叶地谈谈那位常州吴老头子的故事，给我这个朱朝奉的同乡后辈添点史料，使他将来作"朱注"时不致于劈空瞎嚼蛆。……(《胡适遗稿及秘藏书信》第19册，188～192页)

按，3月4日，吴稚晖复函胡适云：

失望的如我，简直不相信人类的物质文明，还会进步。到了二十

世纪，还得仗杀人放火，烧杀出一个人类世界来，那世界到底是什么世界呢？……所以我是狂易了，也破产了，怂恿杀朋友，开口骂朋友，也同那班畜类是一丘之貉罢了，还敢在先生面前忏悔么？东方民族（连苏俄在内）简直是已经僵在半开化的民族。（《胡适遗稿及秘藏书信》第 28 册，536～537 页）

2 月 29 日　胡适复函江冬秀，谈及家务琐事，又谈到无法给江耘圃寻差事，"我不曾荐一个人给南京政府的任何机关局所"。又谈及此次到苏州演讲 6 次，以及因雇轿子、住旅馆不方便所受的苦等。（《胡适遗稿及秘藏书信》第 21 册，350～352 页）

3月

3 月 2 日　冯致远致函胡适云，接胡成之来信，要自己寄成绩单与胡适看，欢喜地看，这一学期成绩不算佳，但较上期有进步。又谈及试着翻译《睡美人》等。（中国社科院近代史所藏"胡适档案"，卷号 858，分号 1）

3 月 4 日　胡适作有《建文逊国传说的演变——跋崇祯本〈逊国逸书〉残本》。

按，此文收入《胡适文存三集》时，更名作《建文逊国的传说》。

3 月 5 日　单不庵复函胡适，将以《周礼订义》、钱补《周礼新义》二书与《周礼集说》对校之校记抄示胡适。（《胡适遗稿及秘藏书信》第 37 册，252 页）

3 月 6 日　胡适复函吴稚晖，云：

……我至今还深信物质文明的进步尚有我们绝对梦想不到的。……我重到了美国，略观十年中的进步，更坚信物质文明尚有无穷的进步。

至于杀人放火，也只有物质文明可以救济。我之不满意于今日"以暴止暴"的政策者，决非赞成杀人放火，正希望当局诸公进一步作点点釜底抽薪之思考耳。譬如近日常熟、无锡一带杀人放火的气焰正凶得势……

…………

至于先生对东方民族的悲观，我深感同情。五六年前，我也曾发"中国不亡，世无天理"的感慨。此次绕地球兜了一个小圈子……更深信一个民族的兴亡强弱决非偶然徼幸的事；回头看看咱们这个民族，实在只有低头叹气！

然而我终不忍不作一点"好梦"。我深信有一分努力，终有一分半分效果，也许有五分十分的效果。"白吃辛苦"不算什么；我们自己看得见与看不见收获，也不算什么。（《胡适遗稿及秘藏书信》第19册，193～199页）

同日 胡适复函江冬秀，告汇款颇不方便，可先借款。又谈及徐新六之父死于花柳病，以及孟禄、丁文江夫人等近情。（《胡适遗稿及秘藏书信》第21册，353～355页）

同日 丁文江复函胡适，赞扬胡适的《几个反理学的思想家》一文"极好"，但不同意胡过于恭维颜习斋。又谈让翁文灏补范源濂中基会董事缺之事。（《胡适遗稿及秘藏书信》第23册，96～97页）

3月8日 胡适致函李拔可，告收到《双辛夷楼词》并抄录喜爱之词。（《胡适遗稿及秘藏书信》第19册，159～165页）

3月9日 汤尔和致函胡适，云："你来看看朋友，拿两本书，是没有问题的。不过我是个小心过火的人，你来的时候，仍望你到津先通知我。"（《胡适遗稿及秘藏书信》第36册，492～493页）

3月10日 胡适复函江冬秀，谈修祖父母、父母墓之样式、碑文等情，又谈及家务琐事及自己的健康等。云：

士范的图样收到了，我看很好。请你照这样子做，就行了。

墓上似可不必别撰碑文，只用我前交给你的碑文式，就够了。请你同近仁谈谈，行不行？如另需碑文，请赶早告诉我。此坟既系祖父

母与父母合葬，碑文不大好做，倒不如用我那种简单的碑志格式。(《胡适遗稿及秘藏书信》第 21 册，356～359 页)

3 月 12 日　胡适复函江冬秀，告为其汇款事，又谈今日请程士范在家中便饭，又谈自己请黄钟医生诊视脚肿后，已经好转等。(《胡适遗稿及秘藏书信》第 21 册，360～361 页)

3 月 17 日　胡适作有《追想胡明复》一文。

3 月 19 日　胡适复函江冬秀，为阿翠的病感到忧惧，请江冬秀和胡思杜千万小心传染病，又谈给江冬秀汇款事，又谈自己的脚肿加剧，"自从你走后，我没有好过一天。先是肚痛，后是头颈左边痛，后是喉痛，现在又是脚痛"。(《胡适遗稿及秘藏书信》第 21 册，362～367 页)

同日　胡适在 The Queens of Society（by Grace and Philip Wharton. ─ Chicago, Philadelphia, Toronto: The John C. Winston Co.,［n.d.］）上写下如下题记："此书的出版年代及两篇序的年月都被删掉了，大概翻印的人还想冒充新书呢！然书中有许多证据可证此书作于 1860 左右，距今六十多年了。书中见解之旧，与时代大有关系。"(《胡适藏书目录》第 4 册，2545 页)

3 月 20 日　胡适为许士祺、杨缦华证婚并致词，大意谓：新郎新娘均为美术家，杨女士之品貌极美，足当"美人"二字；许君翩翩风度，亦不失为美男子，而一对美少年。以前本各另有婚约，后因对方性情不投，或疾病关系，曾经过种种困难，解除婚约，始重缔今日之美满姻缘。殊称难得。自己送上祝词："四美具，二难并；许杨的婚礼，我来作证。"(《申报》，1928 年 3 月 21、23 日)

同日　丁文江复函胡适，希望胡能安慰翁文灏，因翁"近来敷衍一班无知识的人，饱受苦痛，对于一切事务，十分的厌倦"，并仍然希望胡适能来大连讲演。(《胡适遗稿及秘藏书信》第 23 册，98～99 页)

3 月 21 日　胡适作成《〈小雨点〉序》。

3 月 22 日　顾颉刚复函胡适，谈及此间学生极盼胡适能来讲学，又谈到自己想到北京做事等。(《胡适遗稿及秘藏书信》第 42 册，353～354 页)

3月23日 连续第五天未出门,脚肿几全消。来客:陈立廷;汀州教士 Hughes 与持志大学教员 Munro 同来;Herbert C. White。读小说《希夷梦》四十回。又记记日记的好处和日后续作日记条例:

(1)读书的札记。

(2)谈话摘要。

(3)时事摘要。

(4)私事摘要。

(5)文章诗歌,或附全文,或摘内容而附记著作的经过。

(6)通信,或留稿,或摘要,或摘"由"。

(7)每一月装一小册,半年装一大册,由书店装订布面。

按,本年引用胡适 3—4 月的日记,据《胡适的日记》手稿本第 6 册;5—9 月的日记,据《胡适的日记》手稿本第 7 册;10 月以后的日记,据《胡适的日记》手稿本第 8 册,以下不再特别注明。

3月24日 青年会 Mr. Mill 来谈。马伯援来谈。高梦旦来谈。读《白氏长庆集》,发现一种好史料,请程万孚抄出,据此做《白居易时代的禅宗世系》。此文指出,《白氏长庆集》所收《传法堂碑》所记传法世系,与诸家皆不同,是根据《出三藏记》的。(据《日记》;《胡适文存三集》卷4,475～480页)

3月25日 湖社在开封路湖州旅沪公学女学部举行年会,胡适应邀前往演说,胡适说,沪上徽菜馆遍布,乃起于乃祖,又抨击女子缠足等。(据《日记》;《申报》,1928年4月1日)

同日 胡适函辞蒋梦麟帮忙办理浙江大学文理科之请求,请陈源任外国文学,哲学请他自兼,请单不庵帮管中国哲学的事。(据《日记》)

3月26日 上课。打字机上作讲演提要。胡近仁与胡卓林来谈。胡适记胡近仁:"八年不见近仁,他的牙齿的上排完全脱了;鸦片烟的效果使他大有老态。我比他小五岁,我们小时最相得,他有天才,不幸为境遇陷死,

在小草窝里出头，矮人国里称王，遂无所成就，可惜可惜！"到 Quest Society 讲演东西文化。讲完后，Mr. A. J. Hughes, Mr. Shastri, Dr. H. Chatley 都有讨论。与华安人寿保险公司的创办人 Mr. A. J. Hughes 谈，胡适记道：他说，"美国是真正民主国，例如美国富力的七分之一是在保险公司手里，而这些保险公司的股东有四千万人之多！"（据《日记》）

同日　晚，有客来谈南京政府之种种怪状。（据《日记》）

同日　李熙谋致函胡适，感谢胡适答应到第三中山大学演讲，请胡适提供讲义。（中国社科院近代史所藏"胡适档案"，卷号1178，分号2）

3月27日　上课后，严恩榈邀吃饭。见汤尔和，汤劝胡适任清华校长，胡适表示："如校长由董事会产生，我不反对；若由任命，或外部聘任，我不能就。"但后来细想，仍辞掉。晚上，见傅增湘。（据《日记》）

同日　严既澄致函胡适，回应胡适劝其不要常找人借贷，并诉说何以至此。（《胡适遗稿及秘藏书信》第41册，586～588页）

3月28日　赴孙汉丞（丹林）饭约，将辞清华校长之函面交汤尔和，函中云：

……我实在不能做管理学校的事，尤不愿服事今日的学生老爷们。……将来胡子白了的时候也许肯出来做几年校长，现在只想趁精力未衰的时候努力多做点有益工作，不应该浪费精神去做性所不近的事业。……（据《日记》）

同日　胡适访曾孟朴。（据《日记》）

3月29日　胡卓林来谈，他计划到南洋经营大规模的商业，胡适很赞同此计划。赴郭泰祺请美国公使的宴会。经乾堃邀胡适及旧同学，为华童公学校长 C. S. Foster Kemp 饯行。读 Heywood Broun's *Anthony Comstock: Kundsman of the Lord*。（据《日记》）

同日　胡适致函江冬秀，嘱：自己名下的田分作两份，给两位嫂嫂收租，膳莹、书田照旧由他们轮年收租，不必变更佃户；要知道坟上墓碑的尺寸，请速寄坟墓图样或墓碑尺寸。（《胡适遗稿及秘藏书信》第21册，

368～371页）

同日　胡适致函钱玄同，请其为《白话文学史》题签。(《鲁迅博物馆藏近现代名家手札》〔三〕，187页）

3月30日　写 Julean Arnold, *Some Bigger Issues in China's Problems* 的序，未完。到索克思家便饭，"给了他一点忠告"。（据《日记》）

3月31日　读 Mark Sullivan's *Our Times*：*II. America Finding Herself*，"是一部新式历史，做的好极了，我读着不肯放手"。与徐志摩同访 Prof. A. N. Holcombe。谢永森、吴经熊两推事谈各国的"证据法"，胡适劝谢君著一部证据法的书。胡适又记：

> 司法上的求证，侦探的探案，与考证之学同一精神，同一方法。故我常疑心中国的考证学出于刑名之学。清代的考证学大家，出任民事时，往往善于断狱，袁枚、崔述、孙星衍、汪辉祖等皆是其例。（据《日记》）

同日　Alfred Forke 致函胡适，云：

> Allow me to convey to you the sincerest thanks of my Seminary for your precious gift, the collection of Chinese novels which you edited in the most scholarly way. We all expect the forthcoming of the second volume of your capital work, *the History of Chinese Philosophy*, which, I trust, will be of the greatest value to me when writing the second volume of my History. The first volume has been presented to you by Dr. Jaeger, and I hope that you will not be too severe a critic, for though we may differ in details, our chief aim is the same.（中国社科院近代史所藏"胡适档案"，卷号 E-200，分号5）

4月

4月1日　董康来访，他要胡适为《曲海》作序。到清华同学会吃饭，

演说"You shall see the difference now that we are back again"。读 Mark Sullivan 的书。打成 Arnold's *Some Bigger Issues in China's Problem* 的序。翻阅王安石、司马光的文集，预备明早的功课。（据《日记》）

同日　胡适复函江冬秀，告：明日将汇去 200 元；胡祖望近日有病，明日将带他去看医生；不要传播关于阿翠死的种种谣言，"不去理他，谣言自消灭了"。劝江冬秀早日离开家乡回沪，若过杭州，可打电报来，若到南京，则不必打电报，"因为我此时还不愿到南京"。（《胡适遗稿及秘藏书信》第 21 册，372～374 页）

4 月 2 日　胡适带胡祖望请 Dr. A. H. Swan 诊视。汪孟邹、汪原放来谈。唐有壬来谈。（据《日记》）

同日　胡适致函江冬秀，告带胡祖望去看医生，"大概没有什么病"，请江冬秀不要着急。（《胡适遗稿及秘藏书信》第 21 册，376 页）

同日　傅斯年致长函与胡适，诚邀胡来中山大学讲学。（《胡适遗稿及秘藏书信》第 37 册，363～375 页）

4 月 3 日　胡适答应沈昆三同高梦旦、蒋竹庄（维乔）游庐山。带胡祖望到弘恩医院检查。到徐府吊仲可先生之丧。到 Palace Hotel 与 Mr. & Mrs. Eichleim 吃饭。作《文学史》第十五章的"张籍"部分。汪乃刚、汪原放来谈。（据《日记》）

同日　国闻社上海电讯：大学院聘胡适等 18 人为全国教育会议专门委员。（次日之天津《大公报》《申报》）

同日　戴季陶函邀胡适到中山大学讲学。（《胡适来往书信选》上册，473～474 页）

4 月 4 日　上课。讲"道学"的起源，日记有记：

> 向来学者知其出于道士，固然不错；但最要紧的是要知道道学起于政府的反对党，尤须知道他起于那曾被压迫、曾受摧残的反对党。道学的真领袖为司马光，他是反对新法的领袖，元祐反动的领袖。邵雍与二程皆是他的朋友，周敦颐为二程之师，张载为二程的远亲，都

属于这一系。王安石主张法度的改革，而司马光主张治心，正心；荆公欲"有为"，而温公欲"无为"；这一边菲薄"太古"而推崇变古的先王，那一边则认古今无异，反对改革。不知当日江西派与洛阳派的争斗，便不能知道道学的真意义。

不但如此，元祐党人受党禁的压迫最厉害，其时老辈已多死亡，而程颐巍然作领袖，他受压迫很多；后来他的学派虽稍得意，然而终免不了压迫摧残的痕迹。后来道学的领袖为朱熹，又是一个受摧残的反对党魁！王守仁、高攀龙等都是有廷杖与贬谪的经验的。

他们在压迫之下，一切不能自由，只有此心是绝对自由的，绝对不受压迫与束缚的。吕坤所谓天下惟理与势最尊，而理为尊中之尊，正是这被压迫者的心理。

同日　下午，胡适带胡祖望去看 Dr. Swan 医生，"似乎左肺有小小不如意"。程士范来谈。晚九时，偕胡祖望登船，赴庐山。高梦旦、沈昆三同行，有感于高梦旦将脱离商务，评论道：

商务近年内部的意见甚深，菊生先生首先脱离，梦旦先生忍耐至今，也竟脱离了。他说："我们只配摆小摊头，不配开大公司。"此语真说尽一切中国大组织的历史。我们这个民族是个纯粹个人主义的民族，只能人自为战，人自为谋，而不能组织大规模的事业。考试是人自为战的制度，故行之千余年而不废；政党是大规模的组织，需要服从与纪律，故旧式的政党（如复社）与新式的政党（如国民党）都不能维持下去。岂但不能组织大公司而已？简直不能组织小团体。前几天汪孟邹来谈亚东的事，便是一例。新月书店与云裳公司便是二例。这样小团体已不能团结，何况偌大的商务印书馆？

我们只配作"小国寡民"的政治，而命运所趋却使我们成了世界上最大的帝国！我们只配开豆腐店，而时势的需要却使我们不能不组织大公司！——这便是今日中国种种使人失望的事实的一个解释。（据《日记》）

4月6日　钱玄同致函胡适，谈为胡适的《白话文学史》题签事，又希望此书早日续成。寄上胡适嘱买的《沙畹文录》及《敦煌零拾》。希望胡适的甲戌本《石头记》能排印出版等。(《胡适遗稿及秘藏书信》第40册，378～383页）

4月7日　胡适抵九江，先到商务印书馆，再到牯岭，住胡金芳旅馆。主人胡君给胡适一行计划3天的游玩路程。借阅高梦旦带来的《庐山志》。(据《日记》)

同日　赵凤喈致函胡适，告自己的《中国女子在法律上之地位》，已由陶孟和介绍由商务印书馆出版，请胡适向王云五接洽从优一次性给予稿费，以便作为留学之资。（中国社科院近代史所藏"胡适档案"，卷号1495，分号4）

4月8日　因《庐山志》太繁，胡适另借得陈云章、陈夏常合编的《庐山指南》作帮助。胡适见轿夫玩江西纸牌，故买了一副查考。游御碑亭、佛手崖、仙人洞、天池寺。游山南，过女儿城、大月山、恩德岭等处，看三叠泉瀑布、海会寺等，宿海会寺。在海会寺购得《庐山志》十五卷（毛德琦著）。(据《日记》；《胡适藏书目录》第2册，1371页）

4月9日　胡适游白鹿洞、万杉寺、秀峰寺、归宗寺、温泉等，宿归宗寺。当夜，胡适作有白话诗《陶渊明和他的五柳》《杜鹃》。(据《日记》；《胡适手稿》第10集卷3，257页；《胡适手稿》第10集卷4，386页）

4月10日　胡适等从归宗寺出发，往东行，再过香炉、双剑诸峰与马尾、瀑水诸瀑。到观音桥、金井、玉渊、栖贤寺，回牯岭，仍住胡金芳旅馆。(据《日记》）

同日　陈钟凡致函胡适云，大学院为审查教科图书组织组委会函请胡适担任审查国文国语组织委员，已蒙胡适同意。兹送上《国语文法》等书三种，请胡适审查。(《胡适遗稿及秘藏书信》第36册，246～247页）

按，5月1日、5月17日陈钟凡又函催审查结果。(《胡适遗稿及秘藏书信》第36册，248～250页）又据5月17日陈氏复函，知17

日当天收到胡适的审查意见。(《胡适遗稿及秘藏书信》第36册,252页)

4月11日　胡适赴九江,王小峰邀吃午饭。下午3点登船。(据《日记》)

同日　陈世棻函寄其《妇女生活史》一册与胡适,请胡适批评指正。又云:前函训以用功读书,足见推爱之深。又请胡适题字:勉强读书勉强学问,刻苦处世刻苦做人。(《胡适遗稿及秘藏书信》第35册,305～306页)

4月13日　船到南京,胡适送高梦旦上岸。(据《日记》)

4月15日　下午2时,胡适应邀到上海总商会商业图书馆演讲,从此次在庐山上的发现讲起,指出:读者无论对什么书,终要抱怀疑的态度,怀疑不是坏的东西,因怀疑方才寻根彻底的参考,得到极确实的信心,那就要仰仗图书馆了。(《时事新报》,1928年4月23日;《申报》,1928年4月16日)

同日　葛之荃致函胡适,希望在公余能译述社会科学书籍或在学校教课,盼望胡适能予介绍。(中国社科院近代史所藏"胡适档案",卷号1842,分号3)

4月18日　胡适写讲演稿"Wang Mang, the Socialist Emperor of Nineteen Centuries Ago"。(据次日《日记》)

同日　胡适复函江冬秀,云:月内将汇去1000元。又云:"坟上的字,我因为等家里寄尺寸来,所以没有写。现在同近仁商量,决计先写前面的墓碑。碑心作二尺高,三尺五寸阔,大概不差多少了罢?字是请郑孝胥先生写,写好后就寄给你。"自己同祖望都很好。(《胡适遗稿及秘藏书信》第21册,381～382页)

4月19日　下午5时,到 Royal Asiatic Society 讲演 "Wang Mang, the Socialist Emperor of Nineteen Centuries Ago",特别指出"王莽实行的新法大都有所本,其中止有一部分是王莽的创制"等。(据《日记》;胡适:《再论王莽》,收入《胡适文存三集》卷7)胡适在这篇讲演中说:

> Wang Mang was the first man to win the empire without an armed revolution. He did it by deliberate planning and by a lifelong practice of studied

virtue and covert cunning. For nineteen centuries he has been called Wang Mang the Usurper.

...

In the light of history, Wang Mang must be regarded as one of the greatest statesmen China has ever produced. He became Grand Minister of War at the age of thirty-eight, was Grand Duke at forty-six, Acting Emperor at fifty-one, actual Emperor at fifty-three and was killed at sixty-eight. His activities in politics covered a period of about thirty years. But that brief period of thirty years has left a lasting mark in almost every important phase of Chinese civilization.

...

As I have pointed out, Wang Mang called his dynasty "the New Dynasty"; and he meant to inaugurate a new policy of social and political reform. In the first year of his reign (A.D. 9), he proclaimed three radical reforms: the nationalization of land, equal distribution of land, and abolition of slavery.

...

In the meantime Wang Mang had proclaimed another series of important reforms. They were known as the "Six State Controls" (六筦) or "Six State Monopolies" relating to.

1.Salt,

2.Wine,

3.Iron,

4.Mines and other natural resources,

5.Coinage,

6.The "Five Equalizations" (五均) including banking and credit.

...

... Wang Mang and his scholarly assistants were nineteen centuries ahead of their time. In an empire almost as large as the modern China Proper, without any modern facilities of governmental check and control, they were destined to fail in their ambitious schemes of economic and political reform...

The net result of it all was the rise of banditry and insurgency everywhere throughout the Empire. And the New Empire fell in A.D. 23. Wang Mang was much worried in his last years. He thought that "peace would reign in the world when institutions were perfected". So he devoted all his time to thinking out new plans for institutional reform.... The city of Ch'ang-an fell on the third day of the tenth month in A.D. 23. He was killed by a merchant named Tu Wu and his body was dismembered among a number of soldiers of the victorious army. And for nineteen centuries his name was a curse. No historian, however liberal, has ever said a word in his defence.（*Journal of the North China Branch of the Royal Asiatic Society*, 1928 Vol. 59, pp.218-230.）

按，1951年2月20日，胡适曾对此文加以修订，修订本藏台北胡适纪念馆，档号：HS-US01-035-001。

4月20日　胡适答复常燕生对"整理国故"的意见。（据《日记》）

同日　胡适有《〈庐山游记〉"补记"》，在最后，胡适说：

……我为什么要考证《红楼梦》？在消极方面，我要教人怀疑王梦阮、徐柳泉、蔡子民一班人的谬说。在积极方面，我要教人一个思想学问的方法。我要教人疑而后信，考而后信，有充分证据而后信。

我为什么要替《水浒传》作五万字的考证？我为什么要替庐山一个塔作四千字的考证？我要教人一个思想学问的方法。我要教人知道学问是平等的，思想是一贯的，一部小说同一部圣贤经传有同等的学问上的地位，一个塔的真伪同孙中山的遗嘱的真伪有同等的考虑价值。肯疑问佛陀耶舍究竟到过庐山没有的人，方才肯疑问夏禹是神是人。有了不肯放过一个塔的真伪的思想习惯，方才敢疑上帝的有无。（《胡适文存三集》卷2，273页）

同日　杨鸿烈致函胡适,想要留学欧美,请胡适帮忙推荐半工半读的机会,并附上履历和著作目录。(《胡适遗稿及秘藏书信》第 38 册,245～246 页)

4 月 22 日　胡适在上海南洋中学演讲"中国的几个基本问题"(演词载《南洋:南洋中学校友会会刊》第 5 期,1929 年 2 月;又载《寰球中国学生会周刊》第 337 期,1929 年 3 月 26 日),其基本意思写进了《请大家来照照镜子》一文。

同日　胡适致函江冬秀,谈为其汇款事,又谈及墓碑的尺寸问题等。(《胡适遗稿及秘藏书信》第 21 册,383～384 页)

4 月 24 日　为安排王季文(乃昌)与胡适见面,温佩珊(世珍)请胡、王吃饭。王要胡适对其作的《中国国民党革命理论之研究》作批评。胡适觉王君见解不低,有政客的风度。晚,与徐志摩、余上沅谈翻译西洋文学名著,成一部大规模的"世界文学丛书"。胡适认为此事其实不难,只要有恒心,10 年可得一二百种名著,远胜于许多浅薄无聊的"创作"。(据是日及次日《日记》)

同日　胡适致函江冬秀,云:"墓碑字今日送来,请即付刻。字系名人之笔,刻工望特别注意。如碑大字小,请四边留余地,便好了。"又谈及汇款事等。(《胡适遗稿及秘藏书信》第 21 册,385～387 页)

4 月 25 日　上课后到 A. J. Hughes 家吃饭,此君和经乾堃有一个计划,想引起海外华侨注意国内实业的投资,胡适很赞成此计划。看王季文的《中国国民党革命理论》,胡适认为其议论很正大,特别举出这样一段:

> 统一党内革命理论,严密党的组织,领导国内的有产阶级,中等阶级,统率无产阶级,附属阶级,完成政治革命;联合世界上承认私有财产制度的资本主义国家,废除不平等条约;领导急切需要民族主义革命的国家,成一联合战线;以和平改良方法,解决社会问题……使全世界各阶级人类得以共存,以共进于大同:是中国国民党唯一的出路,亦即是中国国民党员今日唯一的责任。(据《日记》)

同日　胡适致函京报社，指出该报刊登的园丁的小说《燃犀》的错误：

（1）我结婚时，先母尚未死，此书中所说完全错了。

（2）林琴南并不曾有在路上拾起红女鞋的事。我们可以不赞成林先生的思想，但不当诬蔑他的人格。

（3）当陈独秀先生作北大文科学长时，当蔡先生去北大时，林琴南并不在北大当教员。

（4）他给蔡孑民先生的长信，并不是辞职的信。

（5）作者引我的新婚杂诗，其中多割裂讹误。

本来这种用活人做材料的小说是很不易做的，做的好也不过成一种闲话的资料（gossip），做的不好便成了造谣言的乱谈了。"园丁"先生有志作文学，似宜向真材料中去努力，不宜用这种不可靠的传说材料。（据胡适是日《日记》）

4月26日　胡适日记有记：

今天套上一件镣铐，答应了去做中国公学的校长。

近来中国公学有风潮，校长何鲁不能回去，校董会中一班旧同学但怒刚、朱经农、丁毅音、刘南陔诸君，与云五（旧日教员，也是校董）等都来逼我。今天云五邀我吃饭，与怒刚诸人劝我，我一时高兴，遂允为维持两个月。

此事殊不智，事后思之甚懊悔。

晚上写《白氏文集》宋本跋。（据《日记》）

按，胡适在跋文中指出：瞿氏铁琴铜剑楼藏《白氏长庆集》与日本翻印宋本互有得失。瞿氏有极好处，远胜日本本；然亦有大误不如日本本处。

4月27日　中国公学校董会开会，正式举胡适为校长。王季文来谈，希望胡适到汉口和李宗仁、白崇禧谈谈。（据《日记》）

1928年5月4日天津《大公报》报道：

中国公学校董会于四月二十七日午前十二时，假座崇明路味雅餐社开会。在沪校董熊克武、王云五、夏敬观、胡适之、刘南陔、朱经农、但怒刚、余际唐、丁燮音等均到会，在宁校董蔡子民函托王云五为代表，杨杏佛函托朱经农为代表，讨论校长问题，当即票选胡适之为校长、公推丁燮音为校董会秘书……

同日　丁文江致函胡适说：自己已回到北京，身体大有益处；为工作方便计，仍想住北京。就担任北京图书馆长还是中基会的研究员征求胡适的意见。请胡向蔡元培一探：通缉丁事，事实如何？（《胡适遗稿及秘藏书信》第23册，102～103页）

同日　陆侃如致函胡适，请胡适为徐家瑞找工作，又请胡适为冯沅君介绍出版社。（《胡适遗稿及秘藏书信》第34册，611～612页）

4月28日　胡适与沈昆三请郭泰祺、郑莱吃饭，畅谈。王季文同吴忠信、温挺修访胡适。温代表李宗仁来劝驾，胡适表示：

留一两个人独立于政治党派之外，也是给国家培养一点元气。若国民党真有征求学者帮助之意，最好还是我去年七月间为蔡先生说的"约法会议"的办法，根据中山的《革命方略》所谓训政时代的约法，请三四十个人（学者之外，加党、政、军事有经验声望的人）起草，为国家大政立一根本计画以代替近年来七拼八凑的方法与组织。（据《日记》）

4月29日　胡适致函胡近仁，约他5月1日来家中吃中饭。又询其子福宝的病，建议看西医，并住在空气好的地方。（《胡适家书手迹》，147页）

4月30日　胡适到中国公学，受到热烈欢迎。胡适当日日记有记：

与但怒刚同到中国公学。虽然受了很热烈的欢迎，我细看校中状况，很难有办法。最难的是经济方面，熊、但诸君虽任此事，然他们都不是很有手腕的财政家,况在这各方面都穷困的时期呢?

我太腼腆,不配应付这个民族里的人。沈从文的小说(《旧梦》)里一个女人说:"你放痞一点,你就成功了。"我不能"痞",也不想成功。

1928年5月2日《申报》报道胡适在欢迎会上的讲话:

中公富有革命上光荣之历史,故中公造就之革命人才,亦较他校为多。深望同学消除地方观念及私见,努力读书,则中公前途,庶乎有豸。

同日　胡适致函江冬秀,谈答应出任中国公学校长两个月。请江冬秀尽早回沪,因须到南京开全国教育会议,须到中山大学讲演,须到大连出席中基会会议。(《胡适遗稿及秘藏书信》第21册,388～390页)

同日　胡适将一文函寄单不庵,询此文能否在《图书馆杂志》发表。又云,自己于校勘是外行,请单切实指正,引用段玉裁的话请覆校。因忙乱,还未为杨立诚办好参考书事,请代向杨致意。(《胡适研究通讯》2008年第3期,19页)

5月

5月1日　胡适得悉辜鸿铭病故,认为其仍不失为一个"君子"。(据《日记》)

同日　《情话》第1卷创刊号发表竟生《哭的表情》一文,称:"最近胡适先生用了科学方法,证明《红楼梦》的作者是什么人,这是第一步的成功,但与实际的工作相差还远。一本名著如《红楼梦》,不是用科学方法所能得其精湛之所在的。因为科学方法重在返本探原,而将万绪变化的神情归纳为简单无味的逻辑。……"

5月3日　日本军人制造了"济南惨案"。

同日　胡适函告江冬秀,昨已电辞傅斯年,不去中山大学了。请江尽

早回来。(《胡适遗稿及秘藏书信》第21册,391页)

  同日 王季文转来李宗仁、白崇禧邀请胡适前往湖北指导的电报,胡适复电:因家事校事所羁,无法抽身,暑假中或能西上承教。(据《日记》)

  同日 胡适到中国公学,对校中无校规感到惊诧。(据《日记》)

  5月4日 胡适先到光华大学五四运动纪念会上演说《五四运动纪念》,续到中国公学演说。在沈昆山家吃饭,同席有郑苏堪、陈伯严两先生。(据《日记》)

  按,对胡适的此次演讲,1928年5月10日天津《大公报》有报道,大意谓:1916年,中国加入欧战,是存着很大的希望。不意欧战结束后,1919年4月30日巴黎和会,居然宣布日本接受德国在中国所享受的权利。这个消息传到北京后,激起学生界的震怒,遂演出这种轰轰烈烈的五四运动。五四运动的结果,直接方面使当时中国代表不敢在巴黎和会签字,承认所受的损失。到了1921年华盛顿会议,遂有日本交还山东权利的议案。1922年交涉清楚,中国得着完美的结果。间接方面的影响很多。(一)引起学生界注意政事。(二)学生界的出版物忽然增加,白话文因之通行起来。(三)提倡平民教育运动。(四)提倡劳工运动。(五)提倡妇女运动。(六)政党信用学生,许多机关报的副刊都请学生去担任。于是新文化的思潮渐渐高涨起来,孙中山先生也开始注意到思想的革命的重要,他曾写过一封信致海外同志请他们筹备50万元,来办一个大规模的印刷机关,就是这种用意。他的著作也多半是五四运动以后才有的。可见五四运动对于国民党也有很大的影响。五四运动有了这些灿烂的结果,实在是值我们纪念的。五四运动也可证明历史上的一个公式就是在变态的社会国家里,政府腐败,没有代表民意的机关,干涉政治的责任,一定落在少年的身上。譬如宋朝太学生,明朝东林党,都是在变态的国家里干涉过政治。1848年的全欧洲的革命,法国俄国的革命,也是学生闹起来的。常态的国家就不然了,英国美国的学生从来不管政治,就是因为他们国家的政治上了轨道，用不着他们来干涉。现在很多人觉得学生干涉政治而牺牲的实在不少，于是想设法禁止。第四次中央会议宣言里，也说到学生体力不强，智识不广，经验不丰，不应当干涉政治，但是这是在变态的国家里必然的趋势，禁止是不可能的。要想免除学生干涉政治，我们就有两个希望：（一）希望政治早日走上轨道，学生当然不干涉政治；（二）希望一般知识高深体力强健经验丰富的中年，出来把政治干好，那么学生就可安心读书，不再多事了。

同日　胡适致函黄钟，感谢黄为胡近仁之子诊治，又请黄为其拟一个乡居疗养的办法。（《胡适家书手迹》，149页）

同日　胡适致函江冬秀，嘱其将家中所藏《四史》交胡近仁捐与毓英学校。（《胡适家书手迹》，151页）

5月5日　胡适到中国公学召集校务会议，通过校务会议组织大纲、教务会议组织大纲、校章程起草委员会三案。日记云："我想从组织与法律两方入手，不知有效否？"（据《日记》）

同日　北京图书馆致函胡适，请胡适参加新成立的审查该馆购书的"购书商榷会"。（中国社会科学院近代史所藏"胡适档案"，卷号2228，分号3）

5月6日　杨杏佛邀教育界人士谈济南冲突之事。胡适与刘湛恩皆主张由政府主张一个国际的公正调查，期于搜集证据，明定启衅责任所在。胡适致函吴稚晖、蔡元培，请他们主张此事。到徐汇公学参加马相伯90岁祝典，胡适演说时"提议请马先生留一部记录给我们，使我们知道这九十年的社会生活的片段"，又提议有专人随时记录马相伯之日常谈话。（据《日记》；《申报》，1928年5月11日）

同日　胡适致函江冬秀，谈为其汇款事等。（《胡适遗稿及秘藏书信》第21册，392页）

5月7日　陈布雷、彭学沛邀饭，谈论济南冲突之事，胡适仍主张国际调查的办法，他们深以为然。杨亮功从河南来，谈冯玉祥方面的事。（据《日记》）

5月8日　张为骐致函胡适，与胡适讨论《孔雀东南飞》的年代问题。(《胡适遗稿及秘藏书信》第34册，246～248页）

5月10日　读美国 The Living Age 译自巴黎 Mercure de France 的 "The Originality of M. André Maurois" 一文，此文指出 Maurois 的两部书都是抄袭来的，而这两部书恰是胡适与徐志摩都喜欢的：

> 近几年中，西方出了一种新式的传记文学，其法用传记改作小说体，删除繁重的史料，单挑出最精采的片段，其法甚新颖，故能轰动一世。此种传记名为"小说化了的传记"。其最早而得盛名者为 André Maurois' Ariel: Life of Shelley，我与志摩皆爱读他。此君近年又出一部 Disraeli，也很有名。近年学此体者，正多着呢。（据《日记》）

同日　胡适作成《〈曲海〉序》。

同日　中华图书馆协会致函该会会员，请会员选举董事（因本届董事三分之一暨执行部正副部长均已任满）。董事候选人包括胡适、丁文江、蒋梦麟、余日章、陶行知等共10人。（中国社科院近代史所藏"胡适档案"，卷号2241，分号2）

5月11日　胡适致函江冬秀，谈墓碑事：

> 今天士范来了。我们谈过，纪念碑可以不用石头镶边。纪念碑此时可以不刻字。将来若有碑文，再刻不迟。墓山碑可请家中学校先生写一块，不必在此托人写了。墓山碑上可刻"上川锄月山房墓地"八个字。(《胡适遗稿及秘藏书信》第21册，393页）

5月12日　胡适复函单不庵，感谢单氏以《全唐文》《四部丛刊》的《白氏长庆集》互相对勘得出的文字异同表，指出：《全唐文》的《白集》出于一个很好的古本，其本远胜日本本与瞿藏宋本。逐条讨论了单氏的校勘表，又指出单氏失校的地方。(据《日记》)

按，单氏原函作于5月7日，被胡适粘贴在日记中。

1928年　戊辰　民国十七年　37岁

同日　胡适复函江冬秀，云："墓碑字决计不刻了，留着空碑，将来要刻也不难。"又云："南京的事，我去信辞职。蔡先生至今不曾回信，大概是很不高兴。但今天报上说，胡适之辞职，已补了廖茂如。我可以不去南京了。广东也不去了。武汉方面也打电来请我去，也回掉了。"又感谢江冬秀为修墓而付出的辛劳。(《胡适遗稿及秘藏书信》第21册，394页)

5月13日　作一书与Sir Frederick Whyte，论济南事件，"Professor C. K. Webster 似不很看得起此君的思想能力，他未必能听我的话，姑一试而已"。(据次日《日记》)

5月14日　胡适校元稹的《人道短》，认为该书颇有见地，更想到卢仝是文学史上很有地位的一个人。(据《日记》)

5月15日　傅斯年致函胡适，请胡来中山大学讲演。(《胡适遗稿及秘藏书信》第37册，376～377页)

5月16日　胡适日记有记：上海的报纸都死了，被革命政府压死了。只有几个小报，偶尔还说说老实话。粘贴《晶报》1928年5月12日"烟窟中之总理遗像"一则报道(作者"红泪")。

5月17日　日记有记："去年今日从国外回到上海。一年竟过去了，做了一些什么事？惭愧之至！"得钱端升、朱经农信，希望胡适去南京，"我想一年不到南京，早已招人疑怪，今天去还可以看见一次全国教育会议的大会，遂决计今晚起程。上课后，即到沪宁铁路局托慰慈为我留一睡铺。下午从吴淞回来……便上车走了"。车上遇彭学沛。(据《日记》)

5月18日　胡适抵南京，出席教育会议。与杨杏佛、许寿裳、金湘帆同去吃饭，与杨杏佛谈中国公学的事。到大学院访友。与张奚若谈。晚上到王世杰处吃饭，有皮皓白、吴稚晖、朱家骅(浙江民政厅长)。吴稚晖念念不忘他的"注译西书"的法子，总希望胡适来试试；吴反对鸦片烟公卖，胡适力劝他作有力的反对，并劝朱家骅援助马寅初的主张，在浙江省内严禁。又谈到新刑律中通奸罪项下男女的不平等。(据《日记》)

按，次日《申报》报道："九时许，学界巨子大学委员会委员胡适

339

之博士亦到，闻系今早自沪抵宁者，会员中与胡氏相识者，咸前往握手言欢，陶知行并约胡氏于二十日赴晓庄乡村师范参观。"

同日　陈钟凡函寄《近人白话文选》等五种书与胡适，请胡适审查。(《胡适遗稿及秘藏书信》第36册，252页）

5月19日　上午，胡适继续出席全国教育会议，并略有演说：

……此次全教会议，各方提案共四百件，均为新中国之设施方案。会议后自当各本能力，努力做去。惟为求达此四百案均得实现计，对党政因有三项要求：(一）充分给钱；(二）军事完成后速开国民会议，俾得和平；(三）教育无试验精神，决不能与现社会适合，故请予以试验自由。最后宋渊源演说。谓胡氏所言第二三两点，均总理所凤主张，我人一切，均照总理指示。中国之弱，实由于贫，故最近因济案而各界有抵货运动，渊源则主提倡国货，并组国货银行等，以集中经济。国民经济富裕，则不独教育可以解决云云。(天津《大公报》，5月27日）

出席国民政府的宴会，略有演说，大意是：

……谭先生希望我们来做建设事业，这个担子我们不敢放弃。我们这回有四百件案子，其中大半都可以说是为国家谋建设的方案。但这些方案的实行须要有三个条件，所以我们对政府有三个要求：

第一，给我们钱。

第二，给我们和平。

第三，给我们一点点自由。

后来各报都删去"一点点"三个字，便失了我的原意了。（据《日记》）

散席后周仁约胡适出席蔡元培的家宴，日记有记：

蔡先生拉我细谈，问我肯不肯到广州中山大学去做副校长。骝先现任浙江民政长，季陶又任广州政治分会事，故他要我去。我谢绝不能去，说了两个理由：第一是我现在决计开始做《哲学史》，不能做这样的事；第二是季陶的思想近来颇有反动的倾向，恐怕不能长久合作。

同日　胡适访江伯华伯母一家，看曹诚英。访胡刚复。（据《日记》）

5月20日　上午9时，胡适与杨杏佛、朱经农、钱端升、张奚若、高君珊、蔡元培夫妇等出席全国教育会议之各省代表60余人，自成贤街大学院出发游览，中午在灵谷寺素食，旋游览五梁殿、紫霞洞、龙池诸名胜。又参观第一林场、建业农场。又参观建筑中的中山陵以及明陵。又参观古物保存所。夜草一短文送给会议日刊，题为《对于"采用周历案"审查报告的一点意见》，谈及：

> 鄙见以为历法是很守旧的东西，若非实有最方便或最通行之历法，不宜轻易更改。历法又是关系人生日用的东西，宜一致而不宜多歧，多歧则最易混乱，而实际上发生无数困难。周历之议，确是方便的历法，若能通过国际联盟会，由世界各国同时采用，则此历成为最方便而又最通行的历法，以后便可一成而不改了。若如审查报告所拟第一条办法，先由各学校采用，则是于旧有之阴历阳历之外，更添第三种历，实际上必多困难。恐非原提议人的原意。所以我想提议修正此案，用原案的第二项办法，略加修正，付大会表决。（《申报》，1928年5月25日）

> 按，《申报》刊登胡适此案时，又报道王云五对此案的意见："附议胡适之修正办法，请主席将修正办法付表决。"

同日　到叶元龙家吃饭。（据《日记》）

5月21日　胡适出席教育会议大会。出席中央大学举办的午宴，略有演说，谈及：

> 想中央大学在九年前为南高，当时我在北大服务。南高以稳健、保守自持，北大以激烈、改革为事。这两种不同之学风，即为彼时南

北两派学者之代表。然当时北大同人,仅认南高为我们对手,不但不仇视,且引为敬慕,以为可助北大同人,更努力于革新文化。今者北大同人,死者死,杀者杀,逃者逃,北大久不为北大;而南高经过东大时期,而成中央大学,经费较昔日北大多三倍有余,人才更为济济。我希望中央大学同人担北大所负之责,激烈的谋文化革新,为全国文化重心云。(据《日记》)

同日　胡适到大学院,领得中国公学二月份补助费三成。胡适与钱端升、朱经农、赵述庭共商高仁山追悼会的程序。郑阳和与胡适谈大学院中的暗潮。晚上杨杏佛、朱经农、高君珊、钱端升与胡适同去吃饭。然后登车返沪。(据《日记》)

同日　《全国教育会议日刊》第六号刊登胡适、蔡元培、吴稚晖等多人联名发起的于24日下午一时半在中央大学举行高仁山追悼大会的启事。

5月22日　到东吴上课。到中国公学。遇王伯秋,谈陶行知迎合党化教育事,胡适有记:

有许多人确是"迎头赶上去",难免招人轻视。知行似乎也感觉得一点,故在会场中我只见他发过一次言。如庄泽宣一流人,则不但"迎头赶上去",还要在额角上大登广告,故更为人轻视了。(据《日记》)

5月23日　胡适日记有记:

上回在南京平仓巷时,雪艇、鲩生等都想回北大去。听说梦麟也想回去。我是不回去的了。北京可以去,北大我是不回去的了。抢人饭碗,罪过非轻!

5月25日　胡适复函单不庵,谈《传法堂碑》的校勘问题。(据《日记》)

按,单氏原函作于5月22日,被胡适粘贴在日记中。

同日　胡适复函江冬秀,告:墓碑不刻字,先安上去;先不要安碑,用灰盖顶。为江冬秀修墓付出的辛劳表示感谢。又说，若能写出碑文，就寄去。（《胡适遗稿及秘藏书信》第21册，397～399页）

5月26日　胡适再致函江冬秀，告无法写好碑文，决计不用纪念碑。（《胡适遗稿及秘藏书信》第21册，400～401页）

5月27日　胡适应苏州青年会邀请前往演讲，早车去，晚车回。讲题为"科学的人生观"。阐述科学的人生观的十条内容：空间的大，时间无穷的长，宇宙间自然的行动，物竞天择的原理，人是什么东西，人类是演进的，心理受因果律的支配，道德、礼教的变迁，各物都有反应，人的不朽。用科学的方法解决人生问题，要做到四点：怀疑，有了怀疑的态度，就不会上当；事实，要实事求是，应切实地工作；拿证据来；朝夕地去求真理。（《胡适遗稿及秘藏书信》第21册，402页；《民国日报·觉悟》，1928年6月1—2日）

同日　陆侃如、冯沅君致函胡适，寄示拟撰之《古代文学史》详目，请胡适指正。又请教"二难"问题等。（《胡适遗稿及秘藏书信》第34册，615～618页）

5月28日　作玄觉不是《证道歌》的作者的札记。（据《日记》）

5月29日　中国国民党上海特别市第八区党务指委会宣传部致函胡适，请胡适于30日在中央大学医学院举行的五卅惨案三周年纪念大会上演讲。（中国社科院近代史所藏"胡适档案"，卷号2231，分号3）

5月31日　作成《白话文学史》上卷。（据次日《日记》）

同日　英文《中国评论周报》创刊，张歆海任总编辑，胡适、马寅初、刘大钧被邀为特约撰述员。

6月

6月1日　胡适作《白话文学史》勘误表。张煦、罗庸来谈"国立译场"的计划（高梦旦在座），他们想仿照唐宋译经院的办法，注重最后的"润文"一部，胡适甚赞成。萧恩承与唐天如访胡适，劝胡适帮唐生智，"……

我大谈近几十年的大乱由于用人才之不经济。不经济者，人各有所长，但各有其限度，用过其限度，五十斤力者乃挑一百斤至二百斤重担——如冯玉祥、吴佩孚、孙传芳、唐生智，皆是也，故一败不可收拾，因此祸及国人。我劝他们陪唐生智到欧美去考察政治一二年"。在蒋百里处遇唐桂梁。（据《日记》）

　　同日　陈钟凡致函胡适云，大学院教科图书审查会来函，本年9月后不得使用非经大学院审查之教科书，请胡适加快审查速度。（《胡适遗稿及秘藏书信》第36册，253～254页）

　　同日　余永梁致函胡适，告胡适的《建文逊国传说演变》已收入《中山大学语言历史研究所集刊》第1集。欣悉胡适将来广州讲学，感到欣慰。又告顾颉刚、傅斯年7月初旬可到沪。（中国社科院近代史所藏"胡适档案"，卷号1358，分号7）

　　6月2日　胡适续作《白话文学史》的勘误表及自序。宁恩承邀吃饭，席上有蒋百里等，"他们这样勾搭我，是没有用的"。（据《日记》）

　　6月3日　北大学生陈璠来谈，他要研究百年来中国人民的生活，胡适劝他从《申报》全份下手，"注重广告，注重戏剧广告，注重经济商情，可以得一个大概"。陶孟和来谈，郑莱来谈，顾忠林（介眉）来谈。北大学生聂思敬来谈，带来张竞生的一封信。"竞生也有大规模的译书计画。此意甚值得研究，不可以人废言。"（据《日记》）

　　6月4日　胡适将请郑孝胥题写的祖父母、父母之碑及自己所写碑文函寄给在家乡的江冬秀。郑孝胥题曰：

　　　　胡公奎熙及其妻程夫人之墓。
　　　　胡公传及其继配冯夫人之墓。

　　胡适所作短碑文：

　　　　先人有训，"循理之正，谨乎庸言，勉乎庸行"。
　　　　唯吾先人，实践斯言。不怍于人，不愧于天。

群山逶迤，溪水清漪。唯吾先人，永息于斯。

另两行小字云：

两世先茔，于今始就。

谁成此功，吾妇冬秀。（据《日记》）

同日　卫聚贤致函胡适，谈他自己极愿胡适来就任清华大学校长事。（《胡适遗稿及秘藏书信》第39册，568～569页）

6月5日　上午10时，吴淞区党政军联席会议在中央大学医学院举行第二次常会，吴养中代胡适出席。（次日之《申报》）

同日　胡适借蒋百里家请客，席后与徐志摩长谈，"志摩殊可怜，我很赞成他这回与文伯同去外国，吸点新空气，得点新材料，也许换个新方向"。（据《日记》）

同日　胡适作成《白话文学史》的自序，主要叙此书的成书过程和体例。关于后者，胡适说：

第一，这书名为《白话文学史》，其实是中国文学史。……

第二，我把"白话文学"的范围放的很大，故包括旧文学中那些明白清楚近于说话的作品。……

第三，我这部文学史里，每讨论一人或一派的文学，一定要举出这人或这派的作品作为例子。……

第四，我很抱歉，此书不曾从《三百篇》做起。……

此外，这部书里有许多见解是我个人的见地，虽然是辛苦得来的居多，却也难保没有错误。……（《胡适文存三集》卷8，981～994页）

同日　北平艺文中学京津同学会在中央公园举行复校运动会成立大会，议决电恳蔡元培及该校董事长查良钊、董事胡适等设法筹备恢复事宜，筹备前校长高仁山追悼会等。（天津《大公报》，1928年7月9日）

6月7日　胡适作成《〈绣余草〉序》。《绣余草》是杨仲瑚、杨季璠的

母亲陶太夫人的诗集。序文说,中国女子在文学史上占最高地位的是李清照,因为李肯说老实话,敢实写她的生活。《绣余草》寄怀丈夫的诗,能很老实地抒写夫妇的爱情,离别的愁思,旖旎的关心。(《胡适遗稿及秘藏书信》第12册,217~224页)

6月8日 上午9时,交通大学、光华大学、暨南大学、复旦大学等四校国语辩论会在徐家汇第一交通大学文治堂举行最后之决赛。评判员为胡适、林世桢、张君劢、朱经农、石颂诸人。胡适有讲演。胡适讲演毕,由陆小曼颁奖。《申报》对胡适讲演报道如下:

> 胡适之君是日极为高兴。辩论完毕,由王正廷先生请胡登台演说。氏所言极诙谐,略谓在最后胜利未发表以先,可代两方算一算命。辩论的武器,离不了三件法宝。第一是名词,如封神榜上的哼哈二将,一个说了一声哼,立刻就有青光出来,一个说了一声哈,立刻就有白光出来,如果二光相遇,那便都失了效用。此刻所用的名词,如国民革命、打倒帝国主义等等,都是极好的名词,两方都采用的。第二件是根据,如三民主义、建国方略等等引用得愈多愈妙。第三件是事实,譬如互斗时所用的小石子,袋里愈多愈好,能在这方面着力,就胜利了。盖已隐寓交通之详细统计在矣。

同日 胡适复函单不庵,告胡藏《周益国文忠公集》与《文苑英华》对校《白氏长庆集》的几处不同之处,指出英华本《白氏长庆集》乃据宋初写本。又请单示"《文苑英华》辨正于《传法堂碑》有所辨正否"。(《胡适文存三集》卷4,517~518页)

6月10日 12时,中国公学假上海西藏路一品香召开校董会,胡适与蔡元培、熊克武、杨杏佛、王云五、但懋辛、叶揆初、钟古愚、刘南陔、余蕴兰、沈恒山、丁毂音等出席,熊克武主席。讨论、通过议案如下:通过校董会章程十三条;校董会改选,蔡元培、于右任、熊克武、胡适、杨杏佛、马君武、夏剑丞、王云五、但懋辛、朱经农、何鲁、叶揆初、王搏沙、刘南陔、丁毂音15人当选;通过中国公学组织大纲,胡适推荐并通过请高践四或杨亮功为副校长；推举熊克武、胡适、但懋辛办理公学立案事；讨论下学年预算大纲及临时经费问题；前任负债问题；推举胡适、蔡元培、熊克武、于右任、但懋辛、叶揆初、丁轂音7人为基金募集委员。(中国社科院近代史所藏"胡适档案"，卷号2237，分号4、分号2、分号3；又参考胡适是日《日记》)

6月13日　胡适致函江冬秀，为皖南土匪感到担忧，希望江冬秀母子早日回上海。写给胡思杜的信说，很高兴听说思杜已会徽州话，但不要忘记北京话，赶快出来。(《胡适遗稿及秘藏书信》第21册，405页)

同日　韦素园函寄所译小说之序言，又拜托商之于商务印书馆，早日交来稿费，因自己贫病交加，债台高筑。(中国社科院近代史所藏"胡适档案"，卷号749，分号5)

6月14日　胡适与陶孟和、张慰慈同饭，长谈。高梦旦来谈，王伯秋来谈。搭夜车赴南京出席大学委员会。车上遇蒋梦麟、张仲苏、郑洪年。与蒋梦麟谈，准备劝杨杏佛辞职。财政次长张寿镛来谈。(据《日记》)

同日　胡适致函单不庵，告"我藏的《周益国文忠公集》里的《文苑英华序》与文澜阁本稍有出入"，除上次奉告的几条外，再告几条。(《胡适文存三集》卷4，528～530页)

6月15日　胡适抵南京。访张奚若，张详述中央大学"易校长"风潮之经过，也略述北大问题的经过。胡适面劝杨杏佛辞职，杨允。访朱经农。林质斋(文栋)与胡适大谈。出席大学院会议，关于中央大学校长事，仍请张乃燕维持下去。北大的问题引起众人激烈的讨论，胡适主张：北京大学之名不宜废掉；李石曾的派别观念太深，不很适宜，最好仍请蔡元培自兼。最后仍决议由李石曾担任校长。胡适在日记中详述争论的过程。(据《日记》)

同日　顾颉刚致函胡适，谈他与傅斯年的矛盾以及自己的教学、研究等。(《胡适遗稿及秘藏书信》第42册，355～356页)

同日　刘文典致函胡适，谈自己筹办安徽大学事，又云：

适之！你究竟是个安徽人，对于本省教育，似乎不能太漠视了。你自己成了一位世界知名的学者，就尽着本省一班青年们不知道戴东

原、王念孙、杜威、罗素是什么人，心里总有点不忍罢。(《胡适遗稿及秘藏书信》第39册，719～721页)

6月16日　胡适致函吴稚晖，云：

　　昨日会议席上，先生曾明对我说，"你就是反革命"。我不愿置辩，因为我并不很懂得"反革命"三个字是什么样的罪名。我是一个糊涂人，到今天还不很明白，今日所谓"革命"是怎样一回事，所以也就不很明白"反革命"是怎样一回事。今天从南京回来，就去寻前几个月公布的《反革命治罪条例》，想做一点临时抱佛脚的工夫；不料寻来寻去，这件法令总避不见面。我没有法子，只好来求先生；倘万一先生有空闲时间，务请先生顾念一点旧交情，指示我犯的是《治罪条例》第几条，使我好早点准备，免得懵懵懂懂地把吃饭家伙送掉了无法找回来。这是性命交关的事，故敢麻烦先生，千万请先生原谅。(据《日记》)

同日　胡适致函蔡元培，坚辞大学院大学委员：

　　大学委员会委员的事，当初我曾向先生坚辞两次，终以先生苦留，故不敢坚持。现在我已决心摆脱一切，闭户读书著述，故请先生准我辞去大学委员之职。此意十分坚决，绝无可挽回，千万望先生允许。倘先生不允许，我也只好自己在报纸上登启事声明已辞职了。千万请先生鉴察并原谅。(据《日记》)

　　按，6月20日，蔡元培复函胡适，云此事"不敢奉命"，"请继续担任，随时赐教"。(此函被胡适粘贴在《日记》中)

6月17日　但怒刚与丁燮音两次来劝胡适不要辞中公校长之职，"逼得我没有法子，只好暂时答应了，把这个过渡时代过去了再说"。日记又记：

　　晚上与杨亮功谈，劝他来做中公的副校长，他答应了。于是中公的问题暂为解决：亮功来替我驻校办事，我可以不必时常到校。

1928年　戊辰　民国十七年　37岁

同日　胡适致函《青光》主笔，指出该刊报道关于所谓"伦敦赛乳会"的不实、荒谬之处。(据《日记》)

同日　冯致远致函胡适，告将于后日寄上本学期成绩单。汝仁哥将每年资助80元学费，除胡适每年资助200元作宿费外，膳费及零用费亦有着等。又告革命军已进入天津。(中国社科院近代史所藏"胡适档案"，卷号858，分号2)

6月18日　晚，胡适应邀出席上海东吴法学院预科毕业学生聚餐会，并略有讲演。(《申报》，1928年6月24日)

同日　梁启超致函胡适，谈及自己主持编纂《中国图书大辞典》之进展、体例，此等极为繁难之工具书编纂工作，"非有一人总揽全部组织不可，却绝非一人之精力所能独任"，幸得中基会之助，使编纂同仁薄得膏火之资。希望胡适能在董事会审查成绩时能"在会中力予主持"，俾不致废于半途。(《梁启超年谱长编》，1180～1181页)

6月19日　胡适致函江冬秀，告：光华、东吴的事都辞了，也辞了大学委员。要江"千万即日动身"。(《胡适遗稿及秘藏书信》第21册，406～407页)

同日　中华基督教女青年会全国协会致函胡适，邀请胡适出席7月5日举行的第二次全国大会的开幕礼。(中国社科院近代史所藏"胡适档案"，卷号2240，分号2)

6月21日　胡适应邀到中央大学参观，并发表演说。胡适说中央大学为全国革新文化之中心。(《申报》，1928年6月23日)

同日　胡适致函蔡元培，云：前辞大学委员，未得赐覆，想必默许。另，因中基会会议无法延期，故不能参加。重点是谈此种时势之下，"一动不如一静"以及劝蔡集中精力从事教育事业，辞去政府之职事：

> 此种时势之下，一动不如一静……若不能谋定而后动，虽动亦无益于事。如统一学术机关之令，便不是谋定而后动。令文中提及文化基金会的社会调查所，而不及交通大学。今先生已将交大还与交通部，

则此令亦等于一纸空文而已。清华学校与社会调查所皆自有经费，似可不必去动他们。文化基金会的董事会既有自己选补缺额之权，则已成一种"财团法人"，正宜许其办理学术研究机关。若谓一切学术机关皆宜统一，则不但交通大学应收归大学院，连一切私立大学，以及科学社之生物研究所，北京社会政治学会之门神库图书馆，都在统一之列了。鄙意以为此等大计划皆宜有审慎的态度，周详的准备，否则令出而不行，徒损信用而已。

……今先生决计继续与此复杂的社会相周旋，似不可不有一番通盘筹划。总期于权力所能及而才力所能办者，切实做去，使有一点成绩，庶几不辜负一个做事的机会。个人精力有限，大学院人才有限，似宜集中于几件道地的教育事业，用全力做去。此外如司法部之事，外间皆谓先生代人受过，似可以及早辞掉。损之又损，以至于性之所近而力之所能勉者，然后可以有为耳。（据《日记》）

按，6月24日，蔡元培复函胡适云，对胡辞大学委员会之函并未默许，仍请继续担任为幸。"承规劝之言，甚佩，当铭诸座右"。又请胡适出席中基会董事会议等。（此函被胡适粘贴在《日记》中）

6月23日　蒋梦麟致函胡适，云：皖南匪患，本省兵力太单薄，势难派遣大队前往。（《胡适遗稿及秘藏书信》第39册，469～470页）

6月24日　胡适作有《请大家来照照镜子》一文，大要是：

美国使馆的商务参赞安立德先生制成这三张图表：第一表是中国人口的分配表，表示中国的人口问题不在过多，而在于分配的太不均匀，在于边省的太不发达。第二表是中国和美国的经济状况、生产能力、工业状态的比较，处处叫我们照照镜子，照出我们自己的百不如人。第三表是美国在世界上占的地位，也是给我们做一面镜子用的，叫我们生一点美慕，起一点惭愧。

……他指出中国今日有三个大问题……

……

所以现在的第一件事是造铁路。完成粤汉铁路，完成陇海铁路，赶筑川汉、川滇、宁湘等等干路，拼命实现孙中山先生十万里铁路的梦想，然后可以有统一的可能，然后可以说我们是个国家。

所以第一个大问题是怎样赶成一副最经济的交通系统。

……

……人性是不容易改变的，公德也不是一朝一夕造成的。故救济之道不在乎妄想人心大变，道德日高，乃在乎制定种种防弊的制度。中国有句古话说："先小人而后君子。"先要承认人性的脆弱，方才可以期望大家做君子。故有公平的考试制度，则用人可以无私；有精密的簿记与审计，则账目可以无弊。制度的训练可以养成无私无弊的新习惯。新习惯养成之后，保管的责任心便成了当然的事了。

……

用铁路与汽车路来做到统一，用教育与机械来提高生产，用防弊制度来打倒贪污；这才是革命，这才是建设。

但依我看来，要解决这三个大问题，必须先有一番心理的建设。所谓心理的建设，并不仅仅是孙中山先生所谓"知难行易"的学说，只是一种新觉悟，一种新心理。

这种急需的新觉悟就是我们自己要认错。我们必须承认我们自己百事不如人，不但物质上不如人，不但机械上不如人，并且政治社会道德都不如人。

……

……今日的第一要务是要造一种新的心理：要肯认错，要大彻大悟地承认我们自己百不如人。

第二步便是死心塌地的去学人家。老实说，我们不须怕模仿。……

一个现代国家不是一堆昏庸老朽的头脑造得成的，也不是口号、标语喊得出来的。……（《生活周刊》第3卷第46期，1928年9月30日）

同日 胡适作有《祝贺女青年会》一文，文中说：

> 这几十年中的妇女解放运动，可以说全是西洋文明的影响。基督教女青年会便是一个最好的例。今年是女青年会成立二十年的纪念，我很诚恳地庆贺她们二十年来的种种成绩，并且祝她们继续做中国妇女解放运动的一个先锋。
>
> 女青年会是一个基督教的团体，同时又是一个社会服务的团体。我们生在这个时代，大概都能明白宗教的最高表现是给人群尽力。社会服务便是宗教。中国的古人说："未能事人，焉能事鬼？"西洋的新风气也主张"服事人就是服事神。"谋个人灵魂的超度，希冀天堂的快乐，那都是自私自利的宗教。尽力于社会，谋人群的幸福，那才是真宗教。
>
> "天国在人死后"，这是最早的宗教观念。
>
> "天国在你心里"，这是一大革命。
>
> "天国不在天上也不在人心里，是在人间世"，这是今日的新宗教趋势。大家努力，要使天国在人世实现，这便是宗教。
>
> 我们盼望女青年会继续二十年光荣的遗风，用她们的宗教精神，不断地努力谋中国妇女的解放，谋中国家庭生活的改善。有一分努力，便有一分效果；减得一分苦痛，添得一分幸福，便是和天国接近一步。

（《胡适文存三集》卷9，1172～1173页）

同日 张元济致函胡适，谢赠《白话文学史》上卷。（《张元济全集》第2卷，541页）

同日 胡钦甫致函胡适，对于初掌中国公学校长的胡适提出十一项建言。（中国社科院近代史所藏"胡适档案"，卷号1533，分号5）

同日 凌独见致函胡适，请求胡适寄回《两汉学术史》原稿。函中说，此书稿于1924年托人转交胡适，1926年为此书稿曾专程赴沪请教，得面聆教诲，胡适允返北京后即寄回书稿，但一直未寄来。现拟将原稿修正，请胡适挂号寄回。（中国社科院近代史所藏"胡适档案"，卷号1630，分号7）

1928年　戊辰　民国十七年　37岁

6月25日　胡适赴中国公学，行就职典礼。

胡适是日日记：

今日在中国公学行就职礼。套上这一箍，不知何日能解下。我所以不忍一丢就走的缘故有三：（1）熊锦帆、但怒刚、丁毅音诸同学真热心办此事，我不忍丢了他们就走；（2）这个学堂当初确然于我个人的发展曾有大影响；我若不进中公，后来发展的方向当不同；（3）此时我行就职礼，可以表示一种态度，表示我不想北去。

1928年6月29日《申报》报道：

六月二十五日上午九时至十二时，吴淞中国公学补行胡适之校长就职典礼和欢迎校董校长及举行本届毕业典礼，先由熊克武代表校董会请胡就职，胡演说……杨杏佛演说……王云五说……次场欢迎会，胡氏略述校董会维持中公的经过；末场对毕业生训词，胡谓学生要尝尝〔常〕有问题，要从浅近的问题上能有精深的研究，要"小题大做"，又论学贵博亦贵精，精而不博只是光棍式的学者，博而不精只是纸片式的学生，末诵诗两句"为学要如金字塔，要能广大要能高"，十二时闭会。是日午后一时至十二时，尚有很热闹的游艺会……

同日　陈光垚将其"简字方案"并"简写千字文""简写平民字典"函寄胡适，请胡适指正。（此函粘贴于胡适1928年7月5日《日记》）

6月26日　沪江大学附中教务处致函胡适，告胡祖望成绩欠佳，请家长嘱其来暑期学校报名补习。（中国社科院近代史所藏"胡适档案"，卷号681，分号3）

6月27日　胡适复函蔡元培，再辞大学院大学委员职：

先生不许我辞大学委员会，殊使我失望。去年我第一次辞此事时，曾说我的脾气不好，必至破坏院中和平雍穆的空气。十五日之会果然证明此言。当时我已十分忍耐，故虽被稚晖先生直指为"反革命"，亦

不与计较。但日后我决不会再列席这种会，因为列席亦毫无益处，于己于人，都是有损无益。吴先生口口声声说最大危险是蜀洛党争，然而他说的话无一句不是党派的话，这岂是消弭意见的办法吗？我虽没有党派，却不能不分个是非。我看不惯这种只认朋友，不问是非的行为，故决计避去了。既已决心不出席，留此名义何用？此为最后陈述，亦不劳先生赐覆，我也不登报声明，望先生体谅此意。（中国社会科学院近代史所藏"胡适档案"，卷号618，分号2）

6月29日　刘大白致函胡适，奉赠《旧诗新话》一册。又谈及张奚若在全国教育会议上涉及文白之争，所发的言论完全和章士钊一鼻孔出气。（《胡适遗稿及秘藏书信》第39册，581～582页）

6月　胡适著《白话文学史》由新月书店出版。

同月　《时兆月报》第23卷第6期（家庭专号）刊登胡适照片，并题词：旧家庭多苦痛，故尚忍；新家庭重互助，故尚爱。

同月　《上海青年会中华职业教育社职指导讲席所简章》之"临时讲师"栏，有胡适之名，同时列名的还有蔡元培、蒋梦麟、杨杏佛等19人。（中国社科院近代史所藏"胡适档案"，卷号2240，分号3）

7月

7月1日　来客甚多，终日会客。（据《日记》）

同日　胡适复刘大白，云：

你书中牵涉到我的，不止一条。（十二）条，我完全承认。我译诗并不是译诗，大概都是借题发挥一时的感触。《节妇吟》与《老洛伯》虽不同时，却都是有所为而译的。故多不很严格。

（四十三）也牵涉到我，我却不承认我的用法与"有杕之杜"相同。我用"免相思苦"协"愿相思苦"，与《我的儿子》的——

我不要儿子，

儿子自己来了。

无后主义的招牌，

如今挂不起来了。

同是一种顽意儿的尝试，同是停尾韵，与——

侯我于著乎而！

充耳以素乎而！

同是停尾韵。不过"尾"稍拖长一点而已。"中心好之，曷饮食之"是无韵诗，《召旻》那几句也是无韵诗，与大作（二十一）所举相同，似不必说作有韵诗。

几句诗之中岂无几个字可以指为句中韵的？但鄙意总觉其牵强，似不可与《卜居》《九辨［辩］》等例相比。先生以为何如？

我于《白话文学史》（页13、14）说朱虚侯的《耕田歌》是无韵诗。单不厂［庵］先生不以为然，说"锄""疏""去"为韵，两"种"字为韵。我总以为不如直说此诗无韵更为自然。先生以为何如？

凡"长尾韵"（或长脚韵）必须相韵各句尾尖相同，如"好之""报之""著乎而""素乎而"。故"疏"不能与"去之"为韵。大作（十）指出《弹铗歌》之"家""车""鱼"，不必牵到"乎"字上去，此论极是。古人用助字，多不用作韵脚，但用其上之"实"字相韵。《诗经》之"之"字用作韵脚时，如——

百尔所思，

不如我所之。

此"之"字便不是代字了。此种地方，西洋诗正同。后人不讲文法，乃乱用"之""乎"等字作韵脚。（刘大白：《旧诗新话》，开明书店，1929年10月，243～245页）

7月2日 胡适有《名教》一文，其中说道：

现在我们中国已成了口号标语的世界。有人说，这是从苏俄学来的法子。这是很冤枉的。我前年在莫斯科住了三天，就没有看见墙上

有一张标语。标语是道地的国货,是"名教"国家的祖传法宝。

....

……从历史考据的眼光看来,口号标语正是"名教"的正传嫡派。因为在绝大多数人的心里,墙上贴一张"国民政府是为全民谋幸福的政府",正等于门上写一条"姜太公在此",有灵则两者都应该有灵,无效则两者同为废纸而已。

....

现在大多数喊口号,贴标语的,也不外这两种理由:一是心理上的过瘾,一是无意义的盲从。

....

这一问便问到"名教"的哲学上去了。这里面的奥妙无穷,我们现在只能指出几个有趣味的要点。

第一,我们的古代老祖宗深信"名"就是魂,我们至今不知不觉地还逃不了这种古老迷信的影响。……

第二,我们的古代老祖宗深信"名"(文字)有不可思议的神力,我们也免不了这种迷信的影响。这也是幼稚民族的普通迷信,高等民族也往往不能免除。……

第三,我们的古代圣贤也会提倡一种"理智化"了的"名"的迷信,几千年来深入人心,也是造成"名教"的一种大势力。……

两千年前,有个九十岁的老头子对汉武帝说:"为治不在多言,顾力行何如耳。"两千年后,我们也要对现在的治国者说:治国不在口号标语,顾力行何如耳。

....

……我们对于现在的治国者,也想说:

但愿空诸所有。

慎勿实诸所无。

……我们也学时髦,编两句口号:

打倒名教!

1928年　戊辰　民国十七年　37岁

名教扫地，中国有望！(《胡适文存三集》卷1，99～107页)

7月3日　来客甚多，终日会客。(据《日记》)

同日　胡适探视杨亮功之病，杨告郑通和等少年学生都期望胡适去做安徽大学校长，胡适说，"赌咒不干"。郭泰祺告：汉口又来电催胡适与他同去。(据《日记》)

同日　胡适复函单不庵，谈中国诗的韵脚问题，认为中国诗的韵脚有两大分别：一为脚韵（尾韵），一为长脚韵（长尾韵）等。(据《日记》)

7月4日　杨亮功、郑通和等来谈安徽大学事，胡适表示："绝对没有商量的余地。"与杨亮功同到中国公学。傍晚回沪时在淞沪车站遇枪击案。(据《日记》)

同日　陈垣函寄其《史讳举例》数部分与胡适，请胡指教。(此函粘贴于胡适1928年7月12日日记)

7月5日　高梦旦来谈，高仲洽与郑振铎同来。(据《日记》)

7月7日　胡适复刘大白，云：

谢谢你七月五日的信！我发信后也检《毛诗》；始知助字代字作韵用，诗中甚多。先生所举之外，如"见此粲者""人之为言，胡得焉"之类皆是。承教甚感愧！

至于"欲疏"与"去之"为韵，先生所举各例也足证明我前说之误，也得道谢。已摘抄来函一段寄单不厂[庵]先生了。(刘大白：《旧诗新话》，开明书店，1929年，259页)

7月8日　杨亮功与凌舒谟同来商量中公课程，胡适主张把法律系废去，把理科三系合为数理学系。写一封1000多字的信给蔡元培，第五次辞大学委员之职。日记又记：

孟和曾听竺可桢谈南京《民生报》记的通缉我的事。今晚见着李仲揆，始知其原文大意为：北京市民大会电告政府，其衔名次序为谭、蔡、张、李、易，其本文说"三一八"惨案祸首为段祺瑞、熊希龄、

梁启超、章士钊，助逆者为胡适、刘伯昭、王世杰、周览等，皆应通缉。

此电是成舍我捏造的，国府秘书处，及谭、蔡诸人处皆未得此电。依其衔名次序，可知为易培基的走狗造出来的。

同日　张昌圻致函胡适，告清华研究院同学希望胡适长清华大学，至少担任研究院主任，正在跟蔡元培沟通，希望胡适不要推辞。(《胡适遗稿及秘藏书信》第34册，234页)

7月9日　蒋梦麟致函胡适，告浙江大学拟聘请胡适介绍的余坤三来教英文，请询余对薪水的要求，以便照送。若余他就，请谢联运来亦可。(《胡适遗稿及秘藏书信》第39册，471页)

7月10日　阅光华大学的试卷，最好的名李廷弼。晚，与李叔明(I. S. S.)同访意大利学者 Z. Volpicelli，此人详谈辜鸿铭、Vitale 遗事。(据是日及次日《日记》)

7月11日　江冬秀与胡思杜自家乡回沪。(据《日记》)

7月12日　Z. Volpicelli 来访，送给胡适文献四种：Z. Volpicelli 译《酷刑逼供论》一册，孙中山1920年1月25日给他的一封英文信，辜鸿铭的一首英文诗，Z. Volpicelli 在1896年作的小册子 Chinese Phonology。(据《日记》)

同日　任鸿隽复函胡适，中基会的会期因为胡适一改再改，无法再改了。又谈及北方教育界腐败沉闷，又谈及胡适的《白话文学史》：

此书关于佛教翻译文学的两章，我想是自来讲文学的不曾说到的话。论晋唐各诗人的作品，也和我们的意见大致相合。(但我所不解的，杜甫的《羌村》三首中我以为"世乱遭飘荡，生还偶然遂"两句最好，你却独不取这两句，不晓得甚么意思。)这部书自然可算近今出版界的杰作，希望你早些把他著完。(中国社会科学院近代史所藏"胡适档案"，卷号1067，分号4)

7月15日　顾颉刚致函胡适，归还30元（至此欠款全部还清），又道：

"先生的《科学的古史家——崔述》一文,务请亦于暑假内作就。"又询胡适何时来粤。(《胡适遗稿及秘藏书信》第42册,357页)

同日　陈源致函胡适,略谈今后行止,请胡适告知如何处置放于北京陈家的胡适藏书。又对《白话文学史》提出三点疑问。盐谷温曾托鲁迅送胡适一部《西游记》杂剧,并深以未见胡适新得之《红楼梦》抄本为恨,等等。(《胡适遗稿及秘藏书信》第35册,72～73页)

7月18日　刘大白致函胡适,抄示其《白屋文话》目录,并述其内容。(《胡适遗稿及秘藏书信》第39册,583～596页)

7月19日　冯玉祥部队参议童宾秋邀胡适吃饭,谈倪嗣冲、张宗昌掌故。(据《日记》)

7月20日　上午9时,胡适在青年会作关于职业的演讲。(《教育与职业》第97期,1928年)

7月21日　胡适复函汤用彤,讨论禅宗问题:自己从欧洲看到的敦煌卷子皆足证明禅宗法统至8世纪之末尚无定论,与数年前所作《二十八祖考》完全相印证。自己的《禅宗史》稿本尚未写定,略述大纲:禅有印度禅,有中国禅。菩提达摩一宗在当时名为楞伽宗。"顿悟"之说起源甚早。慧能在当日确有革命之功;现发现敦煌本《坛经》我有影本可以考见他的思想。慧能在当时并不出名,其人不过南方一派的大师而已。神会著作失散,我在巴黎发现两卷他的语录,最可宝贵。七八世纪下半,各派争造法统伪史,其多不可胜记。《续法记·宝林传》皆当时法统伪史的一部分。唐代所出传法之说的根据为(1)达摩多罗《禅经》序、(2)《法藏传》。师子以下之诸人则出于捏造,无所依据。故宋僧契嵩出而修正之,有"正亲""定祖"的大议论,其说以僧祐《出三藏记集》为据,后来竟为正统的法统说。8世纪下半至9世纪上半的禅宗派别,应以宗密《圆觉大疏钞》卷三之下及《禅源诸诠集都序》所述为最可信的史料,《大疏》分7家,《都序》分10室,我们向来不很了解,今在敦煌发现新史料之中,有许多史料可补充,于是10室之中可得七八了。南宗成为正亲之后,本宗门下又多捏造世系,自附于正统。神会一派不久便衰歇。道一门下不久成为正统。"中国禅"至此始

完全成立。（此文收入《胡适文存三集》卷4）

7月24日 胡适致函胡近仁，对其决心戒烟感到高兴：

> 你昨天说起要进广慈医院去戒烟，我听了十分高兴。希望此事能成功。鸦片之害确可以破家灭族，此不待远求例证，即看本族大分二分的许多人家，便可明白。即如尊府，如我家，都是明例。你是一族之才士，一乡之领袖，岂可终于暴弃自己，沉迷不返？你现在身遭惨痛，正是一个人生转头反省的时候。若任此深刻的惨痛轻轻过去，不能使他在行为上、人格上，发生一点良好的影响，岂不孤负了这一个惨痛的境地？
>
> 人生如梦，过去甚快，等闲白了少年的头，糊涂断送了一个可以有为之身，乃是最深重的罪孽也！王荆公诗云：
>
> 知世如梦无所求，
>
> 无所求心普空寂。
>
> 还似梦中随梦境，
>
> 成就河沙梦功德。
>
> 知世如梦，却要在梦里随时随地做下恒河沙的梦功德，此真有得于佛教之言。若糊糊涂涂过去，世间有我不加多，无我不减少，这才是睁开眼睛做梦，上无以对先人，中无以对自己的天才，下无以对子女也。
>
> 我们三十多年的老朋友，什么话不可以说？到今日才说，已是过迟，罪已不轻。若今日仍不说，那才是死罪了。
>
> 千万望悠惠同志早日入院戒烟。若无人同去，可移来吾家，我请医生来给你戒烟，冬秀一定能伏侍你。（《胡适家书手迹》，153～156页）

同日 朱经农致函胡适，谈中国公学事。又关心胡适的经济问题如何解决，认为胡适可将家眷迁入校内，且薪水亦应提高，并准备在下次校董会上提出。（《胡适遗稿及秘藏书信》第25册，698～700页）

7月25日 汪敬熙致函胡适，报告回国后在中山大学的研究成绩及计划。又拜托胡适帮忙为其谋求中基会研究教授之职。又询《中国哲学史》

中卷、下卷何时能出版。又云"想中国学术界进步，不能不一方面打鬼，一方面提倡实验科学及新的文学，先生以为如何？"（中国社科院近代史所藏"胡适档案"，卷号1122，分号1）

7月26日　孙俍工致函胡适，告自己撰写《中国美术史大纲》（附目录）的计划，请胡适介绍给新月书店。又希望胡适介绍与大学院著作委员会，以得到物质上的助力。（《胡适遗稿及秘藏书信》第32册，469～470页）

7月29日　胡适致函顾颉刚，将高君珊给他的信转给顾（高函作于7月26日，告知胡适：顾颉刚的学生谭慕愚被捕，她受谭之托请将此情告知胡适请胡转告顾颉刚，以请顾转请戴季陶"一为援手"），并云："倘你愿救此女士，可发一电给季陶先生，请他保释。"（《顾颉刚书信集》卷一，453页）

> 按，8月4日，顾颉刚复函胡适，但此函残缺，现存部分并未谈及谭慕愚事，只提到广东学生仍极盼胡适能来讲学等。（《胡适遗稿及秘藏书信》第42册，358～360页。）

> 又按，高君珊致函胡适，告知胡适乃将此函转顾。

7月30日　陈源致函胡适，谈及胡适的《白话文学史》和日后自己的行程等。（《胡适遗稿及秘藏书信》第35册，74～76页）

同日　《申报》报道：苏州青年会举行暑期学术演讲，胡适被聘为讲师，时间为7月16日至8月17日每周三期（一、三、五）。

7月31日　胡适在上海东方图书馆主办的图书馆补习班上演讲，题目为"中国书的收集法"。胡适说：图书馆的中心问题，是要懂得书。懂得书，才可以买书、收书、鉴定书、分类书。此前收集中国书，最容易犯两个大毛病：一是古董家的收集法，一是理学家的收集法。古董家的收集法有两大毛病：太奢侈、范围太窄。理学家的收集法的毛病是：门类太窄，因人废言，因辞废言，门户之见太深。胡适用极多篇幅申说的是五书不收的收书法。(《中华图书馆协会会报》第9卷第5期，1934年4月30日）

同日　胡适写定《禅学古史考》。

同日　余上沉致函胡适，请胡适帮忙推荐其至光华大学任教。（《胡适

遗稿及秘藏书信》第 29 册，111～112 页）

8月

8月5日　林宰平（志钧）来访，胡适请他看敦煌的材料。李拔可邀吃饭，同席有林宰平、沈昆三，胡适赞林宰平是圣人。（据《日记》）

8月7日　日记有记：

> 今日有一小事，可为思想步骤之例。
>
> 向来《字林西报》送到最早，约七点以前可到。今早我起来时已近七点，《字林报》还不曾到。八点半……《字林》仍不见到。我遍寻楼下各房间，皆不见此报。
>
> 于是我们都猜何以不见此报：（1）送报的人遗漏了。（2）我的报费满期了。（3）今日本无报。
>
> 但（1）是极少的可能。（2）我没有接到通知。（3）今天或昨天是假期，我想起去年八月初到伦敦正逢"银行假期"，此报是英国报，故守英国例假。细检日历及大字典，"银行假期"果在八月第一个月曜日，即昨日。于是"昨日放假，今日无报"的假设遂战胜了。
>
> 但中饭时，王妈忽然把《字林西报》送上楼来了！原来送报人把报隔篱笆抛进来，落在篱边的小树底下，故我们都没有瞧见。于是一个已证实的假设又被更强的新证据推翻了！
>
> 记此以自警。

同日　胡适读董康所送《海陵王荒淫》一卷，记其可疑的两点。（据《日记》）

8月10日　胡适访罗静仁。（据《日记》）

8月11日　胡适送英领事巴登（Barton, Sir Sidney）回国。罗静仁来谈，索克思（Sokolsky）来谈。下午又与索克思畅谈。（据《日记》）

同日　胡适致函蔡元培，谈中基会事：

1928年　戊辰　民国十七年　37岁

文化基金董事会章程的基本原则为脱离政治的牵动，故董事缺额由董事会自选继任者。前年我们在上海所拟英国庚款董事会的组织，即依此原则为标准。今忽废去此条，改为董事三年期满由大学院呈请政府任命，便是根本推翻此原则了。建此议之意岂不以为当日政府不良，故须防政治的牵动；今为国民的政府，不应防御其干涉了？此言岂不冠冕堂皇？然事实上政治是否安定，是否尽如人意，谁也不敢担保。先生在大学院，徒有几年，大学院自身能存在几时，都不可知，则后来者之滥行干涉，或受政局牵动，似亦不可不防。故此原则之取消，在今日似尚太早。此一点不可不奉告也。

去年夏间，孟禄博士南来，与国民政府教育行政委员会接洽文化基金董事会的事，其中细情我虽不知道，但有一晚的宴会（在大华饭店），我也在座，亲见教育行政委员会的委员（宴会的主人）提出一张候选董事四人的名单，交与孟禄。孟禄说，何妨多提出几人，以便选举时有点选择，于是几位教育行政委员又退入旁室商议，加上四人，也交与孟禄。……故去年年会黄炎培君辞职，即举先生继任，丁文江君辞职，即举我继任，皆是此次接洽的结果。当日大华之宴会席上，主席韦悫先生再三声明，国民政府赞成基金会的组织法，并声明只反对顾维钧、黄炎培、丁文江、郭秉文四人，余人皆不在反对之列。是夜列席者，教育行政委员有韦悫、钟荣光、金曾澄诸君。听说此夜之前他们已与孟禄谈过几次，我因为始终不曾与闻其事，故不知道他们的接洽是否正式代表国民政府教育行政委员会。但以我所知，孟禄方面自然以为金、韦、钟诸君是代表教育行政委员会的。今忽根本推翻董事会之组织，又并当日所声明不反对者而一并罢免之，又必明文罢免一年前已辞职并已由先生继任之黄炎培君以快意，似殊令局外人不能了解。此第二点不可不奉告也。

文化基金董事会所管款项出入不在小数，所牵涉之机关……也不少。开办以来，始终任事最勤劳最熟悉者为张伯苓、周季［寄］梅、颜骏人三君。今此三人皆罢免，则会中事务最负责者皆走了，似非维

持之意。此第三点也。

　　周季[寄]梅君之忠于董事会，外人或不之知。……故今年二月间，先生与我联名提议三件事之中，其一为举叔永为干事长，我即附加一段说明，谓如季[寄]梅肯连任，则自然请季[寄]梅连任，此意曾得先生同意。今既不许季[寄]梅为董事，似仍可令季[寄]梅继续为干事长，维持会事。此与尊案"董事不得兼任会中任何有俸给之职务"一条不冲突，且可免我们出尔反尔的大错误。不知先生以为如何？若不如此，则以我看来，想叔永亦不便接任。此第四点也。

　　张伯苓管会中会计多年，此次年会举他为董事长，他辞不肯就。他是中美董事都信服的人，似应留他在董事会。我仔细想想，只有我自己辞职，遗缺推荐张伯苓先生，请先生千万俯允所请。此第五点也。

　　以上各点，都是就事论事，一半为爱护基金董事会，一半为欲妄想挽回国际信用于万一。

　　无论如何，我自己是不愿继续作董事的。如先生不愿提出张伯苓先生，则请先生提出杏佛兄继任。

　　又英国庚款临时委员会，前由国民政府非正式的提出先生与伍朝枢、王宠惠、褚民谊、周佩箴诸先生，此名单在梯云先生宅中决定，专人请示于南京，次晨由亮畴先生交来南京复电，由亮畴和我送到梯云宅中征求他的同意。梯云因身任外交部长，觉得不便于中英邦交正恶时允任此事，故嘱我将名单交与英公使时，口头声明最好他不加入。后英使来电，转致咨询委员会之意，请先生与王、褚两先生加入临时委员会，嘱我征求同意。其后先生与亮畴俱有书面同意书，先生并代民谊声明同意。此项同意书具已正式交去，但不久政局骤变，蒋总司令下野，此事遂搁置至今。然过去事实亦不可不重提一遍，以备将来的参考。

　　又当日英国庚款咨询委员会本已请定颜惠庆、王景春、丁文江及我四人为临时委员。当日伍宅会议，由先生提议除去丁君一人，余人可仍旧。此意也由我转达。丁君自行引退。此事亦应提及，以备将来

的参考。(据《日记》)

按，8月13日，蔡元培复函胡适，同意胡辞大学委员。又云："董事改选一条，如原文较新改者为善，未尝不可由会中提请修改。周、张诸君之不能仍旧，别有原因；请先生不必因此而让贤；因让出以后，亦未必即以周、张诸君补入也。"感谢告知英款咨询委员会经过情形。(此函被胡适粘贴在日记中)

8月13日　傅斯年致函胡适，请胡不要辞中基会董事，"因为一辞，便把此事放在一个不方便的所在，而自己的立足点，反可为极无聊的人借用的"。又云：

南京政府之可愤恨，人同此心。然犹愈于一摘再摘之北京政府。且此时我们也不能为此政府想到一则"一般好"的Alternative。则总宜维其大体，谅其小节。如先生此时坚辞，未足表其真象，反为失意者助材料，亦先生所不愿出也。故如先生更有余论以告蔡先生，自然可以尽量发挥，我且可以代骂，惟万不可固辞。(据胡适8月9日《日记》)

同日　闵刚侯致函胡适，请教柏拉图的著作中有关问题，请教胡适关于自杀的问题。请胡适帮忙题签扇面。(中国社科院近代史所藏"胡适档案"，卷号1132，分号2)

8月15日　傅斯年复函胡适，仍劝胡适不要辞中基会董事。云："凡是没有放下一个好根基的事，都该改改根基，而况改朝换代的时会！"重点申说，胡适不宜辞职的理由是：胡并非此次始任此事。(《胡适遗稿及秘藏书信》第37册，393～397页)

8月20日　顾颉刚复函胡适，详叙近两年不得专心从事研究而苦痛之心境，以及与傅斯年的矛盾等。涉及胡适者，有：

我自小就欢喜研究，但没有方法，也没有目标。自从遇见了先生，获得了方法，又确定了目标，为学之心更加强烈。因为家庭中不安，

所以拿自己的东西都搬到北京，想从此做一个北京人，一生不干别的事，专研究历史。这意志是十分坚强，所以排了万难，做了债来住在北京。

…………

先生说，"到北京去定有不少是非，不如在广州尚可做学问上的事"，这件事我也想到，但广州的不能研究学问乃是极明显的。……

…………

先生信中劝我不要骄傲，我自己觉得傲则有之，骄则未也。……（《胡适遗稿及秘藏书信》第42册，361～375页）

按，顾颉刚是日日记有记：适之先生前日有信来，疑我因骄傲致树敌，故作书报之。耿耿此心，每不为师友所解，强予办事，失其故我，奈何！（《顾颉刚日记》第二卷，197页）

8月21日　胡适译成欧·亨利的短篇小说《戒酒》。

8月23日　高君珊致函胡适，谈及："我想蔡先生为人必有过人处，不然何以大家都当他天人看。"又云："先生致吴先生信未发，终究不脱长者的风度，实际上反革命这一句话在今日并不是骂人，至少还带几分不愿随流同污的意思。"（《胡适遗稿及秘藏书信》第31册，226页）

8月26日　单不庵复函胡适，谢赠《白话文学史》，从其第九、十章处得意不少。又提出，书中以朱虚侯《耕田歌》为无韵诗似可商。（《胡适遗稿及秘藏书信》第37册，250～251页）

8月29日　傅斯年呈文中央研究院院长蔡元培，拟聘蔡元培、胡适、陈垣、陈寅恪等25人为史语所研究员。（王汎森等主编：《傅斯年遗札》第一卷，"中研院"历史语言研究所，2011年，144～146页）

同日　胡祖望禀胡适，告到苏州已经3天。一下火车就去看苏州中学小学部，但不满意，寄宿舍要12个人住一间。今日到学校中考试，共考4门。（中国社科院近代史所藏"胡适档案"，卷号676，分号9）

同日　汪懋祖致函胡适，告胡祖望明日开学，欲让其住汪宅书房。下

午将胡适致胡祖望书发表。(《胡适遗稿及秘藏书信》第27册，701～703页)

8月31日　胡适日记有记：本想辞中华教育文化基金董事会事，但任鸿隽力劝，"将来或可尽点维持之力"，"我不忍太坚持，只好暂时搁起再说"。

同日　胡适作有《哪吒太子》一篇读书杂记。(《胡适遗稿及秘藏书信》第9册，211页)

8月　请 Dr. A. H. Swan 诊治腰痛，又请 Dr. Woods 拔了两个牙齿。(据1928年8月31日《日记》)

同月　翻译欧·享利的小说 Rubaiyat of a Scotch Highball。(据1928年8月31日《日记》)

9月

9月1日　读葛锡祺译菊池宽的《再和我接个吻》，"葛君很用功，而天才不高，见解不高，故译笔不佳。但译书者若都能像他这样用功，总成绩便已可观了"。(据《日记》)

9月2日　熊式式送胡适一部 J. M. Barrie's *The Admirable Crichton* 的译稿，胡适先读原稿，后读译稿，"原书真好，滑稽漂亮，锋利痛快。但译笔太劣了，不能达其百一，还有无数大错"。(据《日记》)

9月3日　胡适读 Sir Frederick Whyte 之 *India, a Federation*，评论道：

……［印度］这个政府固然是外国人组成的，但有个中央政府究竟是一大便宜。我们从前谈联省自治，近来的人谈分治合作，都缺少这一个条件。

今人要废除政治分会，政治分会废了固不足为统一，但单有割据而不合力造成一个稳固而有威信的中央，也没有办法。(据《日记》)

9月4日　胡适读影印的《佚存丛书》五集，摘记其中韦述《两京新记》残本之有用的材料。(据《日记》)

9月5日　胡适致函葛祖兰云：你的序中已把你自己的真身露出来了，

何必更用假名字呢？鸬鹚子的别名实在有点俗气，能不用最好。（葛祖兰译：《再和我接个吻》，1929年9月校正版，扉页）

9月10日　胡适作有《〈宋人话本八种〉序》。（收入《胡适文存三集》卷6）

9月20日　中国公学开学。胡适本拟辞去一切教课的事，唯应学生的要求担任"文化史"一门课。（据《日记》）

同日　徐志摩致函胡适，谈及访欧行程，又谈道："《新月》重劳主政，待归再来重整旗鼓。"（《胡适遗稿及秘藏书信》第32册，86页）

9月22日　胡适作成《跋〈白屋文话〉》。（收入《胡适文存三集》卷8）

9月25日　胡适作有《〈吴淞月刊〉发刊词》，指出办此刊的理由：

第一，许多爱做学问的少年朋友聚在一块，在这临江近海的野外，同城市隔离了，都自然感觉一种亲密的友谊，为大城市的学校里所没有的。我们想给我们在宿舍谈天，江滨论学的生活留一点比较耐久的记载。这是我们出这个刊物的一个动机。

第二，我们相信，文字的记录可以帮助思想学问：可以使思想渐成条理，可以使知识循序渐进。……

为避免陷入"文字障"又立下发表文章的两条"戒约"：

结果呢？我们要"小题大作"，切忌"大题小作"。例如顾亭林举一百六十多个例来证明"服字古音逼"，这是小题大作。若作二三百字来说"统一财政"，或"分治合作"，那便是大题小作，于己于人都无益处。

……我们要注重证据，跟着事实走，切忌一切不曾分析过的抽象名词。我们要处处脚踏实地，不可学今日最时髦的抽象名词战争。用抽象名词来打抽象名词，大家都是"囊风橐雾"，于己于人都无是处。……（《吴淞月刊》第一期，1929年4月）

9月26日　陈寅恪致函胡适，云："前读大著中多新发明……惟鸠摩罗什卒年月似应据《广弘明集》僧肇什公诔文。因《开元释教录》什公传末所附诸问题，非于此不能解决。《高僧传》所载年月，恐不可依据也。"(《胡适遗稿及秘藏书信》第35册，408页)

9月28日　胡适与江冬秀、胡祖望、胡思杜到杭州游玩，同行者为张慰慈夫妇及其长子。与蒋梦麟一家同游湖。(据《日记》)

9月29日　胡适一家人去游湖，到钱王祠、汪庄、西泠印社、岳坟、葛岭等处。到汪庄时访汪惕予。晚上罗隆基、刘大白、蒋梦麟、程发甫、刘季陶、卫深甫来谈。(据《日记》)

9月30日　胡适一家游南山，到净慈寺、石屋洞、南高峰、烟霞洞、龙井、理安寺、虎跑寺。晚上程发甫、蒋梦麟、谭仲逵、杨四穆（廉）来谈。(据《日记》)

9月　胡适致函刘大白，云：

> 有一个问题，我很想讨论……就是"蓝青鬼话文一代不如一代"的问题。我底感想是散体古文自唐以后颇有进步。欧阳修、苏轼比韩、柳好；朱熹、欧阳玄、王守仁又比欧阳修、苏轼好；清代学者底文章，如顾炎武、钱大昕、崔述、高邮王氏父子，都远过前代有意作文的文人。
>
> 这里面有几层原因：(1)刻书发达了，读书人容易得书；(2)古文底风气已成，专攻的人多了，容易有好文章出来。
>
> 这并不是说，晚出的"古文"都胜过前人。但不通如孙樵、皇甫湜，在唐可以称作者，在宋必不能受人重视的。(刘大白：《白屋文话》，世界书局，1929年，210～211页)

同月　胡适作有《治学的方法与材料》，大意谓：

> 现在有许多人说：治学问全靠有方法；方法最重要，材料却不很重要。有了精密的方法，什么材料都可以有好成绩。……
>
> 这话固然不错。同样的材料，无方法便没有成绩，有方法便有成绩，好方法便有好成绩。……

但我们却不可不知道这上面的说法只有片面的真理。同样的材料，方法不同，成绩也就不同。但同样的方法，用在不同的材料上，成绩也就有绝大的不同。……现在想做学问的青年人似乎不大了解这个极平常而又十分要紧的道理……

科学的方法，说来其实很简单，只不过"尊重事实，尊重证据"。在应用上，科学的方法只不过"大胆的假设，小心的求证"。

在历史上，西洋这三百年的自然科学都是这种方法的成绩；中国这三百年的朴学也都是这种方法的结果。顾炎武、阎若璩的方法，同葛利略（Galileo）、牛敦（Newton）的方法是一样的：他们都能把他们的学说建筑在证据之上。戴震、钱大昕的方法，同达尔文（Darwin）、柏司德（Pasteur）的方法也是一样的：他们都能大胆地假设，小心地求证。……

中国这三百年的朴学成立于顾炎武同阎若璩……

…………

……"亭林、百诗之风"造成了三百年的朴学。这三百年的成绩有声韵学、训诂学、校勘学、考证学、金石学、史学，其中最精彩的部分都可以称为"科学的"；其间几个最有成绩的人，如钱大昕、戴震、崔述、王念孙、王引之、严可均，都可以称为科学的学者。……

……[中国学术]方法虽是科学的，材料却始终是文字的。科学的方法居然能使故纸堆里大放光明，然而故纸的材料终久限死了科学的方法，故这三百年的学术也只不过文字的学术，三百年的光明也只不过故纸堆的火焰而已！

我们试回头看看西洋学术的历史。

当梅鷟的《古文尚书考异》成书之日，正哥白尼（Copernicus）的天文革命大著出世（1543）之时。当陈第的《毛诗古音考》成书的第三年（1608），荷兰国里有三个磨镜工匠同时发明了望远镜。再过一年（1609），意大利的葛利略（Galileo）也造出了一座望远镜，他逐渐改良，一年之中，他的镜子便成了欧洲最精的望远镜。他用这镜子发现了木星的卫星,太阳的黑子,金星的光态,月球上的山谷。

葛利略的时代,简单的显微镜早已出世了。但望远镜发明之后,复合的显微镜也跟着出来。葛利略死(1642)后二三十年,荷兰有一位磨镜的,名叫李文厚(Leeuwenhoek),天天用他自己做的显微镜看细微的东西。什么东西他都拿来看看,于是他在蒸溜水里发现了微生物,鼻涕里和痰唾里也发现了微生物,阴沟臭水里也发现了微生物。微菌学从此开始了。这个时候(1675)正是顾炎武的《音学五书》成书的时候,阎若璩的《古文尚书疏证》还在著作之中。

从望远镜发见新天象(1609)到显微镜发见微菌,(1675)这五六十年之间,欧洲的科学文明的创造者都出来了。试看下表……

我们看了这一段比较年表,便可以知道中国近世学术和西洋近世学术的划分都在这几十年中定局了。在中国方面,除了宋应星的《天工开物》一部奇书之外,都只是一些纸上的学问;从八股到古音的考证固然是一大进步,然而终久还是纸上的工夫。西洋学术在这几十年中便已走上了自然科学的大路了。顾炎武、阎若璩规定了中国三百年的学术的局面;葛利略、解白勒、波耳、牛敦规定了西洋三百年的学术的局面。

他们的方法是相同的,不过他们的材料完全不同。顾氏、阎氏的材料全是文字的,葛利略一班人的材料全是实物的。文字的材料有限,钻来钻去,总不出这故纸堆的范围;故三百年的中国学术的最大成绩不过是两大部《皇清经解》而已。实物的材料无穷,故用望远镜观天象,而至今还有无穷的天体不曾窥见;用显微镜看微菌,而至今还有无数的微菌不曾寻出。但大行星已添了两座,恒星之数已添到十万万以外了!……

…………

不但材料规定了学术的范围,材料并且可以大大地影响方法的本身。文字的材料是死的,故考证学只能跟着材料走,虽然不能不搜求材料,却不能捏造材料。从文字的校勘以至历史的考据,都只能尊重证据，却不能创造证据。

自然科学的材料便不限于搜求现成的材料，还可以创造新的证据。实验的方法便是创造证据的方法。……

纸上的材料只能产生考据的方法；考据的方法只是被动的运动材料。自然科学的材料却可以产生实验的方法；实验便不受现成材料的拘束，可以随意创造平常不可得见的情境，逼拶出新结果来。考证家若没有证据，便无从做考证；史家若没有史料，便没有历史。自然科学家便不然。肉眼看不见的，他可以用望远镜，可以用显微镜。生长在野外的，他可以叫他生长在花房里；生长在夏天的，他可以叫他生在冬天。原来在人身上的，他可以移种在兔身上，狗身上。毕生难遇的，他可以叫他天天出现在眼前；太大了的，他可以缩小；整个的，他可以细细分析；复杂的，他可以化为简单；太少了的，他可以用人功培植增加。

故材料的不同可以使方法本身发生很重要的变化。实验的方法也只是大胆的假设，小心的求证；然而因为材料的性质，实验的科学家便不用坐待证据的出现，也不仅仅寻求证据，他可以根据假设的理论，造出种种条件，把证据逼出来。故实验的方法只是可以自由产生材料的考证方法。

……结果呢？我们的考证学的方法尽管精密，只因为始终不接近实物的材料，只因为始终不曾走上实验的大路上去，所以我们的三百年最高的成绩终不过几部古书的整理，于人生有何益处？于国家的治乱安危有何裨补？虽然做学问的人不应该用太狭义的实利主义来评判学术的价值，然而学问若完全抛弃了功用的标准，便会走上很荒谬的路上去，变成枉费精力的废物。这三百年的考证学固然有一部分可算是有价值的史料整理，但其中绝大的部分却完全是枉费心思。……

为什么三百年的第一流聪明才智专心致力的结果仍不过是枉费心思的开倒车呢？只因为纸上的材料不但有限，并且在那一个"古"字底下罩着许多浅陋幼稚愚妄的胡说。钻故纸的朋友自己没有学问眼力，却只想寻那"去古未远"的东西，日日"与古为邻"，却不知不觉地成了与鬼为邻，而不自知其浅陋愚妄幼稚了！

…………

三百年的纸上工夫，成绩不过如此，岂不可叹！纸上的材料本只适宜于校勘、训诂一类的纸上工作；稍稍逾越这个范围，便要闹笑话了。

西洋的学者先从自然界的实物下手，造成了科学文明，工业世界，然后用他们的余力，回来整理文字的材料。科学方法是用惯的了。实验的习惯也养成了。所以他们的余力便可以有惊人的成绩。……

…………

纸上的学问也不是单靠纸上的材料去研究的。单有精密的方法是不够用的。材料可以限死方法，材料也可以帮助方法。……几千年的古史传说禁不起三两个学者的批评指摘。然而河南发现了一地的龟甲兽骨，便可以把古代殷商民族的历史建立在实物的基础之上。一个瑞典学者安特森（J. G. Andersson）发现了几处新石器，便可以把中国史前文化拉长几千年，一个法国教士桑德华（Père Licent）发现了一些旧石器，便又可以把中国史前文化拉长几千年。北京地质调查所的学者在北京附近的周口店发现了一个人齿，经了一个解剖学专家步达生（Davidson Black）的考定，认为远古的原人，这又可以把中国的史前文化拉长几万年。向来学者所认为纸上的学问，如今都要跳在故纸堆外去研究了。

所以我们要希望一班有志做学问的青年人及早回头想想。单学得一个方法是不够的；最要紧的关头是你用什么材料。现在一班少年人跟着我们向故纸堆去乱钻，这是最可悲叹的现状。我们希望他们及早回头，多学一点自然科学的知识与技术：那条路是活路，这条故纸的路是死路。三百年的第一流的聪明才智销磨在这故纸堆里，还没有什么好成绩。我们应该换条路走走了。等你们在科学试验室里有了好成绩，然后拿出你们的余力，回来整理我们的国故，那时候，一拳打倒顾亭

林，两脚踢翻钱竹汀，有何难哉！(《胡适文存三集》卷2，187～205页）

10月

10月1日　程万里来说净慈寺碑上有曹寅的捐款，故与张慰慈、程万里同去一游，见寺前碑上果有"江宁织造曹寅捐银五百两"一条。寻寺僧借《净慈寺志》一读，始知此碑为《康熙四十六年织造孙文成重建钟楼碑文》。下午登车回沪。（据《日记》）

10月3日　胡适在明人王艮撰《明儒王心斋先生遗集》五卷（东台袁氏铅印本，1函2册）上作一题记："单不广先生用嘉庆丙子王世丰重刻本校过。"（《胡适藏书目录》第2册，1402页）

10月7日　胡适复函沈性仁，告已收到她弟弟寄来的100元。又谈及自己有点腰痛，不能久坐。又谈及陶小芳文学大进等。（《胡适中文书信集》，147页）

同日　姚名达致函胡适，谈及《章实斋先生年谱》已补好，补例如下：

1. 尊重先生原文，非错不改，非乱不移，非全误不删除。在此例下，删、改、移都极少。

2. 凡事迹不为先生所知，载而合于下列条例者，依年月补入。

　　A. 谱主有意义的行动

　　B. 谱主较（重）要作品的成篇年月

　　C. 可显谱主性格的小事或言语

　　D. 谱主自述学问进境

　　E. 谱主与当代专家的关系动作

　　F. 当代学风的转变

　　G. 亲属及专家的关系动作

　　H. 谱主生前死后的关系事项

3. 极重要的文章摘录了十几段。

4. 不分别原文新补，不用"名达按"。

5. 先生的批评或议论完全保留原样。

6. 有所删改移修，不说明所以然，只注明证据。

又谈及欲找章学诚曾孙章川岛去绍兴查核章学诚生卒年等材料。(《胡适遗稿及秘藏书信》第31册，87页)

10月18日 Arthur Waley来信，论《白话文学史》颇有见地，并询《参同契》的年代，胡适为此作一考证(此文于1935年10月1日改定)。(据《日记》;《胡适论学近著》第一集卷五，商务印书馆，1935年)

同日 刘公任致函胡适，向胡适催稿。又谈到中公学生对中公校名，有四种意见：保存"中国公学"；改"吴淞中国大学"；改"中公大学"；改"吴淞大学"(这类最多)。希望胡适能综合多种意见而加以评论。又希望刊登胡适"The Development of Zen Buddhism in China"的中文稿。(《胡适遗稿及秘藏书信》第40册，1～2页)

10月25日 胡适日记有记：胡怀琛《墨翟为印度人辨》一文甚谬，不足置辩。方授楚作文驳之，胡怀琛又在《晶报》作短文，自添一证。胡适因作"塔""荅"之考证以记之。

10月26日 胡适复函许啸天夫妇，函辞28日饭约，因次日乃星期日，为会客之期。等等。(许啸天：《新思想的白话书信》，群学社，1930年，9～10页)

10月29日 《南开双周》第2卷第3期发表怡墅的《各家关于红楼梦之解释的比较和批评》，对"索隐法"与"考证法"予以痛批，并认为胡适的批评蔡元培"不免是五十步笑百步"。

10月 胡适作有《入声考》(初稿)，于是年阴历除夕写定。因此文系由夏剑丞的著作引起，故于11月29日致函夏，讨论此问题。(收入《胡适文存三集》卷3)

11月

11月3日　顾颉刚复函胡适，为胡适不来中山大学感到高兴：

　　先生到广东来讲学的事，广东青年固然非常盼望，但一班政客则欲利用为争权夺利的机会。前旬某报上即有中央请先生为中大校长之说。所以然者何？现在两校长都是外省人，本省的政客和学阀皆不愿外省人作当地大学校长，日思乘隙而动，只因他们皆没有大力者保护，所以未得如愿。现在先生若来，他们必趁青年热诚欢迎之际，嗾使党徒拥戴先生为校长，达到驱逐原校长之计。先生不做，他们就在混乱中自己攫取。先生若做，他们过几天再用对付前校长之法对付之。广东地方主义的发达，为全国之最。外省人来此做事，无论你成绩如何，他们总是不甘心的。我所以不愿在广东，这也是一个原因。我们几年的努力，说不定被他们用几天的功夫根本推翻。先生这一次不来，我觉得虽使此间青年大失望，而省却一次风潮，也是好的。闻孟真还是一定要请先生来，他未免把事情看作太简单了。(《胡适遗稿及秘藏书信》第42册，382～384页）

11月4日　胡适在陈光甫家吃饭，同席还有丁文江、王徵等人。(据《日记》)

同日　胡适复函胡朴安，不同意列名"中国学会"的发起人，理由是：

　　因为我不能赞成草章的第一条。我不认"中国学术与民族主义有密切的关系"，若以民族主义或任何主义来研究学术，则必有夸大或忌讳的弊病。我们整理国故，只是研究历史而已，只是为学术而作功夫，所谓"实事求是"是也，绝无"发扬民族之精神"的感情作用。近时学者很少能了解此意的，但先生自朴学门户中出来，定能许可此意吧？(《胡适九封未刊信稿》)

1928年　戊辰　民国十七年　37岁

11月11日　胡适应邀在大夏大学做题为"反省"的讲演，大要是：

什么叫做反省？就是回转头来看看自己。回转头来看看自己！无论何人，都喜欢责备人家，不责备自己。政治不上轨道，一切的事业不振兴，都是外来的帝国主义和资本主义的坑害。……

……………

我算去游过了世界各国，我深知每一个国家的强弱，每一个民族的盛衰，决不是偶然的，碰运气的：他们总有他们的道理。……世界上的民族的竞争，偏是笨的民族会占胜利！……

中国文化，向来称为世界第一的。诸位，请自己反省反省：究竟我们的文化如何？我们的文化，还是狠高的文化？我们不如人，还是我们连文化都不如人？"物竞天择，适者生存"是个公例，偏偏我们的文化高，我们又不如人；显见这个公例，不能适用于我们了！然而究竟我们是否逃去了这个公例？我们还是文化特别高的不如人？还是文化不如人的不如人？如果我们真是不如人，总有我们的文化不如人的不如人的地方！

说文化从什么地方说起？政治方面，现在的不讲；以前《官场现形记》所写的……那时代的政治，是一种什么政治呀，那时，旧的道德，已完全破产了……谈到社会的腐败，看报纸上，谁都可见到，什么地方，什么时候，没有男盗女娼的事！近一些的，《二十年来目睹之怪现状》所写的；远一些的，《儒林外史》《金瓶梅》所写的，那时是不是一个男盗女娼的社会了……

……中国家庭的幸福在那里？中国的家庭，都是罪恶的家庭，腐败的家庭！……中国的家庭，一包都是血肉，一包都是罪恶，虐杀，暗杀，磨折死的，婆婆虐待媳妇，丈夫虐待妻子，妻子谋害丈夫……

我在外国登〔待〕久了，对于人家看得狠清楚，人家讲道德，才是真的讲道德；不像我们讲的是仁义道德，行的是男盗女娼！……

讲到表面的文化——美术和文学。中国的音乐，只有那些大开门

小开门吹喇叭的音乐；中国可有一个音乐家么？图画，有那一个是图画家？刘海粟吗？吴昌硕吗？……那一个国家的文化，贫弱得像我们中国这样一样的吗？在我们四万万人当中，居然寻不出一个诗人，一个戏曲家；有的戏曲家，便只是梅兰芳、程艳秋！我们中国，可说没有可称的文化；中国所有的文化，只是几个破毁的庙宇和几本破烂的书！讲到书，二千几百年来，可说没有一部可称为著作的，因为中国所谓的经史子集，全是杂凑的东西：一篇歌，一篇谣……凑合了成功《诗经》；政府里一张张的文告，凑起来成功《书经》；一篇一篇的报告，凑起来成功《春秋》；你说一句，他说一句，便凑成什么《论语》《孟子》；集更是杂货铺，今天人家做寿，我送他一篇序，明天他家死人，我替他做一篇祭文，后天又是某家有什么事，我替他做一篇什么诗，这样东拉西扯的合拢来，便成功所谓诗集、文集。全不能算是著作。著作一定要有系统有条理；在中国几乎没有一部，他的全书的结构，有绪论，有本论，有结论的。勉强可说的，只有六部：《淮南子》算一部，还是一篇篇合拢来的；章实斋的《文史通义》算一部，也还是一篇篇合拢来的；刘知几《史通》算一部；刘勰《文心雕龙》算一部……但在西洋，老早的时候，他们做戏剧，就晓得用"三一律"；他们晓得做戏剧，"地力""时间"和"动作"要一致了，从头到尾要贯串了！在我们中国，简直没有东西。这并不是物质文明呀！我们常常自称的"精神文明"，又在那里？

　　认病才能吃药，认错才求改革。孙中山先生的心理建设，说是知难行易；我说，第一要精神上的悔过，悔恨到从前都错了，从前都应该改正！我们从前：吃鸦片，做八股，裹小脚，打麻雀牌。……吃鸦片，裹小脚，打麻雀牌，有了一项，就足以亡国；我们算是兼有了三项，不但要亡国，竟是要灭种的！我们天天要把"亡国灭种"的观念放在心头上，中国才有救；中国现在一些振作气也没有了；反不如民国元年，大家还能够把"瓜分"的念头，刻刻的放在心头上！所以那时，大家还能振作！中国现在，那事件不是去求人家？关税问题，要听人家的意旨,要取得人家的承认。中国离国家的独立,还远得狠!铁路也没有,航路也没有,血脉简直不流通!……(《大夏月刊》第1期,1929年5月15日)

11月12日 上午10时,吴淞各界在泰兴路中央大学医学院大礼堂举行庆祝孙中山诞辰集会,到会代表达500余人,吴健英主席。杨杏佛应胡适之邀前来演说,题为"我人对于总理诞辰之感想"。胡适、杨亮功等相继致辞。(次日之《申报》)

11月13日 顾颉刚日记有记:今日上午,与孟真相骂,盖我致适之先生信,为孟真所见……(《顾颉刚日记》第二卷,222页)

11月15日 胡适复函王敬芳云:王手持公债票,当由中国公学担任归还,请王交出公债票,"以便早日与政府接洽。倘能换得新公债,则公学基金便可巩固,先生所经手之各款皆不难分期还了;即不能换得全票面额数,亦可望得一部分之掉换;即换得一半,公学的经济也就松动了。此事千万请先生即赐一复信。如必须适或怒刚亲自北来面交,亦望赐一电,当即日北上"。(《胡适遗稿及秘藏书信》第19册,9页)

> 按,10月30日,王敬芳复函胡适,谢胡出掌中国公学。又云,昨接胡适与但怒刚函,"对于公学所存之公债票四十万元,欲向政府交涉,甚善、甚善"。又详述中国公学旧日欠款之细目。(《胡适遗稿及秘藏书信》第24册,369～377页)

同日 顾颉刚受友人刘万章之请,将刘著《九命奇冤考》函寄胡适,请胡评正。(《胡适遗稿及秘藏书信》第42册,386～387页)

11月17日 胡适参观刘海粟出国留别画展。所展"寒梅篝灯",乃胡适所题:"不嫌孤寂不嫌寒,也不嫌添盏灯儿作伴。"(当日及11月20日《申报》)

同日 晚6时,上海各大学教职员同乐会在宁波同乡会举行,胡适主席并致辞。次欧元怀报告会务,次由国立音乐学院教师唱德、英、中三

国民歌,次蔡元培讲演。(《民国日报》,1928年11月18、23日;《申报》,1928年11月23日)

11月18日　胡适作《朱舜水全集》的读书札记。(据11月20日《日记》)

11月19日　戈公振致函胡适,认为日本减少英文课、增加汉文课来防止共产主义是开倒车的政策。(《胡适遗稿及秘藏书信》第24册,577页)

11月20日　曲显功致函胡适,讨论韦庄之生卒年问题(曲著有《韦庄年谱》)。(《胡适遗稿及秘藏书信》第25册,205～207页)

按,中国社科院近代史作藏"胡适档案"中还有一通曲显功致胡适的信,提供王梵志的史料。(《胡适遗稿及秘藏书信》第25册,208～210页)

11月21日　胡适日记有记:

> 孙佳讯的《镜花缘补考》,很可修正我的引论的一些小错误。我考《红楼梦》,得顾颉刚与俞平伯;考《西游记》,得董作宾;考《水浒传》,得李玄伯;考《镜花缘》,得孙君;这都是抛砖而引玉,使我十分高兴。

同日　胡适复函孙佳讯:得读孙著《镜花缘补考》,很高兴,很感谢。高兴的是孙氏寻得了许多海州学者的遗著,把这位有革新思想的李松石的历史考得更详细了;感谢的是孙著修正了自己的许多错误。又请求孙:此文可否收到《〈镜花缘〉的引论》之后作个附录?又托孙代索吴鲁星的《〈镜花缘〉补考》一文。(《秋野》第2卷第6期,1928年11月)

按,孙佳讯复函胡适,对胡适关注其文章感到喜悦,同意将自己的文章作为胡文的附录。又述海属传说中关于《镜花缘》作者的七种说法,认为这些传说都没有根据。自己又得一个关于《镜花缘》刻本的一个传说。吴鲁星《〈镜花缘〉补考》尚未发表,自己有此文之原稿,当征得其同意后借与胡适一阅。(中国社科院近代史所藏"胡适档案",卷号976,分号9)

又按，12月11日，孙佳讯再函胡适，函寄吴鲁星《〈镜花缘〉补考》，又云吴氏请胡适批评，孙认为吴文最大长处是搜集了许多考证材料。自己又写了一篇《海属〈镜花缘〉传说辨证》，待发表后请胡适批判。又云：胡适如欲观海属人作的与《镜花缘》有关系的书，"当尽我们所有完全寄上"。（中国社科院近代史所藏"胡适档案"，卷号976，分号9）

再按，孙佳讯《〈镜花缘〉补考：呈正于胡适之先生》刊登于《秋野》1928年第2卷第5期。

11月25日 《醒狮周报》第195期发表《评刘文典君被辱事》一文，语涉胡适：

我因为刘文典君的被辱，同时又联想到两个安徽人，并且他们大概是刘君的朋友，或者至少是认识刘君的。一个是胡适之先生，听说胡先生近来实在忍耐不住，一定要办一种什么刊物来批评党国，据我看，以胡先生的地位，还是一句话也不说，专门弄弄哲学史或文学史的好；因为说得太软，有失胡先生的身份，只足以丧失自己的信用；说得太硬，又适足以取辱；要知道吴淞中国公学，就在蒋总司令的势力范围，难道不怕捉将官里去而为刘君文典之续吗？中国人有两句俗话，说"不痴不聋，不做阿姑阿翁"。在这个年头儿，却应该变做："不聋不哑，不做名流学者。"

11月28日 胡适作有《朱舜水的著作》一文。（《胡适遗稿及秘藏书信》第5册，450～456页）

11月29日 胡适复函叶恭绰，询所寄"曹雪芹像"的题识中可否有足供考证之资料，倘叶有钞本，甚盼一读。（《胡适九封未刊信稿》）

按，11月21日，叶恭绰将自认为是曹雪芹像的影印件寄给胡适，胡适乃写此函。但1947年胡适见着李祖韩藏的原件后，认为像上的人物是一个翰林前辈，与《红楼梦》的作者无干。（据11月28日《日记》）

同日　胡适复函夏剑丞，指出夏著《古声通转例证》的绝大贡献在搜罗例证。又泛论旧音韵学的方法的根本错误：

……这三百年的音韵学方法固然精密，功力固然勤苦，而见解上终不免有点根本错误，故成绩上也就不免因此受大影响。

所谓见解上之根本错误者，第一、不会先辨清某字某字的古音究竟如何读法，却去先分韵部；各个字的音未能决定，故其所分韵部未免只是纸上的区分，仍无从确定某部之音究竟如何读法。此一误也。段玉裁认古有入声，而去声为晚出。孔广森谓古无入声，魏晋以下始有之。此一个重要问题，至今未有定论。……而近百年学者似多从孔氏古无入声之说，于是古音的真相遂更不易认识了。此又一误也。古人未有韵书，民间歌唱多依其地之自然方音为韵脚。其有一地不可通协，而在他地可通协者，皆由于方言之异（如郑玄、高诱皆明说齐人读殷如衣）。声韵之变迁固然有条理可寻，然此类变迁皆是一时或一地的现象，不当离开时与地的限制而认为古声韵的普遍现象。孔广森以下，学者不先辨各个字音，而好谈通转的律例，此又一误也。（《胡适文存三集》卷 3，339～340 页）

11 月　是月印行的《国际周报》第 1 卷 第 4 期刊登胡适的题词："不要骂，不要笑，只求了解，这是研究国际事实的态度。"

11 月 30 日　国民政府任命胡适为中基会董事。（据《日记》）

12月

12 月 1 日　胡适日记有记："新六天才高，博学而不肯动笔，人多不知其深于文学。我曾劝他以余力试译他最赏玩的 Anatole France 的书。他总不肯轻易下笔。今晚我力劝他做札记，他颇赞许，说愿意开始笔记。"（据《日记》）

12 月 2 日　胡适访夏剑丞，畅谈古音之学，夏似乎不能十分了解胡适

的观点。(据《日记》)

12月3日　应蒋梦麟之邀(为讨论中基会事),胡适来南京。在中研院用早餐后,与蔡元培、蒋梦麟畅谈到吃午饭。到教育部,访朱经农、陶曾谷等。又有朱经农陪同访张奚若、钱端升。晚,蒋梦麟邀蔡元培、胡适、任鸿隽、孙科、王宠佑、罗家伦晚饭,讨论中基会事。胡适与孙科谈:"中华文化基金董事会事,最好由新董事作一函致旧董事会,情愿放弃董事资格,请他们自由选举相当之人为董事。如此则旧会开会可不至于有被政府指令选举五人之嫌,而新董事五人必可保完全选出。"孙科、蒋梦麟、任鸿隽都同意此议。王宠佑又与胡适谈英国庚款事。(据《日记》)

12月4日　胡适回上海。日记记对南京政局的观察:

> 在南京观察政局,似一时没有大变动。其理由有三:(1)现政府虽不高明,但此外没有一个有力的反对派,故可幸存。若有一年苟安,中下的人才也许可以做出点事业。(2)冯玉祥似是以保守为目的,不像有什么举动。(3)蒋介石虽不能安静,然此时大家似不敢为戎首,近来外交稍有进步,故更不敢发难而冒破坏统一之名。
>
> 此次政府之新组织,在文字上看来,本是重皮叠板,屋上架屋。但两个月的试验,事实上已变成行政院为政府之局面。所谓"国民政府",不过是虚名而已,其实仍以行政院为主体。
>
> 此现象是一种自然的演化,为政治学上的必然现象。将来立法、监察、考试三权似皆会起一种自然变化,渐趋于独立的地位。不如此,不成其为民治的政府也。

12月7日　胡适约林语堂来谈,将《与夏剑丞书》稿请林指教。(据《日记》)

同日　胡适致函孙科,谈中基会董事的补选问题:

> 此事的争点在于选补董事的方法。旧章第三条云:"每遇〔董事〕缺出,由本会选举补充。选出后应立即呈报中国政府。"今改由大学院

呈请政府任令，则此条的原意全失，而本会的保障也全失了。怪不得美国方面要抗议⋯⋯

⋯⋯鄙意为顾全双方之计，只有两条路：（一）是由新董事向政府辞职，请政府为重原有"缺额由会选补"的办法，让旧董事会自由选补。（一）是由新董事函告旧［董］事会，请他们自由选补。⋯⋯

辞职之办法可使政府有个转圜的机会，是其最大用处。假使先生同我联名呈请政府收回改组的成命，并准予辞去董事之职，则政府可借此机会，重下一令，命旧董事会集会修改会章以符合现行制。如此则一切纠纷都可免除了。

第二法则可使旧董事会面子上觉得好看一点，但仔细看来，究竟有点掩耳盗铃的意味，不如第一法的冠冕堂皇。

我知道先生是很忙的人，故大胆拟了两个稿子，一是辞职呈稿，一是致董事会书稿。请先生斟酌一个办法，赐示给我。如用第一法，则请不妨由先生同我两人出名，正不必邀多人。如用第二法，则请先生电告伍梯云先生及赵元任先生，请他们加入。（据《日记》）

同日　吴奎明致函胡适，谈近来搜集、研究《镜花缘》作者、版本材料的经过及成绩等，希望胡适将这些成果"拿去做一些涓滴的补充材料"。又告自己拟写一篇《唯欲论》等。（中国社科院近代史所藏"胡适档案"，卷号1344，分号6）

12月11日　胡适译成美国哈特著作《米格儿》。

12月14日　胡适出席国货展览会之商务印书馆特别宣传日活动，并有演说，大要是：现在所说国货，自己制造固是要紧，但第一步，先要模仿。如能使中国货都做"假洋货"，则目的已达。目下往往有许多外面标着国货，而骨子里实是外货的。我们应反其道而行之，等到模仿成功，自能创造。胡适又为此次活动题词：不耻不若人，何若人有？（次日之《申报》）

同日　胡适作有《新年的好梦》一文，大意谓：我们梦想今年全国和平，没有一处刀兵。梦想今年全国裁兵。梦想今年关税新税则实行后，一切苛捐杂税可以完全取消；梦想新成立的铁道部在本年内能做到下列几项成绩：（1）把全国已成铁路收为真正国有，不许仍旧归军人有。（2）把各路收入完全用在各路的建设事业上。（3）筹划几条不容再缓的干路，在本年内可以开工。梦想今年全国实行禁绝鸦片。梦想今年大家有一点点自由。（天津《大公报》，1929年1月1日）

同日　胡适作有《说难》一文，指出：

> 我们今日的第一要务在于承认我们当前的问题是很困难的专门技术问题，不是几个老官僚解决得了的，也不是几个不学少年应付得了的；不是口号标语能解决的，也不是熟读《三民主义》就能解决的。
>
> 只要大家能明白当前问题的困难，便可以承认有些问题是要充分利用全国的专门人才的，有些问题竟是要充分延纳世界的专家的。
>
> 孙中山先生教我们"知难行易"的哲学，只是要我们服从领袖，尊重专家。知是难的，故是少数专家领袖的事。行是易的，只要能遵从专家领袖的指导，便可以努力做去。但现在的人似乎只记得下半句的"行易"，却忘了上半句的"知难"。
>
> 没有知难，便没有行易。（《胡适遗稿及秘藏书信》第12册，23～24页）

12月15日　老胡开文笔墨庄主人胡祥钧邀新闻界参观，后备盛筵招待，由胡适及名医方铭三等作陪，尽欢而散。（次日之《申报》）

12月16日　梅兰芳来访。高梦旦来访，谈到王云五有脱离商务的意思。胡适乃约王长谈，"他的辞意仍很坚决。商务待遇稍薄，七年不加薪，他的家累太重，不能支持下去，故想先设法谋经济的独立。此为主要原因；梦旦也知道，但我们都无法急切矫正，当缓缓想法子"。（据《日记》）

12月17日　高梦旦来谈。伍昭扆来谈，谈他初译《侠隐记》时，用假名"君朔"，意在看"人家会不会读此书"。胡适道："你的意思固然有理，但也有大错。倘使先生当日用伍光建的名字译小说，也许可以使风气（用白话译文学的风气）早开二十年。"作"魁字"的札记。（据《日记》）

12月18日　胡适复函张天方,张函已交与王云五,王氏复函寄上,"岫庐先生之意,我甚以为然。此事是学术上的问题,宁可让时间先生作最后的评判人,不必呕呕争一时的意气。先生以为何如？"(《民国日报·觉悟》,1928年12月24日)

12月19日　下午与孟禄谈中基会事。(据《日记》)

同日　胡适购藏清人江有诰撰《江氏音学十书》,并作题记:"我早想读这部书,今天见报上登出中国书店影印这部书的广告,遂去买了来。此书底本是王静安先生藏本,有王先生的校记。江氏分'祭'部而不立'至'部,王先生信王念孙之说,故取王氏韵表补正江氏之说。"(《胡适藏书目录》第2册,1301～1302页)

同日　黄炎培来访。(《黄炎培日记》第3卷,119页)

同日　袁希涛致函胡适,请胡适为盛琪谋职。(《胡适遗稿及秘藏书信》第31册,647～648页)

12月20日　得北京基金会寄来蒋梦麟原函全文,遂译成英文,夜与孟禄、蒋梦麟谈此信。(据《日记》)

同日　胡适复函陈钟凡论黄侃的音韵学,认为黄所分韵部比前人"精密多了":

> 他的长处有几点:认古本韵有阴、入、阳,三大类,一也。入声加密,二也。至、泰,二部,王念孙与太炎先生都知其无平上,但不敢径认为古入声;季刚先生直指为入声,三也。惟萧部似仍为段玉裁所误,列在阴声,而不列为入声,未免为千虑之一失。(鄙意萧部之字古时平入同用者,其平声在当时皆读入声。萧从肃音;昭、召,读如炤;笔、耄,读如耄;从交之字有"较",可证;从高之字有熇、嚆,可证;从乔之字有跻、屩、骉,可证。)此其一短也。(《胡适遗稿及秘藏书信》第20册,78～81页)

12月21日　蒋梦麟拟一函,预备基金会开会举出新董事后即将此函交与旧董事会,使新董事"继续行使一切职权"。胡适将此函译成英文,交孟

禄看。(据《日记》)

12月22日　胡适与孟禄、孙科、蔡元培讨论中基会事。(据《日记》)

同日　陶曾谷致函胡适,请胡适速将《仁山遗书》的序写好送到商务印书馆。艺文中学补助之事请胡适函托叶叔衡。(《胡适遗稿及秘藏书信》第36册,434～435页)

12月23日　胡适与孟禄续谈中基会事,孟禄觉得非再有一道政府命令,不能使旧董事会有法律根据。胡适即请蒋梦麟到上海商议此事,并预先替梦麟起了一个呈稿、一个指令稿,预备蒋在行政会议上提出。(据《日记》)

12月24日　与孟禄商量所拟的呈稿及令稿,孟禄认为可以解决法律上的困难。蒋梦麟对此稿亦满意,即带往南京。(据《日记》)

同日　罗隆基致函胡适,请胡代询戴季陶在党校教书的科目等。(《胡适遗稿及秘藏书信》第41册,323～324页)

同日　彭基相赠其所著《法国十八世纪思想史》一册与胡适。(据《日记》)

12月27日　丁西林致函胡适,函寄《英文文法》书稿,并请胡适审阅。又详谈作此书之两重目的。又谈及:"你久有写一本中文文法的志愿,希望这本小东西多少可以鼓起你一点兴子!"(《胡适遗稿及秘藏书信》第23册,286～289页)

同日　聂其杰复函胡适,长信谈论史料的使用方法、使用态度以及不同的使用成果。(《胡适遗稿及秘藏书信》第41册,85～87页)

12月28日　日记有记:

> 晚上得梦麟来电,知前案已通过国民政府,此事总算有个办法了。
> 其实此次所提之案即是我以前为孙哲生拟的办法。而我的原办法比今回所通过的办法,冠冕堂皇的多了。他们一定不采用我的办法,却一定要等到一个外国人来对他们说,"不这样办是拿不到钱的",他们然后照办!说起来真可羞!

12月29日　胡适致函梁实秋,由张友松攻击徐志摩翻译曼殊斐儿谈到

翻译之难，并对张友松攻击之处逐一响应检视：

……我很赞成你的话：我们研究英文的人应该努力多译几部英美文学的名著，不应该多费精力去做"转译"的事业。我想先选译一部美国短篇小说集，大概三个月后可以成十篇。

今天在《春潮》第二期上看见张友松先生批评徐志摩先生的《曼殊斐儿小说集》。因为我近来也想学学翻译，故颇留心这一类的讨论。我读了张先生的文章，忍不住想说几句持平的话。

翻译是一件很难的事，谁都不免有错误。错误之因不止一种。粗心和语言文学的程度不够是两个普通的原因。还有一个原因就是主观的成见。同一句话，你听了毫不介意，他听了便生疑心，这都由于一时主观的成分不同。翻译别国文字的书，也往往因主观的成分不同而发生歧异的解释。

翻译曼殊斐儿，更是难事。她的小说用字造句都有细密的针线，我们粗心的男人很难完全体会。民国十二年，我和志摩先生发起翻译曼殊斐儿的小说，我译的一篇是《心理》，译成一半，就搁下了，至今不敢译下去。

志摩却翻成了好几篇，他的热心居然使许多不能读原文的人得读曼殊斐儿的代表作品，这是我们应该感谢的。

他的译笔很生动，很漂亮，有许多困难的地方很能委曲保存原书的风味，可算是很难得的译本。他的译本也许不能完全没有一两处小错误。若有人能指出他的一些错误，我想志摩一定很感谢。志摩决不是护短的人，他一定很愿意订正。

但我觉得张先生的态度未免令读者发生不愉快的感想。译书自是译书，同"哲"哪，"诗"哪，"豪"哪，有什么相干？同"他家里的某宝贝"更有什么相干？这不是批评译书，竟是有意要"宰"人了。

我们同是练习翻译的人，谁也不敢保没有错误。发现了别人的一个错误，正当的态度似是"宜哀矜而勿喜"罢？（太荒谬的译者也许应该受点诚恳的告诫。)何况所指出的"错误"未必全是错误呢？何须摆出这种盛气凌人的架子呢？

我读了张先生举出的几十条例子，不能不承认张先生简直是看不懂曼殊斐儿。他指出的错误，几乎完全是张先生自己的错误，不是志摩的错误。其中有一两条是志摩看错了的，但张先生的改译也是错的。又有几条是志摩有意描摹原来的粗人口吻的，张先生不懂得，也给他改了！

…………

以上所说，不过是随便举例，指出张先生的批评差不多全是盲目的"不知而作"。

但志摩也有几处错误。……

总之，翻译是一件很难的事，大家都应该敬慎从事。批评翻译，也应该敬慎将事。过失是谁也不能免的，朋友们应该切实规正，但不必相骂，更不必相"宰"。这个态度，你说对不对？

你在《新月》第十期上说起《阿伯拉与哀绿绮思的情书》没有 George Moore 的译本。……我有此书，今送上供你校勘之用，也许可以发见一些有趣的材料。(《胡适遗稿及秘藏书信》第19册，409～418页)

同日 张学良等东北军政要员联名通电，宣布遵守三民主义，服从国民政府，改易旗帜。

是年 胡适有"The Cultural Conflict in China"一文，大要是：

Therefore, it seems to me highly imperative that Chinese intellectuals should tear themselves away from the awkward position of hesitancy and perplexity and definitely pledge themselves to the policy of wholehearted modernization at any risk or cost. The only solution to the situation of cultural conflict is to face it squarely and deal with it in the clear consciousness that nothing that is of any permanent value in our old culture will ever be lost in our endeavor to build up a new national civilization comment surable with the needs of the nation and of the world.

...

The real problem in China today is that our old culture is no longer capable of meeting the needs of the nation and solving the tremendously difficult problems of the age. It is no longer capable of dealing with the problems of Poverty, Disease, Ignorance and Corruption, — the four cardinal enemies of the nation. The duty of the statesman and the leader of thought is to recognize these real enemies of the country and seek to subjugate them. And in their fight against them, they have the perfect right to draw on the past experiences and cultural achievement of the whole world. The newer civilization of the modern world is the magazine house of weapons and munitions for the warrior to choose and use. It furnishes the stone and brick and the patterns for the Chinese builder to pick and take for his gigantic edifice.

...

It is no disgrace for a great nation to accept what it consciously recognizes to be the best thing for her own salvation and welfare. The disgrace has been that we, as a great race, have not contributed much to the make-up of this new civilization. But it is no use to sulk over spilt milk. We must first learn to appropriate this new civilization as our own, to feel at home in it, to master it, and then, but not until then, hope to contribute our positive share to it after it has solved our problem, of Poverty, Disease, Ignorance and Corruption.（中国社科院近代史所藏"胡适档案"，卷号 E-4，分号 3）

是年　胡适有致蔡元培一函，云：

我从前曾有一封狂妄的信，劝先生离开政府。后来先生辞职，我很赞同。后来政府改组，监察院长仍属先生。先生那天在舍间谈及此事，曾说，"这时候那有监察的事可做？"我当时心里也很想对先生说几句话,但因为先生已决定不干此事,我也就不谈下去了。

近来知道先生不曾辞掉监察院长的名义,但事实上仍不管监察院组织进行的事。我对于这事,还想对先生说几句不中听的话。

今日政府清明的枢纽在监察、考试两种制度的实行。考试之事,暂且不谈。监察之事实在不容再缓了。政治的腐败非此不能矫正,人民的苦痛非此无从申诉。监察之制不实行,乃有蒋主席出游常、锡,拿办三县县长之举,乃有冯焕章查刘纪文的账之传闻。这些事的是非姑且不论,但以政体而论,都是失政体之举。国家无正当监察的机关,故人民受苦痛无处申诉的,乃向冯焕章告状。

先生在今日似不能不有一个明决的态度。如先生真认监察为无可为,则宜毅然求去,不可仍居其名,而以一个重要制度的创设大事付于三数无忌惮的政客之手。

先生如真感觉身任党国之重,良心上不能脱然而去,则宜积极任事,把监察制积极筹划实行起来,在开始之日,提起一两件大参案,使人民的耳目一新,使贪官污吏的心胆一震,使世界人士的视听一变。此事关系一国的百年大计,非同教育行政机关之可有可无,故我的意思颇以为先生晚年报国正在此,不敢不力劝先生仔细想想。

国家无监督政府之机关,则人民将厌恶政府,鄙弃政府。近数月来中兴煤矿公司之事便是一例。此案中政府(?)勒索之巨,手续之黑暗,真骇人听闻。公司呈诉无门,只好以呈文刊登报纸的广告,然终无效果,只好俯首听政府(?)的宰割。然而政府的尊严与信用从此扫地了;厌恶鄙弃,谁能怨他们呢?

国家无监察吏治之机关,则不但恶人敢于为恶,即平常可与为善的人亦不能不为恶习惯卷括而为恶。即如我们的朋友李垕身先生,先生的同乡,我的同学,岂非可与为善之人?然而他在沪宁铁路局长任内的成绩弄到如此狼藉,其人本身固不能完全辞其咎,而政府无正当监察之制度,实亦是养恶之大罪人。为恶决可以幸免,则人人皆相率而为恶了。如最近沪宁铁路买煤投标一事,市价每吨约十三元,而得

标之价乃至十七元二角！一标凡五万吨，每吨可赚四五元，则有二十多万元之中饱。此等事，上海人皆知之，日本文的报纸至著为社论，而政府熟视无睹也！人民之厌恶政府，鄙弃政府，谁能怪他们呢？(《胡适全集》第23卷，第631～632页)

是年 明人刘东生撰《新编金童玉女娇红记》2卷由日本九皋会编纂影印。盐谷温题赠胡适："胡适先生惠存，弟盐谷温。"函套有胡适题签："娇红记影明初本。"(《胡适研究通讯》2016年第2期，5页)

1929年　己巳　民国十八年　38岁

> 是年，胡适仍任中国公学校长。
> 是年，胡适因人权、宪法、言论自由等问题与国民党发生严重冲突。

1月

1月2日　吴康致函胡适，云：受友人之托，请胡适为吴文甲先生81岁生日题辞。(《胡适遗稿及秘藏书信》第28册，328页）

1月3日　胡适函谢戈公振同意来中国公学讲演（本月5日），并希望按时莅临。(《民国春秋》第62期，1997年3月）

1月7日　冯友兰复函胡适，告：自己同意陆侃如与冯沅君的婚事，待得到母亲回函后即可决定。(《胡适遗稿及秘藏书信》第36册，594页）

1月10日　胡适致函《金刚钻》报主笔，谈该报《胡适之扫兴而回》一条新闻的不实之处：

> ……文化基金会的委员全是名誉的，不支俸给，也不支公费。只有到会时可支旅费。所以我的辞职决不会每月损失"千金之巨"。……
> 至于他说我"历任委员"，也是错的。我做基金会董事，是民国十六年夏间开始的……杭州的会还是我第一次到会哩！
> 至于他说"本人亦系旧董事之一，□亦联带辞职"，也是错的。我是旧董事，却也是十七年任命的新董事。新董事是我去年向大学院辞过几次而没有辞掉的。今年辞的是旧董事，这回到会便是为辞职去的。

所以辞掉之后，只有高兴，绝不"懊丧"。（此函剪报被胡适粘贴在日记里）

按，本谱本年引用胡适1929年1月至8月日记，均据《胡适的日记》手稿本第8册，以下不再特别注明。

同日　吴奎明致函胡适，告其《镜花缘考证》已经转呈胡适，现寄上《西游记》的一点小材料。（中国社科院近代史所藏"胡适档案"，卷号1344，分号5）

1月12日　董作宾赠其所撰《新获卜辞写本》一卷后记一卷与胡适。（《胡适藏书目录》第3册，1634页）

1月13日　单不庵赠胡适《清闺秀艺文略》五卷（单士厘编，1928年铅印本）一部。（《胡适藏书目录》第2册，1442页）

1月15日　下午，胡适访林语堂，谈入声事。林对于胡适的《入声考》大体赞成。林指出戴震《与段若膺论声韵》一书中有许多暗示很同胡适接近。林颇信高本汉的 b g d 三种声尾说，胡适则很反对此说，理由是：

（1）我们看见许多入声字失掉声尾，皆不须经过 b g d 的过渡阶段。

（2）K与语堂皆以为若无 b d g 与 p t k 的分别，何以有一部分入声变了，而一部分不变呢？故他们皆以为变平去的原是收声于 b d g，不变的才是 p t k。我则以为古无 b d g 声尾，只有 p t k，其失掉声尾者，皆常用之字；其冷僻之字则不随时代变易，字典家因无俗音可据，故字书中仍载古入声之音读。

故从毛之字皆变了，而"毧"字入声。

从交之字皆变了，而"较"字有入声。

从高之字已变了，而留下"熇""嗃"。

从乔之字已变了，而留下"蹻""侨"。

此类之字变化最早，其时只有平入，故变者多在平声。

但变化较晚之字，其时文字写定已久，太常用之字反不易变，故变的多是间于太普通与太冷僻之间的字。如：

  谷入声 裕去声 峪入声

  各入声 路去声 格恪……入

  作昨入声 乍胙去声 怍 入

  逼福入声 富去声 匐 入

  白入声 怕去声 陌迫 入

此项的变声字皆在去声，足以证明他们是后起的，其时已有去声了。（据《日记》）

同日 胡适函辞张轶欧为其母高太夫人写祝寿文，又云：

  ……我读了尊母高太夫人事略，十分感动，又十分羡慕。高太夫人的为人绝像我的先母。她们的好处都绝相像；即她们的小小短处，如重科名，盼抱孙，也绝相像。但她们两人的福气却大相悬绝。先母四十六岁去世，尊母则享八十高寿。先母盼抱孙甚切，而我的长儿生时，她已不及见了，故长儿取名祖望，即是纪念她；太夫人则有孙男孙女六人，嬉戏膝下，自以为极天下之乐事。先母艰苦一生，不曾享一日清闲之福，不曾得我一日的奉养；而太夫人晚境十分顺适，享几十年的家庭幸福。所以我读了大著，既很感动，又很羡慕，不但羡慕太夫人的福寿，更羡慕先生有福做几十年的孝顺儿子。

  ……有许多人像我这样的，虽情愿舍去半世寿年，也休想换得这样的一天快乐！（据《日记》）

1月16日 胡适乘夜车赴北平，与叶叔衡同车。叶向胡谈1919年巴黎和会及"五四运动"的故事，胡适略作札记记之。是日日记又记与夏剑丞谈"入声说"：

  夏剑丞先生来谈。他不深信我的入声说，以为我的主张可解释汉以后的音，却不能解释汉以前的音，他以为广东之开拓在汉以后，故用广东音只可证汉以后的古音。

  我说，我的入声考开端便说本篇所考只限于汉以前，不关汉以后。汉时音读已大变，故汉儒很明白地指出齐方音及赵魏以东方音中入声之声尾 t 与 k 已无别，故实寔通用，而疾读如戚。此皆音变之可考者。

  至于北地与广东的交通，一定远在汉以前。民间的交通一定早于政治的交通，而政治的交通，远者在赵佗时，近者在武帝时，故知民间的交通当更早。晋室南渡，中原之迁粤者成为"客民"，其语音已不如"本地"语之古，故知"本地"音来源甚早也。

同日 张元济致函胡适，祝将赴平之胡适一路平安，又拜托胡问候梁启超。（《张元济全集》第 2 卷，542 页）

1月17日 过下关后，遇周诒春、文元模、周振禹、廖慰慈、熊希龄、但怒刚。读 J. M. Barrie's *Half an Hour*、*Seven Women*、*Shall We Join the Ladies?*（据《日记》）

1月19日 夜 9 点多，胡适抵北平，任鸿隽来接，即住任家。（据《日记》）

1月20日 送梁启超大殓，日记有记：

  今日任公大敛［殓］，在广慧寺。我同叔永、陈寅恪、周寄梅去送他入敛。第一个见着蹇季常，他两眼噙着老泪，我说，"我赶来迟了八点钟"，也不觉堕泪了。

  有许多任公旧友下泪的。

  任公为人最和蔼可爱，全无城府，一团孩子气。人们说他是阴谋家，真是恰得其反。

  他对我虽有时稍露一点点争胜之意——如民八之作白话文，如在北大公开讲演批评我的《哲学史》，如请我作《墨经校释》序而移作后序，把他的答书登在卷首而不登我的答书——但这都表示他的天真烂漫，全无掩饰，不是他的短处，正是可爱之处。

  以《墨经校释》序一事而论，我因他虚怀求序，不敢不以诚恳的讨论报他厚意，故序中直指他的方法之错误，但这态度非旧学者所能了解，故他当时不免有点介意。我当时也有点介意，但后来我很原谅他。

近年他对我很好，可惜我近年没机会多同他谈谈。

同日　徐志摩致函胡适，谈梁启超身后事。（中国社科院近代史所藏"胡适档案"，卷号1716，分号7）

1月21日　朱希祖来访：

四时至陟山门六号访胡适之，出示《入声考》一篇，谓古韵阴平皆为入声。陈衡哲女士亦出见，同观中国史学会所借用之楼房。（朱希祖：《朱希祖日记》上册，中华书局，2012年，125页）

1月22日　钱玄同访胡适于任宅，胡适对钱表示：国民政府应该对梁启超命令悼惜。（《钱玄同日记》中册，734页）

1月23日　徐志摩致函胡适，主要谈《新月》的梁启超纪念专号事：

……我们想即以第二卷第一期作为纪念号，想你一定同意。你派到的工作：一是一篇梁先生学术思想的论文；二是搜集他的遗稿，检一些能印入专号的送来；三是计画别的文章。关于第三，我已有信致宰平，请他负责梁先生传记一部。在北方有的是梁先生的旧侣，例如蹇老、仲策、天如、罗孝高、李藻荪、徐君勉、周印昆等，他们各个人都知道他一生一部的事实比别人更为详尽。我的意思是想请宰平荟集他们所能想到的编制成一整文，你以为如何，请与一谈。……（中国社科院近代史所藏"胡适档案"，卷号1716，分号8）

1月24日　上午10时，周作人来访，并赠《黄蔷薇》一本。（《周作人日记》中册，584页）

同日　钱玄同、黎锦熙致函胡适，邀请胡适与徐炳昶于1月26日晚间在北庆林春饭庄餐叙。（《胡适遗稿及秘藏书信》第40册，384～385页）

1月25日　胡适作一诗《留恋》，纪念北大：

三年不见他，

就自信能把他忘了。

今天又看见他，

这久冷的心又发狂了。

我终夜不成眠，

萦想着他的愁，病，衰老。

刚闭上了一双倦眼，

又只见他庄严曼妙。

我欢喜醒来，

眼里还噙着两滴欢喜的泪，

我忍不住笑出声来，

"你总是这样叫人牵记！"（《胡适手稿》第10集卷3，261～262页）

同日　天津《大公报》报道，教育部聘任蔡元培、吴稚晖、李石曾、李书华、周作人、胡适、刘复等为国语统一筹备委员会委员。

1月26日　钱玄同、黎锦熙宴请胡适等于广林春，谈国语研究所事。（《钱玄同日记》中册，734页）

同日　胡适在 North China Daily News 发表 "China Foundation Regains Its Independence"，内容包括：Politics Excluded; Misunderstanding by Nanking; American Government's Interest; Essential Principle Retained; Old System in Full Force。（《胡适英文文存》第1册，远流版，377～379页）

1月28日　钱玄同、黎锦熙、沈步洲、杨遇夫等国语统一会10人于西车站宴请胡适、任鸿隽、陈垣等。（《钱玄同日记》中册，734页）

1月29日　容庚来访。（《容庚北平日记》，167页）

1月30日　钱玄同日记有记：

上午九时访适之，示致蔡电（适主加蒋），其文曰：南京蔡孑民先生、蒋梦麟先生鉴：梁任公先生为戊戌变法之重要人物，辛丑、壬寅间努力输入近代学说，革新思想，厥功甚巨。民七以后专事著作，整理国故，成绩斐然。今不幸勤劬以殁，至堪悼惜，拟请先生商陈政府明令优恤，以示崇礼先觉之意。是否可行，敬希裁酌。张继、沈士远、胡适、钱玄同卅。（《钱玄同日记》中册，735页）

同日　翁文灏复函胡适，谈太平洋书店及孙科捐款之事。（《胡适遗稿及秘藏书信》第32册，271页）

2月

2月1日　中华图书馆协会召开年会，胡适出席并被聘为名誉委员。（《申报》，1929年2月3日）

同日　吴宓致函胡适云：已寄上《学衡》整部60册，并告付款办法。又谈及胡适在东兴楼席上谈辜鸿铭述"荷尽已无擎雨盖，菊残犹有傲霜枝"乃苏轼诗，辜借用，亦甚妙。（《胡适遗稿及秘藏书信》第28册，303页）

2月2日　胡适在日记中评论梁启超：

作挽梁任公联：

文字收功，神州革命。

生平自许，中国新民。

…………

任公才高而不得有统系的训练，好学而不得良师益友，入世太早，成名太速，自任太多，故他的影响甚大而自身的成就甚微。近几日我追想他一生著作最可传世不朽者何在，颇难指名一篇一书。后来我的结论是他的《新民说》可以算是他一生的最大贡献。《新民说》篇篇指摘中国文化的缺点，颂扬西洋的美德可给我国人取法的，这是他最不朽的功绩。故我的挽联指出他"中国之新民"的志愿。

他晚年的见解颇为一班天资低下的人所误，竟走上卫道的路上去，故他前六七年发起"中国文化学院"时，曾有"大乘佛教为人类最高的宗教；产生大乘佛教的文化为世界最高的文化"的谬论。此皆欧阳

竟无、林宰平、张君劢一班庸人误了他。他毕竟是个聪明人，故不久即放弃此计画。

若他晚年无此退境，我的挽联可以说：

中国新民，生平宏愿。

神州革命，文字奇功。（据《日记》）

同日　杨树达赠其所撰《读汉书札记四卷》一部与胡适。(《胡适藏书目录》第 2 册，1182 页）

2 月 4 日　张煦、朱自清宴请胡适、陈寅恪、朱希祖、罗家伦等，"谈笑甚快"。(《朱希祖日记》上册，129 页）

同日　晚，徐炳昶邀胡适晚饭，同席有李书华、李圣章，李书华力邀胡适回北大，胡适表示：

北平大学没有固定的经费，规模又太大，没有办法。我们不回来，并无他意，只是不能不避免麻烦而已。若经费有办法，局面稍定，大家自然想回来。我个人的来往，不是问题。其他的人如任光、仲揆有什党派可言？

李书华再三询问胡适对于北平教育的意见，胡适推辞再三，最后对他们说：

我希望他们把北京大学改作研究院，略依五年前我同 Prof. Grabau 和李仲揆拟的"北京大学大学院规程草案"的办法，分四个分院：

（1）自然科学院

（2）社会科学院

（3）国学院

（4）外国文学院或文学院

今年北大本不曾招预科新生，以后但招研究生，不招本预科插班生。五年之后，便只有研究院了。如此计画，可避免现有之北大学院、师范一二院、法学院、文理分院的种种重复，又可以提高北方及全国之教育程度。

至于经费一层，我想，单筹北大研究院的经费，并不很困难。但统筹北平大学区的经费却不是容易的事。

如此计画，可以吸收全国的学者及各大学的最高毕业生。

旭生最热烈地赞助这计画，润章与圣章似亦表同情。他们问我要原拟的规程，我答应了。……（据《日记》）

同日　顾颉刚致函胡适，告决心离开中山大学，先以请假名义离广州。决计往北平。又谈到北平后自己的研究计划，又询胡适能否来中山大学讲学等。(《胡适遗稿及秘藏书信》第42册，388～390页)

同日　刘公任致函胡适，告已发表胡适的《学生办报的训练》，感谢胡适给予的指示。关于胡适建议留心人才，组成"三日刊社"的基本社员，以使该刊可以永远有人负责事，已经费尽力量，而结果竟使他们大大失望。基于此，现在拟发起一个"新闻学会"征求同学加入，希望胡适做"新闻学会"的发起人。(《胡适遗稿及秘藏书信》第40册，3～5页)

2月13日　胡适作有《小词》(《好事近》调子)。(《胡适手稿》第10集卷4，391页)

按，胡适又用铅笔将此词画 ×。

2月17日　胡适出席梁启超追悼会。

2月19日　朱希祖来访不遇。(《朱希祖日记》上册，134页)

2月20日　容庚来访不遇。(《容庚北平日记》，172页)

2月21日　朱希祖日记有记：长安街忠信堂饭店请客午餐，到者胡适之、徐旭生、陈援庵、沈兼士、马叔平、任叔永、陈衡哲及伯商大儿。(《朱希祖日记》上册，134页)

2月25日　胡适离北平返沪。此次在北平共住36天，在任鸿隽家住三个星期，在丁文江家住两个星期，"天天受许多朋友的优待，吃了一百几十顿酒饭，见了无数熟人。也认得了几个新朋友，如合肥阚铎先生，如白崇

禧先生"。(据《日记》)

2月26日　在火车上遇美国公使、陈万里、杨宪武、斯文·赫定。28日抵上海。斯文·赫定希望提胡适为诺贝尔文学奖的候选人,希望胡适把自己的著作译成英文。胡适表态说:

> 如果他们因为我提倡文学革命有功而选举我,我不推辞;如果他们希望我因希冀奖金而翻译我的著作,我可没有那厚脸皮。我是不配称文学家的。

3月

3月2日　顾颉刚来访。梁实秋来访。(《顾颉刚日记》第二卷,258页)

3月3日　胡适得见搜求多年的《二馀集》,并略作札记。(据《日记》)

同日　顾颉刚来访。(《顾颉刚日记》第二卷,258页)

3月5日　胡适得阚铎来函,转告邓之诚谈蒲松龄著《醒世姻缘传》一说的出处:

> 顷得邓君文如电复,蒲留仙著《醒世因缘》事,乃闻之缪艺风。袁珏老之寄语并未得达。渠亦甚愿一晤左右,告以不日即南下,渠亦早晚赴白下也。(据《日记》)

3月13日　胡适在日记中粘贴了冯玉祥、吴稚晖的来往信函后,又评论道:

> 稚晖先生这封信可算恭顺极了。恭维人也应有个分寸,否则自己失身分。如此信中恭维冯玉祥之身"为国家世界社会所托赖",未免叫我们读了替他难为情。大概古文向多不由衷的客气话头,用滥了,人多不觉其崇敬,故非多用极端的字眼不足表示崇敬。作者或无甚深意,而读者便狠觉刺眼。如前年(一九二七)七月一日报纸所登稚晖致杨虎的信中,"先生真天人"一句话,在他当时不过是摇笔即来的一句现

成恭维话,我前年因此语大生气,其实似可不必也。

3月16日　胡适作小词《好事近》补祝高梦旦60岁生日:

"很小的问题,可以立时办到。"圣人立言救世,话不多不少。
一生梦想大光明,六十不知老。这样新鲜世界,多活几年好。
梦旦先生一生最得意的文字,只是几个小小的提议,如"周历",如检字法,如"对于电报局的希望"中的取消译费及邮局转电等等提议,都是不费力而有大用的改革。他的电报一文开篇引何应钦的话"只是几个很小的问题,而且立刻可以办到"做"标语"。此言很可以表示梦旦的实验主义。
世界的进步都靠这一点一滴的修正,故我说这是圣人之言也。
梦旦先生的侄女君珈为她母亲做传,中有"十一叔如圣人"的话,十一叔即梦旦。(据《日记》)

按,1950年5月8日夜,胡适试改作此诗,将题目改为《高梦旦先生六十岁生日》,并改了头两句。(台北胡适纪念馆藏档,档号:HS-NK05-178-024)

3月17日　但懋辛致函胡适,说及已劝丁燮音回校任职等事。(《胡适遗稿及秘藏书信》第29册,93~96页)

3月18日　张元济致函胡适,云:"顷晤梦翁,云闻诸左右,海源阁杨氏之书已至海上,然否?公如知其所在,望为我介绍。虽不能购,窃欲一观也。敝馆新印《三国志平话》《演义》两种已有样本,谨呈阅,或为公所快睹也。"(中国社科院近代史所藏"胡适档案",卷号1218,分号7)

3月19日　印度诗人泰戈尔到上海,胡适与徐志摩夫妇同去迎接。在徐志摩寓所,胡适为泰戈尔拍一照。(据《日记》;肖伊绯:《胡适两题泰戈尔像》,《收藏快报》,2019年2月13日)

同日　胡适作《和丹翁捧圣诗》。(《胡适手稿》第10集卷4,392页)

同日　张元济复函胡适,云:"铜字蓝印《墨子》,当留意,此时尚未出

现也。泰戈尔过沪，承招陪饮，因不能通语，心领敬谢。"(《胡适遗稿及秘藏书信》第 34 册，45 页）

同日　张元济又致胡适一函云：

还示谨悉。杨氏书运至天津已逾一年，书甚好，而亦有伪本，此沅叔告我者。最后选定十五种，议价四万圆。玉虎正集资议购，而书家已零星估出。其实可爱之书，亦不过数种，故可改为选购。以后却未见玉虎（江君处可勿复询问矣），此事想在进行也。《全相平话》全书已向日本内阁商借。(《胡适遗稿及秘藏书信》第 34 册，80 页）

3 月 20 日　顾颉刚偕姚名达来访。(《顾颉刚日记》第二卷，264 页）

3 月 21 日　丁文江致函胡适，请胡转请沈昆三为到福建从事地质调查的谭锡畴、王恒升等提供各种方便。(《胡适遗稿及秘藏书信》第 23 册，105 页）

3 月 22 日　单不庵于聚丰园宴请胡适、徐炳昶、傅斯年、顾颉刚等。(《顾颉刚日记》第二卷，265 页）

3 月下旬　胡适读《北史》，有《杂记》。(部分《杂记》收入《胡适文存三集》卷 7）

3 月 23 日　平社成员徐志摩、梁实秋、罗隆基、张禹九来劝胡适担任《平论》周刊的总编辑。(据 3 月 29 日《日记》）

3 月 25 日　胡适作《平论》周刊的发刊词。(据《日记》）此发刊词，当为《我们要我们的自由》一文。

3 月 26 日　胡适致函王宠惠，谈陈德徵提的"严厉处置反革命分子案"：

此案大意是说法院往往过于拘泥证据，使反革命分子容易漏网，故他的办法是："凡经省或特别市党部书面证明为反革命分子者，法院或其他法定之受理机关应以反革命罪处分之。如不服，得上诉。惟上级法院或其他上级法定之受理机关，如得中央党部之书面证明，即当驳斥之。"这就是说，法院可以不须审问，只凭党部的一纸证明，便须

1929年　己巳　民国十八年　38岁

定罪处刑。

先生是研究法律的专门学者,对于此种提案,不知作何感想?在世界法制史上,不知那一世纪那一个文明民族曾经有过这样一种办法,笔之于书,立为制度的吗?我的浅识寡闻,今日读各报的专电,真有闻所未闻之感。中国国民党有这样党员,创此新制,大足以夸耀全世界了。

其实陈君之议尚嫌不彻底。审判既不经过法庭,处刑又何必劳动法庭?不如拘捕、审问、定罪、处刑与执行,皆归党部,如今日反日会之所为,完全无须法律,无须政府,岂不更直截了当吗?

我今天实在忍不住了,写这封信给先生。也许此信到时,此案早已通过三全大会了。司法院也大可以早点预备关门了。我们还说什么呢?(《胡适遗稿及秘藏书信》第19册,12～15页)

按,5月21日,王宠惠复函胡适,告陈案在三全大会并未提出。(《胡适遗稿及秘藏书信》第24册,544～545页)

3月28日　王敬芳致函胡适,谈中国公学之债务问题。(《胡适遗稿及秘藏书信》,第24册,378～383页)

同日　顾颉刚致函胡适,谈整理《东壁遗书》等事。(《胡适遗稿及秘藏书信》第42册,393～394页)

同日　张为骐致函胡适,询自己的《五七言诗考证》是否已送达胡适(曾拜托陆侃如转呈),因还需要添加材料,此时尚不能请胡适赐序。拜托胡适将自己的文章和邵次公的文章发表出来。(《胡适遗稿及秘藏书信》第34册,254～257页)

3月29日　平社成员聚会,日记有记:

今天大家会齐了,稿子都有一点,但斤两似不很重。大家的意思还是主张要办一个报,并且要即日出版。今天的决定是四月十日出第一期。

我对于此事，终于有点狐疑。志摩说："我们责无旁贷，我们总算有点脑子，肯去想想。"我说："我们这几个人怕也不见得能有工夫替国家大问题想想罢？志摩你一天能有多少工夫想想？实秋、努生都要教书，有多大工夫想？我自己工夫虽多，怕也没心绪去想政治问题。所以那班党国要人固然没工夫想，我们自己也不见得有想的工夫罢？"

3月31日　傅斯年与胡适谈《庄子》，傅认为：《庄子》里的《齐物论》乃是慎到的书，《天下篇》可证。胡适评论道："此说甚有理，我极赞成。……孟真此说比我彻底多了。"（据《日记》）

4月

4月1日　胡适复函胡近仁，谈及家乡教育事，又谈及修祖坟等家务事：

……学校事有小不如意，此固是意中的事，千万请勿灰心。

家乡日即衰落，救济之道只在兴实业与教育两途。而实业需要资本，非吾辈所能为力，故只有教育一途尚可为。此时姑且尽人事而已，我们亦不必存大奢望。不存大奢望，则失望亦不大，此乐观主义的唯一根据也。（《胡适家书手迹》，158～159页）

4月3日　胡适致函章铁民、汪静之，谈学术讨论的原则问题：

今天偶然看见你们讨论《伯兮》问题的许多文字，我很感觉难过。这个问题，诚如静之说的，"诗中主人只是一个人，无所谓'粗'，也无所谓'美'，怎可在'人'字上面凭空捏造加上'粗'字或'美'字"。

既然如此，陈君说是写"粗人"，固是错；铁民说是写"美人"，也是错。

陈君答书说，"'粗人'二字实与原意不合，书中错误之处极多，承你指示，至为感谢"。这种态度很大方，不失为学者态度。此问题的讨论至此应可终止了。以后的许多丑诋，都是不应该有的。

驳人的立论，而那人自己认错了，这便是已达到驳论的目标，还有什么话可说？

达到了驳论的目的，还要喋喋不休，这便是目的不在讨论是非，而在攻击个人了。这种手段最为卑污，作者自失身分，而读者感觉厌恶，实在是不值得的。

你们都是明白人，一时意气用事，不择手段，遂不免误用聪明，十分可惜！我很诚恳地劝告你们听我这老大哥的话，千万千万不要再继续这种无聊的争论了。

这封信是不预备发表的，但如果你们愿意发表，那是你们的美德，我也不反对。(《语丝》第5卷第9期，1929年4月，38～39页)

4月4日　欧元怀复函胡适云，陈德徵继任教育局长，据局中人言，确已内定。(据《日记》)

4月12日　余上沉致函胡适，询胡适有无新著出版，胡之《白话文学史》在北平见到盗印本。认为陶孟和所提新月社代为刊行社会调查所书籍之事可行，又谈自己翻译《克来敦》的进展及设想。(《胡适遗稿及秘藏书信》第29册，116～119页)

4月13日　蒋梦麟复函胡适，云：

上海市教育局长，按法律须由教育部圈定。此次市长径自令委，以后仍须补行圈定手续。照例须保举三人，教育部圈定任何一人为局长。但是现在乱七糟八的时候，怪怪奇奇的办法会出来的。

清华的事，实在是很不幸的。与其责人，不如责制度。为什么呢？因为一个学校上面有了好多个权力机关，多姑之间确有不易为妇的景象。清华上有教育部、外交部，再加上一个董事会。校中还有一个评议会。保管基金的，还有外教两部长和美使所组织的"托拉斯帝"。

这"托拉斯帝"之下，上次董事会议决要设保管员五人，后因美使持异议，此事遂搁浅了。兄函中所提议的交 China Foundation 代为管理一节，是把"托拉斯帝"的权转移罢了。和董事会无关的。

这些拉拉扯扯的复式组织，自有历史的背境，一时未易更变。这会的事，只好由教外两部长调停了事。(此函被胡适粘贴入《日记》)

同日　傅斯年复函顾颉刚，谈及与胡适商议，认为顾应"专以著作为上"。(《傅斯年遗札》第一卷，198～199页)

4月14日　张元济复函胡适，云："张君稿件一包收到，遵转送敝馆编译所。宋刊《白氏文集》影片样本是否需用全部，抑仅要《新乐府》？乞示……明日函取呈上。"(《胡适遗稿及秘藏书信》第34册，72页)

4月15日　顾颉刚日记有记：近日常闻誉语，有谓予重开吴派者，有谓予视适之先生为青出于蓝者……(《顾颉刚日记》第二卷，272页)

同日　杨树达赠其《老子古义》三卷（中华书局铅印，1928年，1函3册）一部与胡适。(《胡适藏书目录》第2册，1343页)

4月16日　丁文江复函胡适，谈及连日为梁启超年谱事，极忙，竟将地质研究放过一边，甚为忧闷，等等。(《胡适遗稿及秘藏书信》第23册，107～108页)

4月17日　胡适作有"The Establishment of Confucianism as a State Religion during the Han Dynasty"一文，大要是：

本文试图叙述儒家学说在公元前200—100年期间的变迁史。并指出由于汉王朝把它奉为国教，因此而产生的后果一直影响中国两千年的真正性质。

I

当秦始皇统一了整个中国，并建立起第一个中华帝国时，他和他的大将及政府官员们对盛行在战国时代的无数哲学学派抱非常敌视的态度。……

…………

所以，汉初70年间占统治地位的思想学派是道家。道家这一名称是这一时期提出来的，是公元前二世纪时出现的著名的折衷主义哲学，它试图把先前哲学上众说纷纭时代涌现出来的各种思想学派中的基本学说都包括在内。这种不拘于一家之言的中心见解就是老子的自然主义哲学,和具体体现了"道"的概念的庄子,因此称为道教或道家。这一折衷主义学派的最著名的著作是《淮南子》……

....

Ⅱ

汉代是第一个由下层社会人民建立起来的王朝。……他们对知识阶层毫不尊重。汉高祖是出名的不喜欢儒家学者,用最轻蔑的方法去对待他们。……

....

……儒家学派以教育和培养人为主的实际效益。这就阐明了在当时,尽管缺乏教育的皇帝和野性未驯的显贵们轻视学术和学习,尽管有主张放任自流和清静无为的道家哲学的反对,儒教则仍能跻身于政治势力中的原因。

但是对于采取好干预别人和家长式统治的儒家学派来说,时机并不总是一帆风顺的。……

....

不过把儒教作为国教的建立,或者更确切地说定为国教的最重要的一步,则是采用儒家经籍作为政府文官考试制度的基础。当时书面的经书语言早已成为死的语言。……

汉武帝在位53年,这期间很多儒家学者擢升为政治上的显要人物。……

Ⅲ

……为了了解这新建立起来的儒教的真正内容,有必要先描述一下当时的宗教和思想背景图,在这种背景下儒教运动才得以形成。当我们明白了这一背景以后,才能够鉴别为什么和怎么这种儒教根本不是孔子或孟子的哲学思想,而是某种与原来的学派教导毫不相干,以致我们必须称它为"汉儒",以便一方面有别于孔、孟关于道德伦理和社会的教导;另一方面也有别于宋代的新儒家哲学。

这种宗教和思想背景中最重要的因素是普遍广泛流行的各种信仰和由于移民、军事上的征服,最后由于秦、汉王朝帝国的形成所带来的各个民族和各个地方的神秘莫测的迷信。……

…………

IV

…………

汉代儒教运动最大的成就在教育领域。在学习研究古代经籍文献的基础上建立起全国性的教育和考试制度。儒学的头面人物为未来的文官考试的民主制度的发展播下了种子。这种考试制度有可能使任何一个穷乡僻壤的男孩通过他自己的努力和良好的资质进入并上升到国家的最高政治阶层。更重要的是由于政府对教育和学习的鼓励,新儒教在不知不觉中为自己挖掘着坟墓。经过几代人的进程,逐渐出现了一大批学术思想界的领袖人物,他们对建立起来的国教中的原始和粗糙部分寻求补救办法。这样,到公元前一世纪末兴起了一支称为"古文经学"学派,他们代表更清楚和更成熟的思想,于是逐渐地、部分地代替了"今文经学",即汉初建立起来的新儒教。数十年以后出现了大思想家王充(公元27—100年),他重振并发展了道家的自然主义哲学,并借此严厉地批评和清除了汉代儒教政治——宗教制度中所有的基本概念和信仰。(英文本收入《胡适英文文存》第1册,远流版,345～368页;这里据韩荣芳教授的译文,载沈寂主编:《胡适研究》第一辑,东方出版社,1996年,345～364页)

4月18日　任鸿隽致函胡适云,因长江战事未了,归川计划受阻。抄示上周日与翁文灏、丁文江游妙峰山诗作。(《胡适遗稿及秘藏书信》第26册,580～584页)

4月19日　丁文江致函胡适,谈到王国维的遗集已经出版,抄示与任鸿隽等同游妙峰山所作诗。整理梁启超信时，发现了犬养毅的信。已写信给芳泽，"请他向他的丈人要任公的原信，并且请他搜求日本人方面的材料。你要是有机会看见他，请你帮我说项"。(《胡适遗稿及秘藏书信》第23册，109～112页）

4月20日　傅斯年、胡适、丁西林、胡刚复同游全国美术展览会，费5小时。看到李祖韩收藏被称作"曹雪芹画像"的手卷，胡适细检卷后题咏后认为，此人号雪芹，但不姓曹，不是《红楼梦》的作者。(据《日记》)

4月21日　平社在胡适家聚餐，到者梁实秋、徐志摩、罗隆基、丁西林、叶公超、吴泽霖，共7人。胡适致函郑孝胥，贺其70岁生日。胡适在日记中粘贴了国民政府保华人权的法令：

　　世界各国人权，均受法律之保障。当此训政开始，法治基础亟宜确立。凡在中华民国法权管辖之内，无论个人或团体均不得以非法行为侵害他人身体自由及财产，违者即依法严行惩办不贷。着行政司法各院通饬一体遵照。此令。

胡适对此评论道：

　　这道命令奇怪之至！
　　（一）"身体自由"怎讲？是"身体"与"自由"呢？还是"身体之自由"呢？
　　（二）此令但禁止"个人或团体"非法侵害人权，并不曾说政府或党部也应尊重人权。

4月23日　胡适复函江绍原，云：

　　……"特约编辑员"从来不须通过大学委员会，故我从不知道共有几人，支薪多少。今年二月底路过南京，听梦麟、夷初两先生谈起，似有嫌编辑员太多之意。当时以事不关己，未曾细问。上月又听人说，战事起后，一切非军事的经费都要停顿。大概你的欠薪是由于经费受军事影响之故吧？

中央研究院，我不曾去过，不知其中有何设备。惟闻单不广先生谈起院中去年买的一批善本古书，是"金陵邓家"卖出的，有一些宋元明本子。西洋书却不曾听人说起。

亚洲文会的［讲］演稿，将来大概可以整理出来，在文会的年刊上发表。(《江绍原藏近代名人手札》，200 页)

同日　胡适作成《三百年中的女作家——〈清闺秀艺文略〉序》。

4 月 26 日　胡适日记有记：

马君武先生谈政治，以为此时应有一个大运动起来，明白否认一党专政……恢复民国初年的局面。

这话很有理，将来必有出此一途者。

君武又说，当日有国会时，我们只见其恶，现在回想起来，无论国会怎样腐败，总比没有国会好。究竟解决于国会会场，总比解决于战场好的多多。

我为他进一解：当日袁世凯能出钱买议员，便是怕议会的一票；曹锟肯出钱买一票，也只是看重那一票。他们至少还承认那一票所代表的权力。这便是民治的起点。现在的政治才是无法无天的政治了。

4 月 27 日　平社第二次聚餐，到者 9 人。除参加第一次的 7 人外，加潘光旦、张禹九。散后胡适同叶公超闲谈。叶公超说叶恭绰的历史。胡适日记又记：

傅孟真说：孙中山有许多很腐败的思想，比我们陈旧的多了，但他在安身立命处却完全没有中国传统的坏习气，完全是一个新人物。我们的思想新，信仰新；我们在思想方面完全是西洋化了；但在安身立命之处，我们仍旧是传统的中国人。中山肯"干"，而我们都只会批评人"干"，此中山之不可及处。

孟真此论甚中肯。

1929年 己巳 民国十八年 38岁

4月 大正一切经刊行会都监高楠顺次郎、渡边海旭联名致函胡适,介绍其新修《大藏经》55卷及续刊28册,拜托胡适转与介绍。(《胡适遗稿及秘藏书信》第42册,727页)

5月

5月1日 胡适在上海中国书店购得《四书拾义》五卷(胡绍勋撰,1834年吟经楼刻本)。胡适所作题记云:"首页云'补编嗣出',但补编我未见,大概不久乱起,此书遂不曾有续出的机会了。"(《胡适藏书目录》第2册,1538页)

同日 胡适致函《中国评论报》编辑刘大钧,请求将自己的名字从《中国评论报》的名誉编辑名单中取消,因身为名誉编辑,却从未做过实际的工作。(据《日记》)

按,5月10日,刘大钧复函胡适,云,名誉编辑本不必时时投稿,名义毋庸取消。又拟请胡适与任鸿隽夫妇、宋春舫、刘廷芳、马寅初等分别为该报撰文。(据《日记》)

5月3日 董作宾致函胡适,寄上卜辞写本,请分赠丁、陈二先生。与友人合股开设南阳书店,请胡适协助其获得新月书店的代理权。(《胡适遗稿及秘藏书信》第37册,694～695页)

5月6日 胡适作成《人权与约法》,大要如下:

四月二十日国民政府下了一道保障人权的命令,全文是:
世界各国人权均受法律之保障。当此训政开始,法治基础亟宜确立。凡在中华民国法权管辖之内,无论个人或团体均不得以非法行为侵害他人身体,自由及财产。违者即依法严行惩办不贷。着行政司法各院通饬一体遵照。此令。

……仔细重读这道命令,便不能不感觉大失望。失望之点是:

第一，这道命令认"人权"为"身体，自由，财产"三项，但这三项都没有明确规定。就如"自由"究竟是那几种自由？又如"财产"究竟受怎样的保障？这都是很重要的缺点。

第二，命令所禁止的只是"个人或团体"，而并不曾提及政府机关。……今日我们最感觉痛苦的是种种政府机关或假借政府与党部的机关侵害人民的身体自由及财产。……四月二十日的命令对于这一方面完全没有给人民什么保障……

第三，命令中说，"违者即依法严行惩办不贷"，所谓"依法"是依什么法？我们就不知道今日有何种法律可以保障人民的人权。……

果然，这道命令颁布不久，上海各报上便发现"反日会的活动是否在此命令范围之内"的讨论。……

…………

我们在这种种方面，有什么保障呢？

…………

三月廿六日上海各报登出一个专电，说上海特别市党部代表陈德徵先生在三全大会提出了一个"严厉处置反革命分子案"。……这就是说，法院对于这种案子，不须审问，只凭党部的一纸证明，便须定罪处刑。这岂不是根本否认法治了吗？

我那天看了这个提案，有点忍不住，便写了一封信给司法院长王宠惠博士，大意是问他"对于此种提议作何感想"，并且问他"在世界法制史上，不知在那一世纪那一个文明民族曾经有这样一种办法，笔之于书，立为制度的吗？"

我认为这个问题是值得大家注意的，故把信稿送给国闻通信社发表。过了几天，我们接得国闻通信社的来信，说："昨稿已为转送各报，未见刊出，闻已被检查者扣去。兹将原稿奉还。"

我不知道我这封信有什么军事上的重要而竟被检查新闻的人扣去。这封信是我亲自负责署名的。我不知道一个公民为什么不可以负责发表对于国家问题的讨论。

但我们对于这种无理的干涉。有什么保障呢？

又如安徽大学的一个学长，因为语言上挺撞了蒋主席，遂被拘禁了多少天。他的家人朋友只能到处奔走求情，决不能到任何法院去控告蒋主席。只能求情而不能控诉，这是人治，不是法治。

又如最近唐山罢市的案子，其起原是因为两益成商号的经理杨润普被当地驻军指为收买枪枝，拘去拷打监禁。……唐山总商会的代表十二人到一百五十二旅去请求释放，军法官不肯释放。……总商会及唐山商店八十八家打电报给唐生智，也只能求情而已；求情而无效，也只能相率罢市而已。人权在那里？法治在那里？

…………

……随便举的几件实事，都可以指出人权的保障和法治的确定决不是一纸模糊命令所能办到的。

法治只是要政府官吏的一切行为都不得逾越法律规定的权限。法法［治］只认得法律，不认得人。……

但是现在中国的政治行为根本上从没有法律规定的权限，人民的权利自由也从没有法律规定的保障。在这种状态之下，说什么保障人权！说什么确立法治基础！

在今日如果真要保障人权，如果真要确立法治基础，第一件应该制定一个中华民国的宪法。至少，至少，也应该制定所谓训政府时期的约法。

…………

中山先生的建国大纲虽没有明说"约法"，但我们研究他民国十三年以前的言论，可以知道他决不会相信统治这样一个大国可以不用一个根本大法的。……

我们今日需要一个约法，需要中山先生说的"规定人民之权利义务与革命政府之统治权"的一个约法。我们要一个约法来规定政府的权限：过此权限，便是"非法行为"。我们要一个约法来规定人民的"身体，自由及财产"的保障：有侵犯这法定的人权的，无论是一百五十二

旅的连长或国民政府的主席，人民都可以控告，都得受法律的制裁。

我们的口号是：

快快制定约法以确定法治基础！

快快制定约法以保障人权！（《新月》第2卷第2号）

按，《新月》第2卷第4号发表《〈人权与约法〉的讨论》，为胡适就此问题回答读者来书。胡适说：

中山先生不是宪法学者，故他对于"宪政"的性质颇多误解。如大纲第廿五条说："宪法颁布之日，即为宪政告成之时。"这是绝大的错误。宪法颁布之日只是宪政的起点，岂可算作宪政的告成？宪法是宪政的一种工具，有了这种工具，政府与人民都受宪法的限制，政府依据宪法统治国家，人民依据宪法得着保障。有逾越法定范围的，人民可以起诉，监察院可以纠弹，司法院可以控诉。宪法有疑问，随时应有解释的机关，宪法若不能适应新的情势或新的需要，应有修正的机关与手续。——凡此种种，皆须靠人民与舆论时时留心监督，时时出力护持，如守财虏的保护其财产，如情人的保护其爱情，偶一松懈，便让有力者负之而走了。故宪法可成于一旦，而宪政永永无"告成"之时。故中山先生之宪政论，我们不能不认为智者千虑之一失了。

又说：

（一）现在我国人民只有暗中的不平，只有匿名的漫骂，却没有负责任的个人或团体正式表示我们人民究竟要什么自由。所以"人民应享的自由究有几何？"这个问题是全靠人民自己解答的。

（二）我们要一个"规定人民的权利义务与政府的统治权"的约法，不但政府的权限要受约法的制裁……为国民党计，他们也应该觉悟宪法的必要。……故为国民党计，他们也应该参加约法的运动。……

（三）约法即是国民党实行政纲的机会。……

同日　岭南大学校长钟荣光分别致函胡适、蔡元培，告：中基会历年来对该校的植物病理研究及农事推广等均有补助，定期三年，现届满期。前月致函贵会，申请继续补助三年（附各种文件），恳请主持匡助一切。(《私立岭南大学校报》第1卷第13期，1929年5月11日)

5月7日　吴其昌致函胡适，感谢胡适答应为梁启超纪念号撰写文章，请胡适快些动笔，又托胡就近向林语堂邀稿。又告已读胡适的《入声考》，古韵只有平入没有上去，经胡适的考证，快到了"定论"的时期了。(《胡适遗稿及秘藏书信》第28册，406～408页)

5月8日　胡适有《北朝的女权》一条札记。

同日　胡适在俞正燮《癸巳存稿》十五卷上有题记，大意为：此书原刻本为1847年连筠簃本，再刻本为1884年杭州本。此本似是杭州本，"中多误字，当求别本校之"。(《胡适藏书目录》第2册，1240页)

> 按，俞正燮《癸巳存稿》十五卷，胡适藏书中又有道光十三年求日益斋刻本。胡适亦有题记：这是京师大学堂藏书，庚子乱后，散失在外，经过王氏施氏两家的收藏，有图章可证。每册首页王氏图章有涂改痕迹，大概此君——王琢——即是当时偷书的人，后将出卖，方才涂改印章，以掩盗卖公物之罪。(《胡适藏书目录》第2册，1241页)

5月11日　平社第四次聚餐，出席者有徐志摩、张禹九、潘光旦、吴泽霖、叶公超、罗隆基、胡适。罗隆基述英国Fabian Society的历史，胡适因此发起请同人各预备一篇论文，总题为"中国问题"，分期提出讨论。写完《知难，行亦不易》。(据《日记》)

> 按，在中国社科院近代史所藏"胡适档案"(卷号98，分号1)中，有一篇《从思想上看中国问题》。胡适在此文中说：
> 究竟从思想上看，中国的问题在什么地方？
> 问题是"不适宜于现代的环境"。
> 种族上，问题是"不能适于生存而有被淘汰的危险"。
> 社会的制度与心理习惯上，问题是"不能适于生存而有堕落的危险"。

经济上，问题是"不适宜于现代世界的经济生活而脱不了落伍的危险"。

思想上，问题也是如此。

思想上的不适宜有两个方面：

（1）思想中有根本大不适宜的部分

（2）思想的方法的不适宜

同日　胡适复函刘大钧，坚辞《评论报》"名誉编辑"的名义：

当日《评论报》之发起，我本不预闻；后见报纸登出我的姓名，我本欲抗议。后来所以不抗议者，只以深信吾兄是个学者，必不至于有什么意外的动机或作用。但《评论报》出版以来，颇多使我大失望之处。我觉得这个报已不是一个《评论报》，已成了一个官办的"辩护报"了。官办的辩护报并不是不可办，但用不着我们来捧场。即以最近一期（Vol. II, 19）为例，社评中论《字林西报》的事，有云：As a matter of general principle, the government has always recognized the freedom of speech.

季陶兄，我读了这样的话以后，还有脸做《评论报》的名誉编辑吗？君子绝交不出恶声，故前函只是很客气的辞职。今得来书，不许我辞，故不得不说几句老实话，千万请原谅。（《胡适遗稿及秘藏书信》第20册，246～247页）

按，当日刘大钧复函胡适云，同意胡适辞去名誉编辑名义，又云："捧场一层，在同人也有一种理由。因为报是英文的，主要目的是对外，创办的'动机'是抵抗日本不利于我的济案宣传，现在政策也是为中国辩护。因为现在政府的对外政策，是争回已失的国权，与我们的政策相同，所以当然帮他说话。也只以对外为限。不过有时同人热心过度，近于捧场，也在所不免；弟在南京的时候多，不能篇篇审查，实在不能辞其咎；至于'作用'一层，是绝对没有的。"（此函被粘贴于胡适

日记中）

5月12日　吴淞要塞司令邓镜寰（振铨）来访，谈要去法国留学之事。胡适劝他不必出洋，但以留学经费的一小部分买书，每日定一课程读书，远胜于到外国去上课了。若能每年买500元的好书，发心读了，三年读1500元的好书，远胜于留学三年。标点俞正燮《癸巳类稿》卷十三的"书《旧唐书舆服志》后"一篇。（据《日记》）

5月13日　胡适在日记中抄下王安石的七言诗《梦》，又评论道：

王荆公小诗一首，真是有得于佛法的话。

认为人生如梦，故无所求。但无所求不是无为。人生固然不过一梦，但一生只有这一场做梦的机会，岂可不努力做一个轰轰烈烈像个样子的梦？岂可糊糊涂涂懵懵懂［懂］混过这几十年吗？

5月14日　胡适点读陆贾的《新语》。日记中记《平社中国问题研究日期单》。（据《日记》）

5月16日　王云五致函胡适，受汤尔和之托，请胡适为汤译《到田间去》写序。（《胡适遗稿及秘藏书信》第24册，338页）

按，本年8月31日、10月7日，商务印书馆何炳松两度为此事函催胡适。（《胡适遗稿及秘藏书信》第29册，44～45页）

同日　柯莘麓致函胡适云：钢伯有离校东游之意，自己将失依凭，且心身欠健，家境萧条，觉"毫无希望"，请胡适"有以教之"。（《胡适遗稿及秘藏书信》第30册，590～591页）

5月19日　平社聚餐。潘光旦从种族上讨论"中国问题"。胡适认为："他的根据很可靠，见解很透辟，条理很清晰。如果平社的论文都能保持这样高的标准，平社的组织可算一大成功了。"（据《日记》）

5月20日　有关于韩众、安期生的读书札记。（据《日记》）

同日　胡适复函陈寅恪：

承寄示大作，感谢之至。前两篇我太外行了，不配赞一辞。最后一篇——《大乘义章书后》——鄙见以为精当之至。论判教一段，与年来的鄙见尤相印证，判教之说自是一种"历史哲学"，用来整理无数分歧的经典，于无条件系统之中，建立一个条理系统，可算是一种伟大的工作。此种富有历史性的中国民族始能为之。判教之说不起于天台，诚如尊论。顿渐之争起源尤早。慧皎《高僧传》卷七《道生传》中记道生倡"顿悟成佛"之说，大受旧学的摈斥；宋太祖尝述此义，僧徒皆设"巨难"，然祖述生公者有宝林、法宝等。卷八《昙斌传》《道猷传》《法瑗传》，皆记生公以后的顿渐之争。故叙述"顿宗"之远祖要当数生公也。鄙意吾兄作述学考据之文，印刷时不可不加标点符号；书名、人名、引书起讫、删节之处若加标点符号，可省读者精力不少，又可免读者误会误解之危险。此非我的偏见，实治学经济之一法，甚望采纳。（《胡适之先生年谱长编初稿》第三册，789～790页）

同日 黄新民致函胡适，为其《世界文艺丛书》向胡适约稿。（中国社科院近代史所藏"胡适档案"，卷号1791，分号1）

5月21日 丁文江复函胡适，谈搜集梁启超年谱材料的新发现，主要谈为秉志的生物研究所向中基会申请补助事，请胡适帮忙，最好是胡适能陪秉志去见蔡元培。秉之目的：补助费——从1.5万加到3万；要科学社拿一笔款（2万元）砌研究所。（《胡适遗稿及秘藏书信》第23册，113～119页）

5月22日 胡适见蒋百里，蒋谈最近的战争。同在的客人还有张东荪、徐新六等。（据《日记》）

5月23日 李廷弼致函胡适，请胡适为其拟办的周刊《社会评论》题写刊名。（中国社科院近代史所藏"胡适档案"，卷号1158，分号6）

5月25日 王彊松致函胡适，就中国公学归还债务事有所商洽。（中国社科院近代史所藏"胡适档案"，卷号829，分号3）

5月26日 平社聚餐。吴泽霖讲"从社会学上看中国问题"，提出两点：一是价值，一是态度。胡适认为，"既不周详，又不透切，皆是老生常谈而已，

远不如潘光旦先生上次的论文"。(据《日记》)

5月28日　胡适函谢伍光建赠送译作《法国大革命史》,赞其译笔能传神达意,并拟写一篇介绍的书评。(《胡适中文书信集》第2册,180页)

同日　张元济复函胡适,告陈君拟译之书已有人译,故请陈君另觅书译之。(《胡适遗稿及秘藏书信》第34册,81～82页)

5月29日　凌叔华复函胡适,函寄小说《杨妈》,又述及此小说的写作缘由,请胡适指正、略志数语。又云最近陈源的身体不好。(《胡适遗稿及秘藏书信》第31册,510～511页)

5月31日　程本海致函胡适,拜托胡适为其《在晓庄》写序。(中国社科院近代史所藏"胡适档案",卷号1854,分号9)

6月

6月2日　平社聚餐,唐庆增讲"从经济上看中国问题",胡适认为,他把问题看错了,只看作"中国工商业为什么不发达",殊不佳;但他指出中国旧有的经济思想足以阻碍现代社会的经济组织的发达,颇有点价值。(据《日记》)

同日　胡适致函张元济:

> 我的那一篇文字,承先生赞许,又蒙恳切警告,使我十分感激。我也很想缄默,但有时终觉有点忍不住,终觉得社会给了我一个说话的地位,若不说点公道话,未免对不住社会。况且我有一种信仰:"天下无白白地糟塌的努力",种豆种瓜终有相当的收获。不种而获,则为不可能的事。自由是争出来的,"邦有道"也在人为,故我们似宜量力作点争人格的事业。老虎乱扑人,不甚可怕;所苦者,十年来为烂纸堆的生活所诱,已深入迷阵,不易摆脱,心挂两头,既想争自由,又舍不得钻故纸,真是憾事。
>
> 素知先生富于积极精神,故敢发狂论,千万请鉴察。(《胡适全集》

第24卷，13～14页）

　　按，张元济当日原函云：

　　……文章之好，议论之正大，我也用不着恭惟。但不晓得东方式的共和国民尤其是国民的表［代？］表的，读了懂不懂？

　　……我只怕这新月里雪林女士所说的那猛虎大吼一声，做一个跳掷的姿势，张牙舞爪，直向你扑来，你那一枝毛锥子比不上陆放翁的长矛。叉他不住。

　　古人道："邦无道，其默足以容。"……我读了你这篇文章，就是这点贡献……（据胡适当日《日记》）

　　又按，张元济次日复胡适云：

　　……现在街上有一群疯狗在那里乱咬人，避的避，逃的逃，忽然间有个人出来打这些疯狗，那有个不赞叹他呢！但是要防着，不要没有打死疯狗反被他咬了一口，岂不是将来反少了一个打狗的人？（据胡适当日《日记》）

6月3日　胡适有《题金陵大学四十年纪念册》。(《胡适手稿》第10集卷4，393页）

同日　胡适在大同大学讲演"哲学的将来"，大意谓：

　　（一）哲学的过去

　　过去的哲学只是幼稚的、错误的或失败了的科学。……

　　（二）过去的哲学学派只可在人类知识史与思想史上占一个位置，如此而已。

　　哲学既是幼稚的科学，自然不当自别于人类知识思想史之外。

　　最早的 Democritus 以及 Epicurus 一派的元子论既可以在哲学史上占地位，何以近世发明九十元子的化学家，与伟大的 Mendeleev 的元子周期律不能在哲学史上占更高的地位？

　　最早乱谈阴阳的古代哲人既列在哲学史，何以三四十年来发见阴电子（Electron）的 Thomson 与发现阳电子（Proton）的 Rutherford 不能算作更伟大的哲学家？

最早乱谈性善性恶的孟子、荀子既可算是哲学家，何以近世创立遗传学的 George J. Mendel 不能在哲学史上占一个更高的地位？

最早谈井田均产的东西哲学家都列入哲学史，何以马克思、布鲁东、亨利·乔治（Henry George）那样更伟大的社会学说不能在哲学史上占更高的地位？

....

（三）哲学的将来

1. 问题的更换。问题的解决有两途：

（1）解决了。

（2）知道不成问题，故抛弃了。

凡科学已解决的问题，都应承受科学的解决。

凡科学认为暂时不能解决的问题，都成为悬案。

凡科学认为不成问题的问题，都应抛弃。

2. 哲学的根本取消。问题可解决的，都解决了。一时不能解决的，如将来有解决的可能，还得靠科学实验的帮助与证实。科学不能解决的，哲学也休想解决。即使提出解决，也不过是一个待证的假设，不足以取信于现代的人。

故哲学自然消灭，变成普通思想的一部分。在生活的各方面，自然总不免有理论家继续出来，批评已有的理论或解释已发见的事实，或指摘其长短得失，或沟通其冲突矛盾，或提出新的解释，请求专家的试验与证实。这种人都可称为思想家，或理论家。自然科学有自然科学的理论家，社会科学有社会科学的理论家，这种人便是将来的哲学家。

但他们都不能自外于人类的最进步的科学知识思想，而自夸是不受科学制裁的哲学家。他们的根据必须是已证实的事实；自然科学的材料或社会科学的统计调查。他们的方法必须是科学实验的方法。

若不如此，他们不是将来的思想家，只是过去的玄学鬼。

将来只有一种知识：科学知识。

将来只有一种知识思想的方法：科学实证的方法。

将来只有思想家而无哲学家：他们的思想，已证实的便成为科学的一部分，未证实的叫做待证的假设（Hypothesis）。（据《日记》）

同日　顾翊群致函胡适云：看到胡适的《人权与约法》一文，特表达敬意。（《胡适遗稿及秘藏书信》第 41 册，620 页）

6 月 8 日　余上沅致函胡适，钦佩其《人权与约法》一文。又转来新月书店来函（告北平大东书局翻印《白话文学史》事，请余搜罗证据，以便聘请律师交涉），请胡适定夺。（中国社科院近代史所藏"胡适档案"，卷号 1356，分号 4）

6 月 10 日　陈德徵在《民国日报》发表《浅识》讥刺胡适：

小子识浅，生平只知有三民主义，只知有总理及其遗教，只知有党。小子比不得博士先生，懂得好人政府，懂得好人政府底约法。小子终以为党是制法的机关，党不是诬陷好人为坏蛋的集团。小子认以党治国之时，只有总理底遗教，是国家底根本法；违反总理遗教者，即为反革命，即为反法；反革命和反法，均当治罪。有人疑我为梁山泊里的朋友吗？我却要说他是沉湎于洋八股之中的外国宋儒！（《民国日报·星期评论》1929 年 8 月 10 日，据日记粘贴剪报）

6 月 15 日　胡适托徐志摩向即将归国的泰戈尔致意，泰戈尔致赠胡适小书两册及一短简。（据《日记》）

6 月 16 日　平社聚餐，出席者仅有梁实秋、徐志摩、罗隆基、刘英士，几不成会。胡适邀新从北平来的任鸿隽加入。胡适与梁实秋、罗隆基访李璜，日记有记：

（一）我说，你们的标语是"打倒一党专政的国民党"，你们主张多党政治，但多党政治的根据有二：（1）少数党已成一种实力，使政府党不能不承认。凡政府党皆不愿承认反对党，其承认都是因为反对党已成势力，不得已而承认的。(2) 多党政治是多党共存，虽相反对，而不相仇视。若甲党以"打倒乙党"为标语，则不能期望乙党之承认其共存。

（二）国家主义者似总不免带点为中国固有文化辩护的气味，此是我最不赞成的。

幼椿先生态度很好……他劝我多作根本问题的文章，他嫌我太胆小。其实我只是害羞，只是懒散。（据《日记》）

6月17日　蔡元培复函胡适，云其《人权与约法》"振聩发聋，不胜佩服"。秉志函已读过，"嘱事自当注意，求其通过"。又云，明午将约任鸿隽、翁文灏餐叙，请胡适光临一叙。（《胡适遗稿及秘藏书信》第39册，292页）

6月18日　周诒春复函胡适，谢赠《白话文学史》并给予高度评价。新月股票（百元）已照收。欧美同学会捐款已交给孙科。（《胡适遗稿及秘藏书信》第30册，70～71页）

6月19日　北京大学英文学会第二次委员会会议议决议案多项，其中包括"请学校当局电促旧教授陈源、林语堂、胡适回校"。（《北京大学日刊》第2195号，1929年6月20日）

6月23日　胡适写成《百二十回本〈忠义水浒传〉序》。序文共分四部分：《水浒》版本出现的小史；十年来关于《水浒传》演变的考证；胡适本人的意见；专论百二十回本。（收入《胡适文存三集》卷5）

同日　康白情复函胡适，开列可教授功课表给胡。（《胡适遗稿及秘藏书信》第33册，296～297页）

6月24日　陈叔通致函胡适，认为胡之观点与自己颇同，"即约法决不是笔杆所可争得来的"。又认为胡适以不再回北大为是。（《胡适遗稿及秘藏书信》第35册，357页）

同日　林培庐致函胡适，希望胡适能为《闽歌集》作序，并介绍到新月书店出版。（中国社科院近代史所藏"胡适档案"，卷号1413，分号3）

6月25日　胡适作有《中国公学十八年级毕业赠言》，劝告毕业生不要抛弃学问，要多读书，"学问便是铸器的工具。抛弃了学问便是毁了你们自己"。（《胡适文存三集》卷9，1155～1156页）

同日　胡适参加沪江大学第十七届毕业典礼。（《申报》，1929年6月26日）

6月28日　上午10时，中国公学举行第八届毕业典礼，先由校长胡适致开会辞，后颁发文凭，继由张耀曾、王云五等发表演说。（《申报》，1929年6月30日）

上半年　胡适作有《中国公学校史》，叙述了中国公学艰难的创办过程，认为有三点最值得纪念：第一，中国公学真可算是全国人的公共学校，学校在上海，而校中的学生以四川、湖南、河南、广东的人为最多，其余各省的人差不多全有。第二，中国公学是革命运动机关。第三，中国公学的组织是一种民主国的政体。又述及辛亥革命迄今之发展历程。（台北胡适纪念馆藏档，档号：HS-NK05-178-025）

7月

7月1日　胡适致函李璜、常燕生：

……国家主义者所出报章，《醒狮》《长风》都是很有身分的。但其余的小杂志，如《探海灯》，如《黑旋风》……等，态度实在不好，风格实在不高。这种态度并不足以作战，只足以养成一种卑污的心理习惯：凡足以污辱反对党的，便不必考问证据，不必揣度情理，皆信以为真，皆乐为宣传。更下一步，则必至于故意捏造故实了。如《探海灯》诗中说蔡子民"多金"，便是轻信无稽之言；如说"蒋蔡联宗"，便是捏造故实了。

我以为，这种懒惰下流不思想的心理习惯，我们应该认为最大敌人。宁可宽恕几个政治上的敌人，万不可容纵这个思想上的敌人。因

为在这种恶劣根性之上，决不会有好政治出来，决不会有高文明起来。……（据《日记》）

7月2日　宋子文约胡适谈，讨论"国家的重要问题"，胡适所提改革意见要点如下：

（一）召集约法会议，制定约法。

…………

（二）约法修正之前，可修正国民政府组织法。……原则：（1）以行政院为政府。（2）司法院独立，改为大理院。（3）立法院独立。（4）考试院独立。（5）监察院独立。

（三）组织法修正后，即改组政府及四院。原则：（1）淘汰最不适宜的人选。（2）充分实行专家政治：交通，考试，卫生，农矿……均宜用专家。（3）充分容纳异己人才：如监察院宜用无党或左派人才。（4）实行文官保障。

（四）党的问题，宜有冷静的考虑。原则：党部今日只能暂行"议会"的职权。在中央则为中央的一个议会，在地方则为地方议会。但须明定党部与行政机关的职权及相互关系。

党部应该可以监督行政，可以对行政机关建议，但行政部可以有veto（否裁）权。否裁有不当时，应如何救济，也应有规定。

否裁之后，原议可送回复议，复议须有更大多数之通过，始得成立。此美国通行之原则。

否裁权之外，应有解散权否？此问题也值得讨论。

（五）裁兵问题，是专门问题，不是军人自身所能了，当延请国外专家与国内学者及商界代表共同研究一个方案。

（六）提倡工商业最急之务：（1）改善劳工待遇，宜用"劳工立法"，不当鼓励罢工怠工。（2）劳资仲裁宜有公正之仲裁机关，不当令党部干预。

（七）用人宜实行考试，但考试不可限于党员，也不可用党义为考

试科目。

我们的态度是"修正"的态度：我们不问谁在台上，只希望做点补偏救弊的工作。补得一分是一分，救得一弊是一利。（据《日记》）

同日　中公学生姚残石致函胡适，感谢胡适与杨亮功为其谋职事帮忙。向胡适借钱40元以度过假期。（中国社科院近代史所藏"胡适档案"，卷号1586，分号1）

7月3日　胡适全家与丁庶为夫妇等同游苏州天平山，看范仲淹的墓。乃想到范仲淹的改革以及他在思想史上的地位：

范文正是历史上最伟大的人物之一。庆历的新政比熙宁的新法更重要，因为范、韩诸人都不是极端派，所建立皆是根本之计，无偏激之见，故能垂于久远。这时代的领袖人才开了不小的风气，熙宁、元丰人文之盛不过是庆历新政的一个产儿。

中国到范文正时代，方才走上一条发愤振作的路，方才和"中古思想"分手。范文正的"先天下之忧而忧，后天下之乐而乐"，便是一个新时代的口号。在这种领袖之下，许多人才便继续出来。胡安定开教育改革的路，欧阳修集古文运动的大成，李觏开近世思想的潮流。熙宁时代的两大支思潮——江西派的急进，洛阳派的保守——都在这时代种下了种子。故我论中国近世思想，以庆历时代为分界。论北宋理学而不先论王荆公一派，固是谬见；论熙宁的思想政治而不先研究庆历，也是缺乏历史眼光也。（据《日记》）

同日　顾颉刚日记：适之师母偕祖望来。适之先生偕丁庶为夫妇来。同到狮子林及耕荫义庄游玩。（《顾颉刚日记》第二卷，299～300页）

同日　胡适读科学家代维的小传，因想起"科学的天才与文学的天才可以并存于一人？"这一问题：

大概真正文学天才（能观察细微，又能感觉其重大意义，又能运用材料，组织成文章，使其意义呈现出来）与科学天才本无分别。不过中国旧式的文学教育只是纯粹文字的，机械的，形式的，故能摧残天才。文学尚不成，何况科学？然历史的伟大文学家，其心思皆细密，饶有科学精神。中国近世哲学即从古文运动出来，韩柳欧苏王，皆开后世考证之风；主穷理的程朱皆诗人也，文人也。阎百诗与顾亭林皆有文学天才。清代的考证学大师无一不是有文学天才的。若袁子才则是文人而鄙薄考证学的，若王念孙、王引之则是考证大师而不屑作文人的。但袁子才的考证学甚佳，而二王的散文也不可及。

西洋科学大家往往能文，达尔文、赫胥黎便是最好的例。（据《日记》）

同日　丁文江致函胡适，除谈搜求梁启超材料外，又劝胡适积极与闻中基会的事务，因任鸿隽太胆小，太敷衍人；而蔡元培又是空空洞洞的。（《胡适遗稿及秘藏书信》第23册，120～123页）

同日　高二适致函胡适，谈《胡适文存》中的错讹。（中国社科院近代史所藏"胡适档案"，卷号1601，分号1）

同日及次日　张元济先后致函胡适，为王蘧常在中国公学谋一兼任国文讲席职位。（《张元济全集》第2卷，543～544页）

7月4日　胡适在苏州振华女校演讲。因该校的校址是清代苏州织造的所在地，故胡适先从曹雪芹的家世与《红楼梦》的关系讲起，说《红楼梦》是一部提倡女权的书。又说："现在应该使女子发展她的个性。诸位也就要认清自己的地步，认清自己的责任，把自己的天才，尽量发展。"又谈到学生毕业后选择职业时，除了注意社会的需要，还要重视自我的兴趣。（《苏州振华女学校刊》，1930年5月16日）

7月8日　丁文江致函胡适，云：因搜求梁启超的材料，知孙仲屿的日记是很重要的史料，有刊行的价值。因商务现状太坏无法承印，"所以我又想到你，不知道新月、亚东有没有法子想。请你想一想，给我一个回信"。又谈近来搜到大量梁启超的手札材料等。（《胡适遗稿及秘藏书信》第23册，124～127页）

7月14日　陶镛将其所绘《冷月画册》第一集（1929年新中国画社影印本，1函1册）题赠胡适："适之先生惠正，弟陶镛持赠，十八、七、十四。"（《胡适研究通讯》2016年第2期，2页）

7月15日　丁文江致函胡适，谈编印康有为《年谱》事，康同薇提出先弄几百块钱做抄写费。丁想到的办法是：先印康自编的《年谱》和《驿舍探幽录》，要求印刷机关先垫几个钱。但目下商务印书馆不能承印，因商之于胡适："如果新月、亚东都不能垫钱，请你还同菊生、梦旦一商，如何？"（《胡适遗稿及秘藏书信》第23册，128～131页）

7月18日　张孝若致函胡适，附寄其致丁文江函云：

先君全集，我是先分类，再编年的。……本想从适兄的话，拿所分的门类完全打破；不过因为先君生前已将《九录》的总名称定过，海内外已经传说成一名词，我不欲舍去不用。……此外适兄和我都主张加以标点，至少须段［断］句；但是因为中华是用仿宋体字印的，许多人说：加了标点，有点突目，不很雅观；而孟莼生、刘厚生二兄意：凡能读此书的人，即不段［断］句，也看得懂的说法。我认为也有相当的理由。（《胡适遗稿及秘藏书信》第34册，197页）

同日　孙俍工致函胡适，感谢胡适指出书中谬误并希望胡适常常赐教。（《胡适遗稿及秘藏书信》第32册，471～472页）

7月19日　胡适重写《高级中学国文课程标准草案》，包括：目标、作业要项、时间支配、教材大纲、教法要点、毕业最低限度的标准等。（据《日记》）

7月20日　胡适作成《我们什么时候才可有宪法——对于〈建国大纲〉的疑问》，全文如下：

我在《人权与约法》（《新月》二卷二号）里，曾说："中山先生的《建国大纲》虽没有明说'约法'，但我们研究他民国十三年以前的言论，知道他决不会相信统治这样一个大国可以不用一个根本大法的。"

这句话，我说错了。民国十三年的孙中山先生已不是十三年以前的中山了。他的《建国大纲》简直是完全取消他以前所主张的"约法之治"了。

从丙午年（一九〇六）的《革命方略》，到民国十二年（一九二三）的《中国革命史》，中山先生始终主张一个"约法时期"为过渡时期，要一个约法来"规定人民之权利义务，与革命政府之统治权"。

但民国十三年以后的中山先生完全取消这个主张了。试看他公布《建国大纲》的宣言说："辛亥之役，汲汲于制定临时约法，以为可以奠民国之基础，而不知乃适得其反。论者见临时约法施行之后，不能有益于民国，甚至并临时约法之本身效力亦已消失无余，则纷纷然议临时约法之未善，且斤斤然从事于宪法之制定，以为借此可以救临时约法之穷。曾不知症结所在，非由于临时约法之未善，乃由于未经军政、训政两时期，而即入于宪政。"他又说："可知未经军政、训政两时期，临时约法决不能发生效力。"

他又说："军政时代已能肃清反侧，训政时代已能扶植民治，虽无宪政之名，而人人所得权利与幸福，已非口宪法而行专政者所可同日而语。"这是中山先生取消"约法之治"的理由。所以他在《建国大纲》里，便不提起"约法"了。

《建国大纲》里，不但训政时期没有约法，直到宪政开始时期也还没有宪法。如第廿二条云："宪法草案当本于《建国大纲》及训政、宪政两时期之成绩，由立法院议订，随时宣传于民众，以备到时采择施行。"宪法草案既须根据于训政宪政两时期的成绩，可见"宪政时期"还没有宪法。但细看大纲的全文，廿二条所谓"宪政时期"乃是"宪政开始时期"的省文。故下文廿三条说："全国有过半数省分达至宪政开始时期——即全省之地方自治完全成立时期——则开国民大会决定宪法而颁布之。"

这样看来，我们须要等到全国有过半数省分的地方自治完全成立之后，才可以有宪法。

我们要研究，中山先生为什么要这样延迟宪政时期呢？简单说来，中山先生对于一般民众参政的能力，很有点怀疑。他在公布宣言里曾说："不经训政时代，则大多数人民久经束缚，虽骤被解放，初不了知其活动之方式，非墨守其放弃责任之故习，即为人利用，陷于反革命而不自知。"他在《建国方略》里，说的更明白："夫中国人民知识程度之不足，固无可隐讳者也。且加以数千年专制之毒深中乎人心，诚有比于美国之黑奴及外来人民知识尤为低下也。"（第六章）他又说："我中国人民久处于专制之下，奴心已深，牢不可破。不有一度之训政时期，以洗除其旧染之污，奚能享民国主人之权利？"（第六章）他又说："是故民国之主人者（国民），实等于初生之婴儿耳。革命党者，即产此婴儿之母也。既产之矣，则当保养之，教育之，方尽革命之责也。此革命方略之所以有训政时期者，为保养教育此主人成年而后还之政也。"（第六章）综合上文的几段话，我们可以明白中山先生的主张训政，只是因为他根本不信任中国人民参政的能力。所以他要一个训政时期来培养人民的自治能力，以一县为单位，从县自治入手。

这种议论，出于主张"知难行易"的中山先生之笔下，实在使我们诧异。中山先生不曾说吗？"其始则不知而行之。其继则行之而后知之。其终则因已知而更进于行。"（《建国方略》第五章）他又说过："夫维新变法，国之大事也，多有不能前知者，必待行之成之而后乃能知之也。"（同上）参政的能力也是这样的。民治制度的本身便是一种教育。人民初参政的时期，错误总不能免的，但我们不可因人民程度不够便不许他们参政。人民参政并不须多大的专门知识，他们需要的是参政的经验。民治主义的根本观念是承认普通民众的常识是根本可信任的。"三个臭皮匠，赛过一个诸葛亮。"这便是民权主义的根据。治国是大事业，专门的问题需要专门的学识。但人民的参政不是专门的问题，并不需要专门的知识。所患的只是怕民众不肯出来参政，故民治国家的大问题总是怎样引导民众出来参政。只要他们肯出来参政，一回生，二回便熟了；一回上当，二回便学乖了。故民治制度本身便是最好的政治训练。这便是"行之则愈知之";这便是"越行越知,越知越行"。中山先生自己不曾说吗?"袁世凯之流必以为中国人知识程度如此,必不能共和。曲学之士亦曰非专制不可也。呜呼,牛也尚能教之耕,马也尚能教之乘,而况于人乎?今使有见幼童将欲入塾读书者,而语其父兄曰'此童子不识字,不可使之入塾读书也',于理通乎?惟其不识字,故须急于读书也。……故中国今日之当共和,犹幼童之当入塾读书也。"(第六章)宪政之治正是唯一的"入塾读书"。唯其不曾入塾读书,故急须入塾读书也。

中山先生说:"然入塾必要有良师益友以教之。而中国人民今日初进共和之治,亦当有先知先觉之革命政府以教之。此训政之时期所以为专制入共和之过渡所必要也。"我们姑且让一步,姑且承认共和是要训练的。但我们要问,宪法与训练有什么不能相容之点?为什么训政时期不可以有宪法?为什么宪法之下不能训政?

在我们浅学的人看起来,宪法之下正可以做训导人民的工作;而没有宪法或约法,则训政只是专制,决不能训练人民走上民主的路。

"宪法"是什么东西?

柏来士(Bryce)在他的不朽名著《美洲民主国》里说:"一个国家的宪法只是那些规定此国家的政体并规定其政府对人民及人民对政府的各种权利义务的规律或法令。"(页三五○)

麦金托虚爵士(Sir James Mackintosh)也说:"凡规定一国高级官吏的最重要职权及人民的最根本的权利的基本法律——成文的或不成文的——便是一国的宪法。"

中山先生也曾主张颁布约法"以规定人民之权利义务,与革命政府之统治权"。这便是一种宪法了。

我们实在不懂这样一部约法或宪法何以不能和训政同时存在。我们须要明白,宪法的大功用不但在于规定人民的权利,更重要的是规定政府各机关的权限。立一个根本大法,使政府的各机关不得逾越他们的法定权限,使他们不得侵犯人民的权利,这才是民主政治的训练。

程度幼稚的民族，人民固然需要训练，政府也需要训练。人民需要"入塾读书"，然而蒋介石先生，冯玉祥先生，以至于许多长衫同志和小同志，生平不曾梦见共和政体是什么样子的，也不可不早日"入塾读书"罢？

人民需要的训练是宪法之下的公民生活。政府与党部诸公需要的训练是宪法之下的法治生活。"先知先觉"的政府诸公必须自己先用宪法来训练自己，裁制自己，然后可以希望训练国民走上共和的大路。不然，则口口声声说"训政"，而自己所行所为皆不足为训，小民虽愚，岂易欺哉？他们只看见衮衮诸公的时时打架，时时出洋下野而已；他们只看见衮衮诸公的任意侵害人权而已；他们只看见宣传部"打倒某某""拥护某某"而已；他们只看见反日会的站笼而已。以此训政，别说六年，六十年有何益哉？

故中山先生的根本大错误在于误认宪法不能与训政同时并立。他这一点根本成见使他不能明白民国十几年来的政治历史。他以为《临时约法》的失败是"由于未经军政训政两时期，而即入于宪政"。这是历史的事实吗？民国元年以来，何尝有"入于宪政"的时期？自从二年以来，那一年不是在军政的时期？临时约法何尝行过？天坛宪法草案以至于曹锟时代的宪法，又何尝实行过？十几年中，人民选举国会与省议会，共总行过几次？故民国十几年的政治失败，不是骤行宪政之过，乃是始终不曾实行宪政之过；不是不经军政训政两时期而遽行宪政，乃是始终不曾脱离扰乱时期之过也。

当日袁世凯之流，固不足论；我们现在又到了全国统一的时期了，我们看看历史的教训，还是不敢信任人民而不肯实行宪政呢？还是认定人民与政府都应该早早"入塾读书"，早早制定宪法或约法，用宪政来训练人民和政府自己呢？

中山先生说得好："中国今日之当共和，犹幼童之当入塾读书也。"我们套他的话，也可以说："中国今日之当行宪政，犹幼童之当入塾读书也。"我们不信无宪法可以训政；无宪法的训政只是专制。我们深信只有实行宪政的政府才配训政。(载《新月》第 2 卷第 4 号,刊物标注出刊日期为 1929 年 6 月 10 日,实际出版时间约在 1929 年 7 月底)

7月27日　汤用彤致函胡适,谈佛学问题。(《胡适遗稿及秘藏书信》第 36 册,452～456 页)

7月31日　张孝若致函胡适,云:

前天承先生接谈……关涉编订先君遗著,应该讨论的几个问题,更承先生一一指示,实在感激得很!

…………

……先生在《新月》所发表的那篇文字,说得义正词严,毫无假借,真佩服先生有识见!有胆量!这种浩然之气,替老百姓喊几句,打一个抱不平,不问有效无效,国民人格上的安慰,关系也极大。试问现在国中,还有几位人格资望够得上说两句教训政府的话?像先生这样的,要说便说,着实是"凤毛麟角"了!……最痛心的,从前是官国、兵国、匪国;到了现在,又加上党国,不知中华几时才有民国呢?(《胡适遗稿及秘藏书信》第 34 册,159～164 页)

8月

8月1日　胡适为中国公学立案事致函蒋梦麟、马叙伦。(台北《传记文学》第 31 卷第 6 期,1977 年 12 月)

8月2日　徐诚致函胡适,感谢胡适赞助其弟留学,拜托胡适给中比庚款委员会写推荐函。(中国社科院近代史所藏"胡适档案",卷号 1709,分号 3)

8月3日　丁文江复函胡适,谈赴西南主持地质调查的目的和计划,并拜托胡适将以上想法转告邀约丁做此事的陈伯庄。(《胡适遗稿及秘藏书信》第 23 册,132～134 页)

8月4日　张孝若复函胡适，告已买到《颜氏全书》以及《学记》。请胡适题写扇面。希望拜望胡适。（《胡适遗稿及秘藏书信》第34册，167～169页）

8月5日　叶公超致函胡适，告决定不去武汉大学，推荐畲坤山去。（中国社科院近代史所藏"胡适档案"，卷号875，分号1）

同日　丁文江复函胡适，仍谈康有为年谱的编印事：

《驿舍探幽录》自然不能有稿费，《年谱》则不然，因为稿是康家所有，他收稿费似也没有甚么不安。

万一不成功，请你向颉刚一问。他如真正一定要做康南海的年谱，非给康家筹几百块钱不可。我可以垫二百元，和康家说明由版税内扣还。但不知颉刚能否也垫一点？又版税能有多少，能否于一二年内收还，都请你同颉刚一谈。（《胡适遗稿及秘藏书信》第23册，135～136页）

同日　张孝若复函胡适，云：6日之聚餐改8日下午7时半。（《胡适遗稿及秘藏书信》第34册，171页）

8月6日　胡适应约与张孝若叙谈，次日张致胡函云："昨晚一谈，增我识见，及指示我编书，益处极多、极广。感幸万万。"（《胡适遗稿及秘藏书信》第34册，172页）

同日　宋子文为辞职事邀胡适来谈，请胡适代他起草辞职稿，即所谓"鱼电"。（据《日记》）

8月8日　胡适复函刘公任，谈爱情观：

……爱情不过是人生的一件事，同其他生活有同样的命运：有成功，也有失败。我们要当得起成功，更要耐得住失败；凡耐不住失败的，什么大事都不能做。

你只有两条路，一是继续爱她，被弃而不怨，被骗而不怨。本不求报，何怨？何怨？爱情岂是做买卖吗？一是不再爱她，朋友仍是朋友,"亲者毋失其为亲也,故者毋失其为故也"。若宣布于世,以谋报复,那是悻悻小人之所为,不是君子做的事。

何况你这一次恋爱的人,依你所说是不值得你的爱情的。若果如此,则你的失败,只是盲目的爱的失败,失败正是幸福。

况且你既然尊重女子的人格,便应该承认她的自由。她自有自由,自有不爱你的自由——无论你如何爱她。

真爱情是不一定求报答的。她不爱你,你不能勉强她,不应该勉强她。

你最好走开去玩玩,跑十天八天的山水,再回来努力做一件有趣味的工作,叫工作赶跑你的烦闷。回来之时,请来寻我谈谈。

近来最荒谬的言论,是说恋爱是人生第一大事。恋爱只是生活的一件事,同吃饭、睡觉、做学问等事比起来,恋爱是不很重要的事,人不可以不吃饭,但不一定要有恋爱。学问欲强的人,更不必要有恋爱。孔德(Comte)有恋爱,适足为他一生之累。康德(Kant)终身无恋爱,于他有何损伤?(《胡适遗稿及秘藏书信》第20册,250~251页)

同日　张孝若复函胡适,云:

你所说废去墓志铭的意义,我完全了解。现在我决计不用了。……

你所提出关于文中可议的字句,我都以为然,已一一改过。民元、二时代,北京部中司员,确有汽车的,可不是穷部罢了。我看到你"文言提要"的一句,我笑出来了,真正评得妙。我自己先也这样的说过,不料有人居然赞美此文,主张拿他印在再版传记的前面,这不是更可笑吗?(《胡适遗稿及秘藏书信》第34册,166页)

8月9—10日　《民国日报》连载灼华的《胡适所著〈人权与约法〉之荒谬》一文。

8月13日　丁文江复函胡适,谈及梁启超为人热心、富于责任等,又谈及孙仲屿的日记,"你肯在《新月》上登载,然后印为单行本,孙家当可

不要稿费。……余樾园住杭州法院路，你何妨直接问他一问"，等等。(《胡适遗稿及秘藏书信》第23册，138～139页)

同日　齐如山致函胡适，介绍《太真外传》主要内容，并请胡适提出意见。(《胡适遗稿及秘藏书信》第38册，393～394页)

8月14日　齐如山致函胡适，寄上《太真外传》第一本，"务乞斧削为盼"。(《胡适遗稿及秘藏书信》第38册，395页)

8月16日　胡适致函张元济，转交罗家伦致张元济信一封，奉上《萝柳集》乙册。已收到《龙溪精舍丛书》首册，《新语》一册，请留下。又云："跋语中XY乃是假定的两种本子，一个X本，一个Y本，皆未见，故以XY名之。西洋人治校勘学有此例，甚为方便，故沿用其法。"谢赠《张献忠陷庐记》。(《胡适全集》第24卷，17～18页)

同日　顾颉刚日记有记：

适之先生来电话。适之先生此来，系应苏州青年会之邀，讲"哲学的将来"者。

到苏州饭店访适之先生，忽见谭女士在，大奇。丁庶为先生夫妇两子亦在，祖望亦来。雇船同游龙寿山房、李公祠、虎丘、五人之墓等处。

上岸，慕愚别去，予等饭于久华楼，丁氏夫妇所请。十点后归。(《顾颉刚日记》第二卷，313～314页)

8月17日　胡适在苏州暑期讲习会上讲演"哲学的将来"。
8月23日　《大光明报》以"胡适从此不胡说"为题报道如下：

胡氏为中国哲学界之前进，而其近来对于哲学，忽抱悔心，以为哲学之在今日，已成为过去东西，即将宣告破产……

……胡氏云，哲学家之头脑中，素无"将来"二字。因哲学家于二千五百年之过去历史中，未尚虑及将来为[何]。哲学之原素，不外是五个问题：(一)宇宙论，(二)物体论，(三)智识论，(四)道德论，(五)政治哲学。现在科学已臻至发达时代……均得有极充分证据之成绩与结果。是故此一爿哲学小店中，将无货可售矣。哲学之失败，已无可讳言。故将来哲学，即将毁灭。每一学说，必有哲于思想家起而替代以哲学过去之历史，在人类生活思想历史上，占一小小地位。现科学家均有充分明了证据，以实学家矛盾，哲学界至今日，能不听命于科学家乎？故哲学家现在只能宣告独立，在人类思想史上，占一个小地位矣。

自今日以后，应即将哲学家之牌子探下，惕然警醒。至于将来之态度，只有三种：（一）一切问题已经科学家解决者，全部接受。（二）科学家认为暂时不能解决之问题，应作为悬案，因为哲学既无工具，如何能解决科学将所不能解决之问题。（三）科学将认为不成问题之问题，即以不了了之。胡氏作此语时，惨笑不已，更喟然谓：现在是二十世矣，科学时代也，哲学已成为古董了。

或谓胡氏亦善如马二之倒戈，既叛于文学，复再叛于哲学。胡氏亦自谓，经营念余年之小店，至今日不能不宣告召盘，停止营业，清理账目。故今日特在诸君之前，将小店招牌收下。不再胡说矣。

8月24日 国民党上海特别市执行委员会召开第四十七次常会，讨论事项包括："三区党部呈，为属区第三次代表大会决议，请转呈中央咨国府令教育部将中国公学校长胡适撤职惩处案，祈核转案。议决，历举事实，附加意见，转呈中央。"（据次日日记粘贴剪报）

8月26日 胡适致函胡祖望：

你这么小小年纪，就离开家庭，你妈和我都很难过。但我们为你想，离开家庭是最好办法。第一使你操练独立的生活，第二使你操练合群的生活，第三使你自己感觉用功的必要。

自己能照应自己，服事自己，这是独立的生活。饮食要自己照管，冷暖要自己知道。最要紧的是做事要自己负责任。你工课做的好，是你自己的光荣；你做错了事，学堂记你的过，惩罚你，是你自己的羞耻。做的好，是你自己负责任。做的不好，也是你自己负责任。这是你自

己独立做人的第一天，你要凡事小心。

你现在要和几百人同学了，不能不想想怎么样才可以同别人合得来。人同人相处，这是合群的生活。你要做自己的事，但不可妨害别人的事。你要爱护自己，但不可妨害别人。能帮助别人，须要尽力帮助人，但不可帮助别人做坏事。如帮人作弊，帮人犯规则，都是帮人作坏事，千万不可做。

合群有一条基本规则，就是时时要替别人想想，时时要想想"假使我做了他，我应该怎样？""我受不了的，他受得了吗？我不愿意的，他愿意吗？"你能这样想，便是好孩子。

你不是笨人，工课应该做得好。但你要知道世上比你聪明的人多的很。你若不用功，成绩一定落后。功课及格，那算什么？在一班要赶在一班的最高一排。在一校要赶在一校的最高一排。工课要考最优等，品行要列最优等，做人要做最上等的人，这才是有志气的孩子。但志气要放在心里，要放在工夫里，千万不可放在嘴上，千万不可摆在脸上。无论你志气怎样高，对人切不可骄傲。无论你成绩怎么好，待人总要谦虚和气。你越谦虚和气，人家越敬你爱你。你越骄傲，人家越恨你，越瞧不起你。（《胡适遗稿及秘藏书信》第21册，572～574页）

8月27日　胡适到中国公学监考。（据《日记》）
同日　胡适有致"推仔"函，慰其病：

　　知世如梦无所求，
　　无所求心普空寂。
　　还似梦中随梦境，
　　成就河沙梦功德。

荆公此诗，我最爱诵。知道人生如梦，故无所营求，也无所贪恋。但人生只有这一次做梦的机会，岂可轻易错过？岂可不努力做一个轰轰烈烈痛痛快快的梦？□□病中试读此诗，先须受用前二行，可以安心养病，病也是梦中的一境，只能安心顺受。英文"病人"叫做 Patient，译言"忍耐"。你能耐过这一境，方才能做下文更甜蜜愉快的梦。（《国立浙江大学校刊》第108期，1932年10月22日）

同日 《时事新报》刊登程沧波撰写的社评《胡适之最近几篇文章》，此文是杨杏佛的意思，要程指出胡适的主张极平常，没有干涉的必要。（据《日记》）

8月27、28、30日 《民国日报》连载张振之《知难行易的根本问题——驳胡适之〈知难行亦不易〉论》。

8月28日 国民党上海特别市执行委员会召开第四十八次常会，临时动议："宣传部提，中国公学校长胡适，公然侮辱本党总理，并诋毁本党主义，背叛政府，煽惑民众，应请中央转令国府，严予惩办案。决议，呈请中央。"（据次日日记粘贴剪报）

同日 马君武致函胡适，推荐顾君宪为中国公学法学教授。（《胡适遗稿及秘藏书信》第31册，579页）

8月30日 一位叫"史济行"的读者致函胡适，盛赞《人权与约法》，又建议胡适专门从事著述：

> 从你的《人权与约法》在《新月》发表以后，我碰到的朋友，有三种说法：
>
> 一种是："……《人权与约法》你有看过吗？很可以看一看。"
>
> 一种是："《人权与约法》没有什么可看，完全是法国大革命后的思想。"
>
> 一种是："胡适忽变了曾琦一流人物，思想太落伍了，什么人权？什么约法？"
>
> 但在我读了《人权与约法》后，觉得中国是很需要这样，并没有其他可说。《新月》在宁波是禁止了……
>
> 最近报载，因《人权与约法》，先生免中国公学校长职，益信在国内，人权太没有保障了。
>
> 末了，我很希望先生找一个清静些地方，专门来著书，不顾一切。

(《胡适遗稿及秘藏书信》第 24 册,696～697 页)

9月

9月3日 The China Society of Science of Arts 主席 Arthur de Carle Sowerby 致函胡适,云:

I am writing to ask if you would be so good as to deliver a lecture before The China Society of Science & Arts some time in the Spring of next year – February, March, April or May. Our meetings are usually held on the last Friday of each month.

I would suggest as a subject:

"CONFUCIAN INFLUENCE ON CHINESE CIVILIZATION"

Do you think this would suit you? The lectures are usually subsequently published in *The China Journal*.

As I want to get the announcement of the coming season's programme into the October number of the Journal, may I ask that you let me have an early reply?(中国社科院近代史所藏"胡适档案",卷号 E-346,分号 8)

9月4日 胡适复函周作人:

我此时不想到北京来,有几层原因:一是因为怕"搬穷",我此刻的经济状况,真禁不起再搬家了。二是因为二年以来住惯了物质设备较高的上海,回看北京的尘土有点畏惧。三是因为党部有人攻击我,我不愿连累北大做反革命的逋逃薮。前几天百年兄来邀我回北京去,正是上海市党部二次决议要严办我的议案发表的一天,我请他看,说明此时不愿回去的理由,他也能谅解。俟将来局面稍稍安定,我大概总还是回来的。

至于爱说闲话,爱管闲事,你批评的十分对。受病之源在于一个

1929年　己巳　民国十八年　38岁

"热"字。任公早年有"饮冰"之号，也正是一个热病者。我对于名利，自信毫无沾恋。但有时候总有点看不过，忍不住。王仲任所谓"心溃涌，笔手扰"，最足写此心境。自恨"养气不到家"，但实在也没有法子制止自己。

近来因为一班朋友的劝告——大致和你的忠告相同——我也有悔意，很想发愤理故业。如果能如尊论所料，"不会有什么"，我也可以卷旗息鼓，重做故纸生涯了。但事实上也许不能如此乐观，若到逼人太甚的时候，我也许会被"逼上梁山"的，那就更糟了。但我一定时时翻读你的来信，常记着 Rabelais 的名言，也许免得下油锅的危险。

你信上提起"交浅言深"的话，使我有点感触。生平对于君家昆弟，只有最诚意的敬爱，种种疏隔和人事变迁，此意始终不减分毫。相去虽远，相期至深。此次来书情意殷厚，果符平日的愿望，欢喜之至，至于悲酸。此是真情，想能见信。

你的"老朽"之感，我也很有同情。向来自负少年，以为十年著一部书，算不得迟缓。去年去赴任公的大敛，忽然堕泪，深觉人生只有这几个十年，不可不趁精力未衰时做点能做而又爱做的事。这一学年，已决计谢绝一切酬应及一切教课，专力把《哲学史》做起来。秋后北来，或可报告一点成绩。（《胡适来往书信选》上册，541～542页）

按，8月30日，周作人致函胡适，力劝胡适到北平来从事教书和作书的工作：

昨日报载沪党部有什么决议，对于这件事如乐观说，不会有什么，自然亦可以；又如愤慨说，应该抵抗，自然也应当。不过我想，"这个年头儿"还是小心点好，Rabelais 说得对，"我自己已经够热了，不想再被烤"。我想劝兄以后别说闲话，而且离开上海。最好的办法是到北平来。说闲话不但是有危险，并且妨碍你的工作，这与"在上海"一样地有妨碍于你的工作——请恕我老实地说。我总觉得兄的工作在于教书做书……而做这个工作是非回北平来不可，如在上海（即使不再

443

说闲话惹祸祟）是未必能成功的。我常背地批评你，说适之不及任公，因为任公能尽其性而适之则否。……适之的才力只施展了一点儿，有许多事应得做，而且也非他不可，然而他却耗费于别的不相干的事情上面。（《胡适遗稿及秘藏书信》第 29 册，571～575 页）

同日　赴国外留学的毛彦文致函胡适，请胡适代为其留心"准贴费机会"。（《胡适遗稿及秘藏书信》第 24 册，621 页）

9 月 5—7 日　《民国日报》连载张振之《再论知难行易的根本问题——再驳胡适的〈知难行亦不易〉论，并驳〈我们什么时候才可有宪法〉》。

9 月 7 日　胡适偕胡祖望到沪江大学访 Prof. T. Neil Johnson，请他测验祖望的英文程度。Johnson 认为胡祖望太小了，最好送他入沪江的附小学。（据《日记》）

按，本谱本年引用胡适 1929 年 9 月至 12 月日记，均据远流版《胡适的日记》第 9 册，以下不再特别注明。

同日　顾颉刚来访，时林语堂在座。（《顾颉刚日记》第二卷，321 页）

9 月 8 日　胡适与江冬秀商量胡祖望入学事；写信给 Johnson 先生，请他代为探问小学事。（据《日记》）

9 月 9 日　胡适在日记中粘贴了国民党平、津两地党员呈请惩办胡适的报道。

9 月 10 日　张孝若致函胡适，盛赞胡适《新月》上的两篇文章。（《胡适遗稿及秘藏书信》第 34 册，173～174 页）

同日　胡适带胡祖望去参加沪江大学附中的入学考试。与陪儿子应考的陈陶遗闲谈。（据《日记》）

同日　国民党天津市党组织呈请缉办胡适。（据 15 日日记粘贴剪报）

9 月 11 日　黄炎培来访。（《黄炎培日记》第 3 卷，178 页）

9 月 12 日　胡适送胡祖望入沪江大学附中。（据《日记》）

同日　胡适致函张丹斧，云：

1929年　己巳　民国十八年　38岁

　　　　在《上海画报》上见有朱高士为我刻的印子，还有你的题句。但我实不曾托朱先生刻印，至今也还不曾见着此印，无从"精鉴"，也不知此印现在落于谁家了。

　　　　朱先生既已刻了此印，想来不是给假胡适之刻的，就烦老兄转问一声，如此印尚在，不如爽性赏了我罢。至于我应该如何酬谢他，也请老兄示知。（《上海画报》第508期，1929年9月18日）

同日　国民党北平市党部决议呈请缉办胡适。（据胡适14日日记粘贴剪报）

9月13日　国民党江苏省党组织呈请缉办胡适。（据胡适15日日记粘贴剪报）

9月15日　胡适致函中国公学副校长杨亮功，决计不再挽留他，理由是："亮功任中公副校长事，已一年余，辛苦之至。他极有责任心，而能力不高，故极觉痛苦。此次我决心不再留他受苦了。"胡函云：

　　　　……至于你的去就问题，我仔细想了，你此时千万不可就安徽大学总秘书之职。文学院长若抚五必须要你做，不妨一试。外传□□将任此职，大概是他的私人造的空气，若此人做院长，安大就断送了。为安大计，为抚五计，你何妨任文学院长事？

　　　　本校的事，此时稍有眉目，但我已决心将搬家一件事办理停当，即行脱离中公——无论校董会如何留我，我决不再留了。所以我也不再勉强留你。请你自己决定，决定后，请给我一电。……（据《日记》）

9月17日　胡适在梁启超手写《南海先生诗集》4卷（宣统三年石印本，1函1册）题记："任公先生逝世后十余日，我买得此集八本，分送几位朋友留作纪念。这一本留给我自己。胡适，十八，九，十七补记。"（《胡适研究通讯》2016年第2期，3页）

9月18日　洪钧致函胡适，云：

　　　　……有许多中国同学问及你与政府到底是怎么一会事？我只回不

十分明白……昨天去见威廉女士,把带的相片送去,她也问起你那桩事,她问你有何危险没有,我说不致有何危险,因为你朋友很多,不会被迫到如何地步。她十分关心中国的事,可惜此地报纸对于中国消息很少。……(《胡适来往书信选》上册,545页)

同日　陈正谟致函胡适,询胡适何时能写好他译的《西洋哲学史》序文,又向胡适索取墨宝。(《胡适遗稿及秘藏书信》第35册,290～291页)

同日　白薇因重病而向胡适函请辞职。(中国社科院近代史所藏"胡适档案",卷号889,分号5)

9月20日　毛彦文致函胡适,自述学业计划,请胡适推荐哥伦比亚大学之Macy Grea。(《胡适遗稿及秘藏书信》第24册,622页)

同日　D. Burshick致函胡适,云:

It was extremely kind of you to send me a complete volume of your works. I am extremely grateful for your kindness and I shall treasure these volumes. I have enjoyed your works and I have a high respect for your scholarly attainment and your beautiful diction. Although I am not a sinologue, your work will induce me to improve my knowledge of the Chinese language.

You have my heartiest support in the good work you are doing and I follow your activities with the keenest interest. You are most constantly and pleasantly in my thoughts and I look forward to seeing you in person as frequently as the gods permit.(中国社科院近代史所藏"胡适档案",卷号E-141,分号3)

9月21日　国民党中央训练部致函国府,请令饬教育部对胡适严加警告。(据次日日记粘贴剪报)

同日　国民党上海特别市执行委员会决议"为请严惩反革命之胡适,并即时撤消其中国公学校长职务",再呈国民党中央。(据次日日记粘贴剪报)

1929年　己巳　民国十八年　38岁

9月23日　芬兰驻中国、日本代理公使G. John Ramstedt经上海，托Sokolsky邀胡适与他谈。同汪孟邹、江彤侯（遹）吃饭。（据《日记》）

同日　余楠秋向胡适函报胡适委托调查的全姓学生的成绩情况。（中国社科院近代史所藏"胡适档案"，卷号1360，分号11）

9月25日　国民政府令行政院：请转饬教育部对胡适严加警告。（据次日日记粘贴剪报）

同日　王守竞致函胡适，告无法在中国公学担任物理课程。（中国社科院近代史所藏"胡适档案"，卷号777，分号3）

9月26日　王云五致函胡适，劝胡不要对警告胡适国府令发表什么意见。（据次日日记）

同日　胡适校毕《南宗顿教最上大乘摩诃般若波罗蜜经》。（中国社科院近代史所藏"胡适档案"，卷号104，分号2）

9月27日　坂本义孝邀胡适会见日本"联合青年团"主办的"第四回海外视察团"的团员。（据《日记》）

9月28日　胡适校记《神会语录第一残卷》。

9月29日　汤尔和致函胡适，云：

……数年以来，久未见兄言论，以为论入老朽，非复当年，今乃知贤者之未易测度也。曾译《到田间去》，乞兄及子丈作序，今子丈序言已来，专候大稿……吾序于兄颇有微词，笑其安分，今知言之不中，吾兄何不痛驳之……（《胡适遗稿及秘藏书信》第36册，496～497页）

9月　胡适作有《考作象棋的年代》，指出：

前几个月，我翻阅《续藏经》，见僧念常的《佛祖历代通载》卷二十二（页二九二）于唐文宗开成己未（西历八三九）之下大书云："制象棋。"注云："昔神农以日月星辰为象；唐相国牛僧孺用车马将士卒，加炮代之为机（？）矣。"（"机"字似是"棋"字？）

据此，中国的象棋作于西历八百三十九年，创作者为牛僧孺。……

(《胡适文存三集》卷7，911～912页）

10月

10月3日 顾颉刚日记有记：

定生出了一册《关于胡适之与顾颉刚》，趁予在苏时印成。此次予来，见之大骇。恐小人借此挑拨，或造谣言，即请朴社停止发行，且函告适之先生，请其勿疑及我。(《顾颉刚日记》第二卷，329页)

按，顾函还答应作《崔东壁遗书》的序言。(《顾颉刚书信集》卷一，466页)

10月4日 教育部训令中国公学，对胡适奉令警告：

径启者：顷奉中央常会交下上海特别市执行委员会来呈一件，内称"案据职会属第三区党部呈称'查属区第三次全区代表大会决议案呈称市执行委员会转呈中央，咨请国民政府令饬教育部将中国公学校长胡适撤职惩处案'。附具理由：'胡适借五四运动倡导新学之名，博得一班青年随声附和，迄今十余年来，非惟思想没有进境，抑且以头脑之顽旧，迷惑青年。新近充任中国公学校长，对于学生社会政治运动多所阻挠，实属行为反动，应将该胡适撤职惩处，以利青运。'等因，合亟缮呈钧会，祈察核转呈"等情前来：

查胡适近年以来刊发言论，每多悖谬，如刊载《新月》杂志之《人权与约法》《知难行亦不易》《我们什么时候才可有宪法》等等，大都陈腐荒怪，而往往语侵个人，任情指谪，足以引起人民对于政府恶感或轻视之影响。夫以胡适如是之悖谬，乃任之为国立(？)学校之校长，其训育所被，尤多陷于腐旧荒怪之途。为政府计，为学校计，胡适殊不能使之再长中国公学。而为纠绳学者发言计，又不能不予以相当之惩处。该会所请，不为无见。兹经职会第四十七次常会议决，准予转呈在案，理合备文呈称钧会，祈鉴核施行。等因：

查胡适年来言论确有不合，如最近《新月》杂志发表之《人权与约法》《我们什么时候才可有宪法》及《知难行亦不易》等篇，不谙国内社会实际情况，误解本党党义及总理学说，并溢出讨论范围，放言空论。按本党党义博大精深，自不厌党内外人士反复研究探讨，以期有所引申发明。惟胡适身居大学校长，不但误解党义，且逾越学术研究范围，任意攻击，其影响所及，既失大学校长尊严，并易使社会缺乏定见之人民，对党政生不良印像，自不能不加以纠正，以昭警戒。为此拟请贵府转饬教育部对于中国公学校长胡适言论不合之处，加以警告，并通饬全国各大学校长切实督率教职员详细精研本党党义，以免再有与此类似之谬误见解发生。事关党义，至希查核办理为荷。

等由，准此自应照办，除函复外，合行令仰该院转饬教育部，分别遵照办理。等因，奉此，合行令仰该部即便分别遵照办理，此令。

等因，合行令仰该校长知照，此令。（《胡适遗稿及秘藏书信》第20册，210～211页）

同日 胡适作有《〈楞伽师资记〉的作者净觉》一文。（《胡适遗稿及秘藏书信》第9册，87～89页）

10月6日 胡适有《关于文中子》一文。（《胡适遗稿及秘藏书信》第13册，96～99页）

同日 张孝若赠胡适《瓶庐诗稿》八卷（翁同龢撰，1919年邵松年刻本）。（《胡适藏书目录》第2册，1424页）

10月7日 胡适致函蒋梦麟，云：

这件事完全是我胡适个人的事，我做了三篇文字，用的是我自己的姓名，与中国公学何干？你为什么"令中国公学"？该令殊属不合，故将原件退还。

又该令文中引了六件公文，其中我的罪名殊不一致，我看了完全不懂得此令用意所在。究竟我是为了言论"悖谬"应受警告呢？还是

仅仅为了言论"不合"呢？还是为了"头脑之顽旧""思想没有进境"呢？还是为了"放言空论"呢？还是为了"语侵个人"呢？（既为"空论"，则不得为"语侵个人"；既为"语侵个人"，则不得为"空论"。）若云"误解党义"，则应指出误在那一点；若云"语侵个人"，则应指出我的文字得罪了什么人。贵部下次来文，千万明白指示。若下次来文仍是这样含糊笼统，则不得谓为"警告"，更不得谓为"纠正"，我只好依旧退还贵部。

又该令文所引文件中有别字二处，又误称我为"国立学校之校长"一处，皆应校改。（据日记粘贴手抄件）

同日　张元济致函胡适云，对教育部训令，"鄙见窃愿我兄置之不答，正所以保我尊严也"。（此函粘贴于胡适10月7日日记）

同日　张孝若致函胡适，请胡为张謇的传记写序：

我在此二月内，帮我父做了一本十五万言的传记，很得力于你编《章实斋先生年谱》的体系……不日就送上，请你不客气的教正，先替我做一篇短序，等到我将我父遗著全部编成，再行送上，求你做一篇东西，以光泉壤……（《胡适来往书信选》上册，546页）

10月8日　《民言》发表我平的《我们需要一个什么样的宪法》，呼应胡适。

10月9日　《小日报》刊登胡适致陈淑函，云：

在现在时候正要叫民众都能了解国事，不过中国的民众，久已在盲从之中，今天有人说这样好，大众便盲从的嚷着好，今天说那样不好，大众又议涌的嚷打倒。瞧那情形，很是可怜，应当由智识阶级的人物出来指导，譬如先总理的主义，自然是好的，可是也是推阐出来，叫大众能够彻底了解，如果有未尽之处，也应份补充着……（《胡适中文书信集》第2册，194页）

1929年　己巳　民国十八年　38岁

同日　张汉群致函胡适,感谢胡适上月接见并指示一些读书的门径。又请教文言、白话之争的一些具体问题。(中国社科院近代史所藏"胡适档案",卷号1222,分号2)

10月12日　胡适在清人赵庆熺撰《香销酒醒词一卷香销酒醒曲一卷》上作一题记:"赵庆熺的香销酒醒词和曲是两浙词人中最可诵的作品。我已有了一部刻本,此刻较佳,故另买一部。"(《胡适藏书目录》第3册,1622页)

10月13日　江绍原致函胡适云:已在周作人处得知胡适不能来平的三大理由,"我个人的意思,也以为您不必急急乎来,在上海多发点议论,实在比教功课更有意义和价值"。(《胡适遗稿及秘藏书信》第25册,63页)

10月14日　胡适致函刘湛恩,云:《真光杂志》刊登刘鸿儒批评胡适的长文,只攻击胡适的一句话:"宗教的大弊病在养成一种畏缩的气象,使人消磨一切勇往冒险的胆气。"胡适指出,刘鸿儒是有意截去上下文,故入我罪,毁坏自己的人格。胡适要求刊登此函,请基督教的学者先生们对于刘之控诉,下一个公正的评判。(《真光杂志》第28卷第12号,1929年)

10月16日　凌叔华致函胡适,谈在武昌的生活。谈论译书等事。(《胡适遗稿及秘藏书信》第31册,512～515页)

10月19日　张元济赠胡适《三国志平话》《三国志通俗演义》各一部,因"此为白话文学之书,想吾兄必乐观之也"。(中国社科院近代史所藏"胡适档案",卷号1220,分号7)

同日　张元济复函胡适,谢赠《日本佛教全书》。(《胡适遗稿及秘藏书信》第34册,84页)

10月21日　蔡元培复函胡适,谢昨日盛筵。又云:"承示《大公报》两文,均持之有理;然百年肯牺牲考试院之地位而回校,已足以表示学者之襟怀,其他为时间所限而不能刻期解决者,我辈只能谅之。所望将来有机会解决之耳。……"(《胡适遗稿及秘藏书信》第39册,308页)

10月23日　陈源复函胡适,告:叶公超、凌叔华都在翻译某书。认为胡适把某事情处理得很好。介绍石民与徐仲年给胡适,他们欲从事翻译的工作。(《胡适遗稿及秘藏书信》第35册,97～103页)

10月24日 邵洵美来访，转告英国 A. C. Monle 写信来问胡适两段文字的解释。胡适在日记中略记对此问题的看法。

10月25日 沈昆三致函胡适，为友人林季良之子林尧赴英留学申请官费事，请胡适在英国退还庚款委员会予以帮忙。(《胡适遗稿及秘藏书信》第 27 册，62～64 页)

10月26日 张锦城复函胡适，感谢胡适的回信及赠药，又告知工作近况。(《胡适遗稿及秘藏书信》第 34 册，498～500 页)

10月27日 胡适致函胡近仁，不认可所谓"博士茶"：

> "博士茶"一事，殊欠斟酌。你知道我是最不爱出风头的，此种举动，不知者必说我与闻其事，借此替自己登广告，此一不可也。仿单中说胡某人昔年服此茶，"沉疴遂得痊愈"，这更是欺骗人的话，此又一不可也。
>
> "博士茶"非不可称，但请勿用我的名字作广告或仿单。无论如何，这张仿单必不可用。其中措词实甚俗气、小气，将来此纸必为人诟病，而我亦蒙其累。等到那时候我出来否认，更于裕新不利了。
>
> "博士"何尝是"人类最上流之名称"？不见"茶博士""酒博士"吗？至于说"凡崇拜胡博士欲树帜于文学界者，当自先饮博士茶为始"，此是最陋俗的话，千万不可发出去。向来嘲笑不通的人，往往说"何不喝一斗墨水？"此与喝博士茶有何分别？
>
> 广告之学，近来大有进步。当细心研究大公司大书店之广告，自知近世商业中不可借此等俗气方法取胜利。如"博士茶"之广告，只可说文人学者多嗜饮茶，可助文思，已够了。(《胡适家书手迹》，161～163 页)

同日 蔡元培复函胡适云，承邀到中国公学演说，固谊不容辞，因近日杂务多，姑俟一二月后应命何如？(《中公三日刊》第 5 号，1929 年 10 月 27 日)

10月28日 刘公任致函胡适，催稿，又讨论中国公学改名之事。(《胡

适遗稿及秘藏书信》第 40 册，1～2 页）

10月29日　胡祖望致函胡适，告其初中成立了"沪光文学社"，他们想请胡适题"沪光"，希望父亲尽快写好寄来。（中国社科院近代史所藏"胡适档案"，卷号 676，分号 13）

10月　胡适作有《慈幼的问题》，提出要着重解决一下问题：

（1）产科医院和巡行产科护士（Visiting nurses）的提倡。……

（2）儿童卫生固然重要，但儿童卫生只是公共卫生的一个部分。……

（3）女子缠足的风气在内地还不曾完全消灭，这也是慈幼运动应该努力的一个方向。

（4）慈幼运动的中心问题是养成有现代知识训练的母亲。……

（5）儿童的教育应该根据于儿童生理和心理。……（《胡适文存三集》卷 9，1179～1180 页）

11月

11月2日　胡适作有《贺双卿考》。（收入《胡适文存三集》卷 8）

11月4—21日　胡适作有《佛道两教碑传目》。（《胡适遗稿及秘藏书信》第 8 册，285～316 页）

11月4日　李宣龚致函胡适，前承胡适面示：商务印书馆之藏文经典若运至上海，无人能读，实在可惜，不如留在北平以供给学人研究。商务印书馆对此深以为然。前钢和泰借此书，属于私人授受。希望胡适能帮忙接洽北平图书馆寄存此书，钢和泰亦仍可接续研究。（《胡适遗稿及秘藏书信》第 28 册，220～221 页）

11月5日　葛敬业致函胡适，请胡适答询《佛教疑问求解》。（《胡适遗稿及秘藏书信》第 37 册，681 页）

11月6日　钱星海译成罗素著《幼儿之教育》，胡适对译稿作了亲笔校改。（中国社科院近代史所藏"胡适档案"，卷号 403，分号 1）

11月7日　胡适复函张元济,告罗隆基的履历,又请转交李拔可致袁守和信的签名件。(《胡适全集》第24卷,27～28页)

同日　李宣龚致函胡适,云:张元济交来胡适函并胡适分致袁同礼及钢和泰之函,"至以为感"。但致袁同礼函,商务印书馆有所增益,今将修改后打印件寄上,请胡适签名后即寄北平图书馆。(《胡适遗稿及秘藏书信》第28册,222页)

按,商务印书馆改易之胡适致袁同礼函大意如下:藏文经典若运至上海无人能读,不如留在北平;希望北平图书馆寄存此书,亦方便钢和泰作研究。(《胡适遗稿及秘藏书信》第28册,227～228页)

11月13日　刘大钧致函胡适,云:

关于 Abstracts,鄙意吾兄名望学问皆远在弟上,交游极广,又居上海中心地点,即贵校教员已人材济济,若由吾兄组织委员会,较易为力,弟当从旁赞助,或加入为委员之一。若欲弟组织,则南京方面除统计处同事外,恐难得他人协助。而同事中亦只科长专员五六人或可胜任,平时颇少暇晷,不如贵校教员终日寝馈书籍之中,又皆博学多闻之士,出其绪余,即可得良好之成绩也。至贵校以外如陈通夫〔伯〕、何淬廉、潘光旦诸君,亦皆吾兄所素识,如欲其参加工作,当甚易。弟初不知须组织委员会,曾随意与三君谈及,似对此皆有兴味,故敢为推荐。然必须吾兄主持,始能众擎易举耳。弟回国后恐须先即赴南京,如吾兄定有计划,召集委员会,弟可出席赞助一切。如在京耽搁有限,则到申亦当趋谈面罄。唯弟于此事耽延日久,甚望吾兄即日主持进行,勿因弟故,致多废时日也。(《胡适遗稿及秘藏书信》第39册,627～629页)

11月19日　上午,胡适在梁实秋陪同下到暨南大学演讲"新文化运动与国民党",此演讲从批评国民党中宣部长叶楚伧"中国本来是一个由美德筑成的黄金世界"讲起,指出叶"在思想上是一个反动分子,他所代表的思想是反动的思想"。又云：

> 国民党时时打起"划除封建势力，打倒封建思想"的旗帜，何以国民党中的重要人物会发表这样拥护传统文化的反动思想呢？究竟国民党对于这个新旧文化的问题抱什么态度呢？在近年的新文化运动史上国民党占什么地位呢？
> ……………
> ……今日国民政府所代表的国民党是反动的。
> 再举思想自由作例。新文化运动的一件大事业就是思想的解放。我们当日批评孔孟，弹劾程朱，反对孔教，否认上帝，为的是要打倒一尊的门户，解放中国的思想，提倡怀疑的态度和批评的精神而已。但共产党和国民党协作的结果，造成了一个绝对专制的局面，思想言论完全失了自由。上帝可以否认，而孙中山不许批评。礼拜可以不做，而总理遗嘱不可不读，纪念周不可不做。一个学者编了一部历史教科书，里面对于三皇五帝表示了一点怀疑，便引起了国民政府诸公的义愤，便有戴季陶先生主张要罚商务印书馆一百万元！一百万元虽然从宽豁免了，但这一部很好的历史教科书，曹锟吴佩孚所不曾禁止的，终于不准发行了！
> 至于舆论呢？我们花了钱买报纸看，却不准看一点确实的新闻，不准读一点负责任的评论。一个负责任的学者说几句负责任的话，讨论一个中国国民应该讨论的问题，便惹起了五六个省市党部出来呈请政府通缉他，革掉他的校长，严办他，剥夺他的公权！然而蒋介石先生在北平演说，叶楚伧先生在南京演说，都说：上海的各大报怎么没有论说呢？
> 所以在思想言论自由的一点上，我们不能不说国民政府所代表的国民党是反动的。
> 再举文化问题本身做个例。新文化运动的根本意义是承认中国旧文化不适宜于现代的环境，而提倡充分接受世界的新文明。但国民党

至今日还在那里高唱"抵制文化侵略"！还在那里高谈"王道"和"精神文明"！还在那里提倡"国术"和"打擂台"！祀孔废止了，但两个军人（鲁涤平，何键）的一道电报便可以叫国民政府马上恢复孔子纪念日。中央宣传部长叶楚伧现在对我们宣传"中国本来是一个由美德筑成的黄金世界"，但叶部长还把这个黄金世界放在觉罗皇帝以前。去年何键先生便更进一步，说现在的思想紊乱和道德堕落都是"陈匪独秀胡适"两个人的罪恶了！我们等着吧，"回到黄金世界"的喊声大概不久就会起来了！

所以在这对文化问题的态度上，我们也不能不说国民党是反动的。

以上不过列举三项事实来说明，至少从新文化运动的立场看来，国民党是反动的。

这些事实不是孤立的，也不是偶然的。国民党对于新文化运动的态度，国民党对于中国旧文化的态度，都有历史的背景和理论的根据。根本上国民党的运动是一种极端的民族主义的运动，自始便含有保守的性质，便含有拥护传统文化的成分。因为国民党本身含有这保守性质，故起来了一些保守的理论。这种理论便是后来当国时种种反动行为和反动思想的根据了。

…………

本来凡是狭义的民族主义的运动，总含有一点保守性，往往倾向到颂扬固有文化，抵抗外来文化势力的一条路上去。……

中国的民族主义的运动所以含有夸大旧文化和反抗新文化的态度，其根本原因也是因为在外力压迫之下，总有点不甘心承认这种外力背后的文化。这里面含有很强的感情作用，故偏向理智的新文化运动往往抵不住这种感情的保守态度。国民党里便含有这种根据于民族感情的保守态度，这是不可讳也不必讳的历史事实。……（《新月》第2卷第6、7号合刊）

11月20日　胡适作《跋神会语录第三残卷》。

同日　胡成之致函胡适、江冬秀，告房子暂租给同乡胡梦华，胡适家每月担负房租3元等。（中国社科院近代史所藏"胡适档案"，卷号1520，分号8）

同日　吴铸人致函胡适，询胡适是否真来北方。又托胡适为黄省之写介绍信给袁同礼，以在北平图书馆做事。（《胡适遗稿及秘藏书信》第28册，568～570页）

11月24日　胡适校写《跋神会语录第二残卷》。

11月25日　胡适作《跋神会语录第二残卷》，次年1月3日改定，更名为《跋南宗定是非论残卷》。

11月　《国立北平图书馆刊行珍本经籍招股章程》公布，开办费暂定1万元，共分200股，发起人为30位学术界、文化界名人，胡适大名在列。（《国立北平图书馆馆刊》第3卷第5期）

12月

12月3日　张孝若致函胡适，感谢胡适为其父传记作序，又云将用白话写此传等。（《胡适遗稿及秘藏书信》第34册，179～184页）

同日　蒋梦麟致函胡适，其中有云：

我的用意，是把大事化小事，小事化无事。只要大事能化为小事，小事不至于变为大事，我虽受责备，也当欣然承受。至于为人"揣末梢"，我在北大九年，几乎年年有几桩的，也肩惯了。事到其间，也无可如何了。（《胡适遗稿及秘藏书信》第39册，484～485页）

12月4日　陈乃乾日记有记："晚与授经宴客于云南楼，到叶玉甫、胡适之、陈霆锐、孟莼孙、赵叔雍、周越然、郑振铎七人。"（陈乃乾著、虞坤林整理：《陈乃乾日记》，中华书局，2018年，14页）

12月6日　胡适校毕《跋神会语录第一残卷》。

12月8日　胡适校讫《招觉大师禅门秘要决》。

12月11日　郭八铭致函胡适,拜托胡对音乐天才马思聪代为延誉,"……或评论,或事略,润以珠玉,俾便刊登,叩藉鸿名,以资表扬"。又希望胡适多投保,并向友人及团体鼎力介绍。(中国社科院近代史所藏"胡适档案",卷号1590,分号3)

12月13日　胡适作成《〈人权论集〉序》,说道:

今天正是大火的时候,我们骨头烧成灰终究是中国人,实在不忍袖手旁观。我们明知小小的翅膀上滴下的水点未必能救火,我们不过尽我们的一点微弱的力量,减少良心上的一点谴责而已。(载梁实秋、胡适、罗隆基:《人权论集》,新月书店,1930年)

12月14日　胡适写成《〈南通张季直先生传记〉序》:

传记是中国文学里最不发达的一门。这大概有三种原因。第一是没有崇拜伟大人物的风气,第二是多忌讳,第三是文字的障碍。

传记起于纪念伟大的英雄豪杰。故柏拉图与谢诺芳念念不忘他们那位身殉真理的先师,乃有梭格拉底的传记和对话集。故布鲁塔奇追念古昔的大英雄,乃有他的《英雄传》。在中国文学史上所有的几篇稍稍可读的传记都含有崇拜英雄的意义:如司马迁的《项羽本纪》,便是一例。唐朝的和尚崇拜那十七年求经的玄奘,故《慈恩法师传》为中古最详细的传记。南宋的理学家崇拜那死在党禁之中的道学领袖朱熹,故朱子的《年谱》成为最早的详细年谱。

但崇拜英雄的风气在中国实在最不发达。我们对于死去的伟大人物,当他刚死的时候,也许送一副挽联,也许诌一篇祭文。不久便都忘了!另有新贵人应该逢迎,另有新上司应该巴结,何必去替陈死人算烂账呢?所以无论多么伟大的人物,死后要求一篇传记碑志,只好出重价向那些专做谀墓文章的书生去购买!传记的文章不出于爱敬崇拜,而出于金钱的买卖,如何会有真切感人的作品呢?

传记的最重要条件是纪实传真,而我们中国的文人却最缺乏说老实话的习惯。对于政治有忌讳,对于时人有忌讳,对于死者本人也有忌讳。圣人作史,尚且有什么为尊者讳,为亲者讳,为贤者讳的谬例,何况后代的谀墓小儒呢!故《檀弓》记孔氏出妻,记孔子不知父墓,《论语》记孔子欲赴佛肸之召,这都还有直书事实的意味,而后人一定要想出话来替孔子洗刷。后来的碑传文章,忌讳更多,阿谀更甚,只有歌颂之辞,从无失德可记。偶有毁谤,又多出于仇敌之口,如宋儒诋诬王安石,甚至于伪作《辩奸论》,这种小人的行为,其弊等于隐恶而扬善。故几千年的传记文章,不失于谀颂,便失于诋诬,同为忌讳,同是不能纪实传信。

传记写所传的人最要能写出他的实在身分,实在神情,实在口吻,要使读者如见其人,要使读者感觉真可以尚友其人。但中国的死文字却不能担负这种传神写生的工作。我近年研究佛教史料,读了六朝唐人的无数和尚碑传,其中百分之九十八九都是满纸骈俪对偶,读了不知道说的是什么东西。直到李华、独孤及以下,始稍稍有可读的碑传。但后来的"古文"家又中了"义法"之说的遗毒,讲求字句之古,而不注重事实之真,往往宁可牺牲事实以求某句某字之似韩似欧!硬把活跳的人装进死板板的古文义法的烂套里去,于是只有烂古文,而决没有活传记了。

因为这几种原因,二千年来,几乎没有一篇可读的传记。因为没有一篇真能写生传神的传记,所以二千年中竟没有一个可以叫人爱敬崇拜感发兴起的大人物!并不是真没有可歌可泣的事业,只都被那些谀墓的死古文骈文埋没了。并不是真没有可以叫人爱敬崇拜感慨奋发的伟大人物,只都被那些烂调的文人生生地杀死了。

近代中国历史上有几个重要人物,很可以做新体传记的资料。远一点的如洪秀全,胡林翼,曾国藩,郭嵩焘,李鸿章,俞樾;近一点的如孙文,袁世凯,严复,张之洞,张謇,盛宣怀,康有为,梁启超——这些人关系一国的生命,都应该有写生传神的大手笔来记载他们的生平,用绣花针的细密工夫来搜求考证他们的事实,用大刀阔斧的远大

识见来评判他们在历史上的地位。许多大学的史学教授和学生为什么不来这里得点实地训练，做点实际的史学工夫呢？是畏难吗？是缺乏崇拜大人物的心理吗？还是缺乏史才呢？

张季直先生在近代中国史上是一个很伟大的失败的英雄，这是谁都不能否认的。他独力开辟了无数新路，做了三十年的开路先锋，养活了几百万人，造福于一方，而影响及于全国。终于因为他开辟的路子太多，担负的事业过于伟大，他不能不抱着许多未完的志愿而死。这样的一个人是值得一部以至于许多部详细传记的。

他的儿子孝若先生近年发誓用全副精力做季直先生的传记。……

孝若做先传还有几桩很重要的资格。第一，他一生最爱敬崇拜他的先人，所以他的工作便成了爱的工作，便成了宗教的工作。第二，他生在这个新史学萌芽的时代，受了近代学者的影响，知道爱真理，知道做家传便是供国史的材料，知道爱先人莫过于说真话，而为先人忌讳便是玷辱先人，所以他曾对我说，他做先传要努力做到纪实传真的境界。第三，他这回决定用白话做先传，决定打破一切古文家的碑传义法，决定采用王懋竑《朱子年谱》和我的《章实斋年谱》的方法，充分引用季直先生的著作文牍来做传记的材料，总期于充分表现出他的伟大的父亲的人格和志愿。

有了这几种资格，我们可以相信孝若这篇先传一定可以开儿子做家传的新纪元，可以使我们爱敬季直先生的人添不少的了解和崇敬。（《胡适文存三集》卷8，1087～1091页）

同日　丁文江致函胡适，详述赵亚曾遭匪枪杀之详细过程，说自己遭了平生最大的打击，精神完全颓丧。将尽力抚恤赵亚曾遗属，希望胡适向陈伯庄说项，在铁道部给他想想法子，个人方面也请胡适帮忙想想法子。（《胡适遗稿及秘藏书信》第23册，140～147页）

12月15日　胡适与Prof. C. G. Seligman F. R. S. 午餐，谈中国人和日本的区别：

> 他问我中国人和日本的区别，我说，日本民族有三长：爱美、好洁、轻死，皆中国人所不及。他的夫人说，"还有一个区别：我们同日本人谈，日本人总要夸张日本的好处，惟恐人说日本的坏处。中国学者便不然"。我们都笑了。其实日本有好处可夸，何必不夸？我们若有好处可夸，又何必自贬？日本人以称道自己好处为爱国，我们以指摘自己不好之处为爱国，正各行其是也。
>
> Seligman 说，日本人工于模仿，中国人能创造，也是一大差别。
>
> 我说不然。我们亦工模仿，日本人亦非不能创造。如《源氏物语》出于《游仙窟》，然《游仙窟》是极平凡的短篇故事，《源氏物语》则是第一流巨制。此书成于西历一千年顷，其时全世界尚未有长篇小说。若说此是模仿，不如说是创作也。
>
> 反过来说，中国乐器大都是外来之品，今日通行的乐队中，几乎没有一件乐器是中国原有的。这不是工于模仿吗？
>
> 在思想史上说，日本人固很少创造，中国二千年来又何曾有什么创造的思想？（据《日记》）

同日 下午 5 点半，胡适与 Prof. Charles E. Martin 同吃茶，谈历史：

> 我说，欧洲"再生时代"的历史，当重新写过。今之西洋史家去此时代已远，实不能充分了解这时代的意义。我们东方人今日正经过这时代，故能充分了解这一段历史的意义过于西洋学者。
>
> 如此时代有几个方面，如宗教革命，如古学复兴，如国语文学的起来，如新科学，皆是一个大运动的几个方向，必须会通研究，不可如今日史家之分作几件孤立的大事。（据《日记》）

同日 晚，胡适与陈方之、余云岫同饭，谈中医问题。余批评中医最有力，他亦承认旧时验方中有研究之价值，"此中有矿可开，但开矿者必须新科学家，决非旧医所能为"。此意与我合。胡适又表示：

> 我主张美国新式医生最可靠，因为他们对于每一病人皆有详细记

载，留作历史参考，即此一端，便可效法。今日上海、北京的德法国医生真是以人命为儿戏。中国学西医者多不注意此一法，对于病人的历史全不记载，故药方上刻着"复诊须带原方"的字样，即此六个字便是不注意病者的供状了。（据《日记》）

12月17日　胡适访 Dr. Edwin Walter Kemmerer，他们做财政设计的计划已完功，胡适劝他们把报告书作一个提要，先行发表，使国人可以明白他们的主张。西湖博览会教育展览的主持者请胡适、王云五、郭任远为其写一总批评，他们公推胡适执笔。为庆生，胡适请朋友吃饭，出席者有：高梦旦、高仲洽、徐新六、沈昆三、梁实秋、丁西林、罗隆基、徐志摩、谢寿康、袁涤昌。（据《日记》）

12月18日　胡适有《跋神会语录第一残卷》，后又改作。

同日　张孝若复函胡适，感谢胡为他父亲的传记作序。又云：

> 你称我父为失败的英雄，这话确当的很，就是我父本人也是承认的。……你的眼光，看到我父一生的成功，只是一小部分，只是引路发端，距离他的志愿抱负，还远得很呢，到他瞑目，终于是个失败的英雄。这种评论，岂是寻常的颂扬；不是你说不出，不是我父当不起。
>
> 你说我做我父的传记，是"爱的工作"，我读到这里，不觉泪下了。……
>
> 你所说做传记该用的绣花针，和大刀阔斧，我这回都用的。……（此函被胡适粘贴在19日日记中）

12月19日　胡适作有《跋顿悟无生般若颂》，次年1月6日改定。

12月20日　国联卫生部长 Dr. Ludwik Rajchman 约胡适谈话，谈考察中国卫生事业的三条结论，认为中国卫生事业无可下手，难有成绩；中国之公共卫生运动当附属于教育运动等。（据《日记》）

同日　蔡元培复函胡适云，国联卫生部长 Ludwik Rajchman 博士愿于下星期二来访，甚欢迎，当在院中候之。又询吴稚晖可否到沪。（《胡适遗

稿及秘藏书信》第 39 册，293 页）

同日　国立武汉大学文哲季刊委员会致函胡适，邀胡适担任《文哲季刊》特约撰述。（中国社科院近代史所藏"胡适档案"，卷号 2233，分号 1）

12 月 23 日　杨树达致函胡适，请胡适指正其《马氏文通刊误》，并赐一序。（《胡适遗稿及秘藏书信》第 38 册，179～180 页）

12 月 24 日　胡适校毕《跋神会语录第二残卷》。

12 月 25 日　伍光建致函胡适云：据闻自己翻译之《造谣学校》和《诡姻缘》已出版，请嘱新月书店寄书。（《胡适遗稿及秘藏书信》第 26 册，102 页）

12 月 26 日　杨永清致函胡适，拜托胡适为程小青所译的《世界侦探小说名作集》作序。（《胡适遗稿及秘藏书信》第 38 册，13～15 页）

12 月 27 日　蔡元培函介蔡尚思前来拜访。（《胡适遗稿及秘藏书信》第 39 册，290 页）

12 月 28 日　蔡元培复函胡适，云：单不广竟有不起之兆，"真可痛惜"。其明年一月份之薪水，当照送。恤金则一时尚未能决定，容再商。（《胡适遗稿及秘藏书信》第 39 册，291 页）

是年　胡适作有《我们对于政治的主张》一文，胡适说：

我们都没有党籍，也都没有政治派别。我们的唯一目的是对国家尽一点忠心。所以我们的政治主张不用任何党义作出发点。我们的出发点是中国的实在需要，我们的根据是中国的实在情形。

我们不想组织政党，不想取什么政党而代之，故对现在已得中国政治权的国民党，我们只有善意的期望与善意的批评。我们期望它努力做的好。因为我们期望它做的好，故愿意时时批评它的主张，组织，和实际的行为。批评的目的是希望它自身改善。

…………

我们深信，今日军费占全国收入的百分的九十二……是亡国的现象。我们深信，本年编遣会议的裁兵计画是很不澈底的。我们主张，澈底裁兵，不可假借"国防"的名义，保留现有的军队。除必要的警备队外，全国军队均应分期裁遣。（中国社科院近代史所藏"胡适档案"，卷号135，分号5）

是年　绩溪县胡家村金紫胡的支派"海洞派"建成"明若公祠"，胡适应邀为其撰联：

饭甑山尖，木朽岱角，奉先人祭祀；

金紫家声，苕溪文学，要后辈担当。（王光静：《联赠乡人情谊浓——胡适为故乡撰写的对联拾零》，《胡适研究通讯》2012年第2期，45页）